中央财政资助的校本职业素养特色课程研发项目

新能源汽车电气系统检修

主　编　王显廷
副主编　宁玉红
参　编　许建强　刘　威　谭小锋
　　　　王长全　程晓辉　李广军
　　　　纪　娜　张海波
主　审　丛　君

机械工业出版社

本书包括两部分内容：第一部分是汽车电气维修基础部分，包括电路的组成及基本物理量检测，传感器检测，基本变流电路，电机的拆装和维护，单片机应用基础，动力电池基础，高压安全操作及安全防护；第二部分是汽车电气系统检修部分，包括电源系统，启动系统，照明、仪表与信号系统，空调系统，辅助电器等的拆装与检修。

本书可作为高等职业院校汽车检测与维修技术及相关专业的教材，也可作为汽车专业职业技术培训教材、汽车维修及工程人员的参考书。

图书在版编目（CIP）数据

新能源汽车电气系统检修/王显廷主编. —2版. —北京：机械工业出版社，2016.6（2023.11重印）

中央财政资助的校本职业素养特色课程研发项目

ISBN 978-7-111-53897-4

Ⅰ.①新… Ⅱ.①王… Ⅲ.①新能源-汽车-电气系统-检修 Ⅳ.①U469.707

中国版本图书馆 CIP 数据核字（2016）第 113737 号

机械工业出版社（北京市百万庄大街22号　邮政编码100037）
策划编辑：罗　莉　　责任编辑：罗　莉　　责任校对：刘怡丹
封面设计：陈　沛　　责任印制：刘　媛
涿州市殷润文化传播有限公司印刷
2023年11月第2版第7次印刷
184mm×260mm・21.25印张・518千字
标准书号：ISBN 978-7-111-53897-4
定价：89.00元

凡购本书，如有缺页、倒页、脱页，由本社发行部调换

电话服务　　　　　　　　　　　　网络服务
服务咨询热线：010-88361066　　　机 工 官 网：www.cmpbook.com
读者购书热线：010-68326294　　　机 工 官 博：weibo.com/cmp1952
　　　　　　　010-88379203　　　金 书 网：www.golden-book.com
封面无防伪标均为盗版　　　　　教育服务网：www.cmpedu.com

前　言

　　环境的日益恶劣与能源危机让绿色出行备受关注。新能源汽车越来越多地走入人们的视野。新能源汽车已经度过产业酝酿期和导入期，进入到了新能源汽车的快速成长期。

　　近几年我国政府针对新能源汽车的发展出台了相关政策，表明对新能源汽车的发展给予极大的支持和鼓励，实现汽车产业的"弯道超车"。

　　我国新能源汽车发展的重点是纯电动汽车。就新能源汽车维修人才而言，他们既需要具备传统汽车的实战经验，还要懂得新能源汽车电池、电机和控制系统的维修和保养等知识。因此本书增加了维修纯电动汽车内容。在教学上突出实践性特色，例如，既要掌握新能源汽车在电机、电池保养的理论知识，还要有实际操作专业能力，并对损坏部件修与换的标准及市场价格行情实时掌握。

　　在教材内容编排上确立厚基础、宽口径、重实践的人才培养思想，明确在具备汽车基本知识的基础上注重对学生的实际动手能力的培养，培育出适应汽车服务领域第一线需要的高素质应用型人才。

　　在教学形式上，不仅有扎实的理论教学，还有大量的实验、设计、实习等实践环节，让学生在模拟或实际的环境中掌握汽车的结构、原理、运行、检测与故障排除等相关服务，以培养学生的综合职业能力；将当前汽车领域所涌现的新技术、新趋势密切结合在教学过程中，对知识不断推陈出新，使教和学成为双向互动的过程，改变灌输式的教学方法，积极培养学生思考、分析和解决问题的能力，不断提高教学质量。

　　教学方法上，将课堂教学与现场教学、集中教学与个别教学相结合。通过校企合作，选用最新资料，在组织实施教学的过程中贯彻理论联系实际，在着力提高学生对经典理论和基础知识理解的同时，为学生提供到生产和运作流程中实际操作和观摩的机会。

　　本书是机械工业出版社与北京劳动保障职业学院及相关企业共同开发的高职高专汽车检测与维修技术专业项目（任务）化改造教材。

　　本书内容是以汽车维修企业中汽车电气系统的实际修理任务为基础，通过加工成为"以能力为本、项目（任务）为载体、学生为主导"的教材。通过理论实践一体化的教学方式，使学生掌握汽车各电气系统的结构和工作原理，学会对汽车各电气系统的使用，识读电路图，会应用维修资料，能更换电器元件，能使用仪器仪表等诊断与排除电路故障，为学生今后岗位工作和进一步的专业学习打下坚实的基础。

　　由于编者水平有限，书中难免存在疏漏和错误之处，敬请各位读者批评指正。

编　者

目 录

前言

第1部分　汽车电气维修基础

项目1　电路的组成及基本物理量检测 2
- 任务1-1　设计制作模拟的汽车倒车灯电路并进行测量 2
- 任务1-2　诊断电路故障 10
- 任务1-3　测量正弦交流电路电压 20

项目2　传感器检测 24
- 任务2-1　温度传感器检测 24
- 任务2-2　压力传感器检测 27
- 任务2-3　转速传感器检测 29
- 任务2-4　位置传感器检测 33
- 任务2-5　扭矩传感器检测 35

项目3　基本变流电路 38
- 任务3-1　制作整流电路 38
- 任务3-2　电力电子器件的认知与检测 66
- 任务3-3　识读逆变电路 78
- 任务3-4　变频器的应用 84
- 任务3-5　识读斩波电路 88

项目4　电机的拆装和维护 95
- 任务4-1　直流电机的拆装和维护 95
- 任务4-2　交流电机的拆装及维护 100

项目5　单片机应用基础 117
- 任务5-1　数制之间的转换 117
- 任务5-2　认知单片机 121
- 任务5-3　彩灯闪烁控制 126
- 任务5-4　汽车转向灯控制 129

项目6　动力电池基础 134
- 任务6-1　锂电池、铁锂电池的结构与检测 134

项目7　高压安全操作及安全防护 139
- 任务7-1　高压安全操作及安全防护 139

第2部分　汽车电气系统检修

项目1　蓄电池故障诊断与排除 144
- 任务1-1　接车及签订修车委托书 144
- 任务1-2　确认故障现象 155

任务 1-3	更换蓄电池	156
任务 1-4	蓄电池充电	162
任务 1-5	蓄电池的使用和保养	166
任务 1-6	质量检查与交车	168

项目 2　倒车灯电路故障诊断与排除 172
  任务 2-1　确认故障现象 172
  任务 2-2　识读电路图并在车上熟悉电路构造 172
  任务 2-3　电路故障分析 185
  任务 2-4　倒车灯熔丝故障诊断与排除 189
  任务 2-5　倒车灯开关故障诊断与排除 192
  任务 2-6　倒车灯灯泡故障诊断与排除 193
  任务 2-7　倒车灯电路故障诊断 194

项目 3　喇叭电路故障诊断与排除 210
  任务 3-1　确认故障现象 210
  任务 3-2　识读电路图并在车上熟悉电路构造 211
  任务 3-3　电路故障分析 212
  任务 3-4　喇叭继电器故障诊断与排除 213
  任务 3-5　喇叭故障诊断与排除 218
  任务 3-6　喇叭开关故障诊断与排除 221

项目 4　制动灯电路故障诊断与排除 223
  任务 4-1　确认故障现象 223
  任务 4-2　识读电路图并在车上熟悉电路构造 223
  任务 4-3　制动灯电路故障诊断与排除 225

项目 5　驻车灯系统故障诊断与排除 227
  任务 5-1　确认故障现象 227
  任务 5-2　识读电路图并在车上熟悉电路构造 228
  任务 5-3　驻车灯电路故障诊断与排除 229

项目 6　示廓灯、牌照灯、仪表照明灯电路故障诊断与排除 231
  任务 6-1　确认故障现象 231
  任务 6-2　识读电路图并在车上熟悉电路构造 232
  任务 6-3　电路故障诊断与排除 234

项目 7　前照灯、超车灯故障诊断与排除 235
  任务 7-1　确认故障现象 235
  任务 7-2　识读电路图并在车上熟悉电路构造 240
  任务 7-3　电路故障诊断与排除 245
  任务 7-4　前照灯的检测及调整 248

项目 8　转向及危险警告灯故障诊断与排除 252
  任务 8-1　确认故障现象 252
  任务 8-2　识读电路图并在车上熟悉电路构造 252
  任务 8-3　电路故障诊断与排除 255

项目 9　雾灯故障诊断与排除 257
  任务 9-1　确认故障现象 257

任务9-2　识读电路图并在车上熟悉电路构造 …………………………………………… 257
　　任务9-3　故障分析及诊断 ……………………………………………………………… 259
项目10　充电电路故障诊断与排除 …………………………………………………………… 262
　　任务10-1　确认故障现象 ……………………………………………………………… 262
　　任务10-2　发电机分解、检测、装配及调整 ………………………………………… 263
　　任务10-3　识读电路图并在车上熟悉电路构造 ……………………………………… 271
　　任务10-4　充电系统性能检测及修理 ………………………………………………… 273
　　任务10-5　发电机更换 ………………………………………………………………… 278
　　任务10-6　充电电路故障诊断与排除 ………………………………………………… 282
项目11　起动系统电路故障诊断与排除 ……………………………………………………… 284
　　任务11-1　确认故障现象 ……………………………………………………………… 284
　　任务11-2　起动机分解、检测、装配及调整 ………………………………………… 285
　　任务11-3　识读电路图并在车上熟悉电路构造 ……………………………………… 288
　　任务11-4　辅助起动车辆 ……………………………………………………………… 290
　　任务11-5　更换起动机 ………………………………………………………………… 292
　　任务11-6　起动系统电路故障诊断与排除 …………………………………………… 292
项目12　刮水器与清洗器系统故障诊断与排除 ……………………………………………… 295
　　任务12-1　确认故障现象 ……………………………………………………………… 295
　　任务12-2　识读电路图并在车上熟悉电路构造 ……………………………………… 296
　　任务12-3　前刮水器电动机总成拆卸、检测及安装 ………………………………… 303
　　任务12-4　后刮水器电动机总成拆卸、检测及安装 ………………………………… 305
　　任务12-5　刮水器与清洗器开关总成拆卸、检测及安装 …………………………… 306
　　任务12-6　清洗器电动机总成拆卸、检测及安装 …………………………………… 308
　　任务12-7　清洗器喷嘴的检测及调整 ………………………………………………… 310
　　任务12-8　刮水器与清洗器系统电路故障诊断与排除 ……………………………… 311
附录　捷达车电路图 …………………………………………………………………………… 314
参考文献 ………………………………………………………………………………………… 332

第1部分

汽车电气维修基础

项目1　电路的组成及基本物理量检测

任务1-1　设计制作模拟的汽车倒车灯电路并进行测量

1. 任务描述

利用给定的电气元件连接一个模拟的汽车倒车灯电路，并测量电路中各电气元件的端电压、电阻、电流，计算用电器的功率。

2. 教学目标

（1）能力目标

1）会连接基本电路。

2）会测量电压、电阻、电流。

3）会计算功率。

4）会使用万用表、剥线钳、压线钳等仪表和工具。

（2）知识目标

1）了解电路的基本组成及各部分的作用，熟悉电气设备额定值及电路工作状态。

2）认知电压、电流，掌握电压、电流实际方向与参考方向的关系。

3）掌握电能与电功率的概念。

4）理解电流的热效应，了解电流的热效应在实际工程和实际生活中的应用。

3. 相关知识

（1）电路的基本组成

电路是由各种电气元件按一定方式用导线连接组成的总体，它提供了电流通过的闭合路径。

这些电气元件包括电源、开关、负载及连接这些元件的导线等，如图1-1-1所示。

电源：是把其他形式的能量转换为电能的装置，例如，发电机将机械能转换为电能。

负载：是取用电能的装置，它把电能转换为其他形式的能量。例如，电动机将电能转换为机械能，电热炉将电能转换为热能，电灯将电能转换为光能。

导线和开关：用来连接电源和负载，为电流提供通路，把电源的能量供给负载，并根据负载需要接通和断开电路。

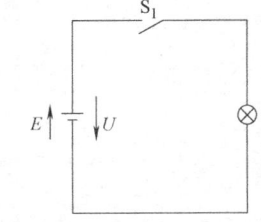

图1-1-1　电路的基本组成

电路的功能有两类，第一类是进行能量的转换、传输和分配；第二类是进行信号的传递与处理。

（2）电路的基本物理量

1）电阻

电阻阻碍或限制电路中的电流流动。所有电路均存在一定的电阻。所有的导体例如铜、银和金等同样也对电流具有一定的阻力。我们使用单位欧姆（符号是Ω）来计量电阻。表示电阻的符号是 R 或 r。

并非所有的电阻都是一种负面的影响。在普通的照明电路中，灯泡本身就是利用电阻原理来发光的。灯丝的阻力限制电流的流动，进而使发光点升温，发光。

一个电路中的无用电阻会消耗电能，使负荷增加，从而导致设备的不良运行或停止运行。

一个电路中的电阻越大，电流就越小。如图 1-1-2 所示，电阻就像水管中的瓶颈一样。电阻降低或限制电流的流动。影响电阻值大小的 4 个因素是温度、导线的长度和直径以及导线的材质。电阻与水管中阻力的比较见图 1-1-2。

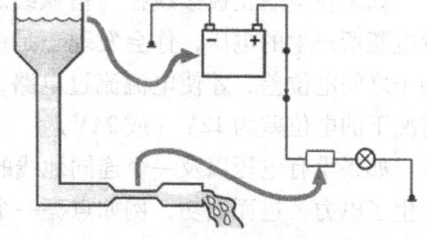

图 1-1-2　电阻与水管中阻力的比较

电阻的影响因素：

① 温度

温度对不同材料导体的电阻有着很大的影响。例如，铜和钢的电阻是随着温度的升高而增大。当这些材料的温度升高时，其电子将更加牢固地保持其旋转轨道，这样，就使电子从一个原子到另一个原子的流动更加困难。

② 导线直径

较大尺寸的导体意味着可同时流过更多的电子。反之，流过的电子就少。当使用导线作为一个导体时，导线直径越小，电阻就越大。反之，电阻就会减小。

③ 导线长度

增加长度，电阻就会增大。这是因为，电子必须经过更多的原子。电子通过较短的导线时，就会经过较少的原子以及受到较小阻力的影响。

④ 腐蚀

腐蚀有化学腐蚀和电化学腐蚀（不同金属搭接形成"原电池"）。导线腐蚀是由于暴露在诸如盐、水、污物和腐蚀性气体等物质中所造成的。一旦出现腐蚀，材质就会疏松，强度下降；截面减小，电阻就会增大。

2）电压

可以将电压与水塔中所形成的水压做一个比较，来说明这个原理。水塔顶部（相当于12V）与低部或地面（相当于0V）之间的势差导致形成水压。电压与水压的比较见图 1-1-3。

电压的单位为伏［特］（V）。如果电场力把 1 库仑（C）电量从点 A 移到点 B 所做的功是 1J（焦耳），则 A 与 B 两点间的电压就是 1V。

计算较大的电压时用千伏（kV），计算较小的电压时用毫伏（mV）。其换算关系为：$1kV = 10^3 V$；$1V = 10^3 mV$。

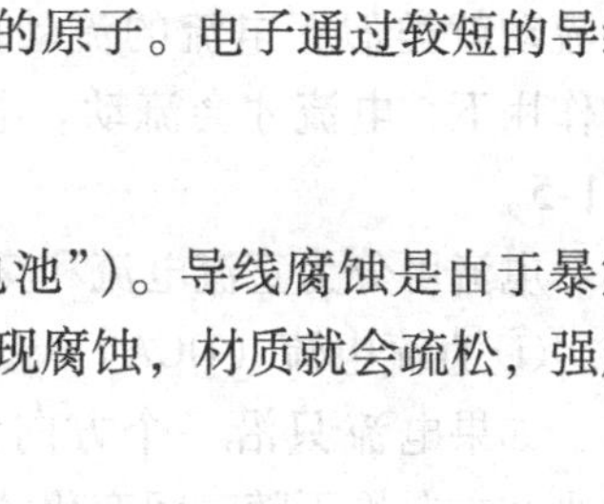

图 1-1-3　电压与水压的比较

电压的实际方向规定为从高电位点指向低电位点，即由"＋"极指向"－"极，因此，在电压的方向上电位是逐渐降低的。

电压总是相对两点之间的电位而言的，所以用双下标表示，一个下标（如 A）代表起点，后一个下标（如 B）代表终点。电压的方向是由起点指向终点，有时用箭头在图上标明。当标定的参考方向与电压的实际方向相同时（图1-1-4a），电压为正值；当标定的参考方向与实际电压方向相反时（图1-1-4b），电压为负值。

绝大多数汽车电路均由车辆电瓶或发电机来提供电源，且通常为12V电气系统。而大型柴油车为24V系统。

如果在电瓶正极接线柱与搭铁线之间，测量电瓶所产生的电压，你会发现正是由于两个端子之间电位差，才使电流流过电路，且此种情况下的电位差为12V（或24V）。

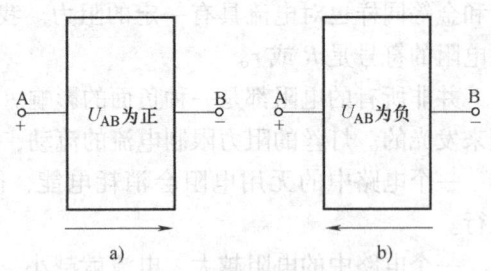

图1-1-4 电压的正负与实际方向
a）参考正方向与实际方向一致
b）参考正方向与实际方向相反

如果没有电压以及一个连同地线的完整回路，电流就不可能流动。电压和电流共同作用产生了电力，进而做功，例如点亮一个灯泡或使一台电动机运转。

3）电流

电流是由电荷的定向移动形成的。当金属导体处于电场之内时，自由电子要受到电场力的作用，逆着电场的方向做定向移动，这就形成了电流。电流是电子从一个原子到下一个原子的流动。以单位安培（用符号A表示）来计量电流。一个安培（A）表示有6280亿个电子在1s内流过一个固定点。这里举一个例子，可以说明电流有多么强大。如果0.1A的电流流过人体，将会造成严重伤害甚至死亡。

以水塔为例，我们可以将电流与从水塔流到水节门的水进行比较。水从水塔到地面的实际流动就类似于电流的流动。只有在电压（压力）的作用下，电流才会流动。电流与水流的比较见图1-1-5。

电流可分为直流电流和交流电流。

① 直流电流（DCA）

如果电流只沿一个方向流动，称为直流电流，大小和方向均不随时间变化的电流叫恒定电流。

② 交流电流（ACA）

当改变极性（正极或负极）的电流来回流动时，即产生交流电流。交流电流总是在不断地改变

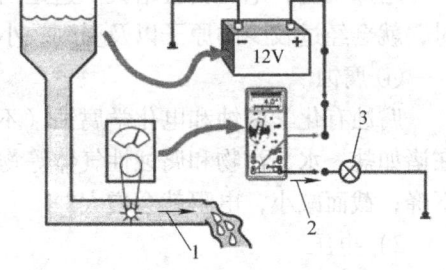

图1-1-5 电流与水流的比较
1—水流 2—电流 3—负荷

其流动的方向，先沿正极方向流动，然后沿相反的负极方向流动。这被称为一个循环。

通常使用一个正弦波来表示一个循环。一个循环就是形成一个完整波形的过程。使用赫兹（Hz）来计量每秒钟的循环次数，也被称作交流电流的频率。

计算微小电流时，电流的单位用毫安（mA）、微安（μA），其换算关系为$1mA = 10^{-3}A$，$1\mu A = 10^{-6}A$。

习惯上，规定正电荷的移动方向表示电流的实际方向。在外电路，电流由正极流向负极；在电源内部，电流由负极流向正极。

在进行电路计算时，先任意选定某一方向作为待求电流的正方向，并根据此正方向进行计算。若计算得到结果为正值，说明了电流的实际方向与选定的正方向相同；若计算得到结

果为负值,说明电流的实际方向与选定的正方向相反。图 1-1-6 表示电流的参考正方向(图中实线所示)与实际方向(图中虚线所示)之间的关系。

4)电动势

为了维持电路中有持续不断的电流,必须有一种外力,把正电荷从低电位处(如负极B)移到高电位处(如正极A)。在电源内部就存在着这种外力。

如图 1-1-7 所示,外力克服电场力把单位正电荷由低电位 B 端移到高电位 A 端,所做的功称为电动势,用 E 表示。电动势的单位也是 V。

电动势的方向规定为从低电位指向高电位,即由"-"极指向"+"极。

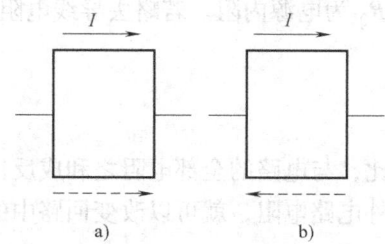

图 1-1-6 电流的方向
a)参考正方向与实际方向一致
b)参考正方向与实际方向相反

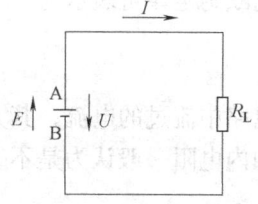

图 1-1-7 电动势示意图

5)电功率

在直流电路中,根据电压的定义,电场力所做的功是 $W = QU$。把单位时间内电场力所做的功称为电功率,则有

$$P = \frac{QU}{t} = UI$$

功率的单位是瓦[特](W)。

对于大功率,采用千瓦(kW)或兆瓦(MW)作单位,对于小功率则用毫瓦(mW)作单位。在电源内部,外力做功,正电荷由低电位移向高电位,电流逆着电场方向流动,将其他能量转变为电能,其电功率为

$$P = EI$$

若计算结果 $P > 0$,说明该元件是耗能元件;若计算结果 $P < 0$,则该元件为供能元件。

当已知设备的功率为 P 时,在 t (s)内消耗的电能为 $W = Pt$。电能就等于电场力所做的功,单位是焦[耳](J)。在电工技术中,往往直接用瓦特·秒(W·s)作单位,实际上则用千瓦·小时(kW·h)作单位,俗称 1 度电。$1 \text{kW} \cdot \text{h} = 3.6 \times 10^6 \text{W} \cdot \text{s}$。

许多电气装置都被标定为消耗多少功率,而不是可产生多少功率。功率、电压和电流之间的关系可用以下功率公式表示:

$$P = UI$$

即功率等于电压乘以电流。

(3)欧姆定律、线性电阻、非线性电阻

欧姆定律指出:导体中的电流 I 与加在导体两端的电压 U 成正比,与导体的电阻 R 成反比。

1) 部分电路的欧姆定律

图 1-1-8 所示电路,是不含电动势,只含有电阻的一段电路(称为"部分电路")。若 U 与 I 正方向一致,则欧姆定律可表示为

$$U = IR$$

电阻的单位是欧[姆](Ω),计量大电阻时用千欧(kΩ)或兆欧(MΩ)。其换算关系为 $1k\Omega = 10^3 \Omega$;$1M\Omega = 10^6 \Omega$。

电阻的倒数 $1/R = G$,称为电导,它的单位为西[门子](S)。

2) 全电路的欧姆定律

图 1-1-9 所示是简单的全电路,R_L 为负载电阻,R_0 为电源内阻。若略去导线电阻不计,则此段电路用欧姆定律可表示为

$$I = \frac{E}{R_L + R_0}$$

可见,电路中流过的电流,其大小与电动势成正比,与电路的全部电阻之和成反比。电源的电动势和内电阻一般认为是不变的,所以,改变外电路电阻,就可以改变回路中的电流大小。

3) 线性电阻、非线性电阻

在温度一定的条件下,把加在电阻两端的电压与通过电阻的电流之间的关系称为伏安特性。

一般金属电阻的阻值不随所加电压和通过的电流而改变,即在一定的温度下其阻值是常数,这种电阻的伏安特性是一条经过原点的直线,如图 1-1-10 所示。这种电阻称为线性电阻。

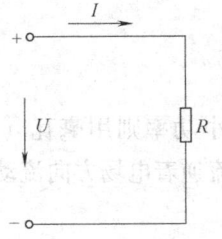
图 1-1-8 部分电路

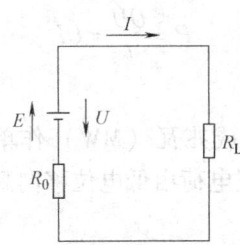
图 1-1-9 简单的全电路

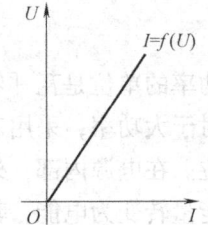
图 1-1-10 线性电阻的伏安特性

由此可见,线性电阻遵守欧姆定律。

电阻的电阻值随电压和电流的变化而变化,其电压与电流的比值不是常数,这类电阻称为非线性电阻。例如,半导体二极管的正向电阻就是非线性的,后续将详细介绍。

(4) 电气设备的额定值

电气设备的额定值,通常有如下几项。

1) 额定电流(I_N)

电气设备长时间运行以致稳定温度达到最高允许温度时的电流,称为额定电流。

2) 额定电压(U_N)

为了限制电气设备的电流并考虑绝缘材料的绝缘性能等因素,允许加在电气设备上的电压限值,称为额定电压。

3）额定功率（P_N）

在直流电路中，额定电压与额定电流的乘积就是额定功率，即

$$P_N = U_N I_N$$

电气设备的额定值都标在铭牌上，使用时必须遵守。例如，一盏日光灯，标有"220V/60W"的字样，表示该灯在 220V 电压下使用，消耗功率为 60W，若将该灯泡接在 380V 的电源上，则会因电流过大将灯丝烧毁；反之，若电源电压低于额定值，虽能发光，但灯光暗淡。

（5）数字万用表的使用

多功能数字万用表是检测汽车电路最基本和最常用的工具，具有测量准确、输入阻抗高、功能齐全、可靠性好、显示直观、过载能力强、携带与使用方便等突出特点。图 1-1-11 是 HRYSTAL my64 型数字万用表的前面板。下面以这种数字万用表为例，介绍其使用方法。要注意的是对于不同型号的万用表，其外观、功能和使用方法可能不尽相同。

△特别提醒：针对不同型号的万用表要阅读其相应的使用说明和注意事项。

① 前面板简介

如图 1-1-11 所示，量程/功能旋转开关处于面板中央。在仪表不使用时，要通过中部左边的"关闭"按钮将万用表关闭。

液晶显示屏，最大显示值为 1999。

输入插孔共 4 个："COM"插孔用于连接信号负极；"VΩHz"插孔用于连接信号正极；"mA"和"10A"插孔用于测量直流电流。

图 1-1-11　HRYSTAL my64 型数字万用表的前面板

COM：和 V、Ω、Hz 间标注的 600V～1000V 字样，表示这两个插孔输入的交流电压上不得超过 600V（有效值），直流电压不得超过 1000V。在 COM 和 mA 之间标注的 200mA 及在 COM 和 10A 之间标注的"20A 1S SET MAX"字样都表示输入的交/直流电流（有效值）的最大允许值。

② 可测量的主要项目

(a) 直流电压——量程：200mV～1000V。

(b) 交流电压——量程：2V～700V。

(c) 电阻——量程：200Ω～200MΩ。

(d) 交/直流电流——10A 测量电压降（测量电压降：满量程为 200mV）。

(e) 二极管测试——显示近似二极管正向电压值，正向直流电流约 1mA，反向直流电压约 2.8V。

(f) 音响通断检查——导通电阻 <30Ω 时，机内蜂鸣器响，开路电压 2.8V。

(g) 温度测试——-40℃～400℃ 或 1000℃（温度传感器：国际标准 K 型）。

4. 实训操作

（1）使用万用表的安全注意事项

为避免可能的电击和人员伤害，请遵照以下规则。

1）不要使用已损坏的万用表。使用前请检查外壳，并注意连接插座附近的绝缘性。

2）检查测试表笔，看是否有损坏的绝缘或裸露的金属，检查表笔的通断情况，并在使用仪表前更换损坏的表笔。

3）当操作出现异常时，要停止使用，因此时保护可能已损坏。

4）不要在爆炸性的气体、蒸汽或灰尘附近使用。

5）不要在任何两个端子或任何端子与大地之间输入超过仪表上标明的额定电压。

6）使用之前，用仪表测量一个已知的电压来验证仪表是否正常。

7）当测量电流时，在仪表连接入线路之前先关闭线路的电源。

8）当检修仪表时，只使用标明的更换部件。

9）在测量交流电压 30V（有效值）、42V（峰值）或直流 60V 以上时，请特别留意，因为此类电压会导致电击危险。

10）使用测试表笔时，要保持手指在表笔的档手后面。

11）在测量时，先连接公共测试表笔（黑表笔），再连接带电表笔（红表笔）；断开连接时，请先断开带电表笔，再断开公共表笔。

12）打开电池仓时，请将所有测试表笔从仪表移走。

13）当电池仓或仪表外壳部分没有盖紧或松开时，切勿使用仪表。

14）当电池低电压指示符号"BAT"出现时，请尽快更换电池，以免误读数而可能导致的电击或人员伤害。

15）不要用万用表去测量万用表所示的 CAT 分类等级以外的电压。

（2）万用表的使用

1）测量电压步骤

① 将功能开关置于电压档。如果能判断出被测对象的电压可能最大数值，则将量程放在高于可能最大数值的量程即可；如果不能判断出被测对象的电压最大数值，则将量程放在最高量程上。

② 将黑色表笔插入"COM"插孔，红色表笔插入"VΩHz"插孔。

③ 将表笔并接在被测负载或信号源两端。通常将黑色表笔接在参考点或低电位点，红色表笔接在被测负载或信号源高电位点。

④ 调节量程，选择最佳量程。

⑤ 读数。万用表显示的数值即为被测对象的电压或信号源的电压值。同时根据显示数值的正负，表示红表笔的极性。

2）测量电流步骤

① 将功能开关置于电流档。如果能判断出被测电流可能的最大数值，则将量程放在高于可能最大数值的量程即可；如果不能判断出被测对象的电流最大数值，则将量程放在最高量程上。

② 将黑色表笔插入"COM"插孔；如果能判断出被测电流小于 200mA，则就将红色表笔插入"200mA"插孔。否则红色表笔插入 10A 插孔。

③ 将表笔串入被测电路中。通常将黑色表笔接低电位端，红色表笔接在高电位端。

④ 调节量程，选择最佳量程。

当输入开路时,万用表显示值为"1";当被测电流超过所用量程范围时,万用表显示值也为"1",此时换用高档量程(适用于非自动转换的万用表)。

⑤ 读数。万用表显示的数值即为被测电路的电流值。同时根据显示数值的正负,表示电流方向。

注意:插孔没有用熔丝,当测量电流时,测量时间应小于15s。

3)测量电阻步骤

① 查看万用表误差($R_{误}$)

将功能开关置于电阻档。将量程放在最小量程上。将黑色表笔插入"COM"插孔,红色表笔插入"VΩHz"插孔。将黑色表笔与红色表笔接在一起。此时万用表显示的数值即为该万用表测量电阻的误差。

② 测量值($R_{测}$)

设置量程。如果能判断出被测电阻可能的最大数值,则将量程放在高于可能最大数值的量程即可;如果不能判断出被测电阻最大数值,则将量程放在最高量程上。

将表笔跨接在被测电阻上。调节量程,选择最佳量程。当输入开路时,万用表显示值为"1";当被测电阻超过所用量程范围时,万用表显示值也为"1",此时换用高档量程(适用于非自动转换的万用表)。

读数,万用表显示的数值即为被测电阻的测量值$R_{测}$。

③ 计算被测电阻值实际值 R

被测电阻值 $\qquad R = R_{测} - R_{误}$

△注意:当在线测量电阻时,需确认被测电路已断开,且在电容全部放电后,方可检测。

4)音响通断检查步骤

① 将黑表笔插入"COM"插孔,红色表笔插入"VΩHz"插孔。

② 将功能开关置于"二极管测试"档上,并将表笔跨接在被测电路上。若被测电路导通电阻阻值小于30Ω,则万用表内蜂鸣器将响起。否则,不响。

5)测量二极管步骤

① 将黑表笔插入"COM"插孔,红色表笔插入"VΩHz"插孔。

② 将功能开关置于二极管测试档,并将表笔跨接在被测二极管上。

△注意:当输入端未接入,即开路时,万用表显示值为"1"。

③ 测量

正向测量。即红表笔接二极管正极(+),黑表笔接二极管负极(-)。如果二极管没有故障,则表显示值为正向压降伏特值。

反向测量。即红表笔接二极管负极(-),黑表笔接二极管正极(+)。如果二极管没有故障,万用表显示值为"1"。

如果两个方向测量不是上述数值,则说明二极管损坏了。若两个方向测量均显示为"000"或接近此值,说明二极管损坏(短路)。若两个方向测量显示值均为"1",说明二极管损坏(断路)。

6)温度测量

进行此项工作时,不需要通过表笔插座测量。

将热电偶传感器的两端插入测量插孔,热电偶的工作端(测温端)插入待测物上面或内部,可直接从显示器上读取温度值(℃)。

△注意:当热电偶传感器开路时,万用表显示常温值。

一般裸露式接点热电偶极限温度为250℃(短期内为300℃)。

4. 实训操作

(1)利用给定的电器元件连接一个模拟的倒车灯电路。

(2)测量电路上的电流、电源电压、灯泡电阻,计算功率。

任务1-2 诊断电路故障

1. 任务描述

将"任务1-1"的电路分别设置倒车灯开关、熔丝、线路故障,分别用万用表、试灯、跨接线进行诊断故障。

2. 教学目标

(1)能力目标

1)能进行电压损失测量。

2)能用万用表通过电位法、电压法、电阻法及通断法诊断电路。

3)能用试灯诊断电路。

4)能用跨接线诊断电路。

(2)知识目标

1)掌握电位法、电压法、电阻法及通断法诊断知识。

2)掌握电压损失知识。

3)了解测试灯构造原理及使用注意事项。

4)了解跨接线构造原理及使用注意事项。

5)熟悉汽车电气系统故障诊断时应注意的事项。

3. 相关知识

由于实际工作的需要,常将许多电路按不同的方式连接起来,组成一个电路网络。

(1)串联电路

由若干个用电器顺序地连接成一条无分支的电路,称为串联电路。如图1-1-12所示电路,是由3个电阻串联组成的。

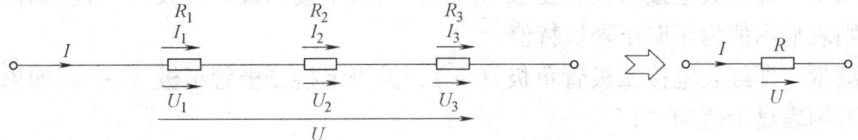

图1-1-12 串联电路及等效电路

串联电路有以下几个特点。

① 流过串联各元件的电流相等,即

$$I_1 = I_2 = I_3$$

② 等效电阻等于各电阻之和，即
$$R = R_1 + R_2 + R_3$$
③ 总电压等于各电阻上电压之和，即
$$U = U_1 + U_2 + U_3$$
④ 总功率等于各电阻消耗功率之和，即
$$P = P_1 + P_2 + P_3$$
电阻串联具有分压作用，即
$$U_1 = \frac{R_1 U}{R} ; \quad U_2 = \frac{R_2 U}{R} ; \quad U_3 = \frac{R_3 U}{R}$$

例 1-1-1：某串联电路如图 1-1-13 所示，电源电压为 12V，R_1、R_2、R_3 分别为 1.0Ω、2.5Ω、2.5Ω。计算总电阻、总电流及各电阻上的电压降。

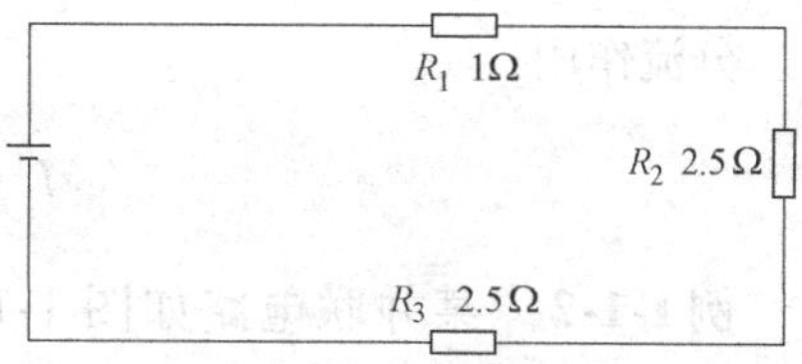

解：
① 电阻计算。串联电路中的电阻是累加的。即总电阻 R 为
$$R = R_1 + R_2 + R_3 = 1\Omega + 2.5\Omega + 2.5\Omega = 6\Omega$$

图 1-1-13 串联电路（例 1-1-1 图）

② 电流计算。在串联电路中，总电流 I 等于串联在电路中各电阻的电流。电流的大小可由欧姆定律得出，即
$$I = U/R = (12/6.0)\text{A} = 2\text{A}$$
③ 电压计算。在串联电路中，各电阻上的电压等于电流与其电阻值的乘积，即
$$U_1 = IR_1 = (2 \times 1)\text{V} = 2\text{V}$$
$$U_2 = IR_2 = (2 \times 2.5)\text{V} = 5\text{V}$$
$$U_3 = IR_3 = (2 \times 2.5)\text{V} = 5\text{V}$$

（2）并联电路

将几个用电器都接在两个共同端点之间的连接方式称为并联。图 1-1-14 所示电路是由 3 个电阻并联组成的。

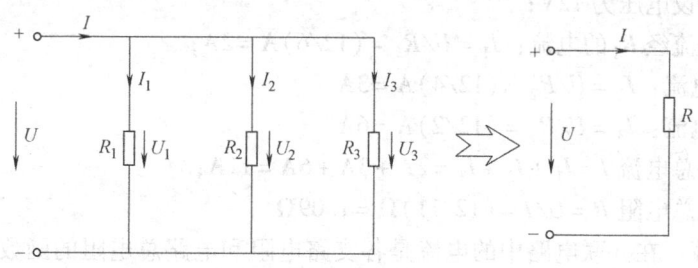

图 1-1-14 并联电路

并联电路的基本特点是：
① 并联电阻承受同一电压，即
$$U = U_1 = U_2 = U_3$$
② 总电流等于各电阻的电流之和，即
$$I = I_1 + I_2 + I_3$$

③ 总电阻的倒数等于各电阻倒数之和，即

$$\frac{1}{R} = \frac{1}{R_1} + \frac{1}{R_2} + \frac{1}{R_3}$$

即总电导为各电导之和，即

$$G = G_1 + G_2 + G_3$$

④ 总功率为各电阻消耗功率之和，即

$$P = P_1 + P_2 + P_3$$

若只有两个电阻并联，其等效电阻 R 可用下式计算：

$$R = R_1 /\!/ R_2 = (R_1 R_2)/(R_1 + R_2)$$

式中，符号"$/\!/$"表示电阻并联。

分流作用：

$$I_1 = \frac{RI}{R_1};\ I_2 = \frac{RI}{R_2};\ I_3 = \frac{RI}{R_3}$$

例 1-1-2 某并联电路如图 1-1-15 所示，电源电压为 12V，R_1、R_2、R_3 分别为 6Ω、4Ω、2Ω。计算总电阻，总电流，各电阻上的电压降。

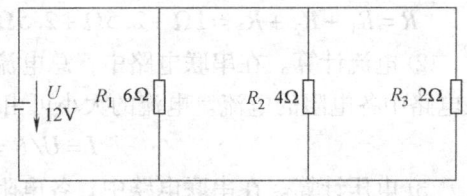

图 1-1-15 并联电路（例 1-1-2 图）

解：

① 电阻计算。在并联电路中，总电阻小于最小电阻。可使用虚拟电压法来决定并联电路中的总电阻。

第 1 步——为电路设定一个虚拟电压；

第 2 步——决定流经每一负载的电流；

第 3 步——将流过每一负载的电流加起来，从而计算出总电流值；

第 4 步——用虚拟电压除以总电流值就可得出总电阻值。

例如：

第 1 步——设电压为 12V；

第 2 步——流经 R_1 的电流：$I_1 = U/R_1 = (12/6)\text{A} = 2\text{A}$；

流经 R_2 的电流：$I_2 = U/R_2 = (12/4)\text{A} = 3\text{A}$

流经 R_3 的电流：$I_3 = U/R_3 = (12/2)\text{A} = 6\text{A}$

第 3 步——总电流 $I = I_1 + I_2 + I_3 = 2\text{A} + 3\text{A} + 6\text{A} = 11\text{A}$；

第 4 步——总电阻 $R = U/I = (12/11)\Omega = 1.09\Omega$。

② 电流计算。在并联电路中的电流是各支路电阻和电路总电阻的函数。我们可以把每一支路看成是独立的且具有其总电阻和电流的串联电路。如果每一支路中的电阻不同，其电流也将不同。

$$I_1 = U/R_1 = (12/6)\text{A} = 2\text{A}(支路1)$$

$$I_2 = U/R_2 = (12/4)\text{A} = 3\text{A}(支路2)$$

$$I_3 = U/R_3 = (12/2)\text{A} = 6\text{A}(支路3)$$

用系统中的总电阻可求出电路中的总电流。

$$I = U/R = (12/1.09)\text{A} = 11\text{A}$$

③ 电压计算。并联电路中，各支路的电压均等于电源电压。即

$$U = U_1 = U_2 = U_3 = 12\text{V}$$

(3) 混联电路

我们实际遇到的电路通常为串并联电路组成的混联电路。图 1-1-16 所示就是一个简单的混联电路，在这个电路中旋转变阻器可以调节灯光的亮度。

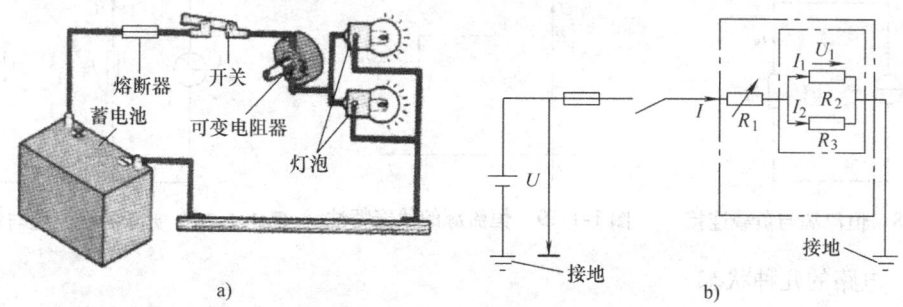

图 1-1-16 典型的混联电路
a) 效果图 b) 电路图

(4) 电压源、电流源及其等效变换

1) 电压源及其等效变换

铅蓄电池及一般直流发电机等都是电源，它们是具有不变的电动势和较低内阻的电源，我们称其为电压源，如图 1-1-17a 所示。

如果电源的内阻 $R_0 \approx 0$，当电源与外电路接通时，其端电压 $U = E$，端电压不随电流而变化，电源外特性曲线是一条水平线。

这是一种理想情况。我们把具有不变电动势且内阻为零的电源称为理想电压源或恒压源，如图 1-1-17b 所示。

理想电压源是实际电源的一种理想模型。例如，在电力供电网中，对于任

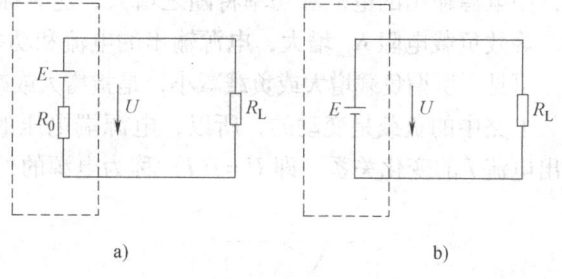

图 1-1-17 电压源
a) 电压源与负载连接 b) 恒压源与负载连接

何一个用电器（如一盏灯）而言，整个电力网除了该用电器以外的部分，就可以近似地看成是一个理想电压源。

当电源电压稳定在它的工作范围内，该电源就可认为是一个恒压源。如果电源的内电阻远小于负载电阻 R_L，那么随着外电路负载电流的变化，电源的端电压可基本保持不变，这种电源就接近于一个恒压源。

2) 电流源及其等效变换

电流源对实际电源，可以建立另一种理想模型，叫电流源。如果电源输出恒定的电流，即电流的大小与端电压无关，我们把这种电源叫理想电流源。

对于直流电路来说，理想电流源输出恒定不变的电流 I_S，它与外电路负载大小无关，其端电压由负载决定。理想电流源简称电流源或恒流源，如图 1-1-18 所示。恒流源的伏安特

性如图 1-1-19 所示。

当电流源与外电路接通时，回路电流是恒定的。实际的电流源即使没有与外电路接通，其内部也有电流流动；与负载接通后，电源内部仍有一部分电流流动，另一部分电流则通过负载，因此，实际电流源可以用理想电流源 I_S 与一个电阻 R_i 并联表示，如图 1-1-20 所示。

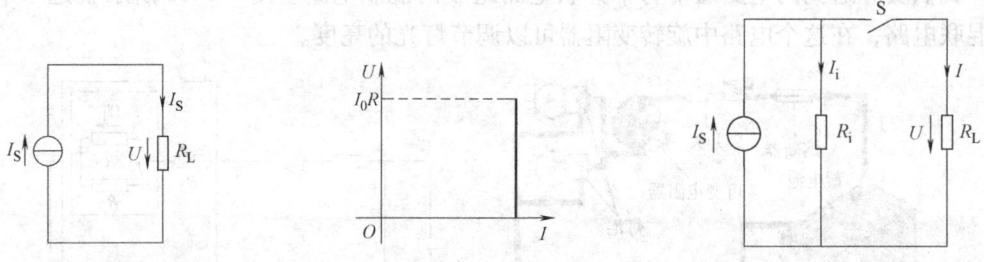

图 1-1-18　恒流源与负载连接　　图 1-1-19　恒流源的伏安特性　　图 1-1-20　实际的电流源与负载连接

（5）电路的几种状态

电路在工作时有 3 种工作状态，分别是通路、短路、断路。

1）通路（有载工作状态）

如图 1-1-21 所示，当开关 S 闭合，使电源与负载接成闭合回路，电路便处于通路状态。用 R_L 代表等效负载电阻。

电路中的用电器是由用户控制的，而且是经常变动的。当并联的用电器增多时，等效电阻 R_L 就会减小，而电源电动势 E 通常为一恒定值，且内阻 R_0 很小，电源端电压 U 变化很小，则电源输出的电流和功率将随之增大，这时称为电路的负载增大。当并联的用电器减少时，等效负载电阻 R_L 增大，电源输出的电流和功率将随之减小，这种情况称为负载减小。

可见，所谓负载增大或负载减小，是指增大或减小负载电流，而不是增大或减小电阻值。

电路中的负载是变动的，所以，电源端电压的大小也随之改变。电源端电压 U 随电源输出电流 I 的变化关系，即 $U=f(I)$ 称为电源的外特性，外特性曲线如图 1-1-22 所示。

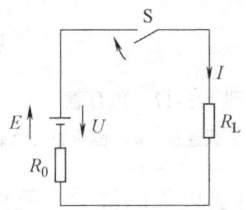　　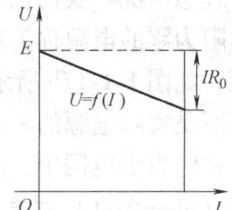

图 1-1-21　通路的示意图　　　　　　图 1-1-22　电源的外特性

根据负载大小，电路在通路时又分为 3 种工作状态：当电气设备的电流等于额定电流时称为满载工作状态；当电气设备的电流小于额定电流时，称为轻载工作状态；当电气设备的电流大于额定电流时，称为过载工作状态。

2）断路

所谓断路，是电源与负载没有构成闭合回路。在图 1-1-21 所示电路中，当开关 S 断开时，电路即处于断路状态。

断路状态的特征是：

外电路的电阻为无穷大,电流、电源内阻消耗功率、负载消耗功率均为零,端电压等于电源的电动势。

此种情况,也称为电源的空载。

3)短路

所谓短路,就是电源未经负载而直接由导线接通成闭合回路,如图1-1-23所示。

图中折线是指明短路点的符号。因为电源内阻R_0一般都很小,所以短路电流I_S总是很大。短路的特征是:

外电路的电阻、电压和功率都为零,电路所消耗的功率为电源内阻消耗功率,即$P_E = I_S R_0$。

如果电源短路事故未迅速排除,很大的短路电流将会烧毁电源和短路点与电源之间的导线及电气设备。所以,电源短路是一种严重事故,应严加防范。

为了防止发生短路事故,常在电路中串接熔断器。熔断器中装有熔丝。熔丝是由低熔点的铅锡合金丝或铅锡合金片

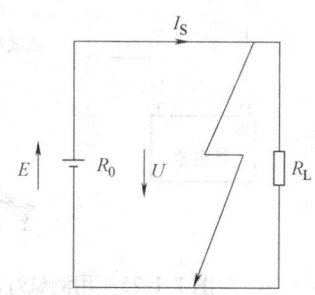

图1-1-23 短路的示意图

等做成的。外电路一旦短路,串联在电路中的熔丝将因发热而熔断,从而切断线路,保护电源免于烧坏。

熔断器的符号如图1-1-24所示。

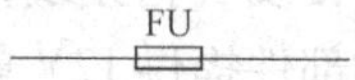

(6)电位及其测量

在电学上电位又称电势,电位是电能的强度因素,它的大

图1-1-24 熔断器的符号图

小取决于电势零点的选取,其数值只具有相对的意义。电势常用的符号为V或φ,在国际单位制中的单位也是伏特(V)。另外,在电子学中,电位常指某点到参考点的电压降。汽车上一般将"搭铁"作为零电位点。

(7)电压损失

电源或蓄电池的电能通过导线、开关、熔丝等电器元件输送给灯泡、起动机等用电器,在导线电阻、熔丝电阻、开关触点接触电阻、插头的接触电阻上会损失部分电压。

因此,提供给用电器的电压比蓄电池电压小。电源电压与用电器电压差称为线路电压损失。电压损失不得超过一定数值,国内目前还没有标准,一般认为应不超过蓄电池额定电压的3%。

(8)测试灯

测试灯是用来测试电路的一种常用工具。常见的有普通测试灯和有源测试灯(自供电测试灯)。

1)普通测试灯

如图1-1-25所示,测试灯的手柄是透明的,里面装有发光二极管。手柄的一端是测试探头,另一端引出一根带夹子的搭铁线。对于正常工作的电路,如果将测试灯的夹子搭铁而探头接触带电的电路,灯泡应点亮。

测试灯的局限性在于它不能显示出被测的电压是多少,但它与电压表相比可检测某一电路的电源电压是否可驱动负载,有时电压表测得的电压是浮电压,即不能带动负载。

△警告:不要用测试灯检查计算机控制系统电路。

2)有源测试灯

有源测试灯（图1-1-26）可以很方便地判断电路的通断。测试时，要将电路的电源断开，搭铁夹子接负载部件的搭铁端子，探头接触电路。若电路是正常的，测试灯就会点亮；如果电路不通（有断路的地方），测试灯就不会点亮。

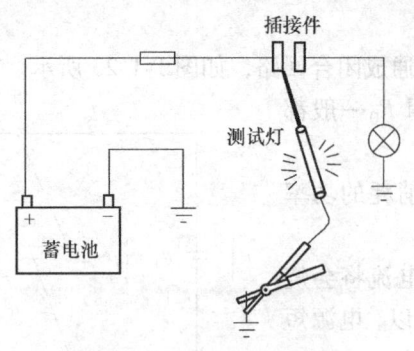

图1-1-25　用测试灯测量电路
（如果电路正常，测试灯应该点亮）

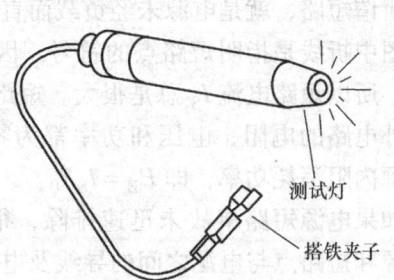

图1-1-26　有源测试灯

△警告：不要用有源测试灯测试带电的电路，否则会损坏测试灯。

（9）跨接线

跨接线（搭接线）是一根两端装有鳄鱼夹的导线。跨接线的一端接蓄电池正极，为要检查的部件提供12V电压。用跨接线旁路掉电路中的开关、导线和插接器的办法检查负载部件。跨接线还能用来将要检查的电路部分接地（图1-1-27、图1-1-28）。

△警告：切勿将跨接线跨接在蓄电池两端，这将会造成蓄电池损坏。

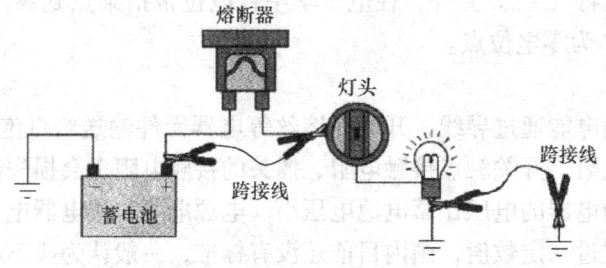

图1-1-27　用跨接线（搭接线）检查电路

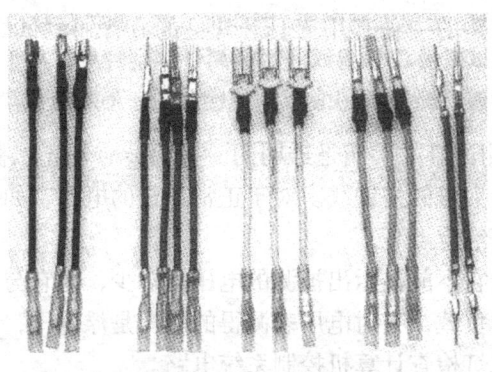

图1-1-28　跨接线

4. 实训操作

（1）万用表电位法诊断电路

参考图1-1-29给出的电路，K为倒车灯开关、F为熔丝、L为灯泡。故障现象为K接通，L不亮。A、B、C、D、E、G、H、P、M为测量点。请用电位法诊断故障并完成表1-1-1。

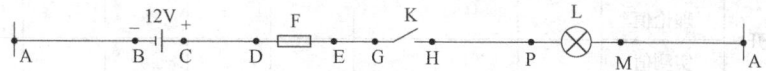

图1-1-29　练习电路——倒车灯电路

表1-1-1　练习记录表（1）

测量对象		U_B	U_C	U_D	U_E	U_G	U_H	U_P	U_M	U_A
电路正常,K断开	理论值									
	实测值									
电路正常,K接通,灯亮	理论值									
	实测值									
F故障,断路,K接通	理论值									
	实测值									
灯泡故障,K接通	理论值									
	实测值									
线M-A断路,K接通	理论值									
	实测值									
K接通,L不亮,根据测量值分析故障点	测量值	0	12.6	12.6	12.6	12.6	12.6	0	0	0
	故障点									

（2）电压法诊断电路

电路和故障等同上述（1）。请用电压法诊断故障并完成表1-1-2。

表1-1-2　练习记录表（2）

测量对象		U_{BC}	U_{CD}	U_{DE}	U_{EG}	U_{GH}	U_{HP}	U_{PM}	U_{MA}	U_{AB}
电路正常,K断开	理论值									
	实测值									
电路正常,K接通,灯亮	理论值									
	实测值									
F故障,断路,K接通	理论值									
	实测值									
灯泡故障,K接通	理论值									
	实测值									
线M-A断路,K接通	理论值									
	实测值									
K接通,L不亮,根据测量值分析故障点	测量值	12.6	0	0	0	0	12.6	0	0	0
	故障点									

(3) 电阻法诊断电路

电路和故障等同上述（1）。请用电阻法诊断故障并完成表 1-1-3。

表 1-1-3　练习记录表（3）

测量对象		R_{BC}	R_{CD}	R_{DE}	R_{EG}	R_{GH}	R_{HP}	R_{PM}	R_{MA}	R_{BA}
电路正常，K 断开	理论值									
	实测值									
电路正常，K 接通，灯亮	理论值									
	实测值									
F 故障，断路，K 接通	理论值									
	实测值									
灯泡故障，K 接通	理论值									
	实测值									
线 M-A 断路，K 接通	理论值									
	实测值									
K 接通，L 不亮，根据测量值分析故障点	测量值	—	0.02	0.01	0.01	0.03	∞	0.51	0.05	0.01
	故障点									

(4) 使用万用表用通断法诊断电路

电路和故障等同上述（1）。请使用万用表用通断法诊断故障并完成表 1-1-4。

表 1-1-4　练习记录表（4）

测量对象		AB	CD	DE	EG	GH	HP	PM	MA
电路正常，K 断开	理论值								
	实测值								
电路正常，K 接通，灯亮	理论值								
	实测值								
F 故障，断路，K 接通	理论值								
	实测值								
灯泡故障，K 接通	理论值								
	实测值								
线 M-A 断路，K 接通	理论值								
	实测值								
K 接通，L 不亮，根据测量值分析故障点	测量值	—	通	通	通	通	不通	通	通
	故障点								

(5) 试灯法诊断电路

电路和故障等同上述（1）。请用试灯诊断故障。

① 试灯一端始终接在电源负（−）端进行诊断并完成表 1-1-5。

表 1-1-5　练习记录表（5）

测量对象		B	C	D	E	G	H	P	M
电路正常,K 断开	理论现象								
	实测现象								
电路正常,K 接通,灯亮	理论现象								
	实测现象								
F 故障,断路,K 接通	理论现象								
	实测现象								
灯泡故障,K 接通	理论现象								
	实测现象								
线 M-A 断路,K 接通	理论现象								
	实测现象								
K 接通,L 不亮,根据测量值分析故障点	测量现象	不亮	亮	亮	亮	亮	亮	不亮	不亮
	故障点								

② 试灯一端始终接在电源正（+）端进行诊断并完成表 1-1-6。

表 1-1-6　练习记录表（6）

测量对象		B	C	D	E	G	H	P	M
电路正常,K 断开	理论现象								
	实测现象								
电路正常,K 接通,灯亮	理论现象								
	实测现象								
F 故障,断路,K 接通	理论现象								
	实测现象								
灯泡故障,K 接通	理论现象								
	实测现象								
线 M-A 断路,K 接通	理论现象								
	实测现象								
K 接通,L 不亮,根据测量值分析故障点	测量现象	亮	不亮	不亮	不亮	不亮	不亮	亮	亮
	故障点								

③ 试灯两端接在被测件两端进行诊断并完成表1-1-7。

表1-1-7 练习记录表（7）

测量对象		BC	CD	DE	EG	GH	HP	PM	MA
电路正常，K断开	理论值								
	实测值								
电路正常，K接通，灯亮	理论值								
	实测值								
F故障，断路，K接通	理论值								
	实测值								
灯泡故障，K接通	理论值								
	实测值								
线M-A断路，K接通	理论值								
	实测值								
K接通，L不亮，根据测量值分析故障点	测量值	亮	不亮	不亮	不亮	不亮	亮	不亮	不亮
	故障点								

任务1-3　测量正弦交流电路电压

1. 任务描述

测量实训室内交流220V和380V电压。

2. 教学目标

（1）能力目标

1）会用万用表测量交流220V和380V电压。

2）具备安全使用交流220V和380V电的能力。

（2）知识目标

1）掌握正弦交流电的基本概念。

2）了解交流电的产生方法。

3）了解正弦交流电特征的物理量。

3. 相关知识

（1）正弦交流电的基本概念

其大小和方向都随时间作周期性变化的电动势、电压和电流统称为交流电。在交流电作用下的电路称为交流电路。

在电力系统中，考虑到传输、分配和应用电能方面的便利性、经济性，大都采用交流电。工程上应用的交流电，一般是随时间按正弦规律变化的，称为正弦交流电，简称交流电。

（2）交流电的产生

获得交流电的方法有多种，但大多数交流电是由交流发电机产生的。

图 1-1-30a 为一最简单的交流发电机，标有 N、S 的为两个静止磁极。磁极间放置一个可以绕轴旋转的铁心，铁心上绕有线圈 ab、b'a'，线圈两端分别与两个铜质集电环（旧称滑环）相连。集电环经过电刷与外电路相连。

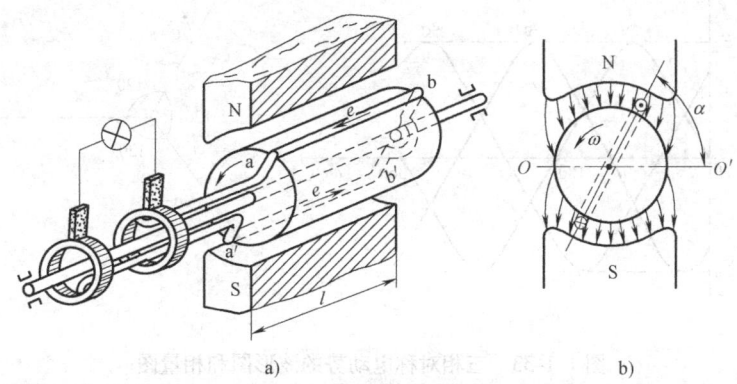

图 1-1-30　交流发电机工作原理示意图
a）立体图　b）端面图

为了获得正弦交变电动势，适当设计磁极形状，使得空气隙中的磁感应强度 B 在 O-O' 平面（即磁极的分界面，称中性面）处为零，在磁极中心处最大（$B = B_m$），沿着铁心的表面按正弦规律分布（图 1-1-30b）。

（3）表示正弦交流电特征的物理量

对图 1-1-30 所示的发电机，当转子以等速旋转时，绕组中感应出的正弦交变电动势的波形如图 1-1-31 所示。图中横轴表示时间，纵轴表示电动势。图形反映出感生电动势在转子旋转过程中随时间变化的规律。下面介绍图 1-1-31 所示正弦交流电的物理量。

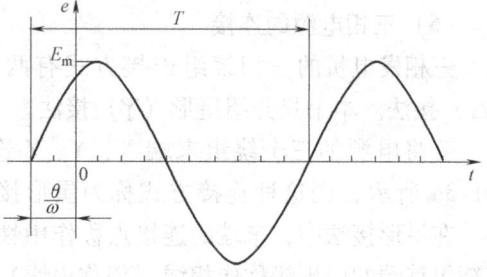

当发电机转子转一周时，转子绕组中的正弦交变电动势也就变化一周。我们把正弦交流电变化一周所需的时间叫周期，用 T 表示。周期的单位是秒（s）。

图 1-1-31　正弦交流波形图

1s 内交流电变化的周数，称为交流电的频率，用 f 表示，$F = 1/T$，频率的单位是赫［兹］（Hz）。

（4）三相交流电动势的产生

如图 1-1-32 所示，在三相交流发电机中，定子上嵌有 3 个具有相同匝数和尺寸的绕组 AX、BY、CZ。其中 A、B、C 分别为 3 个绕组的首端，X、Y、Z 分别为绕组的末端。绕组在空间的位置彼此相差 120°（2 极电机）。

当转子磁场在空间按正弦规律分布、转子恒速旋转时，三相绕组中将感应出三相正弦电动势 e_A、e_B、e_C，分别称作 A 相电动势、B 相电动势

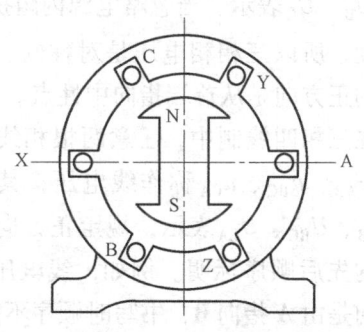

图 1-1-32　三相发电机原理结构（2 极）

和 C 相电动势。它们的频率相同，振幅相等，相位上互差 120°电角度。

波形图、相量图分别如图 1-1-33a 和图 1-1-33b 所示。

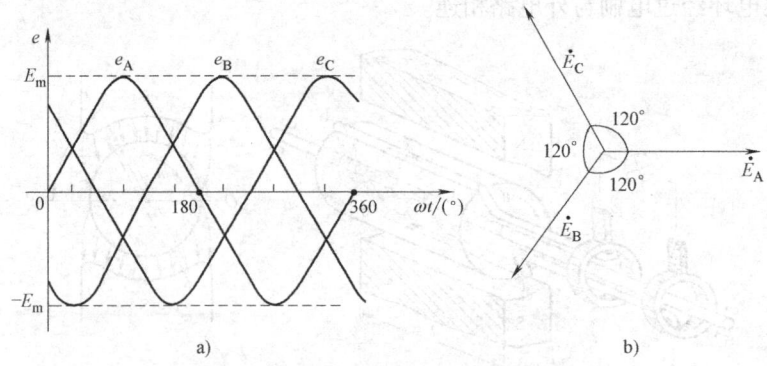

图 1-1-33　三相对称电动势的波形图和相量图
a）波形图　b）相量图

(5) 三相交流电路

目前，电能的产生、输送和分配，基本都采用三相交流电路。广泛应用三相交流电路的原因，是因为它具有以下优点。

1) 在相同体积下，三相发电机输出功率比单相发电机大。

2) 在输送功率相等、电压相同、输电距离和线路损耗都相同的情况下，三相输电比单相输电节省输电线材料，输电成本低。

3) 与单相电动机相比，三相电动机结构简单、价格低廉、性能良好、维护使用方便。

(6) 三相电源的连接

三相发电机的三相绕组连接方式有两种，一种叫星形（Y）接法，另一种叫三角形（△）接法。本书只介绍星形（Y）接法。

若将电源的三个绕组末端 X、Y、Z 连在一点 N，而将三个首端作为输出端，如图 1-1-34 所示，则这种连接方式称为星形接法。

在星形接法中，末端的连接点称作中性点，中性点的引出线称为中性线（俗称零线），三绕组首端的引出线称作相线（俗称火线）。这种从电源引出 4 根线的供电方式称为三相四线制。

在三相四线制中，相线与中性线之间的电压 u_A、u_B、u_C 称为相电压，它们的有效值用 U_A、U_B、U_C 表示。当忽略电源内阻抗时，$U_A = E_A$，$U_B = E_B$，$U_C = E_C$，且相位上互差 120°电角度，所以三相相电压是对称的。规定相电压的正方向是从首端指向中性点。

在三相四线制中，任意两根相线之间的电压 u_{AB}、u_{BC}、u_{CA} 称作线电压，其有效值用 U_{AB}、U_{BC}、U_{CA} 表示，规定正方向由脚标字母的先后顺序标明。例如，线电压 U_{AB} 的正方向是由 A 指向 B，书写时顺序不能颠倒，否则相位上互差 180°。从接线图 1-1-34 中可

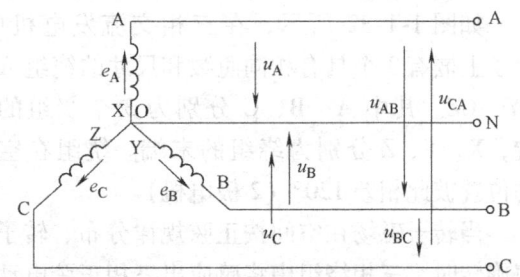

图 1-1-34　三相电源的星形接法

得出线电压。

4. 实训操作

（1）用数字式万用表测交流电压

1）将万用表打到蜂鸣档，红表笔接电压端子，黑表笔接 COM 端子，将两只表笔短接，确定红黑表笔是否接得正确。

2）验证蜂鸣档发出正常的吱吱声，表盘显示数值等于零或者近似为零即为万用表正常。

3）将万用表调到所要测量的电压等级下，一般要比测量的电压高出一些，如要测 220V 电压，要调到交流电压档 250V 或 500V。

4）测量电压时，一定要确保单手拿表笔，以防触电。注意手不可以触碰表笔金属部分，将表笔插入被测插座内。

5）此时即可读出数值，即为所测电压。最后将表笔收起，档位归为 OFF 档。

（2）用验电笔测交流电压

用验电笔测相线、零线的方法是：大拇指和中指执验电笔，食指按住笔帽或笔挂（勿接触头部金属笔头，以防触电），用电笔尖头接触电线，如果电笔内部的感应灯发光，就是相线，否则是零线或地线。

但带电的不一定就是相线，故障情况下零线或地线均可能带电，相线反而可能不带电。因而建议专业不太熟练的人员遇到此类问题时，应求助于专业电工，确保人身设施安全及问题的顺利解决。

项目 2　传感器检测

任务 2-1　温度传感器检测

1. 任务描述

一辆大众捷达轿车，发动机起动困难，起动后怠速不稳、热车后水温易高、排气管冒黑烟，同时发动机故障指示灯有时还亮起。请你对冷却液温度传感器进行检测。

2. 教学目标

(1) 能力目标

1) 会使用万用表等工具测量温度传感器。
2) 会使用万用表、剥线钳、压线钳等仪表、工具。
3) 能够排除指定车型的温度传感器故障。

(2) 知识目标

1) 掌握温度传感器在汽车上的应用。
2) 掌握温度传感器的工作原理。

3. 相关知识

应用在汽车上的温度传感器有冷却液温度传感器、进气温度传感器、排气温度传感器、油温度传感器、蒸发器出口温度传感器和车内(外)温度传感器等。其作用是检测气体、液体的温度，并把检测结果转换成电信号输入给ECU。

温度传感器有热电偶式、线绕电阻式、热敏电阻式等。线绕电阻式温度传感器精度高，但响应特性差；热敏电阻式温度传感器灵敏度高，响应特性较好，但线性差，适应温度较低；热电偶温度传感器精度高，测量温度范围宽，但需要配合放大器和冷端处理一起使用。石蜡式、双金属片式、热敏铁氧体温度传感器均为非电量传感器。

(1) 热敏电阻式温度传感器的应用

热敏电阻可分为负温度系数(NTC)型热敏电阻和正温度系数(PTC)型热敏电阻。

汽车上的冷却液、进气管、蒸发器出口、车内外等处的温度检测普遍采用 NTC 型热敏电阻，也是本书要介绍的类型。图 1-2-1 为 NTC 热敏电阻的结构。

(2) 冷却液温度传感器的应用

冷却液温度传感器用于检测发动机冷却液温度，并将其温度信号输入ECU，为修正喷油量及喷油时刻提供准确依据，一般安装在发动机缸体、缸盖的水套或节温器内并伸入水套中。冷却液温度传感器外形见图 1-2-2。

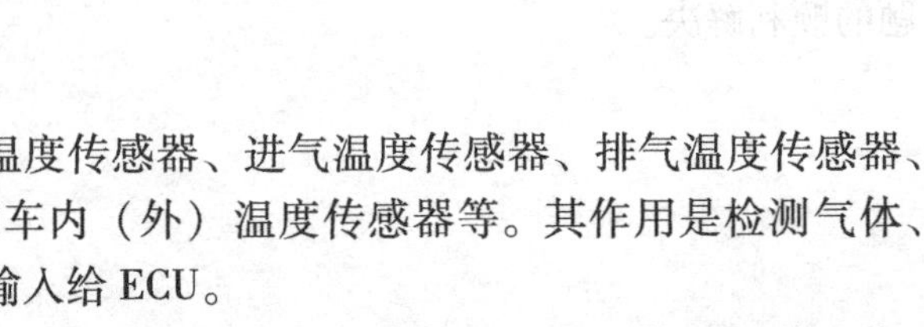

图 1-2-3 所示为冷却液温度传感器

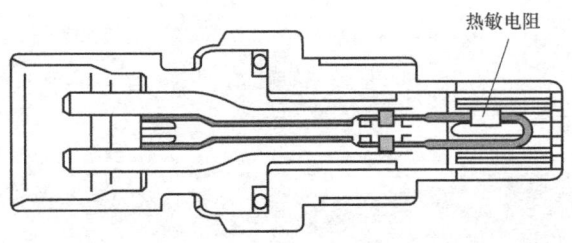

图 1-2-1　NTC 热敏电阻结构

与 ECU 的连接。冷却液温度低，则热敏电阻值大，信号 THW 的分压值高；反之，信号 THW 的分压值低。

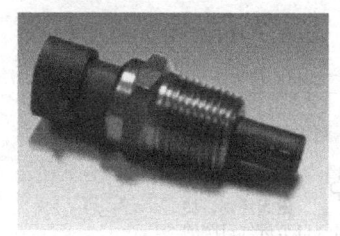

图 1-2-2　冷却液温度传感器外形

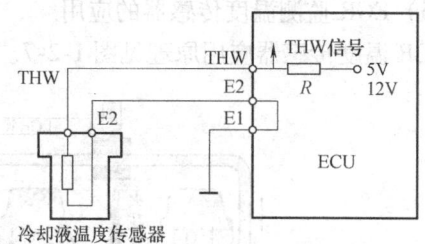

图 1-2-3　冷却液温度传感器电路原理图

当信号 THW 的分压值高时，ECU 可判断冷却液温度低，发动机处于冷起动或暖机工况，此时燃油蒸发性差，ECU 应使混合气的浓度较大，以改善发动机的冷机运转。

当信号 THW 的分压值低时，ECU 可判定发动机已结束冷起动或暖机过程，ECU 按其他工况控制混合气的浓度。

（3）进气温度传感器的应用

进气温度传感器外形如图 1-2-4 所示。该传感器在电控燃油喷射系统中测量进气温度，并输入到 ECU，用于修正体积型空气流量传感器由于大气温度变化带来的进气质量检测的误差。

进气温度传感器有关电路图见图 1-2-5。当信号 THA 的电压高时，热敏电阻值大，ECU 可判断进气温度低、空气密度大、单位体积的空气质量大，同样的进气体积流量则进气质量流量大，应适量增加喷油量；反之，适量减少喷油量。

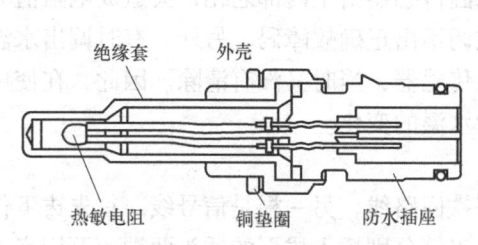

图 1-2-4　进气温度传感器结构

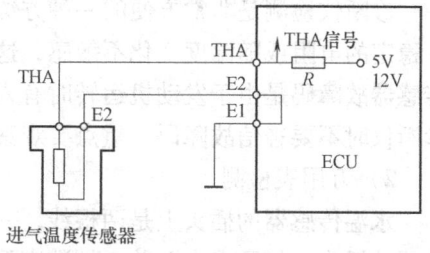

图 1-2-5　进气温度传感器电路图

当进气温度传感器出现故障时，会使混合气过浓或过稀，使发动机工作不稳，这时应检查进气温度传感器。

（4）蒸发器出口温度传感器的应用

汽车温度控制系统见图 1-2-6。蒸发器出口温度传感器检测蒸发器表面温度，用于控制空调压缩机的工作状况，它的工作温度范围是 20℃ ~ 60℃。蒸发器出口温度传感器安装在空调蒸发器片上。

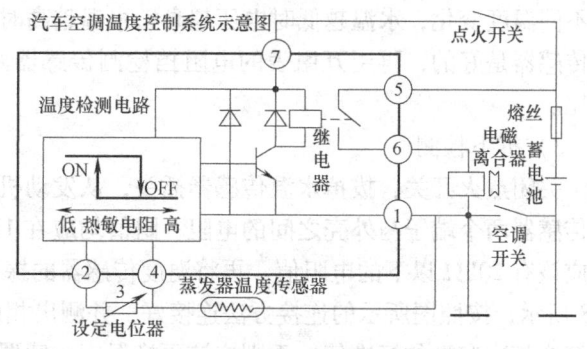

图 1-2-6　汽车温度控制系统示意图

温度控制系统检测蒸发器出口温度信号与空调设定的调节信号比较,从而控制空调压缩机电磁离合器的通断。检测蒸发器出口温度可以防止蒸发器出现结冰现象。

(5) EGR 监测温度传感器的应用

EGR 温度传感器应用原理见图 1-2-7。

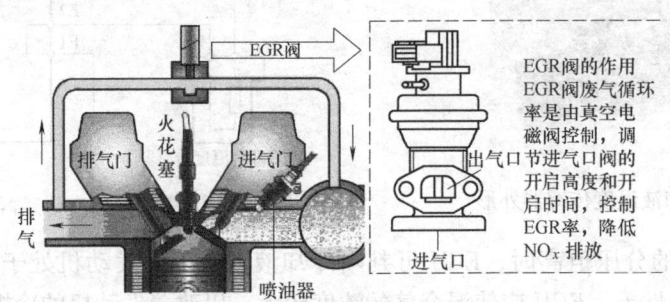

图 1-2-7 EGR 温度传感器原理图

当发动机在怠速、低速、大负荷及冷机时,ECU 控制废气不参与再循环,避免影响发动机性能;当发动机达到一定的转速、负荷及温度时,ECU 控制适量的废气参与再循环。要使废气中的 NO_x 尽可能低,必须根据发动机转速、负荷、温度及废气温度确定参与再循环的废气量。

4. 实训操作

冷却液温度传感器的性能检测:

温度传感器的性能检测方法有以下 3 种方法。

1) 诊断仪检测

诊断仪检测是非常方便的一种方法。但有时水温传感器由于内部老化,会造成电阻值为一稳定的电阻或随温度变化不敏感,这种情况往往调不出正确故障码。另外,有时调出水温传感器故障码是由于发动机运转时有人插拔了水温传感器,当时又没有清除。因此,在使用诊断仪时不要轻信故障码,重点要观察数据流,看水温的变化。

2) 万用表检测

水温传感器的插头上是两根线,一根是信号搭铁回路线,另一根是信号线。首先拔下传感器的插头,打开点火开关,把数字万用表的两个表笔分别插入拔下的插头两端,万用表上显示电压应该在 4.7~5V,如果没有电压或电压很低,就要检查线路和电脑线路板信号端是否正常。信号电压正常后,插回插头,这个电压有所降低,然后起动发动机运转,观察电压随不同温度变化,水温越低时电压越高,水温越高时则电压越低。如果是这样,基本可以认为传感器是好的,再用万用表的电阻挡检测传感器两端子间的电阻,其电阻值应与温度成反比。

3) 拆下检测

关闭点火开关,拔掉水温传感器插头,从发动机上拆下传感器。用数字万用表的电阻挡测传感器两个端子与外壳之间的电阻,阻值均应在 1MΩ 以上。用万用表测传感器两端子之间应该有 20kΩ 以下的电阻值。再将温度传感器的探头放入一个盛有热水的容器中,如图 1-2-8 所示,按照图所示的连接方法连接好,并测出相应温度的电阻值。这个阻值随温度变化应符合相应车型的标准值,否则应该更换温度传感器。

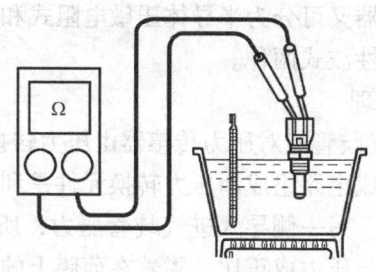

图 1-2-8　检查水温传感器

任务 2-2　压力传感器检测

1. 任务描述

一辆 2009 款 1.6L 北京现代伊兰特，行驶里程为 14257km，用户反映车辆起步困难，行驶中偶尔熄火。怀疑是发动机进气压力传感器故障，请完成此项任务。

2. 教学目标

（1）能力目标

1) 能够检测指定车型的压力传感器。

2) 能够排除指定车型压力传感器故障。

（2）知识目标

1) 掌握压力传感器在汽车上的应用。

2) 掌握压力传感器的工作原理。

3. 相关知识

汽车中压力传感器的应用主要在以下几个方面。

1) 涡轮发动机的压力升压比监控传感器。

2) 燃料喷射压力的监控传感器。

3) 油压监视传感器。

4) 制动系统防止车轮抱死的制动压力传感器。

5) 用于海拔高度测量，以使实施最佳燃料喷射点火控制的大气压力传感器。

6) 悬架装置的控制用油压传感器（汽车高度、减震力弹性系数的测控）。

7) 动力转向装置的油压控制。

8) 发动机液压传感器。

9) 轮胎欠压报警。

10) 发动机控制系统中直接测量燃烧压力的微压力传感器。

11) 乘客人身安全保护气囊用压力传感器。

12) 汽缸内压力检测的动态压力传感器。

进气压力传感器，简称 MAP。它以真空管连接进气歧管，随着发动机不同的转速负荷，感应进气歧管内的真空变化，转换成电压信号，供 ECM 电脑修正喷油量和点火正时角度。

在当今发动机电子控制系统中，应用较为广泛的压力传感器按输出信号分类有电压型和频率型两种。电压型压力传感器又可分为半导体压敏电阻式和真空膜盒传动式两种。频率型压力传感器有电容式和表面弹性波式两种。

(1) 电压型压力传感器原理

1) 半导体压敏电阻式进气歧管绝对压力传感器由压力转换元件（硅膜片）和把转换元件输出信号进行放大的混合集成电路组成。压力转换元件是利用半导体的压阻效应制成的硅膜片。硅膜片的一侧是真空室，另一侧导入进气歧管压力，所以进气歧管内绝对压力越高，硅膜片的变形越大，其变形量与压力成正比。附着在薄膜上的应变电阻的阻值变化，会产生与其变形量成正比的变化。利用这种原理，可把进气歧管内压力的变化变换成电信号。

一般此种传感器与ECU有3根导线相连，如图1-2-9所示。一根为ECU向传感器供电的电源线，供电电压一般为4.8~5.1V。另外两根为传感器的信号输出线和传感器的接地线。在发动机怠速运转时，进气歧管的真空度高（绝对压力低），传感器的电阻值大，传感器输出1.5~2.1V的低电压信号；当节气门全开时，歧管真空度低（绝对压力高），传感器电阻小，传感器输出3.9~4.8V的高电压信号。

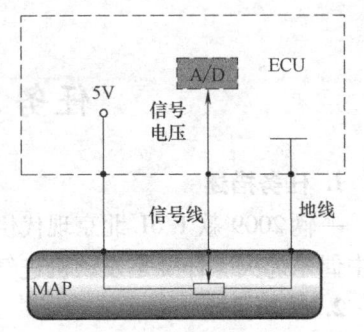

2) 真空膜盒传动的可变电感式进气歧管绝对压力传感器主要由膜盒、铁心、感应线圈和电子电路等组

图1-2-9 电压型压力传感器原理图

成。膜盒是由薄金属片焊接而成，其内部被抽成真空，外部与进气歧管相通。外部压力变化将使膜盒产生膨胀或收缩的变化。置于感应线圈内部的铁心和膜盒联动。感应线圈由两个绕组构成，其中一个与振荡电路相连，产生交流电压，在线圈周围产生磁场，另一个为感应绕组，产生信号电压。当进气歧管压力变化时，膜盒带动铁心在磁场中移动，使感应线圈产生的信号电压随之变化。该信号电压由电子电路检波、整形和放大后，作为传感器的输出信号送至电控单元（ECU）。

(2) 频率型压力传感器原理

1) 电容式压力传感器相关电路如图1-2-10所示，它是用氧化铝膜片和底板彼此靠近排列形成电容，利用电容膜片上下压力差而改变的性质，获得与压力成正比的电容值信号。将电容连接到传感器混合集成电路的震荡电路中，传感器产生可变频率的信号。输出频率与进气压力成正比，在80Hz~120Hz之间变化。

2) 表面弹性波式压力传感器，是在一块压电基片上用超声波方法加工出一个薄膜敏感区，上面刻制换能器（压敏SAW延时线），换能器与电路组合成振荡器。频率型压力传感器信号电压一般是5V或12V。当空气流量变化时，电压始终不变，而输出的脉冲频率发生变化，因此不能根据测量电压高低确定

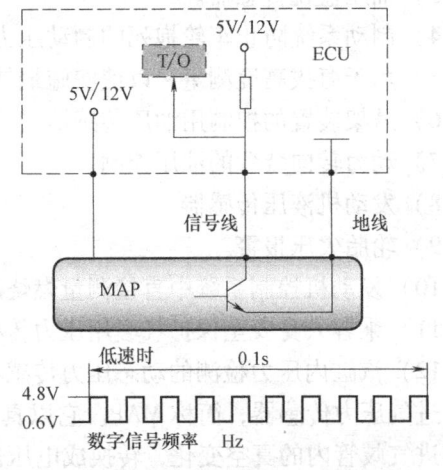

图1-2-10 电容式压力传感器电路图

流量变化。

4. 实训操作

（1）半导体压敏电阻式进气压力传感器检修

拔下传感器的连接器插头，接通点火开关（但不起动发动机），用万用表电压档检测连接器插头电源端和接地之间的电压，其值应为4～6V；否则，应检修连接线路。若传感器损坏，应予更换。检测进气压力传感器的输出电压。拔下进气压力传感器与进气支管连接的真空软管，打开点火开关（但不起动发动机），用电压表在电控单元线束插头处测量进气支管压力传感器的输出电压。接着向进气支管压力传感器内施加真空，并测量在不同真空度下的输出电压，该电压值应随真空度的增大而降低，其变化情况应符合规定，否则应更换。

（2）真空膜盒式进气压力传感器的检修

检修真空膜盒式进气压力传感器时，应先检测传感器的电源电压。拔下传感器的连接器插头，接通点火开关，用万用表检测连接器插头电源端的电压，其值应为12V。否则，应检修连接线路。检测传感器的输出信号时，应将连接器插头插好，接通点火开关，用万用表检测连接器插头信号输出端子与搭铁端子之间的电压，在真空侧处于大气压下时，电压值约为1.5V。如真空度增加，电压值下降。否则，说明传感器损坏，应予更换。

任务2-3　转速传感器检测

1. 任务描述

一辆捷达轿车在发动机油底壳撞裂后拖进店维修，更换了新的油底壳。完工检验时发现无法起动，你作为维修技师，接受此任务。

2. 教学目标

（1）能力目标

1）能够检测指定车型的转速传感器。

2）能够排除指定车型的转速传感器故障。

（2）知识目标

1）掌握转速传感器在汽车上的应用。

2）掌握转速传感器的工作原理。

3. 相关知识

转速传感器是汽车运动部件位置状态检测传感器中的一种，用于检测汽车上各类转动部件运转情况。其功能主要包括两个方面：一是检测运动部件的转速或转角；二是判定运动部件的转动位置。

汽车上最常用的转速传感器有磁感应式、霍尔效应式、磁阻效应式3种类型。

（1）磁感应式转速传感器

磁感应式转速传感器是利用电磁感应原理制成的，其工作原理如图1-2-11所示。当信号转子转动时，信号转子的凸齿与铁心的空气隙发生变化，使通过传感线圈的磁通发生变化，因此传感线圈中便产生感应交变电动势。为了防止信号的相互干扰，会装有屏蔽的金属接地线，这样的传感器就3个端子。

（2）霍尔效应式转速传感器

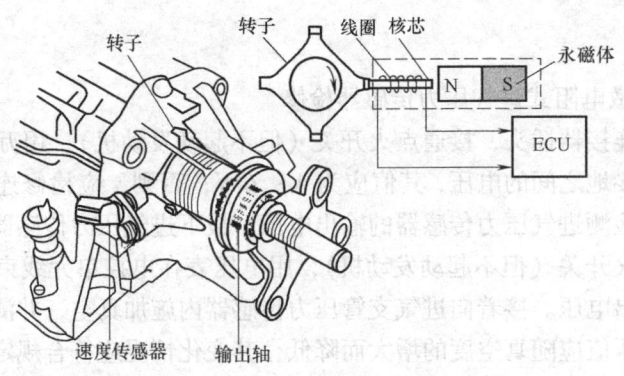

图 1-2-11　磁感应式转速传感器

霍尔效应式转速传感器是根据霍尔效应原理制成的。霍尔效应是当磁场垂直施加于导线中流通的电流时，就会产生垂直于此电流和磁场的电位差。而且，此电位差所产生的电压将和此施加的磁通量密度成正比例变化。霍尔转速传感器工作原理如图 1-2-12 所示，其工作磁铁和霍尔集成电路间的运动方式有对移、侧移、旋转和遮断 4 种。在转速传感器的应用领域，通常采用开关型霍尔传感器，工作磁铁和霍尔集成电路间的运动方式则多采用遮断和旋转两种方式。

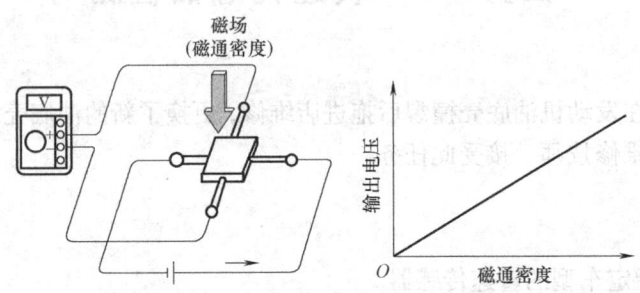

图 1-2-12　霍尔转速传感器工作原理

1）采用遮断运动方式的霍尔转速传感器由触发叶片和霍尔传感器组成。当触发叶片随着主动元件运转时，不断地在霍尔集成电路片与永久磁铁之间穿过。当叶片位于霍尔电路片和永久磁铁之间时，切断磁通，此时无霍尔电压产生；当叶片离开霍尔电路片和永久磁铁之间的空气隙时，磁通建立，霍尔电压产生。

2）采用旋转运动方式的霍尔转速传感器如图 1-2-13 所示。当触发齿圈位于 a 图的位置

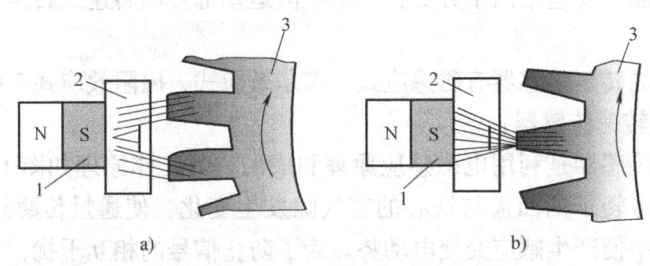

图 1-2-13　旋转运动方式的霍尔转速传感器示意图
1—永磁铁　2—霍尔元件　3—信号靶轮

时，穿过霍尔元件的磁力线分散，磁场相对较弱。而当齿轮位于 b 图的位置时，穿过霍尔元件的磁力线集中，磁场相对较强。齿轮转动时，使得穿过霍尔元件的磁力线密度发生变化，因而引起霍尔电压的变化。

霍尔元件为一个毫伏级的准正弦波电压。由于输出电压比较小，其生成的霍尔电压都要经过放大才能应用。通常将霍尔元件与放大器电路、温度补偿电路及稳压电源电路等集成在一个芯片上构成一个霍尔传感器。所以霍尔转速传感器需要外供电源，通过施密特触发器对霍尔集成电路中的输出极（开关晶体管）进行通断控制，最终以数字方波的信号形式发送。

3）二线制的智能集成电路式霍尔转速传感器

一种 TLE4941 型二线制的智能集成电路式霍尔转速传感器就被应用奇瑞 A3 的 ABS 系统中。其内部电路主要包括电源调节器、振荡器、两个霍尔传感器、差分放大器、运算器、比较器、可调电流源、可编程放大器、高速 ADC、数字信号处理器（DSP）、偏置 DAC。电源调节器起稳压作用，给各单元电路提供稳定电压。振荡器为数字电路提供时钟。差分放大器有两个作用，一是对两个霍尔传感器所产生的信号进行差分放大，二是利用自带的低通滤波器滤除噪声。差分放大器的输出分成两路，一路经过比较器去控制输出级可调电流源，另一路依次通过 PGA 和高速 ADC，转换成数字量并送至 DSP。利用 DSP 分别计算出输入信号的最小值、最大值及算术平均值，进而确定算术平均值的偏移量，然后送至偏置 DAC 转换成模拟量，再通过运算器完成失效校准后才开始正常输出。

(3) 磁阻效应式转速传感器

磁阻效应式转速传感器利用磁阻效应的原理，由外供电源、接地线路、信号感应磁环、磁阻元件及集成电路组合而成。所谓磁阻效应，就是指当外加的磁场发生变化时，磁阻元件的阻值也会随之变化的现象。传感器的信号磁环在其圆周方向上交替均匀排列着若干组 N、S 磁极，当磁环旋转时，固定不动的磁阻元件所处空间的磁场发生周期性变化，这使得磁阻元件的电阻也随之发生周期性变化（与转速成正比），变化的阻值通过外供电源和集成电路的共同作用，最终将其转化为数字信号并输出。数字信号波形的频率由附装于磁环的磁铁极数确定。图 1-2-14 中为 20 极型的磁环，可以产生 20 个周期的波形（磁环每转一圈产生 20 个脉冲），当磁力方向根据附于磁环上的磁铁的转动而变化时，则 MRE 的输出就成 AC 波形，传感器内的比较器将此 AC 波形转换成数字信号输出。

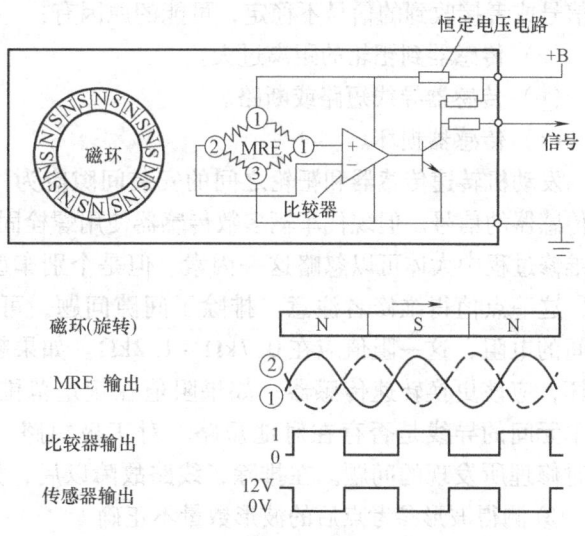

图 1-2-14 20 极型磁阻效应式转速传感器

4. 实训操作

发动机转速传感器检测：

首先检查传感器插头。断开发动机转速传感器插头，目视检查导线与插头状态并针对故障（如导线有无松脱，插头是否受潮或腐蚀，插头和导线有无损坏等）进行维修。其次进行波形检测。连接好拔下的插头，检查发动机能否起动，如果发动机无法正常起动，应按下述两种情况分析处理。

1）起动机不工作情况

由于发动机转速传感器无信号不会导致起动机不工作，所以应该先检查并解决起动机部分的故障，然后再检查转速传感器。

2）起动机工作情况

如果发动机能够正常起动，应该在关闭点火开关的前提下连接示波仪（连接示波仪的过程中通常需要暂时断开电控单元），然后起动发动机，检测发动机电控单元上与转速传感器相连的两个插脚间的波形信号（不同的汽车生产厂家会有不同的专用工具实现这一检测），观察波形中高电平信号的数量和最大电压值。如果发动机不能正常起动，可以在连接好设备后起动起动机直到测量曲线完整。由于传感器靶轮有58个齿，因此高电压值必定出现在参考点后的第57个波形信号中。最后对测得的波形进行分析。我们将测得波形与标准波形做比较，可以推测与转速传感器相关的4种结果。对于这4种结果，分别制定检测方案。

① 测得波形与标准波形基本吻合

发动机电控单元正确接收到了转速传感器的信号，转速传感器及线路都没故障，检测结束。

② 无波形信号或者测得波形相对标准波形明显不一致，发动机电控单元没有接收到转速信号或者接收到的信号不稳定，可能的原因有：

（a）传感器到靶轮的距离过大。

（b）传感器导线短路或断路。

（c）传感器损坏。

发动机转速传感器和靶轮之间的安装间隙应为 (1 ± 0.5) mm，间隙过大或过小都将影响传感器的信号。但现代车辆多数传感器使用螺栓固定，也就是说间距是不可调的，因此故障维修过程中大体可以忽略这一因素。但是个别车型在装配发动机时容易将靶轮的位置装错，这一点值得维修者注意。排除了间隙问题，可以拔下传感器的插头，测量传感器两脚间的电阻，这一阻值应在 $0.7 k\Omega \sim 1.2 k\Omega$。如果超出了规定阻值范围，说明传感器已经损坏，应该更换转速传感器；如果阻值在规定范围内，应该继续检查传感器到发动机电控单元间的导线是否存在对地短路、对正极短路、断路或者导线之间相互短路的现象，及时修理所发现的问题。在排除了线路故障以后，如果仍未解决，应该更换转速传感器。

③ 测得波形参考点后的波形数量不正确

可能导致波形数量变化的因素一般会有3种情况：

（a）靶轮上有金属碎屑导致产生额外的波形信号。

（b）传感器的靶轮损坏，导致波形信号缺失。

（c）靶轮松脱或传感器与靶轮间距过大，导致信号失真或丢失。

上述这些故障都会对波形数量产生影响，需要维修人员做认真的检查。

④ 当拉动传感器导线或插头时信号中断

检查转速传感器到发动机电控单元之间的连接导线有无松脱并修理相关的故障线路。

任务 2-4 位置传感器检测

1. 任务描述

一辆捷达轿车已行驶 76700km。根据客户反映的故障现象进行路试。挂一档固定在小油门行车时,有严重发闷现象,档位越高,故障现象越轻。用诊断仪读取故障码无故障码。通过该车的维修历史和试车结果,基本可以排除与底盘的关系,属于发动机加速异常导致。你作为维修技师接到此故障车辆,对其进行维修。

2. 教学目标

(1) 能力目标
1) 能够检测指定车型的节气门位置传感器。
2) 能够排除指定车型的节气门位置传感器故障。

(2) 知识目标
1) 掌握位置传感器在汽车上的应用。
2) 掌握各种位置传感器的工作原理。

3. 相关知识

应用在汽车上的位置传感器有曲轴位置传感器、节气门位置传感器、液位传感器和车辆高度传感器等。其作用是检测被测对象的位移(位置)、角位移的变化情况,并把检测结果转换成电信号输入给电控单元。

位置传感器有电磁式、霍尔效应式、光电式、电阻式、热敏电阻式等。位置传感器用途分类见表 1-2-1。

表 1-2-1 位置传感器用途分类

位置传感器	安装位置	用途
曲轴位置传感器	曲轴前端、凸轮轴前端、分电器或飞轮壳上	检测活塞上止点和曲轴转角,也是发动机转速信号源
节气门位置传感器	节气门体上	检测节气门开度
液位传感器	液体容器内	检测燃油箱油量、制动液液位、清洗液液位、冷却水液位等
车辆高度传感器	左右前轮、后桥中部	检测车身高度的变化
溢流环位置传感器	柴油喷射泵	检测柴油喷射泵溢流环位置
超声波距离传感器	车后/车前保险杠	检测车辆后方、前方障碍物
方位传感器	车顶	检测车辆地磁地理方位

(1) 曲轴位置传感器

曲轴位置传感器和凸轮轴位置传感器是发动机集中控制系统中最重要的传感器之一，是点火系统和燃油喷射系统共用的传感器。

曲轴位置传感器用于检测发动机曲轴转角和活塞上止点，并将检测信号送至发动机 ECU，用于控制点火时刻（点火提前角）和喷油正时。同时也是测量发动机转速的信号源，其产生信号原理分为磁脉冲式、光电式、霍尔式 3 种。

通常与曲轴位置传感器相配的还有凸轮轴位置传感器，其中凸轮轴位置传感器的功用是判别发动机的哪一缸的活塞即将到达上止点，又称为判缸传感器。以上两者一起又称为发动机转速与曲轴位置传感器或称为曲轴位置/判缸/转速传感器。

霍尔效应式曲轴位置传感器的结构、原理：

霍尔效应原理如图 1-2-15 所示。当电流以垂直于磁场方向通过置于磁场中的半导体基片的霍尔元件时，在垂直于电流和磁场的方向上将产生一个与电流和磁场强度成正比的电势，即霍尔电势 U_H。

$$U_H = kIB$$

当电流 I 一定，则 U_H 与磁场强度 B 成正比。

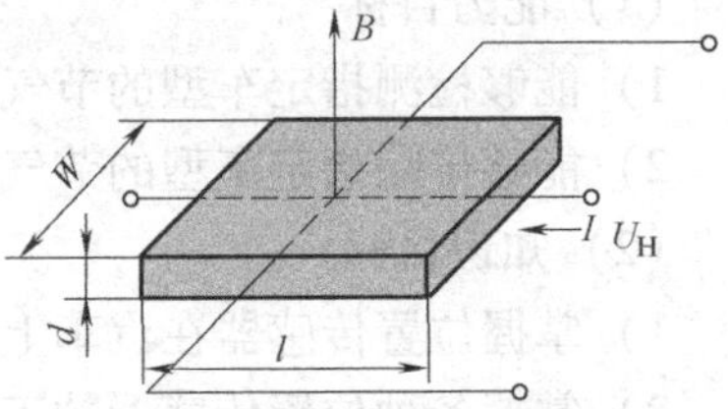

图 1-2-15 霍尔效应原理图

霍尔效应式曲轴位置传感器：信号轮转动时，每当触发叶片进入磁铁与霍尔元件之间的空隙时，磁通被触发叶片所旁路（或称隔磁），这时不产生霍尔电压；当触发叶片离开空隙时，磁铁的磁通穿过霍尔元件产生霍尔电压。从而使霍尔元件产生脉冲电压信号，经放大整形后即为所需的曲轴位置信号。

(2) 节气门位置传感器

节气门位置传感器是发动机集中控制系统中最重要的传感器之一，是点火系统、燃油喷射系统和自动变速器系统共用的传感器。节气门位置传感器用以检测节气门的开度和关闭状况，并将检测信号送至发动机 ECU，用以控制燃油喷油量、点火时刻（点火提前角）和自动变速器换档。节气门位置传感器有线性输出型、开关型和数码编码 3 种。

线性输出型节气门位置传感器的结构如图 1-2-16 所示，有两对活动触点，其中一对作为主电位器，另一对作为节气门关闭位置指示的微型开关。其活动触点或滑动触点与节气门同轴。传感器电刷示意如图 1-2-17 所示。

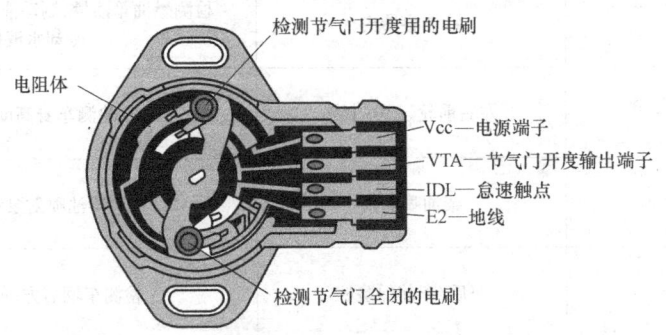

图 1-2-16 线性输出型节气门位置传感器的结构

当活动触点随节气门的打开而改变电位器的电阻值时，其输出电压与节气门的开度成正比，如图 1-2-18 所示。

图1-2-17 线性输出型节气门位置传感器电刷示意图

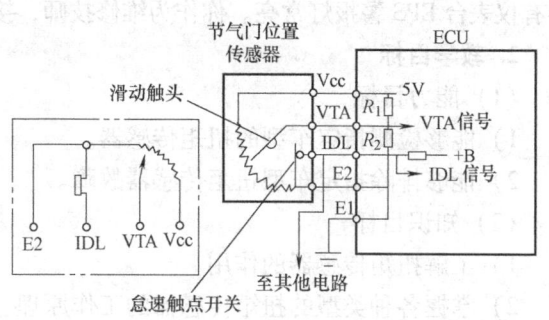

图1-2-18 线性输出型节气门位置传感器电路图

随着节气门逐渐打开，VTA端子输出电压增大，如图1-2-19所示；反之，输出电压减小。VTA信号输入ECU后，ECU将此信号作为控制喷油量的条件之一。节气门微动开关即怠速开关，当节气门全闭时，触点闭合，IDL端的电位为0，此时ECU对发动机进行怠速控制或是断油控制。

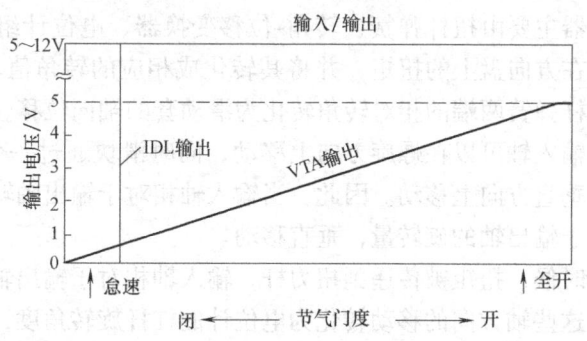

图1-2-19 VTA输出与节气门开度对比图

4. 实训操作

节气门位置传感器检测：

节气门位置传感器是否正常，可采用测量其电压和电阻的方法来检查。

1）检查电压。不起动发动机，接通点火开关，用万用表直流电压档测量发动机ECU插接器上有关接脚的电压，与标准值比较，如果电压正常，则节气门无故障。

2）检查电阻。拔下节气门位置传感器的插接器，用万用表电阻档测量节气门位置传感器端子间的电阻，如果电阻不符，应更换传感器。慢慢转动节气门，观察VTA与E2之间电阻是否随节气门开度改变而连续变化。若电阻忽大忽小或有无穷大出现，就应该更换节气门位置传感器。

任务2-5 扭矩传感器检测

1. 任务描述

一辆现代瑞纳轿车，装备电动动力转向系统，行驶50000km，出现转向沉重故障现象，并伴有仪表台 EPS 警报灯常亮。你作为维修技师，接到此故障车辆，请对其进行分析并维修。

2. 教学目标

（1）能力目标

1）能够检测指定车型的扭矩传感器。

2）能够排除指定车型扭矩传感器故障。

（2）知识目标

1）了解扭矩传感器的作用。

2）掌握各种类型的扭矩传感器的工作原理。

3. 相关知识

扭矩传感器一般用于电动动力转向（EPS）上用来检测作用于转向盘上的扭矩。扭矩传感器是 EPS 系统中最重要的器件之一。扭矩传感器的种类有很多，主要有电位计式扭矩传感器、金属电阻应变片的扭矩传感器、非接触式扭矩传感器等。

（1）电位计式扭矩传感器

电位计式扭矩传感器主要可以分为旋臂式、双级行星齿轮式、扭杆式。其中扭杆式测量结构简单、可靠性能相对比较高，在早期应用比较多。

扭杆式扭矩传感器主要由扭杆弹簧、转角-位移变换器、电位计组成。扭杆弹簧主要作用是检测驾驶员作用在方向盘上的扭矩，并将其转化成相应的转角值。转角-位移变换器是一对螺旋机构，将扭杆弹簧两端的相对转角转化为滑动套的轴向位移，由刚球、螺旋槽和滑块组成。滑块相对于输入轴可以在螺旋方向上移动，同时滑块通过一个销安装到输出轴上，可以相对于输出轴在垂直方向上移动。因此，当输入轴相对于输出轴转动时，滑块按照输入轴的旋转方向和相对于输出轴的旋转量，垂直移动。

当转动方向盘的时候，扭矩被传递到扭力杆，输入轴相对于输出轴方向出现偏差。该偏差是滑块出现移动，这些轴方向的移动转化为电位计的杠杆旋转角度，滑动触点在电阻线上的移动使电位计的电阻值随之变化，电阻的变化通过电位计转化为电压。这样扭矩信号就转化为了电压信号。

由于电位计式扭矩传感器容易磨损造成信号不准，已经逐渐被淘汰。

（2）金属电阻应变片扭矩传感器

传感器由弹性轴、测量电桥、仪器用放大器、接口电路组成。传感器扭矩测量采用应变电测技术。在弹性轴上粘贴应变计组成测量电桥，当弹性轴受扭矩产生微小变形后引起电桥电阻值变化，应变电桥电阻的变化转变为电信号的变化从而实现扭矩测量。弹性轴是敏感元件，在 45°和 135°的方向上产生最大压应力和拉应力，这时承受的主应力和剪应力相等。

（3）非接触式扭矩传感器

图 1-2-20 所示为非接触式扭矩传感器的典型结构。输入轴和输出轴由扭杆连接起来，输入轴上有花键，输出轴上有键槽。当扭杆受方向盘的转动力矩作用发生扭转时，输入轴上的花键和输出轴上键槽之间

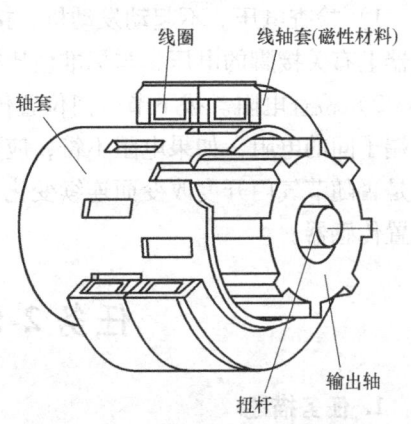

图 1-2-20 非接触式扭矩传感器

的相对位置就被改变了。花键和键槽的相对位移改变量等于扭转杆的扭转量，使得花键上的磁感强度改变，磁感强度的变化，通过线圈转化为电压信号。信号的高频部分由检测电路滤波，仅有扭矩信号部分被放大。

这种扭矩传感器由于采用的是非接触的工作方式，因而寿命长、可靠性高、不易受到磨损、有更小的延时、受轴的偏转和轴向偏移的影响更小，现在已经广泛用于轿车和轻型车中，是 EPS 传感器的主流产品。

4. 实训操作

检测现代瑞纳轿车扭杆式扭矩传感器。

项目3　基本变流电路

任务3-1　制作整流电路

1. 任务描述

设计一个输出直流电压为36V，输出电流为1A的单相桥式整流电路。已知输入交流电压为220V。

2. 教学目标

（1）能力目标

1）学会用二极管或者整流桥堆连接整流电路。

2）学会查阅手册及选用元器件。

3）能用万用表等仪器仪表检测、排除直流稳压电源的常见故障。

（2）知识目标

1）掌握常用的电阻、电容、二极管、晶体管、特殊晶体管构造、原理及其特性。

2）学会合理地选用电器元件型号。

3. 相关知识

（1）电阻

导电体对电流的阻碍作用称为电阻，用符号 R 表示，单位为欧姆、千欧、兆欧，分别用 Ω、$k\Omega$、$M\Omega$ 表示。

1）电阻器的分类

常用电阻器有如下几类：

① 线绕电阻器：通用线绕电阻器、精密线绕电阻器、大功率线绕电阻器、高频线绕电阻器。

② 薄膜电阻器：碳膜电阻器、合成碳膜电阻器、金属膜电阻器、金属氧化膜电阻器、化学沉积膜电阻器、玻璃釉膜电阻器、金属氮化膜电阻器。

③ 实心电阻器：无机合成实心碳质电阻器、有机合成实心碳质电阻器。

④ 敏感电阻器：压敏电阻器、热敏电阻器、光敏电阻器、力敏电阻器、气敏电阻器、湿敏电阻器。

2）电阻器主要特性参数

标称阻值：电阻器上面所标示的阻值。

允许误差：标称阻值与实际阻值的差值跟标称阻值之比的百分数称阻值偏差，它表示电阻器的精度。

额定功率：在正常的大气压力及环境温度为 $-55^\circ\text{C} \sim 70^\circ\text{C}$ 的条件下，电阻器长期工作所允许耗散的最大功率。

线绕电阻器额定功率系列为（W）：1/20、1/8、1/4、1/2、1、2、4、8、10、16、25、

40、50、75、100、150、250、500；非线绕电阻器额定功率系列为（W）：1/20、1/8、1/4、1/2、1、2、5、10、25、50、100。

额定电压：由阻值和额定功率换算出的电压。

最高工作电压：允许的最大连续工作电压。在低气压工作时，最高工作电压较低。

3）电阻阻值标示方法

直标法：用数字和单位符号在电阻器表面标出阻值，其允许误差直接用百分数表示，若电阻上未注偏差，则均为 ±20%。

文字符号法：用阿拉伯数字和文字符号两者有规律的组合来表示标称阻值，其允许偏差也用文字符号表示。

数码法：在电阻器上用 3 位数码表示标称值的标志方法。

色标法：用不同颜色的带或点在电阻器表面标出标称阻值和允许偏差，如图 1-3-1 所示。当电阻为 4 环时，最后一环必为金色或银色，前两位为有效数字，第 3 位为乘方数，第 4 位为偏差。当电阻为 5 环时，最后一环与前面 4 环距离较大。前 3 位为有效数字，第 4 位为乘方数，第 5 位为偏差。

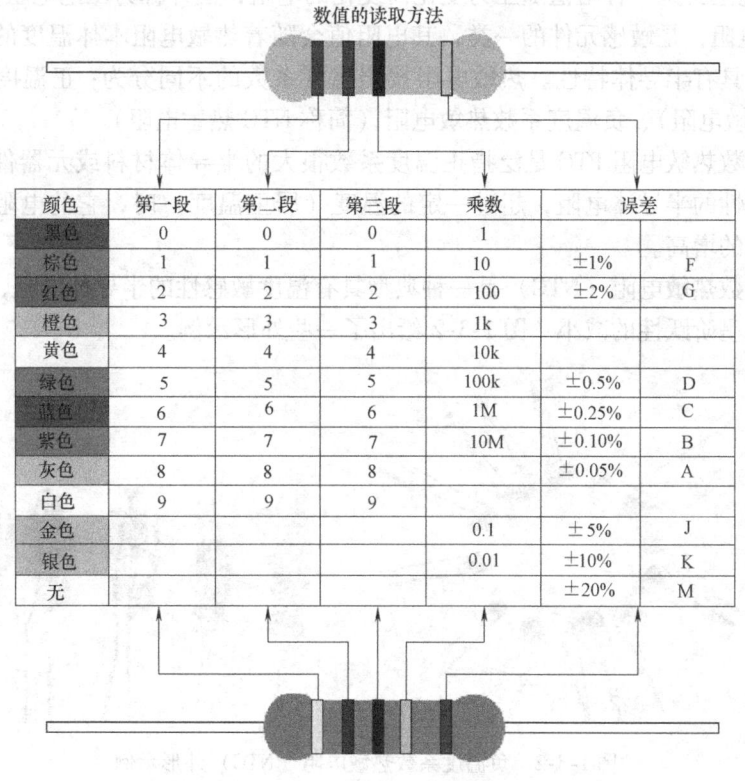

图 1-3-1 色标法电阻值

4）电位器

电位器是一种机电元件，它靠电刷在电阻体上的滑动，取得与电刷位移成一定关系的输出电压。

主要有合成碳膜电位器、有机实心电位器、金属玻璃铀电位器、绕线电位器、导电塑料电位器、带开关的电位器、直滑式电位器、无触点电位器等。

5）电阻器

主要有实芯碳质电阻器、绕线电阻器、薄膜电阻器、碳膜电阻器、金属膜电阻器、金属氧化膜电阻器、合成膜电阻、金属玻璃铀电阻器、贴片电阻（SMT）等。

6）敏感电阻

敏感电阻是指器件特性对温度、电压、湿度、光照、气体、磁场、压力等作用敏感的电阻器。敏感电阻的符号是在普通电阻的符号中加一斜线，并在旁标注敏感电阻的类型，如：t、U 等。

① 压敏电阻：主要有碳化硅和氧化锌压敏电阻，其中氧化锌压敏电阻具有更多的优良特性。

② 湿敏电阻：主要包括氯化锂湿敏电阻、碳湿敏电阻、氧化物湿敏电阻。

③ 光敏电阻：是电导率随着吸收光量子多少而变化的电子元件，当某种物质受到光照时，载流子的浓度增加，从而增加了电导率，这就是光电导效应。

④ 气敏电阻：利用某些半导体吸收某种气体后发生氧化还原反应的原理制成。

⑤ 力敏电阻：是一种阻值随压力变化而变化的电阻，国外称为压电电阻器。

⑥ 热敏电阻：是敏感元件的一类，其电阻值会随着热敏电阻本体温度的变化呈现出阶跃性的变化，具有半导体特性。热敏电阻按照温度系数的不同分为：正温度系数热敏电阻（简称 PTC 热敏电阻）、负温度系数热敏电阻（简称 NTC 热敏电阻）。

正温度系数热敏电阻 PTC 是泛指正温度系数很大的半导体材料或元器件，是一种典型具有温度敏感性的半导体电阻，超过一定的温度（居里温度）时，它的电阻值随着温度的升高呈阶跃性的增高。

负温度系数热敏电阻（NTC）是一种典型具有温度敏感性的半导体电阻，它的电阻值随着温度的升高呈阶跃性的减小。图 1-3-2 给出了一些外形示例。

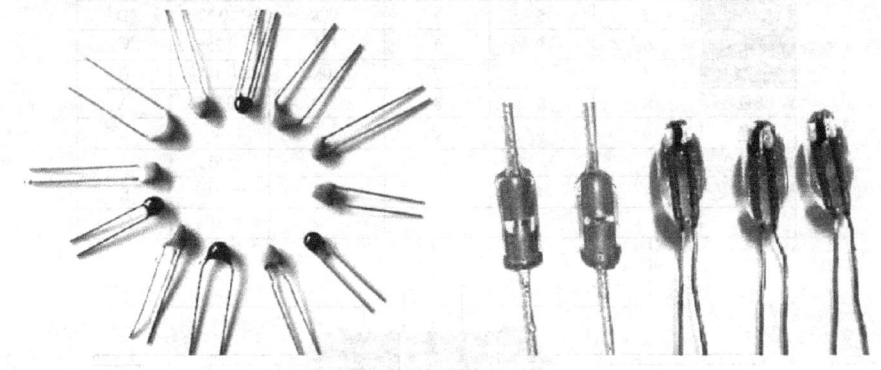

图 1-3-2　负温度系数热敏电阻（NTC）外形示例

（2）电容

电容是电子设备中大量使用的电子元件，广泛应用于隔直、耦合、旁路、滤波、调谐回路、能量转换、控制电路。电容用符号 C 表示，电容单位有法［拉］（F）、微法［拉］（μF）、皮法［拉］（pF）。

$$1F = 10^6 \mu F = 10^{12} pF$$

1) 电容器的型号命名方法

国产电容器的型号一般由 4 部分组成（不适用于压敏、可变、真空电容器）。依次分别代表名称、材料、分类和序号。

2) 电容器的分类

按照结构分 3 大类：固定电容器、可变电容器和微调电容器。

按电解质分类有：有机介质电容器、无机介质电容器、电解电容器和空气介质电容器等。

按用途分有：高频旁路电容器、低频旁路电容器、滤波电容器、调谐电容器、高频耦合电容器、低频耦合电容器、小型电容器。

3) 常用电容器

主要有铝电解电容器、钽电解电容器、薄膜电容器、瓷介电容器、纸质电容器、微调电容器、陶瓷电容器等。

4) 电容器主要特性参数

标称电容量、额定电压、绝缘电阻、电容的时间常数等。

5) 损耗

电容在电场作用下，在单位时间内因发热所消耗的能量叫作电容器的损耗。

6) 频率特性

随着频率的上升，一般电容器的电容量呈现下降的规律。

7) 电容器容量标示

① 直标法：用数字和单位符号直接标出。如 01μF 表示 0.01 微法，有些电容用 "R" 表示小数点，如 R56 表示 0.56 微法。

② 文字符号法：用数字和文字符号有规律的组合来表示容量。如 p10 表示 0.1pF；1p0 表示 1pF；6P8 表示 6.8pF；2μ2 表示 2.2μF。

③ 色标法：用色环或色点表示电容器的主要参数，相关规定与电阻相同。

(3) 半导体器件基础

导电能力介于导体与绝缘体之间的物质称为半导体。如硅、锗、砷化镓以及金属氧化物和硫化物等都属于半导体。

① 本征半导体

本征半导体是化学成分纯净、物理结构完整的半导体。半导体在物理结构上有多晶体和单晶体两种形态，制造半导体器件必须使用单晶体，即整个一块半导体材料是由一个晶体组成的。制造半导体器件的半导体材料纯度要求很高，要达到 99.9999% 以上。

在电子器件中，用得最多的半导体材料是硅和锗，它们的原子结构如图 1-3-3 所示。硅和锗都是 4 价元素，其原子最外层轨道上都具有 4 个价电子。

当硅或锗被制成单晶体时，其原子有序排列，每个原子最外层的 4 个价电子不仅受自身原子核的束缚，而且还与周围相邻的 4 个原子发生联系。这时，每两个相邻原子之间都共用一对电子，使相邻两原子紧密地连在一起，形成共价键结构，如图 1-3-4 所示。

当本征半导体的温度升高或受到光线照射时，其共价键中的价电子就从外界获得能量。由于半导体原子外层的电子不像绝缘体那样被原子核紧紧地束缚着，因此就有少量的价电子

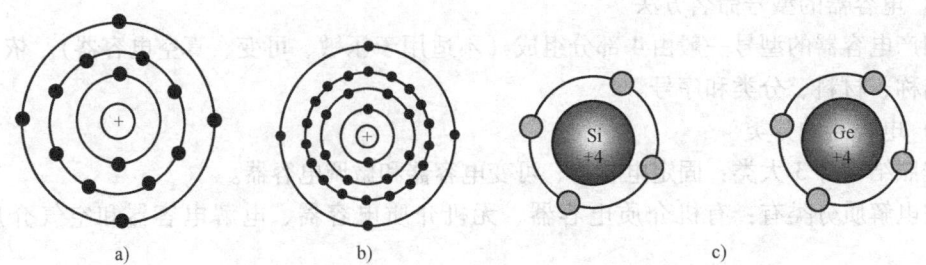

图 1-3-3 原子结构示意图
a) Si（硅原子） b) Ge（锗原子） c) 硅原子和锗原子的简化模型图

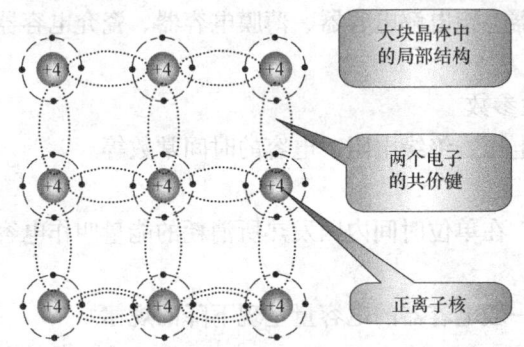

图 1-3-4 硅和锗的共价键结构

在获得足够能量后，挣脱原子核的束缚而成为自由电子，同时在原来共价键上留下了相同数量的空位，这种现象称为本征激发。在本征半导体中，每激发出来一个自由电子，就必然在共价键上留下一空位，我们把该空位称为空穴，由于空穴失去电子，因而带正电。可见自由电子和空穴总是成对出现的，我们称之为电子-空穴对，如图 1-3-5 所示。

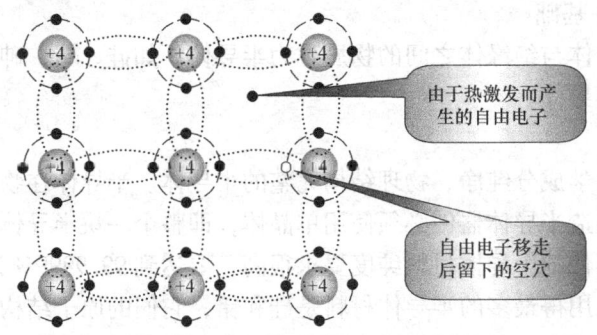

图 1-3-5 热激发产生电子-空穴对

在产生电子-空穴对的同时，有的自由电子在杂乱的热运动中又会不断地与空穴相遇，重新结合，使电子-空穴对消失，这称为复合。在一定温度下载流子的产生过程和复合过程是相对平衡的，载流子的浓度是一定的。在常温下，本征半导体受热激发所产生的自由电子和空穴数量很少，同时本征半导体的导电能力远小于导体的导电能力，导电能力很差。温度越高，所产生的电子-空穴对也越多，半导体的导电能力也就越强。

在外电场的作用下，一方面自由电子产生定向移动，形成电子电流；另一方面价电子也按一定方向依次填补空穴，即空穴流在键位上产生移动，形成空穴电流。由于电子和空穴所带电荷的极性相反，它们的运动方向也是相反的，因此形成的电流方向是一致的，流过外电路的电流等于两者之和。

综上所述，在半导体中不仅有自由电子一种载流子，而且还有另一种载流子——空穴。这是半导体导电的一个重要特性。在本征半导体内，自由电子和空穴总是成对出现的，任何时候本征半导体中的自由电子数和空穴数总是相等的。

② 杂质半导体

本征半导体中虽然存在两种载流子，但因本征半导体内载流子的浓度很低，所以导电能力很差。在本征半导体中，人为有控制地掺入某种微量杂质，即可大大改变它的导电性能。掺入的杂质主要是3价或5价元素。掺入杂质的本征半导体称为杂质半导体。按照掺入杂质的不同，可获得N型和P型两种掺杂半导体。

（a）P型半导体

在本征半导体（硅或锗的晶体）中掺入3价元素杂质，如硼、镓、铟等，因杂质原子的最外层只有3个价电子，它与周围硅（锗）原子组成共价键时，缺少一个电子，于是在晶体中便产生一个穴位。

当相邻共价键上的电子受到热振动或在其他激发条件下获得能量时，就有可能填补这个穴位，使硼原子成为不能移动的负离子，而原来硅原子的共价键则因缺少一个电子，形成空穴，如图1-3-6a所示。

这样，掺入硼杂质的硅半导体中就具有数量相当的空穴，空穴浓度远大于电子浓度，这种半导体主要靠空穴导电，称为P型半导体。掺入的3价杂质原子，因在硅晶体中接受电子，故称受主杂质。受主杂质都变成了负离子，它们被固定在晶格中不能移动，也不参与导电，如图1-3-6b所示。此外，在P型半导体中由于热运动还产生少量的电子-空穴对。总之，在P型半导体中，不但有数量很多的空穴，而且还有少量的自由电子存在，空穴是多数载流子，电子是少数载流子。

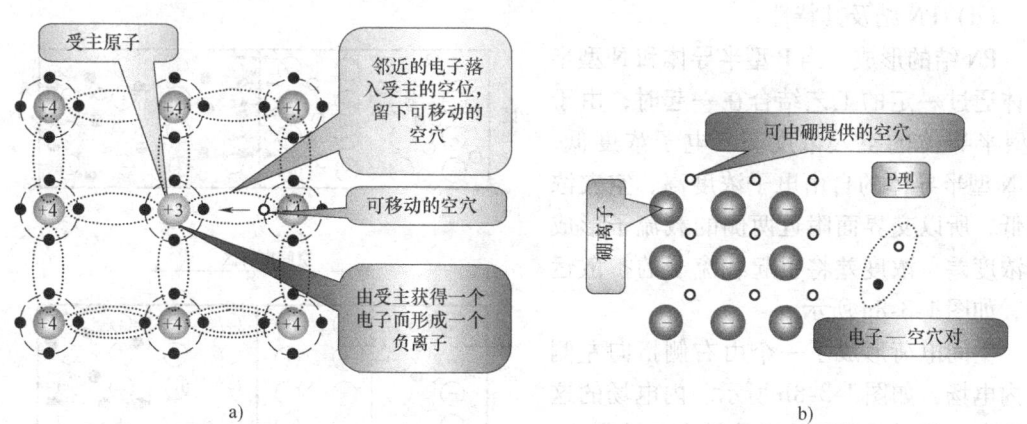

图1-3-6 P型半导体的共价键结构
a）共价键结构 b）电子-空穴对

（b）N型半导体

在本征半导体中掺入5价元素杂质，如磷、锑、砷等。掺入的磷原子取代了某处硅原子的位置，它同相邻的 4 个硅原子组成共价键时，多出了一个电子，这个电子不受共价键的束缚，因此在常温下有足够的能量使它成为自由电子，如图 1-3-7 所示。这样，掺入杂质的硅半导体就具有相当数量的自由电子，且自由电子的浓度远大于空穴的浓度。显然，这种掺杂半导体主要靠电子导电，称为 N 型半导体。

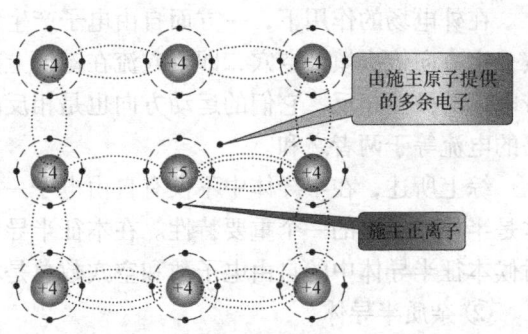

图 1-3-7　N 型半导体的共价键结构

由于掺入的 5 价杂质原子可提供自由电子，故称为施主杂质。每个施主原子给出一个自由电子后都带上一个正电荷，因此杂质原子都变成正离子，它们被固定在晶格中不能移动，也不参与导电。

此外，在 N 型半导体中热运动也会产生少量的电子-空穴对。总之，在 N 型半导体中，不但有数量很多的自由电子，而且也有少量的空穴存在，自由电子是多数载流子，空穴是少数载流子。

必须指出，虽然 N 型半导体中有大量带负电的自由电子，P 型半导体中有大量带正电的空穴，但是由于带有相反极性电荷的杂质离子的平衡作用，无论 N 型半导体还是 P 型半导体，对外表现都是电中性的。

（c）半导体的其他主要特性

半导体的导电能力虽然介于导体和绝缘体之间，但半导体的应用却极其广泛，这是由半导体的独特性能决定的。

光敏性——半导体受光照后，其导电能力大大增强。

热敏性——受温度的影响，半导体导电能力变化很大。

掺杂性——在半导体中掺入少量特殊杂质，其导电能力极大地增强。

半导体材料的独特性能是由其内部的导电机理所决定的。

（d）PN 结及其特性

PN 结的形成。当 P 型半导体和 N 型半导体通过一定的工艺结合在一起时，由于 P 型半导体的空穴浓度高、电子浓度低，而 N 型半导体的自由电子浓度高、空穴浓度低，所以交界面附近两侧的载流子形成了浓度差。浓度差将引起载流子的扩散运动，如图 1-3-8a 所示。

空间电荷形成了一个由右侧指向左侧的内电场，如图 1-3-8b 所示。内电场的这个方向，将对载流子的运动带来两种影响：一是内电场阻碍两区多子的扩散运动；二是内电场在电场力的作用下使 P 区和 N 区的少子产生与扩散方向相反的漂移运动。

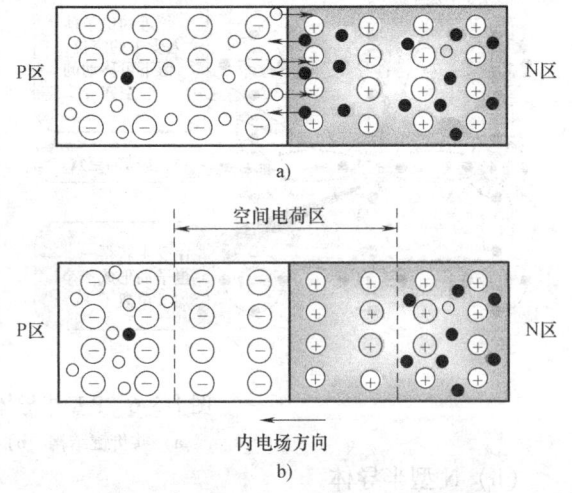

图 1-3-8　PN 结的形成

PN 结形成的最初阶段，载流子的扩散运动占优势，随着空间电荷区的建立，内电场逐渐增强，载流子的漂移运动也在加强，最终漂移运动将与扩散运动达到动态平衡。

PN 结的单向导电。PN 结上外加电压的方式通常称为偏置方式，如果在 PN 结上加正向电压（也称正向偏置），即 P 区接电源正极，N 区接电源负极，这时电源产生的外电场与 PN 结的内电场方向相反，内电场被削弱，使阻挡层变薄，多子的扩散运动大于漂移运动，形成较大的扩散电流，即正向电流。这时 PN 结的正向电阻很低，处于正向导通状态。正向导通时，外部电源不断向半导体供给电荷，使电流得以维持。

如果给 PN 结加反向电压（也称反向偏置），即 N 区接电源正极，P 区接电源负极，这时外电场与内电场方向一致，增强了内电场，使阻挡层变厚。这就削弱了多子的扩散运动，增强了少子的漂移运动，从而形成微小的漂移电流，即反向电流。这时 PN 结呈现的电阻很高，处于反向截止状态。反向电流由少子漂移运动形成，少子的数量随温度升高而增多，所以温度对反向电流的影响很大。在一定温度下，反向电流不仅很小，而且基本上不随外加反向电压变化，故称其为反向饱和电流。

由此可见，PN 结在正向电压作用下，电阻很小，PN 结导通，电流可顺利流过；而在反向电压作用下，电阻很大，PN 结截止，阻止电流通过。这种现象称作 PN 结的单向导电性。

(4) 半导体二极管

1) 二极管的类型

把 PN 结用管壳封装，然后在 P 区和 N 区分别向外引出一个电极，即可构成一个二极管。二极管是电子技术中最基本的半导体器件之一。根据其用途分，有检波管、开关管、稳压管、整流管、发光二极管等，图 1-3-9 给出了部分示例。

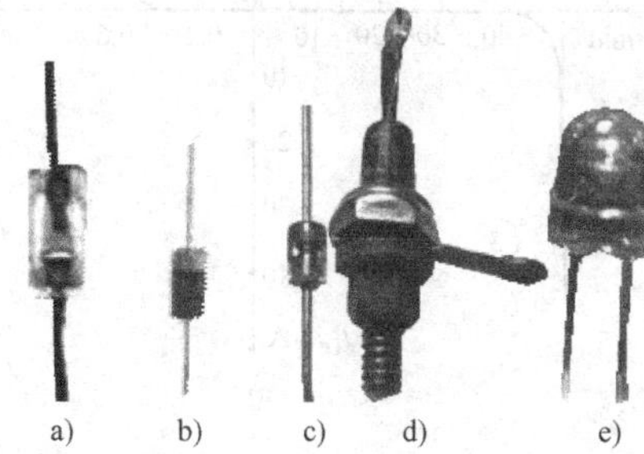

图 1-3-9 常见二极管的外形示例
a) 检波管 b) 开关管 c) 稳压管
d) 整流管 e) 发光二极管

2) 二极管的结构

常见二极管的基本结构如下。

① 点接触型

结面积小，适用于高频检波、脉冲电路及计算机中的开关元件。如图 1-3-10a 所示。

② 面接触型

结面积大，适用于低频整流器件。如图 1-3-10b 所示。

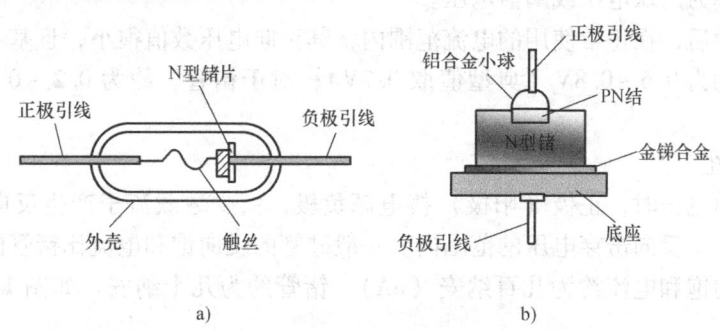

图 1-3-10 常见二极管的结构
a) 点接触型 b) 面接触型

3）二极管的表示符号

不同类型的二极管用不同的电路图形符号表示，如图 1-3-11 所示。

使用二极管时，必须注意极性不能接反，否则电路非但不能正常工作，还有毁坏管子和其他元件的可能。

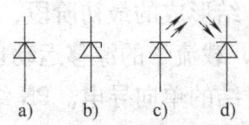

图 1-3-11　常见二极管的电路图形符号
a）普通二极管　b）稳压二极管
c）发光二极管
d）光敏二极管

4）二极管的伏安特性

实际的二极管伏安特性如图 1-3-12 所示。它主要包括 3 个区域。

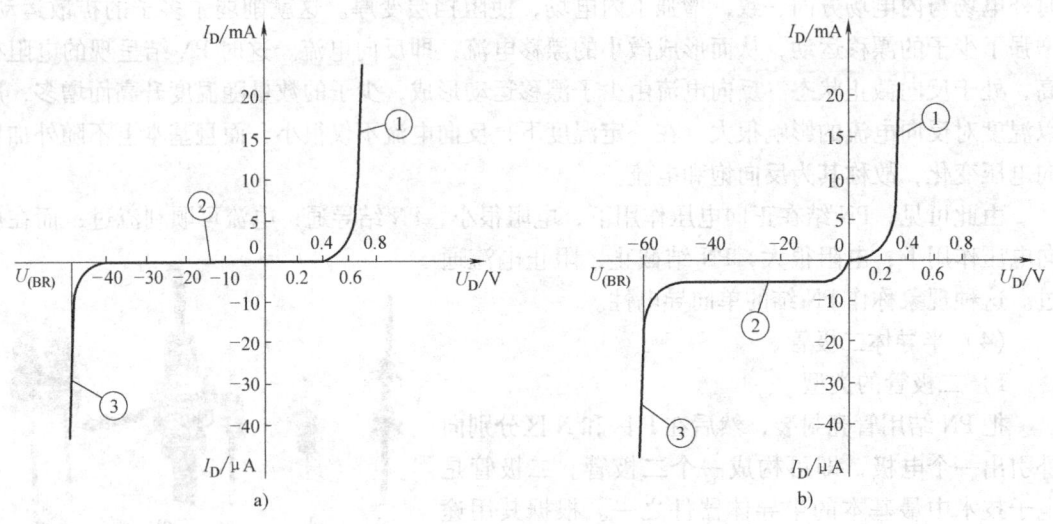

图 1-3-12　二极管伏安特性曲线
a）2CZ52 型硅二极管的特性曲线　b）2AP15 型锗二极管的特性曲线

① 正向特性

当外加正向电压时，正极（阳极）接电源正极，二极管将导通，产生正向电流。如图 1-3-12 中曲线①段所示。从图中可以看出，当正向电压数值较小时，由于外电场较小，尚不足以克服内电场对多数载流子扩散运动的阻力，正向电流几乎为零，这个区域称为"死区"。当正向电压增大超过某一数值后，二极管导通，正向电流随正向电压增加而迅速增大。这个电压称为门坎电压或阈值电压。

二极管导通后，在正常使用的电流范围内，其正向电压数值很小，且基本上恒定。对于小功率硅管，约为 0.6~0.8V（典型值取 0.7V）；对于锗管，约为 0.2~0.3V（典型值取 0.3V）。

② 反向特性

当外加反向电压时，正极（阳极）接电源负极，由少数载流子产生反向饱和电流，其数值很小，在小于反向击穿电压的范围内。一般硅管的反向饱和电流比锗管的要小得多。小功率硅管的反向饱和电流约为几百纳安（nA），锗管约为几十纳安。如图 1-3-12 中曲线②所示。

③ 反向击穿特性

当外加反向电压增大至某一数值时，反向电流急剧增大，这种现象称为二极管的反向击穿，此时所加电压称为反向击穿电压。如图 1-3-12 中曲线③所示。二极管的反向击穿电压一般在几十伏至几千伏之间。

在反向击穿时，只要反向电流不是很大，PN 结未被损坏；当反向电压降低后，二极管将退出击穿状态，仍恢复单向导电性。这种击穿也称为 PN 结的电击穿。

如果在反向击穿时，流过 PN 结的电流过大，使 PN 结温度过高而烧毁，就会造成二极管的永久损坏。这称为 PN 结的热击穿。

5) 温度对二极管特性的影响

当温度变化时，二极管的反向饱和电流与正向压降将会随之变化。当正向电流一定时，温度每增加 1℃，二极管的正向压降约减少 2～2.5mV。温度每增高 10℃，反向电流约增大 1 倍。

6) 二极管的主要参数

主要有最大整流电流 I_{DM}、最高反向工作电压 U_{RM}、反向电流 I_R、最大工作频率 f_M 等。

7) 特殊二极管

① 稳压二极管

稳压二极管是一种用特殊工艺制造的面接触型硅二极管。它在电路中能起稳定电压的作用。稳压管的电路符号与伏安特性曲线如图 1-3-13 所示。

由图 1-3-13 可知，稳压二极管的正向特性曲线与普通硅二极管相似，但它的反向击穿特性较陡。稳压二极管通常工作于反向击穿区。只要击穿后的反向电流不超过允许范围，稳压二极管就不会发生热击穿损坏。为此，可以在电路中串接入一个限流电阻。反向击穿后，当流过稳压二极管的电流在很大范围内变化时，电流吞吐调节能力很强。管子两端的电压几乎不变，从而可以获得一个稳定的电压。多个稳压二极管可以串联起来工作，组合成不同的稳压值。

稳压二极管的主要参数是稳定电压 U_Z，指稳压二极管通过规定的测试电流时管子两端的电压值。由于制造工艺的原因，同一型号的管子的稳定电压有一定的分散性。例如 2CW55 型稳压二极管的 U_Z 为 6.2～7.5V（测试电流 10mA）。目前常见的稳压二极管的 U_Z 分布在几伏至几百伏之间。

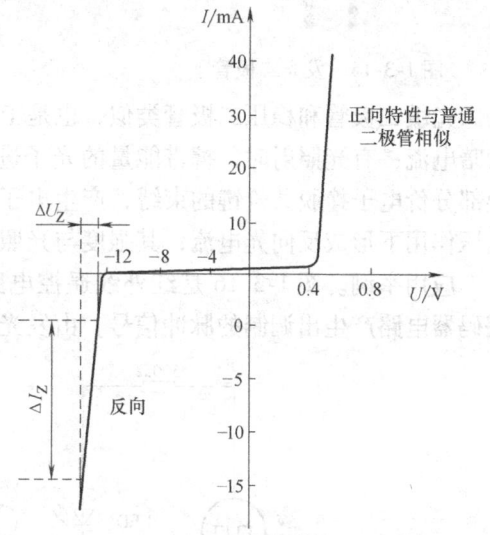

图 1-3-13 稳压管的伏安特性曲线

② 发光二极管

发光二极管是一种能把电能直接转换成光能的固体发光元件，图 1-3-14 给出了一种外形示例。发光二极管和普通二极管一样，管芯由 PN 结构成，具有单向导电性。

发光二极管一般使用砷化镓、磷化镓等材料制成。现有的发光二极管能发出红、黄、绿等颜色的光。

发光管正常工作时应正向偏置，因死区电压较普通二极管高，因此其正偏工作电压一般在 1.3V 以上。

单个发光二极管常作为电子设备通断指示灯或快速光源及光电耦合器中的发光元件等。

发光二极管还属功率控制器件，常用来作为数字电路的数码及图形显示的 7 段式或阵列器件。

③ 光敏二极管

光敏二极管也称光电二极管，是将光信号变成电信号的半导体器件，其核心部分也是一个 PN 结。同样具有单向导电性，光敏二极管管壳上有一个能射入光线的"窗口"，这个窗口用有机玻璃透镜进行封闭，入射光通过透镜正好射在管芯上。图 1-3-15 给出了一些光敏二极管的外形示例。

图 1-3-14　发光二极管

图 1-3-15　光敏二极管

光敏二极管和稳压二极管类似，也是工作在反向电压下。无光照时，反向电流很小，称为暗电流；有光照射时，携带能量的光子进入 PN 结后，把能量传给共价键上的束缚电子，使部分价电子挣脱共价键的束缚，产生电子-空穴对，称为光生载流子。光生载流子在反向电压作用下形成反向光电流，其强度与光照强度成正比。

应用举例。图 1-3-16 是红外线遥控电路的部分示意图。当按下发射电路中的按钮时，编码器电路产生出调制的脉冲信号，由发光二极管将电信号转换成光信号发射出去。

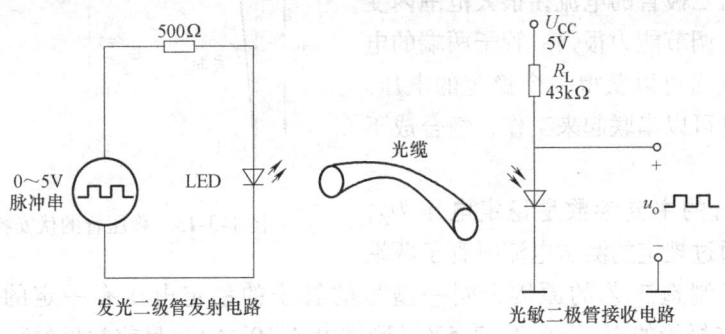

图 1-3-16　红外线遥控电路

(5) 晶体管（半导体三极管）

1) 晶体管的结构和符号

晶体管是放大电路中的核心元件。其种类很多，按照工作频率分，有高频管和低频管；按照功率分，有小功率管和大功率管；按照半导体材料分，有硅管和锗管等。但是从它的外形来看，晶体管都有 3 个电极，常见的晶体管外形如图 1-3-17 所示。

根据结构不同，晶体管可分为 NPN 型和 PNP 型，图 1-3-18 是其结构示意图和符号。它

图 1-3-17　常见晶体管外形

由 3 层半导体两个 PN 结组成，从 3 块半导体上各自引出一个电极，它们分别是发射极 E、基极 B 和集电极 C。对应的每块半导体称为发射区、基区和集电区。晶体管有两个 PN 结，发射区与基区交界处的 PN 结称为发射结，集电区与基区交界处的 PN 结称为集电结。发射极的箭头表示晶体管正常工作时的实际电流方向。使用时应注意，由于内部结构的不同，发射区为高掺杂浓度，集电极和发射极不能互换。

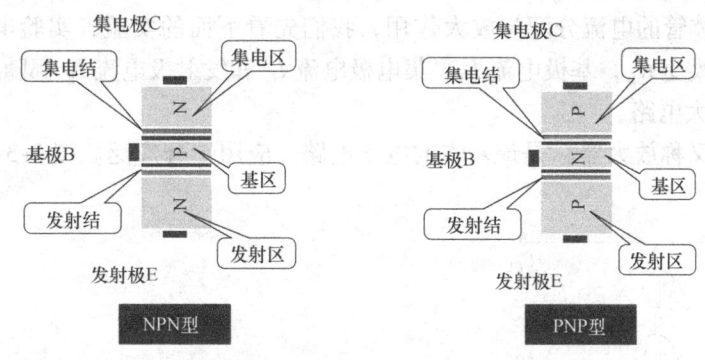

图 1-3-18　晶体管的结构示意图和符号

NPN 型与 PNP 型晶体管的工作原理相同，不同之处在于使用时所加电源的极性不同。在实际应用中，采用 NPN 型晶体管较多，所以下面以 NPN 型晶体管为例进行分析讨论。

2）晶体管的电流分配与放大作用

① 晶体管内部载流子的传输过程

要使晶体管能正常工作，晶体管外加电压必须满足"发射结加正向电压，集电结加反向电压"这两个外部放大条件，电源 U_{CC} 和 U_{BB} 正是为满足这两个条件而设置的。

将晶体管接成两条电路，一条是由电源电压 U_{BB} 的正极经过电阻 R_B（通常为几百千欧的可调电阻）、基极、发射极到电源电压 U_{CC} 的负极，称为基极回路。另一条是由电源电压 U_{CC} 的正极经过电阻 R_C、集电极、发射极再回到电源电压 U_{CC} 的负极，称为集电极回路。见图 1-3-19。

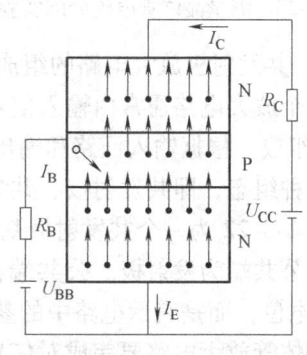

图 1-3-19　晶体管内部载流子的传输过程

发射区向基区注入电子,形成发射极电流 I_E。由于发射结正偏,因此,高掺杂浓度的发射区多子(自由电子)越过发射结向基区扩散,形成发射极电流 I_E,发射极电流的方向与电子流动方向相反,是流出晶体管发射极的。

电子在基区中的扩散与复合,形成基极电流 I_B。发射区来的电子注入基区后,由于浓度差的作用继续向集电结方向扩散。但因为基区多子为空穴,所以在扩散过程中,有一部分自由电子要和基区的空穴复合。

大部分从发射区"发射"来的自由电子很快扩散到了集电结。由于集电结反偏,在这个较强的从 N 区(集电区)指向 P 区(基区)的内电场的作用下,自由电子很快就被吸引、漂移过了集电结,到达集电区,形成集电极电流 I_C。集电极电流的方向是流入集电极的。集电区收集扩散过来的电子,形成集电极电流 I_C。

为方便起见,上述过程暂时忽略了一些少子形成的很小的漂移电流。

由图 1-3-19 可见,晶体管电流分配关系为

$$I_E = I_B + I_C$$

② 晶体管的电流分配与放大作用

为了说明晶体管的电流分配与放大作用,我们先看下面的实验,实验电路如图 1-3-20 所示。实验时,改变 R_B,基极电流 I_B、集电极电流 I_C 和发射极电流 I_E 都随之发生变化。

(6)交流放大电路

放大电路(又称放大器)是最基本的电子电路,应用十分广泛。图 1-3-21 是一个应用示例。

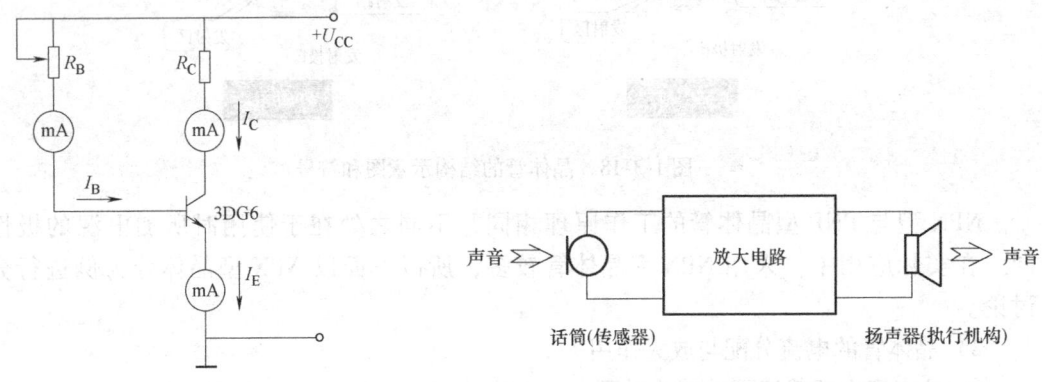

图 1-3-20　测量晶体管电流分配实验电路　　　　图 1-3-21　放大电路的作用

1)共发射极放大电路的组成

一个放大电路通常由输入信号源、放大元件、直流电源、相应的偏置电路以及输出负载 4 部分组成。根据输入回路和输出回路共用的电极不同,由单个晶体管构成的基本放大电路可有 3 种组态,即共发射极、共集电极和共基极放大电路。

图 1-3-22 为一个共发射极基本交流放大电路。共发射极放大电路,其输入信号和输出信号的公共端为发射极。公共端在图中的符号"⊥"称为接地,它并不是真正接到大地的"地"电位,而是表示电路中的参考零电位。

晶体管放大电路要完成对信号放大的任务,首先要设法让晶体管工作于线性放大区。因此图中所加两个电源要保证发射结正向偏置和集电结反向偏置。然后再设法将待放大的输入

信号 u_i 加到晶体管的发射结上，使晶体管的发射结电压 u_{BE} 随着 u_i 变化而变化。

在放大电路的输出端，再将经晶体管放大了的集电极电流信号 Δi_C 转化为输出电压 u_o。它的发射极是输入信号和输出信号的公共端，u_i 是放大电路的输入电压，u_o 是输出电压。为分析方便，通常规定：电压的正方向是以公共端为负端，其他各点为正端。此电路称为共发射极放大电路，简称共射放大电路。

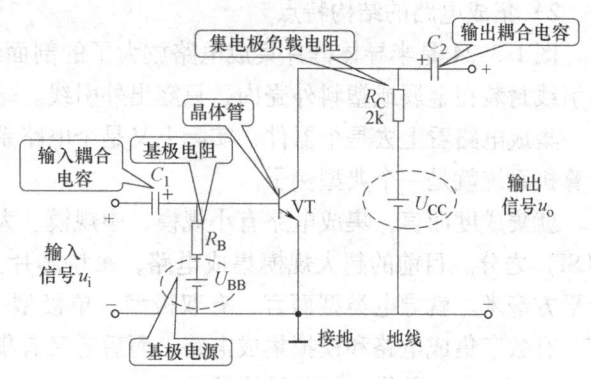

图 1-3-22 共发射极基本交流放大电路

2）电路中各元件的作用

① 晶体管 VT

是电路的核心元件，起电流放大作用，用基极电流控制集电极电流。

② 电源 U_{CC}

提供电路所需的能量，保证发射结正向偏置和集电结反向偏置，使晶体管处于放大状态。U_{CC} 一般在几至十几伏之间，使用时要注意电源的负极要接公共"地"。

③ 偏置电阻 R_B

它与电源 U_{CC} 一起为晶体管提供合适的基极电流 I_B（直流分量），其阻值一般为几百至几千千欧。

④ 集电极负载电阻 R_C

把晶体管集电极电流 i_C 的变化转换为电压（$i_C R_C$）的变化，从而使晶体管电压 u_{CE} 发生变化，经耦合电容 C_2 获得输出电压 u_o。其阻值一般为几千欧。

⑤ 耦合电容 C_1 和 C_2

放大电路中既有直流又有交流，它们有"隔直""通交"的作用。"隔直"是指利用电容对直流开路的特点，隔离信号源、放大电路、负载之间的直流联系，以保证它们的直流工作状态相互独立，互不影响。"通交"是指利用电容对交流近似短路的特点（要求 C_1、C_2 的电容量足够大），使交流信号能顺利地通过它。图中 C_1、C_2 是有极性的电解电容，连接时要注意极性。

（7）集成运算放大器

1）集成电路

利用晶体管常用的硅平面工艺技术，把组成电路的电阻、电容、二极管、晶体管及连接导线同时制造在一小块硅片上，便成为一块集成电路（见图 1-3-23），其对外部完成某一电路的功能。目前，各类集成电路已在计算机、国防科技及仪器仪表、通信、广播电视等领域广泛使用。

图 1-3-23 集成电路实体图

2) 集成电路的结构特点

图 1-3-24 是半导体硅片集成电路放大了的剖面结构示意图。集成电路把小硅片电路及其引线封装在金属或塑料外壳内,只露出外引线。

集成电路看上去是个器件,实际上又是个电路系统,它把元器件和电路一体化了,单片计算机系统就是一个典型例子。

就集成度而言,集成电路有小规模、中规模、大规模和超大规模(即 SSI、MSI、LSI 和 VLSI)之分。目前的超大规模集成电路,每块芯片上制有上亿个元件,而芯片面积只有几十平方毫米。就导电类型而言,有双极型、单极型(场效应管)和两者兼容的。就功能而言,有数字集成电路和模拟集成电路,而后者又有集成运算放大器、集成功率放大器、集成稳压电源和集成数模和模数转换器等。

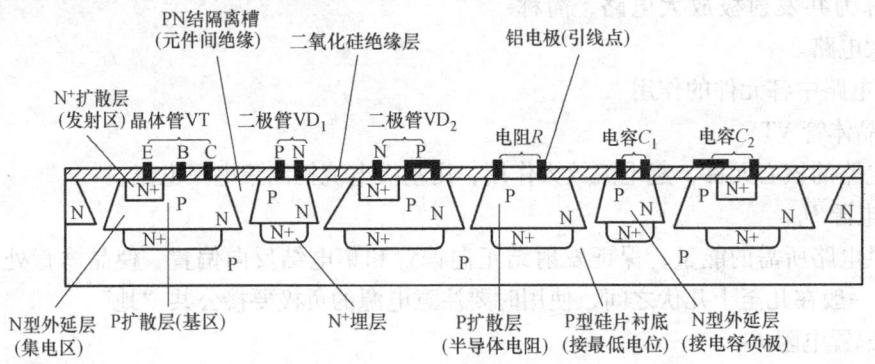

图 1-3-24 集成电路剖面结构示意图

3) 集成电路的外形封装

图 1-3-25 为半导体集成电路的几种封装形式。图 a 是双列直插式封装,它的用途最广;图 b 是单列直插式封装;图 c 是超大规模集成电路的一种封装形式,外壳多为塑料,四个面都有引出线。

此外,还有金属圆壳式封装,采用金属圆筒外壳,类似于一个多管脚的普通晶体管,但引线较多,有 8、12、14 根引出线。

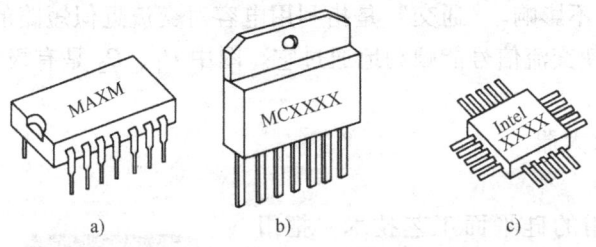

图 1-3-25 半导体集成电路的几种封装形式
a) 双列直插封装 b) 单列直插封装 c) 表面安装器件

4) 集成电路的分类

集成电路按其功能可分为模拟集成电路和数字集成电路两大类。数字集成电路用于产生、变换和处理各种数字信号(所谓数字信号,是指幅度随时间作不连续变化,只有高、低两种电位的信号)。模拟集成电路用于放大变换和处理模拟信号(所谓模拟信号,是指幅度随时间作连续变化的信号）。模拟集成电路又称线性集成电路。

(8) 磁路和变压器

1) 磁场的基本物理量

① 磁通 Φ

磁通就是指垂直于磁场的某一面积 A 上所穿过的磁力线的数目，如图 1-3-26 所示。

磁通用 Φ 表示，单位是韦［伯］（Wb）。实用中还用麦克斯韦（简称麦，符号为 Mx）作为磁通的单位。它们之间的关系是

$$1Mx = 10^{-8} Wb$$

② 磁感应强度 B

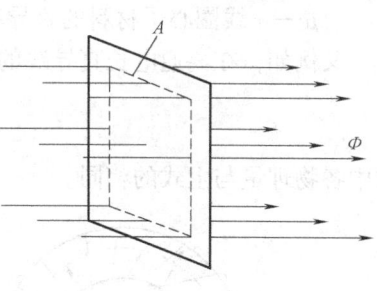

图 1-3-26 磁通

磁感应强度 B 是一个表示磁场中各点的磁场强弱和方向的物理量。在均匀磁场中，磁感应强度等于垂直穿过单位面积的磁力线数目，即

$$B = \frac{\Phi}{A}$$

式中，Φ 的单位是韦［伯］（Wb）；A 的单位是 m^2；磁感应强度 B 的单位是特［斯拉］（T），即

$$1T = 1Wb/m^2$$

工程中常用到一个较小的单位高斯（Gs）来表示磁感应强度。

$$1Gs = 10^{-4} T$$

③ 磁导率 μ

实验证明，在通电线圈中放入铁、钴、镍等物质后，通电线圈周围的磁场将大为增强，磁感应强度 B 增大；若放入铜、铝、木材等物质，通电线圈周围的磁场几乎没有什么变化。这个现象表明，磁感应强度 B 与磁场中的介质的导磁性质有关。

我们用磁导率 μ 来表示物质的导磁性能。μ 的单位是亨/米（H/m）。

磁导率值大的材料，导磁性能好。所谓的导磁性能好，指的是这类材料被磁化后能产生很大的附加磁场。这类物质有铁、钴、镍及其合金。通常把这类物质叫做铁磁性物质或磁性物质。

实验测得真空中的磁导率为 $\mu_0 = 4\pi \times 10^{-7} H/m$。

空气、木材、纸、铝等非磁性材料的磁导率与真空磁导率近似相等，即 $\mu \approx \mu_0$。

某物质的磁导率 μ 与真空磁导率 μ_0 的比值称作该物质的相对磁导率，用 μ_r 表示，即 $\mu_r = \mu / \mu_0$，由此可知，非磁性材料的 $\mu_r \approx 1$。

④ 磁场强度 H

当我们对通电导体周围的磁场进行磁感应强度 B 的计算时，磁感应强度 B 的大小与磁场周围介质的磁导率 μ 有关。

例如通电的环形线圈，在线圈半径为 R 的闭合回线上（图 1-3-27）各点的磁感应强度为

$$B = \mu \frac{NI}{2\pi R} = \mu \frac{NI}{L}$$

式中　N——线圈的匝数；

　　　I——线圈中电流；

　　　L——闭合回线长度，$L=2\pi R$；

　　　μ——线圈心子材料的磁导率。

又例如，在离通电长直导线的距离为 R_A 的点 A（图1-3-28）的磁感应强度 B 为

$$B = \mu \frac{1}{2\pi R_A}$$

式中各物理量与上式的相同。

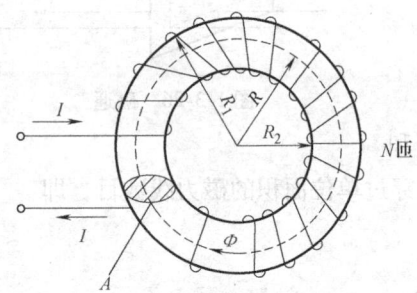

图1-3-27　通电的环形线圈

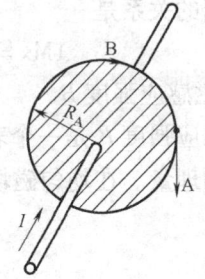

图1-3-28　通电的长直导线

以上公式说明，磁场中某点的磁感应强度不仅和电流导体的几何形状以及位置等有关，而且还和物质的导磁性能有关。这就使磁场的计算变得比较复杂。

为了便于计算，我们引入了一个计算磁场的物理量，称为磁场强度，用 H 表示。它与磁感应强度 B 的关系是

$$B = \mu H$$

$$H = \frac{B}{\mu}$$

这样一来，通电长直导线周围点 A 的磁场强度 H 为

$$H = \frac{1}{2\pi R_A}$$

上式表明，磁场强度的大小决定于励磁电流、导线的几何形状、匝数及位置，与磁介质的性质无关。

磁场强度 H 是矢量，单位是安/米（A/m）。

2）铁磁材料的磁性能

铁磁材料的磁性能通常用它们的磁化曲线来表示。

① 磁化曲线

研究铁磁材料磁化情况的装置如图1-3-29所示。把待测的铁磁材料作为铁心，铁心内部的磁感应强度 $B=0$。当电流（通常称为励磁电流）从零开始逐渐增大时，则铁磁材料中的磁场强度 H 也从零增大，磁性材料中的磁感应强度 B 随之从零增大。在各个 H 值的磁化下，必有一相应的 B 值。如此便可得出如图1-3-30所示的 B 与 H 的关系曲线。该曲线称为磁化曲线。

由图1-3-30可见，磁化曲线具有如下特点：

Oa 段：随 H 增大，B 几乎是直线上升；

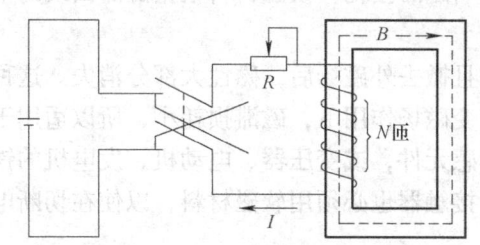

图 1-3-29 研究铁磁材料磁化情况的装置

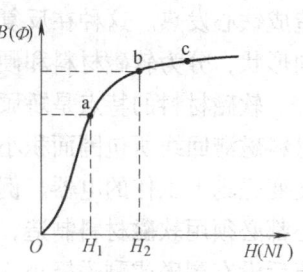

图 1-3-30 磁化曲线

ab 段：H 增大，B 的增长变慢；

bc 段：H 增大，B 增长极慢，铁磁材料内部的磁场达到了饱和值 B_m。

② 磁滞回线

铁磁材料在磁化过程中，H 从零到大。当磁感应强度 B 随 H 的增大由零达到饱和值 B_m，如磁化曲线 Oa 段（图 1-3-31），此时若减小励磁电流 I，H 也随之减小，B 不是沿原来的曲线 Oa 下降，而是沿曲线 ab 下降；当磁场强度为零（即 $I=0$）时，材料仍然保留磁性（$B=B_r \neq 0$），如图 1-3-31 中的 b 点。B_r 称作剩磁。

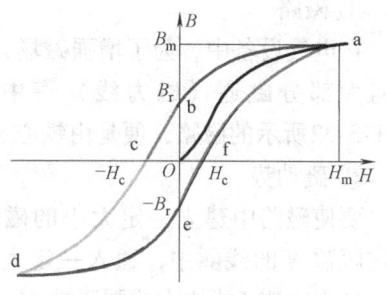

图 1-3-31 磁滞回线

要使剩磁去掉，就必须使线圈中的电流反向，产生反向磁场，使材料退磁。图 1-3-31 中 bc 段就是退磁过程。直到 $H=-H_c$ 时，剩磁完全消除。克服剩磁所加的磁场强度 H_c 称作矫顽磁力。

如果 H 继续反向增大，则 B 也改变方向，铁磁材料反方向被磁化。当反方向 H 不断增大，B 也随之增大达反方向饱和值 $-B_m$。若再改变电流，B 值沿 defa 变化，形成一个闭合回线（图 1-3-31）。闭合回线 abcdefa 称为磁滞回线。

从图 1-3-31 中可以看出，铁磁材料在反复磁化过程中，B 的变化始终落后于 H 的变化，这种现象叫磁滞现象。

磁滞现象可以用磁畴来解释。所谓磁畴，是指在铁磁物质内部存在着一些体积约为 $10^{-9} cm^3$ 的自然磁化区域。每个磁畴就像一个很小的永久磁体。在无外磁场作用时，这些磁畴排列杂乱无章，它们的磁性相互抵消，对外不显磁性。在外磁场的作用下，磁畴趋向外磁场的方向，产生一个很大的附加磁场和外磁场相加。

所以，Oa 起始段磁感应强度 B 上升很快；随着 H 增加，大部分磁畴已取向外磁场方向排列，B 增长很慢，出现了饱和现象。

③ 铁磁材料的磁性能

（a）高导磁性。铁磁材料的磁导率远大于非磁性材料的磁导率。且铁磁材料的磁导率 μ 值不是常数，随 H 的大小而改变。

（b）磁饱和性。铁磁材料的磁感应强度 B 有一个饱和值 B_m。

（c）磁滞性。在铁磁材料的反复磁化过程中，B 的变化总是落后于 H 的变化，这就是铁磁材料的磁滞性。剩磁现象就是铁磁材料磁滞性的表现。

（d）磁滞损耗。铁磁材料在反复磁化过程中，磁畴来回翻转，必然要克服阻力做功，造成铁心发热。这种在反复磁化过程中的能量损失叫磁滞损耗。铁磁材料根据磁滞回线的不同形状,分为软磁材料和硬磁材料两大类。

软磁材料的特点是矫顽磁力和剩磁都比较小,且撤去外磁场后,磁性大部分消失。这种材料磁滞回线所包围面积小,磁滞回线狭长。在交变磁场作用下,磁滞损耗小,所以适用于交变磁场下工作的电器。例如一些电子设备中的电感元件,或变压器、电动机、发电机的铁心都必须用软磁材料制造,交流电磁铁、继电器、接触器也必须用软磁材料,以使在切断电流后没有剩磁或剩磁极小。

硬磁材料的特点是矫顽磁力大,剩磁也大,磁滞回线较宽。必须用较强的外加磁场,才能使它磁化。而且一经磁化,磁性不易消失。这类材料适用于制造永久磁铁。

此外,还有一种矩磁材料,其磁滞回线近似于一个矩形,用于计算机存储器的磁心。

3)磁路和磁路欧姆定律

① 磁路

在电气设备中,为了增强磁场,常把线圈绕在铁心上,当线圈通电后产生很强的磁场,并且大部分磁通(磁力线)集中在铁心中形成闭合回路。这个闭合回路称作磁路。图1-3-32所示的磁路,便是由铁心、空气隙组成的。

② 磁动势

要使磁路中建立一定大小的磁通 Φ,就必须在具有一定匝数 N 的线圈中,通入一定大小的电流 I。实验证明,增大电流 I 或增大线圈匝数 N,都可以同样达到增大磁通 Φ 的目的。可见,NI 乃是建立磁通的根源。所以把乘积 NI 称作磁路的磁动势,简称磁势。磁势的单位是安匝。

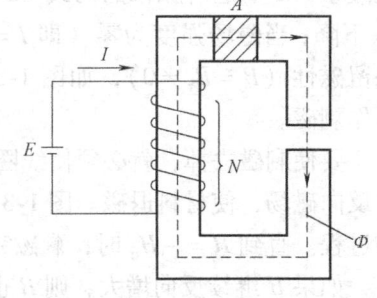

图1-3-32 磁路

③ 磁路欧姆定律、磁阻

(a)磁路欧姆定律。如果把相同的磁动势加到不同的磁路中去,获得的磁通也不相同。这说明磁通除了与磁动势有关外,还与组成磁路的物质及尺寸有关。这里我们引出一个磁阻的概念,磁阻表示磁路对磁动势建立磁通所呈现的阻力,用 R_M 表示。磁动势、磁通、磁阻间的关系,可通过下式进行计算:

$$\Phi = \frac{NI}{R_M}$$

该式就是磁路欧姆定律的表示式。它表明,在磁路中,磁通 Φ 与磁动势 NI 成正比,与磁阻 R_M 成反比。

(b)磁阻。磁路的磁阻大小与构成磁路的材料性质及几何尺寸有关,这个关系是

$$R_M = \frac{L}{\mu A}$$

式中　R_M——磁路的磁阻(1/H);

　　　L——磁路的长度(m);

　　　A——磁路的截面积(m^2);

　　　μ——磁路材料的磁导率。

上式表明,用 μ 大的材料构成的磁路具有较小的磁阻,在同样大的磁动势作用下,就能

产生较大的磁通。

④ 均匀磁路和不均匀磁路

图 1-3-33 就是单相变压器的一种磁路。它由同一种材料组成,且各段铁心的横截面积相等,这种磁路称为均匀磁路。计算这种磁路时,$\Phi = NI/R_M$,其中 R_M 为均匀磁路的磁阻。

如图 1-3-34 所示,假若磁路中有一很短的空气隙 L_0,于是磁路就由铁心和空气隙两种物质组成,这种磁路称为不均匀磁路。计算不均匀磁路时,先将磁路分段,铁心部分和空气隙部分各成为一段磁路,这两段磁路的磁阻分别是 R_{MF}、R_{MA}。若用磁路欧姆定律表示这种不均匀磁路的磁通,则有

$$\Phi = \frac{NI}{R_{MF} + R_{MA}}$$

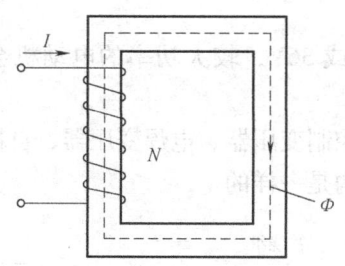

图 1-3-33 均匀磁路

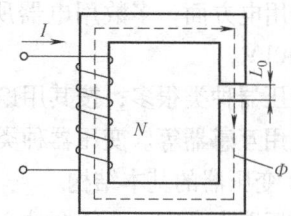

图 1-3-34 不均匀磁路

气隙磁阻比铁心磁阻大很多很多倍。显然,要在图 1-3-34 磁路中产生和图 1-3-33 磁路中相同的磁通,则需要比图 1-3-32 磁路大得多的磁动势。

⑤ 涡流

当线圈中通过变化的电流 i 时,在铁心中穿过的磁通也是变化的。由于构成磁路的铁心是导体,于是在铁心中将产生感应电流,如图 1-3-35a 中虚线所示。由于这种感应电流是一种自成闭合回路的环流,故称为涡流。

在电机和电器铁心中的涡流是有害的。因为它不仅消耗电能,使电气设备效率降低,而且涡流损耗转变为热量,使设备温度升高,严重时将影响设备正常运行。在这种情况下,要尽量减小涡流。

减小涡流的方法是采用表面彼此相互绝缘的硅钢片叠合,做成电器设备的铁心,如图 1-3-35b 所示。这样,一方面把产生涡流的区域划小,另一方面增

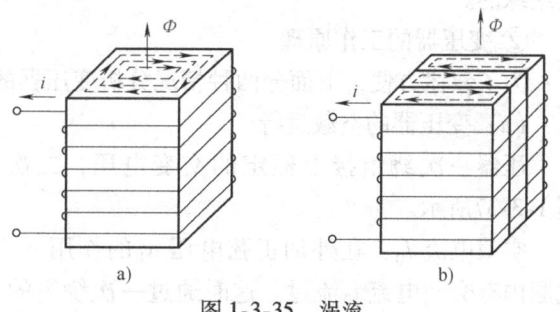

图 1-3-35 涡流
a) 涡流 b) 减小涡流

加涡流的路径总长度,相当于增大涡流路径的电阻,因而可以减小涡流。

涡流虽然在很多电器中会引起不良后果,但在另一些场合下,人们却利用它为生产、生活服务。例如工业上利用涡流产生热量来熔化金属,日常生活中的电磁灶也是利用涡流的原理制成的。

4）变压器

变压器是一种常见的电气设备，可用来把某种数值的交变电压变换为同频率的另一数值的交变电压。

发电厂欲将 $P=3UI\cos\phi$ 的电功率输送到用电的区域，在 P、$\cos\phi$ 为一定值时，采用的电压愈高，则输电线路中的电流愈小，因而可以减少输电线路上的损耗，节约导电材料。所以远距离输电采用高电压是较为经济的。

目前，我国交流输电的电压最高已达 500kV。这样高的电压，无论从发电机的安全运行方面还是从制造成本方面考虑，都不允许由发电机直接生产。

发电机的输出电压一般有 3.15kV、6.3kV、10.5kV、15.75kV 等几种，因此必须用升压变压器将电压升高才能远距离输送。

电能输送到用电区域后，为了适应用电设备的电压要求，还需通过各级变电站（所）利用变压器将电压降低为各类电器所需要的电压值。

在用电方面，多数用电器所需电压是 380V、220V 或 36V，较大功率的电动机会采用 1kV~10kV。

变压器种类很多，按其用途不同，有电源变压器、控制变压器、电焊变压器、自耦变压器、仪用互感器等。变压器种类虽多，但基本原理和结构是一样的。

① 变压器的基本结构

变压器由套在一个闭合铁心上的两个或多个线圈（绕组）构成，如图 1-3-36 所示。铁心和线圈是变压器的基本组成部分。为了减少磁通变化时所引起的涡流损耗，变压器的铁心要用厚度为 0.35~0.5mm 的硅钢片叠成。片间用绝缘漆隔开。变压器和电源相连的线圈称为一次绕组（或初级绕组），和负载相连的线圈称为二次绕组（或次级绕组）。对于双绕组变压器，其一次绕组与二次绕组及绕组与铁心之间都是互相绝缘的。

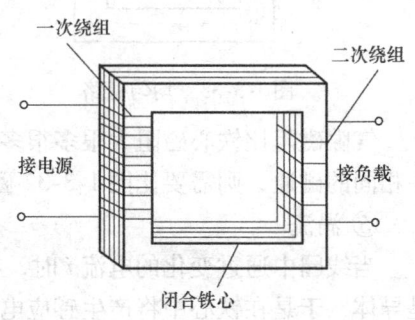

图 1-3-36 双绕组变压器结构示意图

② 变压器的工作原理

为了叙述方便，下面分两种情况分析变压器的运行状态。

（a）变压器的空载运行

压器一次绕组接上额定的交变电压，二次绕组开路不接负载，称为空载运行，如图 1-3-37 所示。

空载电流 I_0：在外加正弦电压 u_1 的作用下，线圈内有交变电流 i_0 流过。这时通过一次绕组的电流称作变压器的空载电流，又称激磁电流。它与一次绕组匝数 N_1 的乘积 I_0N_1 称为激磁磁势。

由于铁心的磁导率远大于空气的磁导率，所以激磁磁势产生的磁通绝大部分集中在铁心里，沿铁心而闭合，该磁通称作主磁通（或工作磁通），用 Φ 表示。

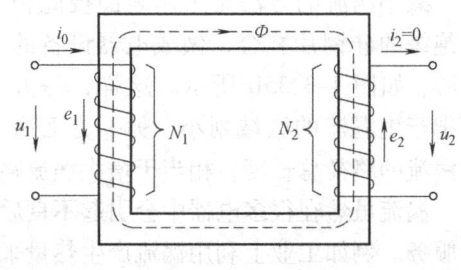

图 1-3-37 空载时的变压器

空载电流（激磁电流）的有效值 I_0 一般都很小，约为额定电流的 3%～8%。

一、二次绕组中的主磁通按正弦规律变化，即

$$\Phi = \Phi_m \sin\omega t$$

电压平衡方程、电压比：在工程计算中常忽略一次绕组中的阻抗不计。所以一次绕组一侧的电压平衡方程可简化为

$$u_1 \approx -e_1$$

这说明，在变压器一次绕组中，自感电动势和电源电压几乎相等，但相位相反。由此可得 u_1 的有效值为

$$U_1 \approx E_1 = 4.44 f N_1 \Phi_m$$

（b）变压器的负载运行

变压器二次绕组出线端接上负载阻抗 Z 后，二次绕组中通过电流 i_2，如图 1-3-38 所示。

前已指出，当电源电压 U 不变时，铁心中主磁通 Φ 也基本不变。

因此，当变压器带上负载后，一次磁动势 $i_1 N_1$ 和二次磁动势 $i_2 N_2$ 共同产生的磁通，与变压器空载时的激磁磁势 $i_0 N_1$ 所产生的磁通也应基本相等，用数学式表示为

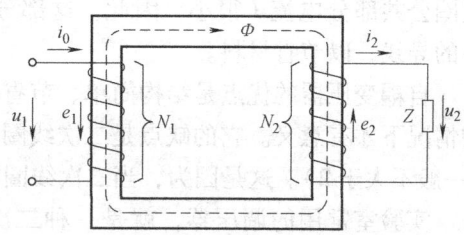

图 1-3-38 有载时的变压器

$$i_1 N_1 + i_2 N_2 = i_0 N_1$$

矢量式为

$$I_1 N_1 + I_2 N_2 = I_0 N_1$$

上式称为变压器负载运行时的磁势平衡方程式。它说明，变压器有载时，一次与二次磁动势的矢量和与空载时的磁动势相等。

因为 I_0 很小，当变压器在满载（额定负载）或接近于满载的情况下运行时，激磁磁势 $I_0 N_1$ 比一次磁势 $I_1 N_1$ 或二次磁势 $I_2 N_2$ 小得多，可以忽略不计。故有

$$I_1 N_1 + I_2 N_2 = 0 \text{ 或 } I_1 N_1 \approx -I_2 N_2$$

这就表明，变压器带载后，一次电流是由二次电流决定的。若只考虑其量值，从上式可得

$$I_1 N_1 \approx I_2 N_2$$

$$\frac{I_1}{I_2} \approx \frac{N_2}{N_1} = \frac{1}{K_U} = K_I$$

式中，K_I 称为变压器的变流比，表示一、二次绕组内电流的大小与线圈匝数成反比关系。

③ 自耦变压器

自耦变压器的一次电路与二次电路共用一部分线圈，如图 1-3-38 所示。一、二次之间除了有磁的联系外，还有直接的电的联系。这是自耦变压器区别于一般变压器的特点。

从图 1-3-39 中看出，当一次绕组加上额定电压后，若不考虑电阻的压降和漏感电势，则

$$\frac{U_1}{U_2} \approx \frac{N_1}{N_2} = K_U$$

式中的 K_U 为自耦变压器的变压比。

当自耦变压器接上负载，二次有电流 i_2 输出时，有

$$i \approx -\frac{N_2}{N_1}i_2 = -\frac{1}{K_U}i_2$$

上式表明，自耦变压器中一、二电流的大小与线圈匝数成反比，且在相位上相差 180°。因此，自耦变压器中，一、二共同部分的电流为

$$i = i_1 + i_2$$

考虑到 i_1 与 i_2 相位相反，故 $I = I_2 - I_1$。

当变比 K_U 接近 1 时，由于 i_1 与 i_2 数值相差不大，所以线圈公共部分电流 I 很小。因此，这部分线圈可用截面较小的导线，以节省材料。

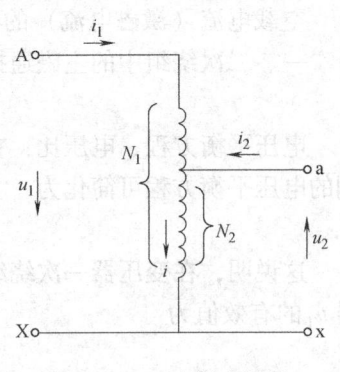

图 1-3-39　自耦变压器

自耦变压器的优点是结构简单、节省材料、效率高。但这些优点只有在变压器变比不大的情况下才有意义。它的缺点是二次线圈和一次线圈有电的联系，不能用于变比较大的场合（一般不大于 2）。这是因为，当二次线圈断开时，高电压就串入低压网络，容易发生事故。

实验室常用的调压器，就是一种二次线圈匝数可变的自耦变压器，如图 1-3-40 所示。

这种调压器端点可以滑动，所以能均匀地调节电压。该调压器还可以做成三相的，容量一般为几千伏安，电压为几百伏。

（9）直流稳压电源

电子设备的正常运行离不开稳定的电源，除了在某些特定场合下采用太阳能电池或化学电池作电源外，多数电路的直流电是由电网的交流电转换来的。这种直流电源的组成以及各处的电压波形如图 1-3-41 所示。

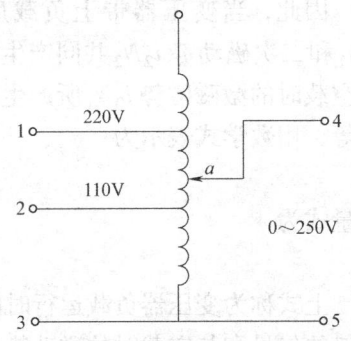

图 1-3-40　自耦调压变压器原理图

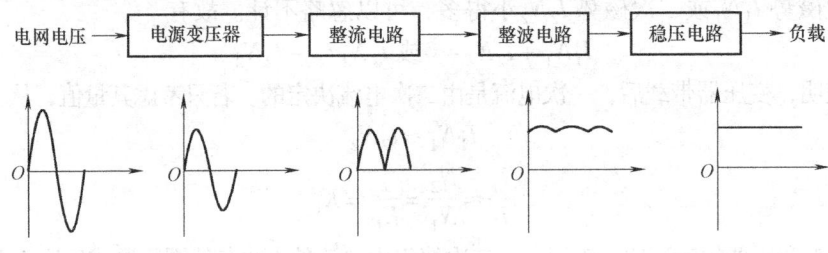

图 1-3-41　直流稳压电源组成框图

在图 1-3-41 中，电源变压器是将电网交流电压（220V 或 380V）变换成符合需要的交流电压，此交流电压经过整流后可获得电子设备所需的直流电压。因为大多数电子电路使用的电压都不高，所以这个变压器是降压变压器。

整流电路是利用具有单向导电性能的整流元件，把方向和大小都变化的 50Hz 交流电变换为方向不变但大小仍有脉动的直流电。

滤波电路是利用储能元件电容器 C 两端的电压（或通过电感器 L 的电流）不能突变的性质，把电容 C（或电感 L）与整流电路的负载 R_L 并联（或串联），就可以将整流电路输出

中的交流成分大部分加以滤除,从而得到比较平滑的直流电。在小功率整流电路中,经常使用的是电容滤波。

稳压电路是当电网电压或负载电流发生变化时,滤波电路输出的直流电压的幅值也将随之变化,因此,稳压电路的作用是使整流滤波后的直流电压基本上不随交流电网电压和负载的变化而变化。

在小功率直流电源中,常见的几种整流电路有单相半波、全波、桥式和三相整流电路等。

整流(和滤波)电路中既有交流量,又有直流量。对这些量经常采用不同的表述方法:输入(交流)——用有效值或最大值;输出(直流)——用平均值;二极管正向电流——用平均值;二极管反向电压——用最大值。

1)整流电路

① 单相整流电路

单相整流电路有单相半波整流电路、单相全波整流电路和桥式整流电路三种形式。

(a)单向半波整流电路。单相半波整流电路如图 1-3-42 所示。因为这种电路只在交流电压的半个周期内才有电流流过负载,所以称为单相半波整流电路。

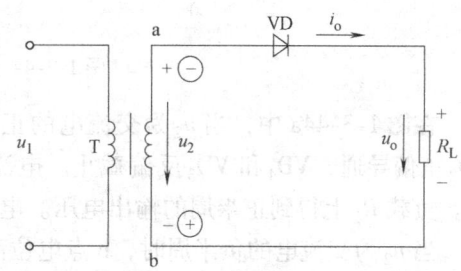

图 1-3-42 单相半波整流电路

利用二极管的单向导电性,在变压器二次电压 u_2 为正的半个周期内,二极管正向偏置,处于导通状态,负载 R_L 上得到半个周期的直流脉动电压和电流;而在 u_2 为负的半个周期内,二极管反向偏置,二极管 VD 截止,处于关断状态,负载中没有电流流过,负载上电压为零。由于二极管的单向导电作用,将变压器二次的交流电压变换成为负载 R_L 两端的单向脉动电压,达到整流目的,其波形如图 1-3-43 所示。

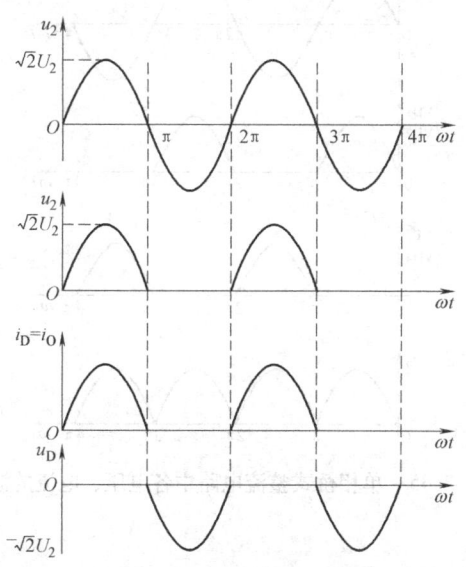

图 1-3-43 单相半波整流电路波形

（b）单向桥式整流电路。单相桥式整流电路应用最广，采用 4 个整流二极管，组成桥式电路，如图 1-3-44a 所示。

人们常常将图中的 4 个二极管电路，称为"整流桥"。图 1-3-44b 采用了整流桥符号的电路图。

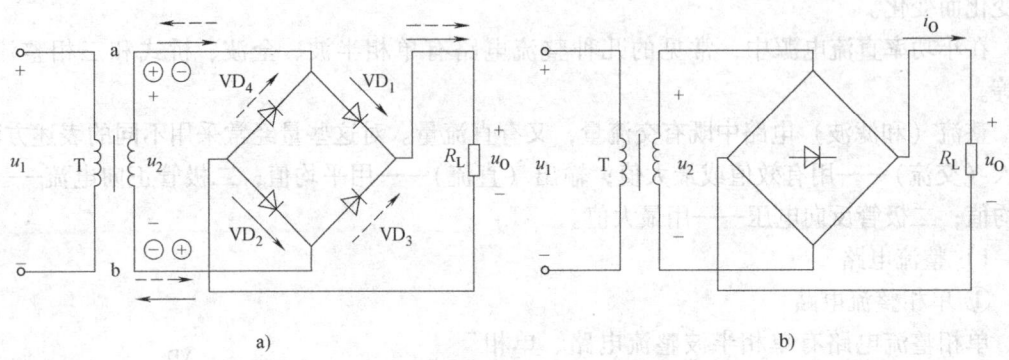

图 1-3-44　单相桥式整流电路

在图 1-3-44a 中，当 u_2 为交流电的正半周时，a 点电位高于 b 点电位。二极管 VD_1 和 VD_2 正偏导通，VD_4 和 VD_3 反偏截止。电流从变压器二次 a 点，经 VD_1、R_L、VD_2 流通到 b 点。负载 R_L 上得到正半周的输出电压。电流如实线方向。

当 u_2 为交流电的负半周时，b 点电位高于 a 点电位。二极管 VD_4 和 VD_3 正偏导通，VD_2 和 VD_1 反偏截止。电流从变压器二次 b 点，经 VD_3、R_L、VD_4 流通到 a 点。负载 R_L 上依然得到正向半周的输出电压。电流如虚线方向。

可见，虽然 u_2 为交流电压，但负载 R_L 上的输出电压 u_o 却已经变成为大小脉动而方向单一的直流电了。单相桥式整流电路中各电压、电流的波形，如图 1-3-45 所示。

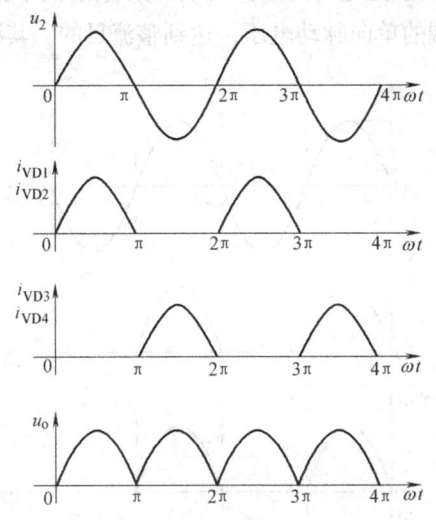

图 1-3-45　单相桥式整流电路中各电压、电流的波形

② 三相整流电路

以汽车交流发电机为例，其工作原理都基于电磁感应定律和电磁力定律。其原理如图

1-3-46 所示。

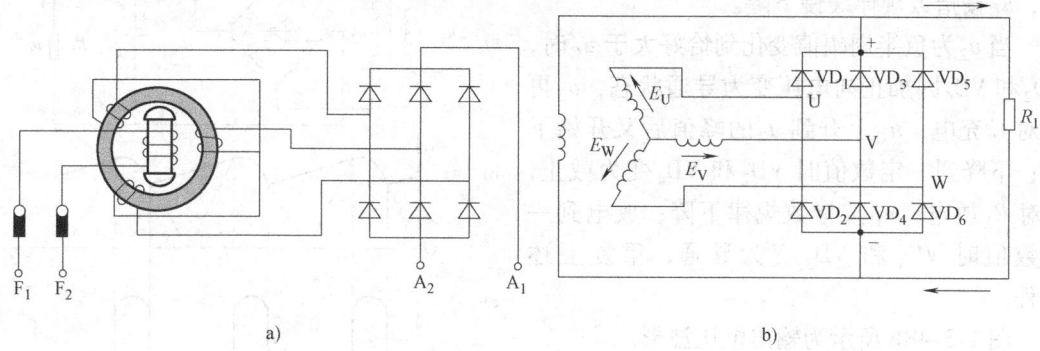

a)   b)

图 1-3-46 汽车交流发电机原理图

发电机的三相定子绕组按一定规律分布在发电机的定子槽中，彼此相差 120°电角度，且匝数相等。三相绕组的末端连在一起，呈星形联结。当磁场绕组接通直流电时，产生了磁场。发动机带动磁场旋转。根据电磁感应原理，在三相绕组中产生频率相同、幅值相等、相位互差即 120°的正弦电动势。u_u、u_w、u_v 分别为三相交流电的瞬时电动势；α、$\alpha+120°$、$\alpha+240°$ 分别为三相交流电的初相角。

根据正弦函数图像，可画出如图 1-3-47 上部所示的三相交流电波形。

由三相桥式整流电路可知在 0°~30°时，U_w 最高，U_v 最低，二极管 VD_5 和 VD_4 导通。α 为 0°~30°时整流后电压波形，如图 1-3-47 下部所示的 $0~t_1$ 波形。

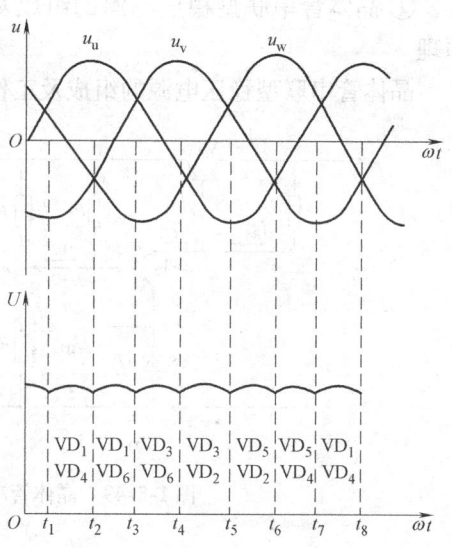

图 1-3-47 汽车交流发电机三相交流电波形

在 30°~90°时，U_u 最高，U_v 最低，即 VD_1 和 VD_4 导通。α 为 30°~90°时整流后电压波形，如图 1-3-47 下部所示的 $t_1~t_2$ 波形。其他以此类推。

2）滤波电路

图 1-3-48 为单相桥式整流及电容滤波电路。在分析电容滤波电路时，要特别注意电容器两端电压 u_c 对整流组件导电的影响，整流组件只有受正向电压作用时才导通，否则便截止。

负载 R_L 未接入时的情况：设电容器两端初始电压为零，接入交流电源后，当 u_2 为正半周时，u_2 通过 VD_1、VD_2 向电容器 C 充电；u_2 为负半周时，经 VD_3、VD_4 向电容器 C 充电，充电时间常数为

$$\tau_C = R_n C$$

当 u_2 为正半周并且数值大于电容两端电压 u_C 时，二极管 VD_1 和 VD_3 管导通，VD_2 和 VD_4 管截止，电流一路流经负载电阻 R_L，另一路对电容 C 充电。当 $u_C > u_2$ 时，导致 VD_1 和 VD_3

管反向偏置而截止，电容通过负载电阻 R_L 放电，u_C 按指数规律缓慢下降。

当 u_2 为负半周幅值变化到恰好大于 u_C 时，VD_2 和 VD_4 因加正向电压变为导通状态，u_2 再次对 C 充电，u_C 上升到 u_2 的峰值后又开始下降；下降到一定数值时 VD_2 和 VD_4 变为截止，C 对 R_L 放电，u_C 按指数规律下降；放电到一定数值时 VD_1 和 VD_3 变为导通，重复上述过程。

图 1-3-48b 所示为输出电压波形。

3）稳压电路

① 晶体管串联型稳压电源的组成及工作原理

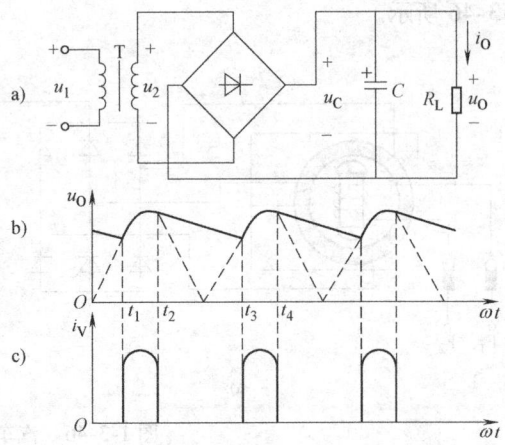

图 1-3-48　单相桥式整流及电容滤波电路

晶体管串联型稳压电源的组成及工作原理如图 1-3-49 所示。

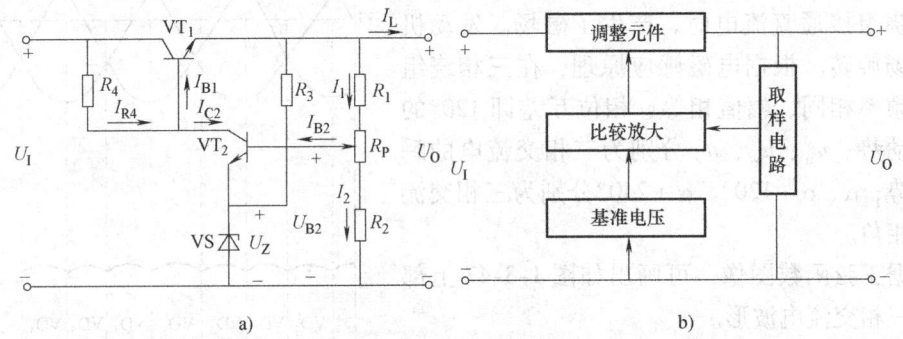

图 1-3-49　晶体管串联型稳压电路原理图和组成框图
a）原理图　b）组成框图

当 U_I 或 R_L 变化时，稳压过程如下：

U_I 升高或 R_L 变大→U_O 升高→U_{B2} 变大→U_{BE2} 变大→I_{B2} 增大→I_{C2} 增大→U_{B1} 下降→I_{C1} 减小→U_{CE1} 增大→U_O 下降。

② 提高电源稳压性能的措施

（a）取样电阻：选用金属膜的，使分压比 n 更稳定。

（b）稳压二极管：选温度系数小的硅稳压二极管，使 U_Z 更稳定。

（c）比较放大管：选 β 大的管子，使调压灵敏、稳压性能好。

（d）调整管：当输出功率较大时，要选大功率晶体管，可用复合管做调整管，同时提高 β 值。

③ 集成稳压器

特点：体积小、外围元件少、经济、性能稳定、调整方便。

三端固定式集成稳压器：常用的有输出正电压的 W78×× 和负电压的 W79×× 系列，三端固定式集成稳压器外形及引脚功能如图 1-3-50 所示。

三端可调式集成稳压器：常用的有正电压的 W117/W217/W317 系列和负电压的 W337

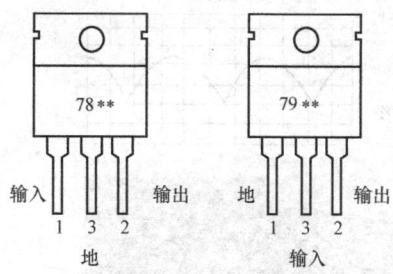

图 1-3-50 三端固定式集成稳压器外形及标注

系列,其调压范围为 1.2~37 V,最大输出电流为 1.5A。三端可调式集成稳压器及引脚功能如图 1-3-51 所示。

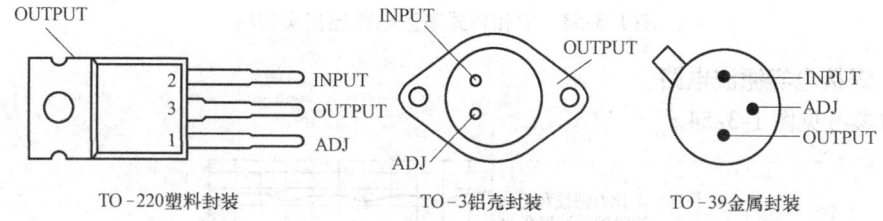

图 1-3-51 三端可调式集成稳压器及引脚功能

4. 实训操作

设计一个输出直流电压为 36V、输出电流为 1A 的单相桥式整流电路。已知交流电压为 220V。

(1) 设计电路图

参考图见图 1-3-52。

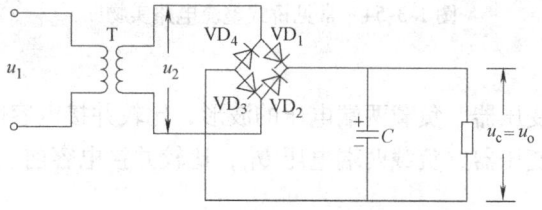

图 1-3-52 电容滤波电路原理图

(2) 元器件选择

根据直流稳压电源整流电路的工作原理,确定如下元件,见表 1-3-1。

表 1-3-1 元器件明细表

序号	分类	名称	型号规格	数量
1	T	变压器	220V/18V	1 只
2	VD1~VD4	二极管	1N4007	4 只
3	C	电解电容	100μF/25V	1 只

(3) 按电路原理图焊接整流电路

实物参考见图 1-3-53。

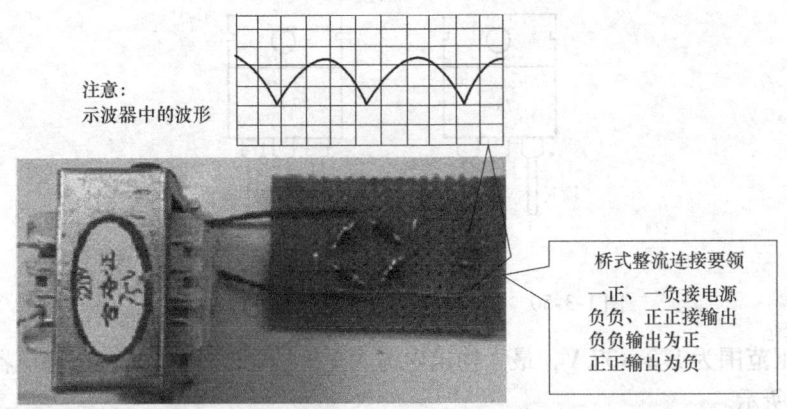

图 1-3-53　单相桥式整流电路连接实物图

(4) 焊接电容滤波电路

实物参考见图 1-3-54。

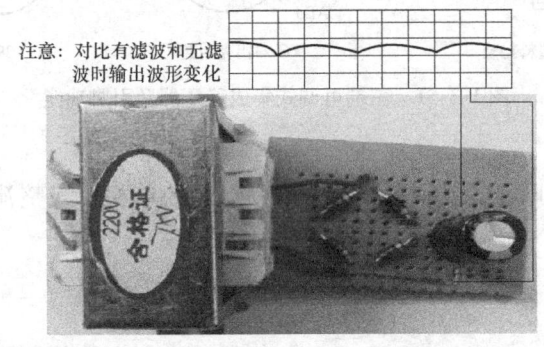

图 1-3-54　常见桥式整流电路实物图

(5) 检测

1) 用示波器观察变压器、负载两端电压的波形，比较并接电容前、后的变化。

2) 用万用表测试变压器、负载两端电压 U_0，比较并接电容前、后的变化。

任务 3-2　电力电子器件的认知与检测

1. 任务描述

认知给定的电力电子器件，并利用仪器仪表进行检测。

2. 教学目标

(1) 能力目标

1) 能识别 GTO（门极可关断晶闸管）、GTR（电力晶体管），MOSFET（电力场效应晶体管）、IGBT（绝缘栅双极晶体管）等器件。

2) 能用仪表检测单向晶闸管。

3) 能用仪表检测光控晶闸管。

4) 会进行对 IGBT 的测量。

(2) 知识目标

了解 GTO（门极可关断晶闸管）、GTR（电力晶体管），MOSFET（电力场效应晶体管）、IGBT（绝缘栅双极晶体管）等器件的构造、工作原理、特性及其应用。

3. 相关知识

(1) 分类

1) 按照电力电子器件能够被控制电路信号所控制的程度分类

半控型器件：例如晶闸管。

全控型器件：例如 GTO（门极可关断晶闸管）、GTR（电力晶体管），MOSFET（电力场效应晶体管）、IGBT（绝缘栅双极晶体管）。

不可控器件：例如电力二极管。

2) 按照驱动电路加在电力电子器件控制端和公共端之间信号的性质分类

电压驱动型器件：例如 IGBT、MOSFET、SITH（静电感应晶闸管）。

电流驱动型器件：例如晶闸管、GTO、GTR。

3) 根据驱动电路加在电力电子器件控制端和公共端之间的有效信号波形分类

脉冲触发型：例如晶闸管、GTO。

电子控制型：例如 GTR、MOSFET、IGBT。

4) 按照电力电子器件内部电子和空穴两种载流子参与导电的情况分类

双极型器件：例如电力二极管、晶闸管、GTO、GTR。

单极型器件：例如 MOSFET、SIT。

复合型器件：例如 MCT（MOS 控制晶闸管）和 IGBT。

(2) 晶闸管

晶闸管（Thyristor）是晶体闸流管的简称，曾被称作可控硅整流器（简称为可控硅）。晶闸管具有硅整流器件的特性，能在高电压、大电流条件下工作，且其工作过程可以控制、被广泛应用于可控整流、交流调压、无触点电子开关、逆变及变频等电子电路中。

1) 分类

晶闸管按其关断、导通及控制方式可分为普通晶闸管（SCR）、双向晶闸管（TRIAC）、逆导晶闸管（RCT）、门极关断晶闸管（GTO）、BTG晶闸管、温控晶闸管（TT 国外，TTS 国内）和光控晶闸管（LTT）等多种，图 1-3-55 给出了部分产品的外形示例。

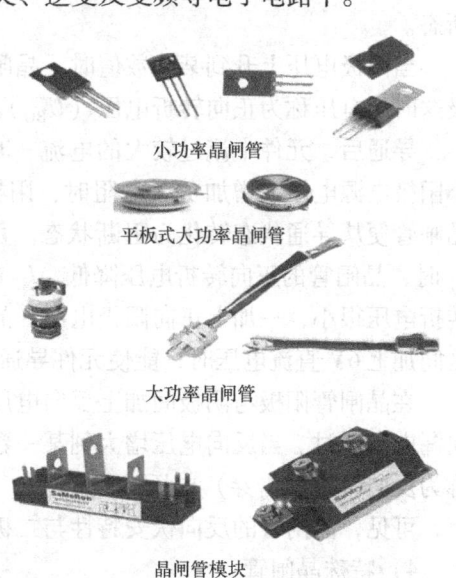

图 1-3-55　常见晶闸管外形示例

2) 晶闸管结构及工作原理

晶闸管是 4 层 3 端器件，它有 J1、J2、J3 三个 PN 结，如图 1-3-56b 所示，可以把它中间的 NP 分成两部分，构成一个 PNP 型晶体管和一个 NPN 型晶体管的复合管，如图 1-3-56c 所示。

晶闸管在工作过程中，它的阳极（A）和阴极（K）与电源和负载连接，组成晶闸管的主电路，晶闸管的控制极 G 和阴极 K 与控制晶闸管的

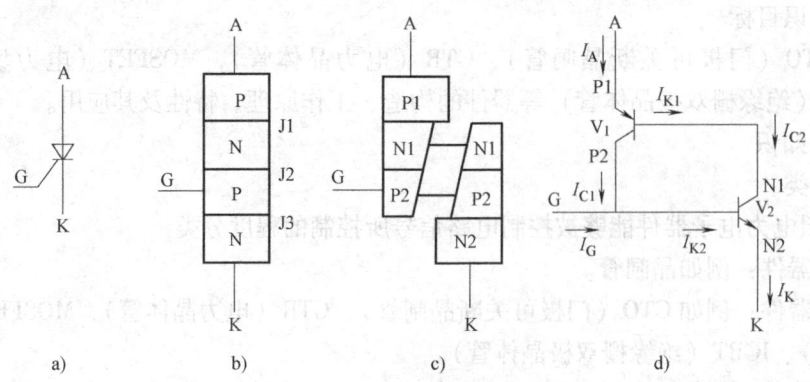

图 1-3-56 晶闸管结构原理图
a) 电路图形符号 b) 结构1 c) 结构2 d) 等效电路

装置连接，组成晶闸管的控制电路。它的工作条件如下。

① 晶闸管承受反向阳极电压时，不管控制极承受何种电压，晶闸管都处于反向阻断状态。

② 晶闸管承受正向阳极电压时，仅在控制极承受正向电压的情况下晶闸管才导通。这时晶闸管处于正向导通状态，这就是晶闸管的闸流特性，即可控特性。

③ 晶闸管在导通情况下，只要有一定的正向阳极电压，不论控制极电压如何，晶闸管保持导通，即晶闸管导通后，控制极失去作用。控制极只起触发作用。

④ 晶闸管在导通情况下，当主回路电压（或电流）减小到接近于零时，晶闸管关断。

3) 晶闸管特性

晶闸管的伏安特性如图 1-3-57 所示。晶闸管的阳极与阴极间加上正向电压时，在晶闸管控制极开路（$I_G = 0$）情况下，开始元件中有很小的电流（称为正向漏电流）流过，晶闸管阳极与阴极间表现出很大的电阻，处于截止状态（称为正向阻断状态），简称断态。

当阳极电压上升到某一数值时，晶闸管突然由阻断状态转化为导通状态，简称通态。阳极这时的电压称为正向转折电压（U_{BO}）。

导通后，元件中流过较大的电流，其值主要由限流电阻（使用时由负载）决定。在减小阳极电源电压或增加负载电阻时，阳极电流随之减小，当阳极电流小于维持电流 I_H 时，晶闸管便从导通状态转化为阻断状态。由图 1-3-57 可看出，当晶闸管控制极流过正向电流 I_G 时，晶闸管的正向转折电压降低，I_G 越大，转折电压越小，当 I_G 足够大时，晶闸管正向转折电压很小，一加上正向阳极电压，晶闸管就导通。实际规定，当晶闸管元件阳极与阴极之间加上 6V 直流电压时，能使元件导通的控制极最小电流（电压）称为触发电流（电压）。

在晶闸管阳极与阴极间加上反向电压时，开始晶闸管处于反向阻断状态，只有很小的反向漏电流流过。当反向电压增大到某一数值时，反向漏电流急剧增大，这时，所对应的电压称为反向转折（击穿）电压（U_{BR}）。

可见，晶闸管的反向伏安特性与二极管反向特性类似。

4) 特殊晶闸管

① 双向晶闸管（TRIAC）

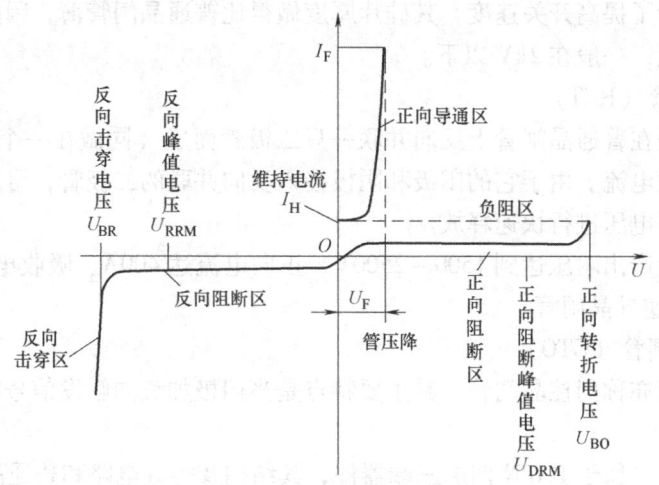

图 1-3-57 晶闸管特性

从外表上看，双向晶闸管和普通晶闸管很相似，也有三个电极（图 1-3-58）。但是，它除了其中一个电极 G 仍叫做控制极外，另外两个电极通常却不再叫作阳极和阴极，而统称为主电极 T_1 和 T_2。它的符号也和普通晶闸管不同，是把两个晶闸管反接在一起画成的。从内部结构来看，双向晶闸管是一种 N-P-N-P-N 型 5 层结构的半导体器件。

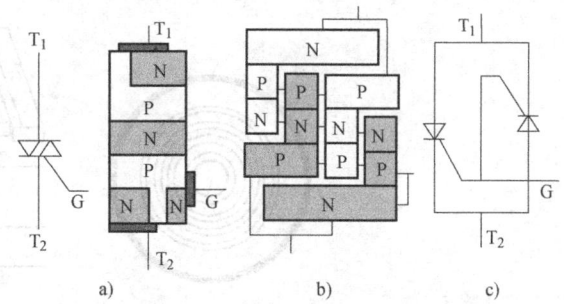

图 1-3-58 双向晶闸管结构示意图

把图 1-3-58a 看成是由左右两部分组合而成的，如图 1-3-58b 所示。这样一来，原来的双向晶闸管就被分解成两个 P-N-P-N 型结构的单向晶闸管了。如果把左边从下往上看的 P1-N1-P2-N2 部分叫做正向的话，那么右边从下往上看的 N3-P1-N1-P2 部分就成为反向，它们之间正好是一正一反地并联在一起。我们把这种连接叫做反向并联。因此，从电路功能上可以把它等效成图 1-3-58c，也就是说，一个双向晶闸管在电路中的作用是和两只普通晶闸管反向并联起来等效的。这也正是双向晶闸管为什么会有双向控制导通特性的根本原因。

双向晶闸管不像普通晶闸管那样，必须在阳极和阴极之间加上正向电压，管子才能导通。对双向晶闸管来说，无所谓阳极和阴极。它的任何一个主电极，对图 1-3-58b 中的两个晶闸管管子来讲，对一个管子是阳极，对另一个管子就是阴极，反过来也一样。因此，双向晶闸管无论主电极加上的是正向或是反向电压，它都能被触发导通。不仅如此，双向晶闸管还有一个重要的特点，这就是：不管触发信号的极性如何，也就是不管所加的触发信号电压 U_G 对 T1 是正向还是反向，双向晶闸管都能被触发导通。双向晶闸管的这个特点是普通晶闸管所没有的。

② 快速晶闸管（FST）

可允许开关频率在 400Hz 以上工作的晶闸管称为快速晶闸管（简称 FST），开关频率在 10kHz 以上的称为高频晶闸管。

快速晶闸管为了提高开关速度,其硅片厚度做得比普通晶闸管薄,因此承受正反向阻断重复峰值电压较低,一般在 2kV 以下。

③ 逆导晶闸管(RCT)

逆导晶闸管是在普通晶闸管上反向并联一只二极管而成(同做在一个硅片上)。它的特点是能反向导通大电流。由于它的阳极和阴极接入反向并联的二极管,可对电感负载关断时产生的大电流、高电压进行快速释放。

目前已经能生产出耐压达到 1500~2500V、正向电流达 400A、吸收电流达 150A、关断时间小于 $30\mu s$ 的逆导晶闸管。

④ 可关断晶闸管(GTO)

可关断晶闸管亦称门控晶闸管。其主要特点是当门极加负向触发信号时,晶闸管能自行关断。

可关断晶闸管也属于 PNPN 四层三端器件,其结构及等效电路和普通晶闸管相同,如图 1-3-59 所示。大功率 GTO 大都制成模块形式。

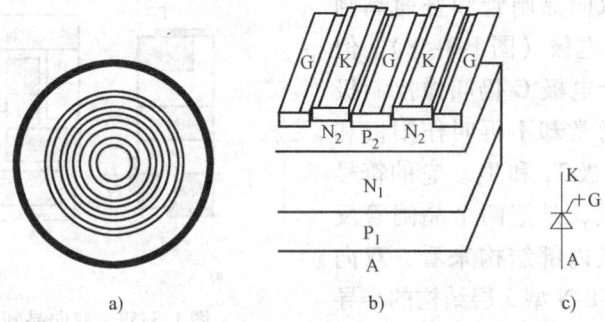

图 1-3-59 GTO 的内部结构和电气图形符号
a) 各单元的阴极、门极间隔排列的图 b) 并联单元结构断面示意图 c) 电气图形符号

可关断晶闸管的开关特性如图 1-3-60 所示。

⑤ 光控晶闸管(LTT)

光控晶闸管,又称光触发晶闸管。国内也称 GK 型光开关管,是一种光敏器件。

光控晶闸管的结构与普通晶闸管一样,是由 4 层 PNPN 器件构成。有 3 个电极,即控制极 G、阳极 A 和阴极 K。而光控晶闸管由于其控制信号来自光的照射,没有必要再引出控制极,所以只有两个电极(阳极 A 和阴极 K)。从外形上看,光控晶闸管有受光窗口,还有两条管脚和壳体,酷似光电二极管。光控管的外形及电路图型符号如图 1-3-61 所示。

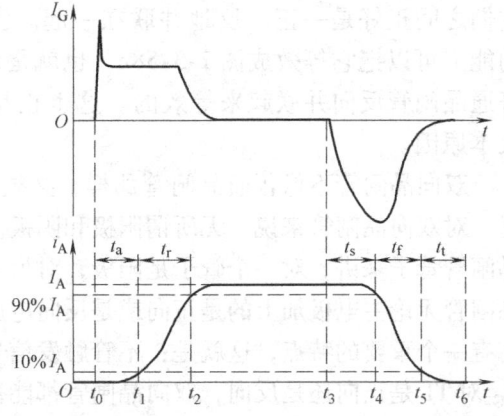

图 1-3-60 可关断晶闸管的开关特性

只要有足够强度的光源照射一下管子的受光窗口,它就立即成为导通状态,而后即使撤离光源也能维持导通,除非加在阳极和阴极之间的电压为零或反相,才能关闭。

⑥ 电力晶体管（GTR）

电力晶体管是一种耐高电压、大电流的双极结型晶体管（Bipolar Junction Transistor—BJT），所以有时也称为 Power BJT。其驱动电路复杂，驱动功率大。其工作原理和普通双极结型晶体管是一样的。

（a）电力晶体管的结构。GTR 由 3 层半导体、2 个 PN 结组成。和小功率晶体管一样，有 PNP 和 NPN 两种类型，GTR 通常多用 NPN 结构。

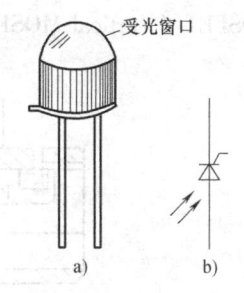

图 1-3-61 光控管的外形及电路图型符号

a) 外形示例 b) 电路图形符号

（b）电力晶体管工作原理。在电力电子技术中，GTR 主要工作在开关状态。GTR 通常工作在正偏（$I_B>0$）时大电流导通；反偏（$I_B\leqslant 0$）时处于截止状态。因此，给 GTR 的基极施加幅度足够大的脉冲驱动信号，它将工作于导通和截止的开关状态。

（c）动态特性。开通过程见图 1-3-62。延迟时间 t_d 和上升时间 t_r，二者之和为开通时间 t_{on}，t_d 主要是由发射结势垒电容和集电结势垒电容充电产生的。增大 I_{B1} 的幅值并增大 di_B/dt，可缩短延迟时间，同时可缩短上升时间，从而加快开通过程。

关断过程如图 1-3-62 所示。储存时间 t_s 和下降时间 t_f，二者之和为关断时间 t_{off}，t_s 是用来除去饱和导通时储存在基区的载流子的，是关断时间的主要部分，减小导通时的饱和深度以减小储存的载流子，或者增大基极抽取负电流 I_{B2} 的幅值和负偏压，可缩短储存时间，从而加快关断速度。减小导通时的饱和深度的负面作用是会使集电极和发射极间的饱和导通压降 U_{CES} 增加，从而增大通态损耗。GTR 的开关时间在几微秒以内。

⑦ 功率场效应晶体管（MOSFET）

MOSFET 的原意是：MOS（Metal Oxide Semiconductor 金属氧化物半导体），FET（Field Effect Transistor 场效应晶体管），即以金属层（M）的栅极隔着氧化层（O）利用电场的效应来控制半导体（S）的场效应晶体管。

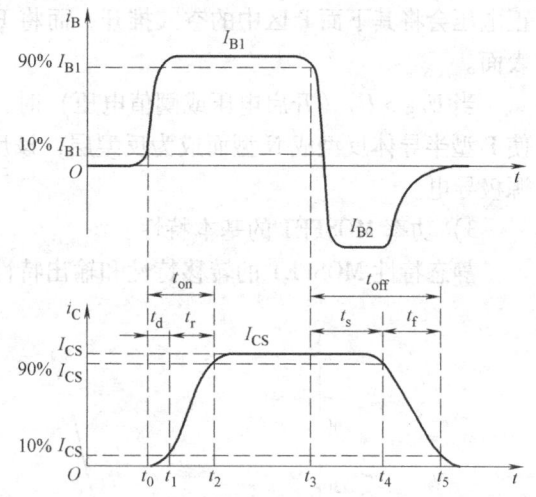

图 1-3-62 GTR 的开通和关断过程电流波形

功率场效应晶体管也分为结型和绝缘栅型，结型功率场效应晶体管一般称作静电感应晶体管（Static Induction Transistor，简称 SIT）。其特点是用栅极电压来控制漏极电流，驱动电路简单、需要的驱动功率小、开关速度快、工作频率高、热稳定性优于 GTR，但其电流容量小、耐压低，一般只适用于功率不超过 10kW 的电力电子装置。

1）功率 MOSFET 的结构

功率 MOSFET 的内部结构和电气图形符号如图 1-3-63 所示。其导通时只有一种极性的载流子（多子）参与导电，是单极型晶体管。导电机理与小功率 MOS 管相同，但结构上有较大区别，小功率 MOS 管是横向导电器件，功率 MOSFET 大都采用垂直导电结构，又称为

VMOSFET（Vertical MOSFET），大大提高了 MOSFET 器件的耐压和耐电流能力。

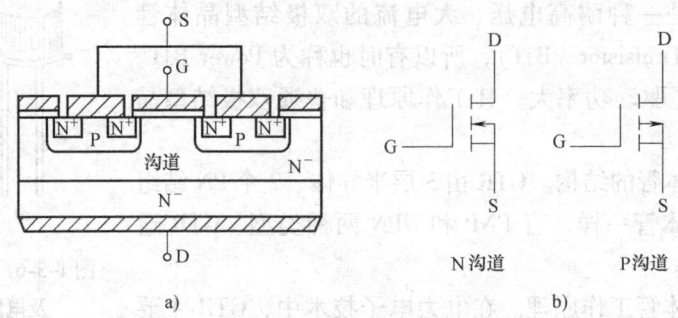

图 1-3-63 功率 MOSFET 的内部结构和电气符号
a）内部结构断面示意图　b）电气图形符号

2）功率 MOSFET 的工作原理

截止：漏源极间加正电源，栅源极间电压为零。P 基区与 N 漂移区之间形成的 PN 结 J1 反偏，漏源极之间无电流流过。

导电：在栅源极间加正电压 U_{GS}，栅极是绝缘的，所以不会有栅极电流流过。但栅极的正电压会将其下面 P 区中的空穴推开，而将 P 区中的少子（电子）吸引到栅极下面的 P 区表面。

当 $U_{GS} > U_T$（开启电压或阈值电压）时，栅极下 P 区表面的电子浓度将超过空穴浓度，使 P 型半导体反型成 N 型而成为反型层，该反型层形成 N 沟道而使 PN 结 J1 消失，漏极和源极导电。

3）功率 MOSFET 的基本特性

静态特性 MOSFET 的转移特性和输出特性如图 1-3-64 所示。

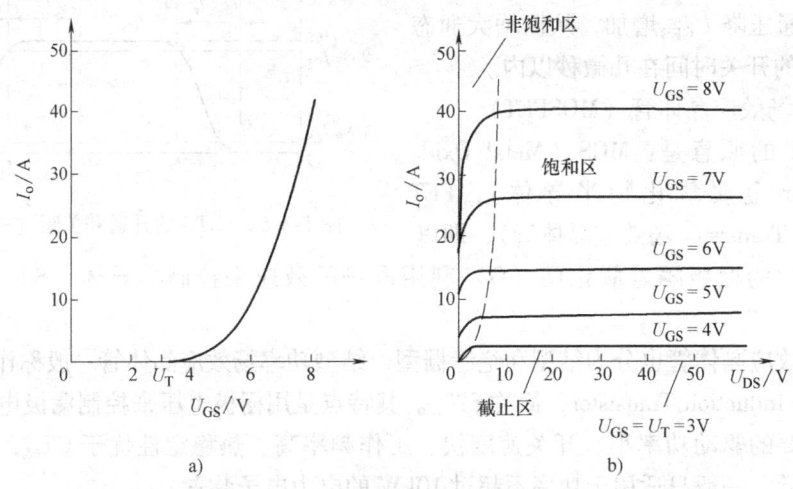

图 1-3-64 功率 MOSFET 的转移特性和输出特性
a）转移特性　b）输出特性

漏极电流 I_D 和栅-源间电压 U_{GS} 的关系称为 MOSFET 的转移特性，I_D 较大时，I_D 与 U_{GS} 的关系近似线性，曲线的斜率定义为跨导 G_{fs}。

MOSFET 的漏极伏安特性（输出特性）：电力 MOSFET 漏源极之间有寄生二极管，漏源极间加反向电压时器件导通。电力 MOSFET 的通态电阻具有正温度系数，对器件并联时的均流有利。

动态特性 MOSFET 其测试电路和开关过程波形如图 1-3-65 所示。

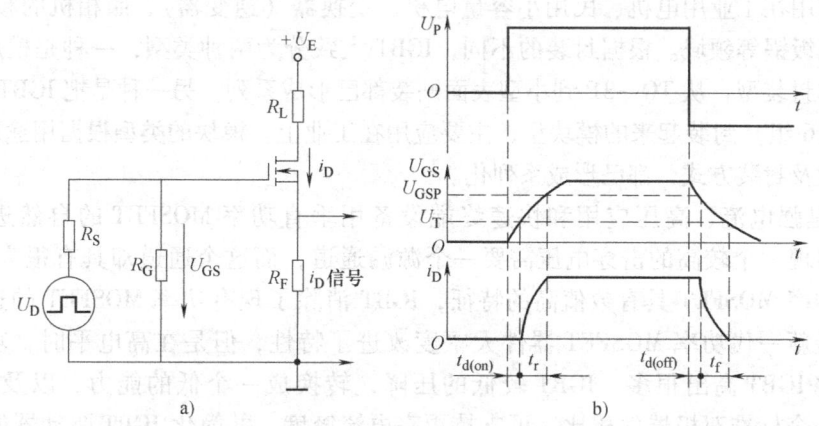

图 1-3-65　功率 MOSFET 的开关过程
a) 测试电路　b) 开关过程波形
U_p—脉冲信号源　R_S—信号源内阻　R_G—栅极电阻　R_L—负载电阻　R_F—检测漏极电阻

开通过程如下：

开通延迟时间 $t_{d(on)}$——U_p 前沿时刻到 $U_{GS} = U_T$ 并开始出现 i_D 的时刻间的时间段。

上升时间 t_r——U_{GS} 从 U_T 上升到 MOSFET 进入非饱和区的栅压 U_{GSP} 的时间段；i_D 稳态值由漏极电源电压 U_E 和漏极负载电阻决定。U_{GSP} 的大小和 i_D 的稳态值有关，U_{GS} 达到 U_{GSP} 后，在 u_p 作用下继续升高直至达到稳态，但 i_D 已不变。

开通时间 t_{on}——开通延迟时间与上升时间之和。

关断延迟时间 $t_{d(off)}$——U_p 下降到零起，C_{in} 通过 R_S 和 R_G 放电，U_{GS} 按指数曲线下降到 U_{GSP} 时，i_D 开始减小为零的时间段。

下降时间 t_f——U_{GS} 从 U_{GSP} 继续下降起，i_D 减小，到 $U_{GS} < U_T$ 时沟道消失，i_D 下降到零为止的时间段。

关断时间 t_{off}——关断延迟时间和下降时间之和。

图 1-3-66 是功率 MOSFET 的等效电路。在应用中，除了要考虑功率 MOSFET 每一部分都存在电容以外，还必须考虑 MOSFET 还并联着一个二极管。同时从某个角度看、它还存在一个寄生晶体管。（就像 IGBT 也寄生着一个晶闸管一样）。这几个方面，是研究 MOSFET 动态特性很重要的因素。

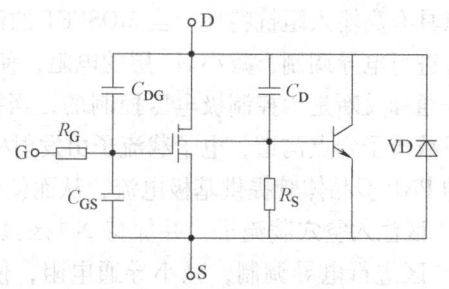

图 1-3-66　功率 MOSFET 的等效电路

⑧ 绝缘栅双极型晶体管（IGBT）

绝缘栅双极晶体管综合了电力晶体管（GTR）和电力场效应晶体管（Power MOSFET）

的优点，具有良好的特性，应用领域很广泛。IGBT 也是三端器件（栅极、集电极和发射极）。

IGBT 是 MOS 结构双极器件，属于具有功率 MOSFET 的高速性能与双极的低电阻性能的功率器件。IGBT 的应用范围一般都在耐压 600V 以上、电流 10A 以上、频率为 1kHz 以上的区域。多使用在工业用电机、民用小容量电机、变换器（逆变器）、照相机的频闪观测器、感应加热电饭锅等领域。根据封装的不同，IGBT 大致分为两种类型，一种是模压树脂密封的三端单体封装型，从 TO—3P 到小型表面贴装都已形成系列。另一种是把 IGBT 与 FWD 成对地（2 或 6 组）封装起来的模块型，主要应用在工业上。模块的类型根据用途的不同，分为多种形状及封装方式，都已形成系列化。

IGBT 是强电流、高压应用和快速终端设备用垂直功率 MOSFET 的自然进化。MOSFET 由于实现一个较高的击穿电压需要一个源漏通道，而这个通道却具有很高的电阻率，因而造成功率 MOSFET 具有数值高的特征，IGBT 消除了现有功率 MOSFET 的这些主要缺点。虽然最新一代功率 MOSFET 器件大幅度改进了特性，但是在高电平时，功率导通损耗仍然要比 IGBT 高出很多。IGBT 较低的压降，转换成一个低的能力，以及 IGBT 的结构，与同一个标准双极器件相比，可支持更高电流密度，并简化 IGBT 驱动器的原理图。

IGBT 的结构与工作原理：

如图 1-3-67 所示为一个 N 沟道增强型绝缘栅双极晶体管结构，N^+ 区称为源区，附于其上的电极称为源极。P^+ 区称为漏区。器件的控制区为栅区，附于其上的电极称为栅极。沟道在紧靠栅区边界一形成。在漏、源之间的 P 型区（包括 P^+ 和 P^- 区）（沟道在该区域形成），称为亚沟道区。而在漏区另一侧的 P^+ 区称为漏注入区，它是 IGBT 特有的功能区，与漏区和亚沟道区一起形成 PNP 双极晶体管，起发射极的作用，向漏极注入空穴，进行导电调制，以降低器件的通态电压。附于漏注入区上的电极称为漏极。IGBT 的开关作用是通过加正向栅极电压形成沟道，给 PNP 晶体管提供基极电流，使 IGBT 导通。反之，加反向控制极电压消除沟道，切断基极电流，使 IGBT 关断。IGBT 的驱动方法和 MOSFET 基本相同，只需控制输入极 N^- 沟道 MOSFET，所以具有高输入阻抗特性。当 MOSFET 的沟道形成后，从 P^+ 基极注入到 N^- 层的空穴，对 N^- 层进行电导调制，减小 N^- 层的电阻，使 IGBT 在高电压时，也具有低的通态电压。IGBT 的开通和关断是由控制极电压控制的，当控制极加正向电压时，控制极下方的 P 区中形成电子载流子到点沟道，电子载流子由发射极的 N^+ 区通过导电沟道注入 N^- 区，即为 IGBT 内部的 PNP 型晶体管提供基极电流，从而使 IGBT 导通。此时，为维持 N^- 区的电平衡，P^+ 区像 N^- 区注入空穴载流子，并保持 N^- 区具有较高的载流子浓度，即对 N^- 区进行电导调制，减小导通电阻，使得 IGBT 也具有较低的通态压降。若控制极上加负电压时，MOSFET 内的沟道消失，PNP 型晶体管的基极电流被切断，IGBT 就关断。

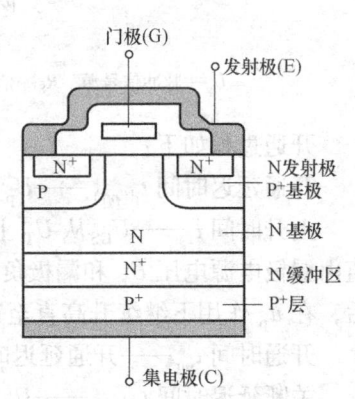

图 1-3-67 IGBT 结构图

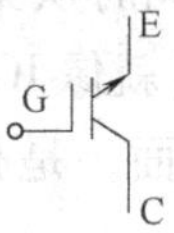

图 1-3-68 为 IGBT 的常用电气图形符号。IGBT 的等效电路如图 1-3-69 所示。

图 1-3-68 常用 IGBT 的电气图形符号

⑨ MOS 控制晶闸管（MCT）

MCT 是一类新的 MOS/双极复合器件。它是在普通晶闸管中用集成电路工艺制作大量的 MOS 开关，通过 MOS 开关的通断来控制晶闸管的开启与关断。所以 MCT 既有晶闸管良好的阻断和通态特性，又具有 MOS 场效应管输入阻抗高、驱动功率低和开关速度快的优点，同时克服了晶闸管速度慢，不能自关断和高压 MOS 场效应管导通压降大的缺点，因而 MCT 被认为是目前众多功率器件中最有前途的一种功率器件。

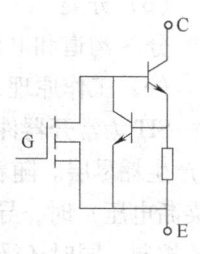

图 1-3-69　IGBT 的等效电路

（a）MOS 控制晶闸管（MCT）结构

MCT 是晶闸管 SCR 和场效应管 MOSFET 复合而成的新型器件，其主导元件是 SCR，控制元件是 MOSFET，其元胞有两种结构类型，N-MCT 和 P-MCT。有 3 个电极，即栅极 G、阳极 A 和阴极 K。如图 1-3-70 所示。

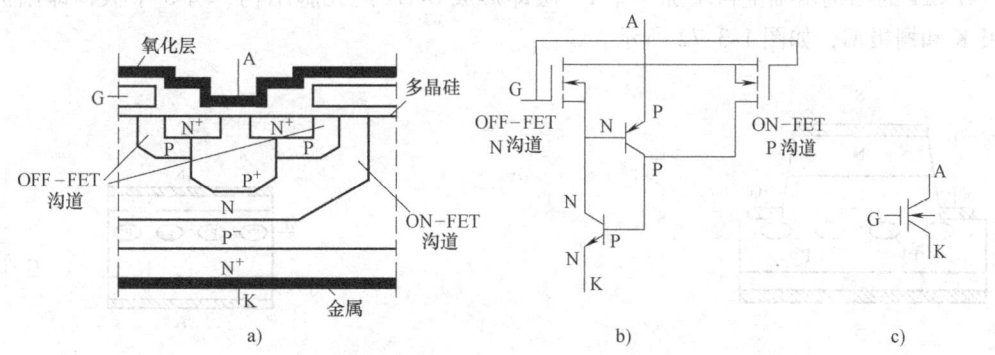

图 1-3-70　P-MCT 的结构、等效电路和符号
a）结构　b）等效电路　c）电路图形符号

（b）工作原理（P-MCT）

控制信号：用双栅极控制，栅极信号以阳极为基准。

导通：当栅极相对于阳极加负脉冲电压时，ON-FET 导通，其漏极电流使 NPN 晶体管导通。NPN 晶体管的导通又使 PNP 晶体管导通且形成正反馈触发过程，最后导致 MCT 导通。

关断：当栅极相对于阳极施加正脉冲电压时，OFF-FET 导通，PNP 晶体管基极电流中断，PNP 晶体管中电流的中断破坏了使 MCT 导通的正反馈过程，于是 MCT 被关断。

⑩ 静电感应晶体管（SIT）

它是一种多子导电的单极型器件，具有输出功率大、输入阻抗高、开关特性好、热稳定性好、抗辐射能力强等优点，广泛用于高频感应加热设备（例如 200kHz、200kW 的高频感应加热电源）。并适用于高音质音频放大器、大功率中频广播发射机、电视发射机、差转机微波以及空间技术等领域。

（a）结构

静电感应晶体管（SIT）是 3 层、元胞结构，有 3 个电极，即栅极 G、漏极 D 和源极 S，如图 1-3-71 所示。

(b) 分类

分 N 沟道和 P 沟道两种。图形符号中 S 极的箭头向外的为 N-SIT，箭头向内的为 P-SIT。

(c) 工作原理

SIT 为常开器件，即栅源电压为零时，SIT 导通；当加上负栅源电压 U_{GS} 时，栅源间 PN 结产生耗尽层。随着负偏压 U_{GS} 的增加，其耗尽层加宽，漏源间导电沟道变窄。当 $U_{GS} = U_P$ （夹断电压）时，导电沟道被耗尽层所夹断，SIT 关断。SIT 的漏极电流 I_D 不但受栅极电压 U_{GS} 控制，同时还受漏极电压 U_{DS} 控制。

⑪ 静电感应晶闸管（SITH）

与 GTO 相比，SITH 具有通态电阻小、通态压降低、开关速度快、损耗小及耐压高等优点。缺点是制造工艺复杂、成本高。SITH 主要应用在直流调速系统、高频加热电源和开关电源等领域。

(a) 结构

在 SIT 的结构基础上再增加一个 P^+ 层即形成 SITH 的元胞结构，有 3 个极，即阳极 A、阴极 K 和栅极 G，如图 1-3-72 所示。

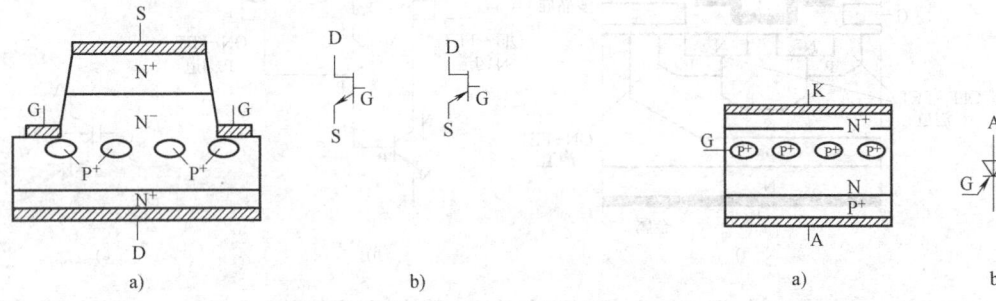

图 1-3-71 静电感应晶体管（SIT）结构和电路图形符号
a）结构 b）电路图形符号

图 1-3-72 静电感应晶闸管（SITH）结构和电路图形符号
a）结构 b）电路图形符号

(b) 工作原理

栅极开路，在阳、阴极之间加正向电压，有电流流过 SITH；在栅极 G 和阴极 K 之间加负电压，G-K 之间 PN 结反偏，A-K 间电流被夹断，SITH 关断；栅极所加的负偏压越高，可关断的阳极电流也越大。

(c) SITH 的特性

栅极负压 $-U_{GK}$ 可控制阳极电流关断，已关断的 SITH，A-K 间只有很小的漏电流存在。SITH 为场控双极器件，其动态特性比 GTO 优越。其通态电阻比 SIT 小、压降低、电流大，但因器件内有大量的存储电荷，所以其关断时间比 SIT 要长、工作频率要低。

4. 实训操作

(1) 单向晶闸管的检测

判别各电极：

将万用表黑表笔任接晶闸管某一极，红表笔依次去触碰另外两个电极。若测量结果有一次阻值为几千欧姆，而另一次阻值为几百欧姆，则可判定黑表笔接的是控制极 G。在阻值为几百欧姆的测量中，红表笔接的是阴极 K，而在阻值为几千欧姆的那次测量中，红表笔接的是阳极 A，若两次测出的阻值均很大，则说明黑表笔接的不是控制极 G，应用同样方法改测其他电极，直到找出 3 个电极为止。也可以测任两极之间的正、反向电阻，若正、反向电阻均接近无穷大，则两极即为阳极 A 和阴极 K，而另一脚即为控制极 G。普通晶闸管也可以根据其封装形式来判断出各电极。

螺栓形普通晶闸管的螺栓一端为阳极 A，较细的引线端为控制极 G，较粗的引线端为阴极 K；平板形普通晶闸管的引出线端为控制极 G，平面端为阳极 A，另一端为阴极 K；金属壳封装（TO-3）的普通晶闸管，其外壳为阳极 A；塑封（TO-220）的普通晶闸管的中间引脚为阳极 A，且多与自带散热片相连。

② 触发能力检测

对于小功率（工作电流为 5A 以下）的普通晶闸管，可用万用表 $R \times 1$ 档测量。测量时黑表笔接阳极 A，红表笔接阴极 K，此时表针不动，显示阻值为无穷大（∞）。用镊子或导线将晶闸管的阳极 A 与控制极短路，相当于给 G 极加上正向触发电压，此时若电阻值为几欧姆至几十欧姆（具体阻值根据晶闸管的型号不同会有所差异），则表明晶闸管因正向触发而导通。再断开 A 极与 G 极的连接（A、K 极上的表笔不动，只将 G 极的触发电压断掉）。若表针示值仍保持在几欧姆至几十欧姆的位置不动，则说明此晶闸管的触发性能良好。

(2) 可关断晶闸管 GTO 认知

判定 GTO 的电极。将万用表拨至 $R \times 1$ 档，测量任意两极间的电阻，仅当黑表笔接 G 极，红表笔接 K 极时，电阻呈低阻值，对其他情况电阻值均为无穷大。由此可迅速判定 G、K 极，剩下的就是 A 极。（此处指的模拟表，数字式万用表红表笔与电池正极相连，模拟表红表笔与电池负极相连）。

(3) 光控晶闸管（LTT）损坏原因判别

当晶闸管损坏后需要检查分析其原因时，可把管芯从冷却套中取出，打开芯盒再取出芯片，观察其损坏后的痕迹，以判断是何原因。下面介绍几种常见现象分析。

① 电压击穿。晶闸管因不能承受电压而损坏，其芯片中有一个光洁的小孔，有时需用放大镜才能看见。其原因可能是管子本身耐压下降或被电路断开时产生的高电压击穿。

② 电流损坏。电流损坏的痕迹特征是芯片被烧成一个凹坑，且粗糙，其位置在远离控制极上。

③ 电流上升率损坏。其痕迹与电流损坏相同，而其位置在控制极附近或就在控制极上。

④ 边缘损坏。他发生在芯片外圆倒角处，有细小光洁小孔。用放大镜可看到倒角面上有细细金属物划痕。这是制造厂家安装不慎所造成的。它导致电压击穿。

(3) IGBT 的测量

1) 判断 IGBT 极性

选择指针万用表 $R \times 100\Omega$ 或 $R \times 1k\Omega$ 档分别测量 IGBT 的任两个极之间的正反向电阻，其中一极与其他两极之间的正反向电阻均为无穷大，则判定该极为 IGBT 的栅极（G）。测量另外两极的正反向电阻，在正向电阻时，红表笔接的为 IGBT 的集电极（C），黑表笔接的为 IGBT 的发射极（E）。

2) 判断 IGBT 管的好坏

可用指针万用表 $R \times 1k$ 档来检测，或用数字万用表的"二极管"档来测量 PN 结正向压降进行判断。

检测前先将 IGBT 管 3 只引脚短路放电，避免影响检测的准确度。然后用指针万用表的两枝表笔正反测 G、e 两极之间及 G、c 两极之间的电阻，对于正常的 IGBT 管（正常 G、e 两极与 G、c 两极间的正反向电阻均为无穷大；内含阻尼二极管的 IGBT 管正常时，e、C 极间均有 4kΩ 正向电阻），上述所测值均应为无穷大。最后用指针万用表的红笔接 c 极，黑笔接 e 极，若所测值在 3.5kΩ 左右，则所测管为含阻尼二极管的 IGBT 管；若所测值在 50kΩ 左右，则所测 IGBT 管内不含阻尼二极管。对于数字万用表，正常情况下，IGBT 管的 e、C 极间的正向压降约为 0.5V。

测得 IGBT 管 3 个引脚间电阻均很小，则说明该管已击穿损坏；若测得 IGBT 管 3 个引脚间电阻均为无穷大，说明该管已开路损坏。维修中 IGBT 管多为击穿损坏。

另一种方法，选择指针万用表的 $R \times 10k\Omega$ 档。黑表笔接集电极（C），红表笔接发射极（E），用手同时触及一下集电极（C）和控制极（G）。若万用表指针偏转并站住，再用手同时触及一下发射极（E）和控制极（G），万用表指针回零，则该 IGBT 是好的，否则已损坏。

任务 3-3　识读逆变电路

1. 任务描述
识读给定的逆变电路。

2. 教学目标
（1）能力目标

能识读基本的逆变电路及其波形。

（2）知识目标

1) 了解换流的概念及换流的种类。
2) 了解基本的电压型逆变电路及其波形。
3) 了解基本的电流型逆变电路及其波形。

3. 相关知识
（1）基本概念

逆变是直流电变成交流电的过程，与整流相对应。换流是指电流从一个支路向另一个支路转移的过程，也称为换相。

1) 器件换流

利用全控型器件的自关断能力进行换流。

2) 电网换流

由电网提供换流电压称为电网换流。可控整流电路、交流调压电路和采用相控方式的交-交变频电路，不需器件具有控制极可关断能力，也不需要为换流附加元件。

3) 负载换流

由负载提供换流电压称为负载换流，如图 1-3-73。负载电流相位超前于负载电压的场合，都可实现负载换流。负载为电容性负载或为同步电动机时，可实现负载换流。

基本的负载换流逆变电路采用晶闸管，负载是电阻电感串联后再和电容并联，工作在接近并联谐振状态而略呈容性。电容为改善负载功率因数使其略呈容性而接入，直流侧串入大

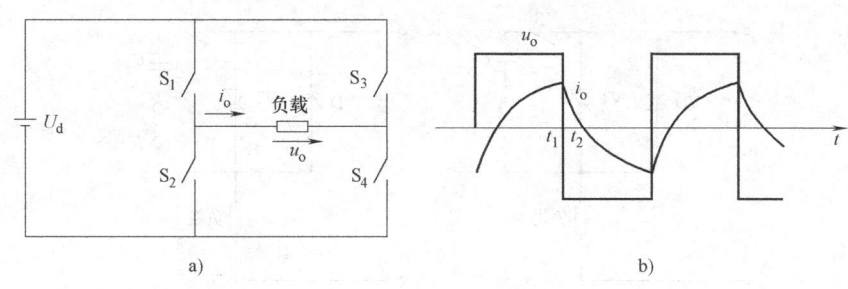

图 1-3-73　负载换流电路及其工作波形
a）换流电路　b）工作波形

电感 L_d，i_d 基本没有脉动。

工作过程：4 个臂的切换仅使电流路径改变，负载电流基本呈矩形波。负载工作在对基波电流接近并联谐振的状态，对基波阻抗很大，对谐波阻抗很小，u_o 波形接近正弦。

t_1 前：S_1、S_4 通，S_2、S_3 断，u_o、i_o 均为正，S_2、S_3 电压即为 u_o。

t_1 时：触发 S_2、S_3 使其开通，u_o 加到 S_4、S_1 上，使其承受反压而关断，电流从 S_1、S_4 换到 S_3、S_2。

t_1 必须在 u_o 过零前并留有足够裕量，才能使换流顺利完成。

4）强迫换流

设置附加的换流电路，给欲关断的晶闸管强迫施加反向电压或反向电流的换流方式称为强迫换流。通常利用附加电容上储存的能量来实现，也称为电容换流。

直接耦合式强迫换流——由换流电路内电容提供换流电压。VT 通态时，先给电容 C 充电。合上 S 就可使晶闸管被施加反压而关断，如图 1-3-74 所示。

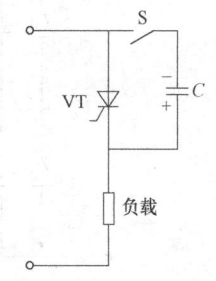

图 1-3-75 为晶闸管电感耦合式强迫换流原理图，图 1-3-75a 中晶闸管在 LC 的第一个半周期岗位关断，在图 1-3-75b 中晶闸管在 LC 的第二个半周期内关断。其中 VD 为反并联在晶闸管 VT 两端的功率二极管，R 为负载，S 为强迫换流电路部分开关，电容 C 和电感 L 组成振荡电路，两者串联后并接在晶闸管两端。

图 1-3-74　直接耦合式强迫换流原理图

当开关 S 闭合后，假设电容 C 上具有初始储能，电容 C 通过电感 L 进行放电，放电电流 I_L 和流过晶闸管 VT 的电流 i_{VT} 进行合成，使晶闸管 VT 的电流减小，当晶闸管 VT 的正向电流减至零时，晶闸管 VT 关断，电容放电电流向二极管流过。二极管的正向电压降 U_{VD} 就是加在晶闸管上的反向电压，该方法正是利用了 LC 振荡过程中的放电电流使得流经晶闸管的电流过零点，从而迫使晶闸管关断。

（2）电压型逆变电路

逆变电路按其直流电源性质不同分为两种，即电压型逆变电路或电压源型逆变电路、电流型逆变电路或电流源型逆变电路。

电压型逆变电路的特点：直流侧为电压源或并联大电容，直流侧电压基本无脉动；输出电压为矩形波，输出电流因负载阻抗不同而不同；阻感负载时需提供无功。为了给交流侧向

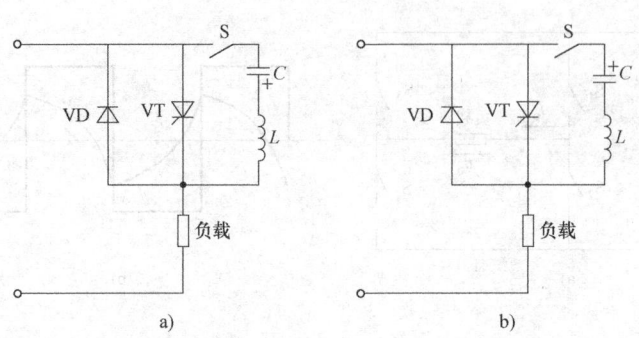

图 1-3-75 电感耦合式强迫换流原理图
a) VT 在第 1 个半周期关断 b) VT 在第 2 个半周期关断

直流侧反馈的无功提供通道,逆变桥各臂并联反馈二极管。

1) 单相电压型逆变电路

① 半桥逆变电路

电路结构见图 1-3-76a。

工作原理:V_1 和 V_2 栅极信号各半周正偏、半周反偏,互补。u_o 为矩形波,幅值为 $U_m = U_d/2$,i_o 波形随负载而异,感性负载时,V_1 或 V_2 通时,i_o 和 u_o 同方向,直流侧向负载提供能量,VD_1 或 VD_2 通时,i_o 和 u_o 反向,电感中贮能向直流侧反馈。相关波形如图 1-3-76b 所示。VD_1、VD_2 称为反馈二极管,还使 i_o 连续,又称为续流二极管。

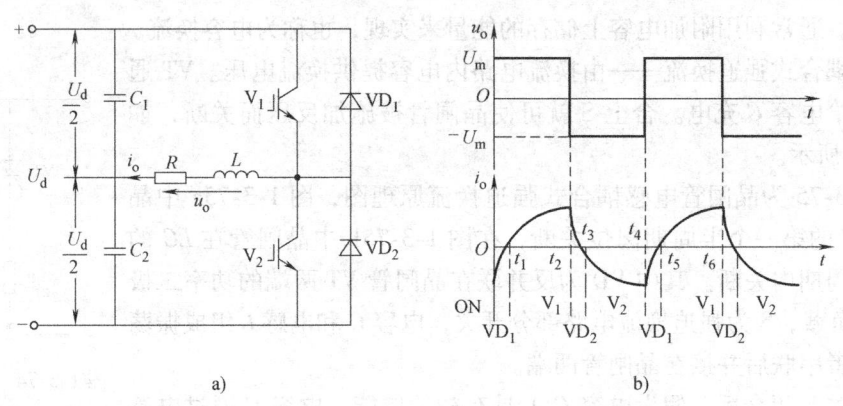

图 1-3-76 单相半桥电压型逆变电路及其工作波形
a) 电路图 b) 波形图

优点:简单,使用器件少。

缺点:交流电压幅值 $U_d/2$,直流侧需两个电容器串联,要控制两者电压均衡,用于几千瓦以下的小功率逆变电源。

单相全桥、三相桥式都可看成若干个半桥逆变电路的组合。

② 全桥逆变电路

电路结构及工作情况如图 1-3-77 所示。

可采用移相方式调节逆变电路的输出电压,称为移相调压。各栅极信号为 180°正偏,

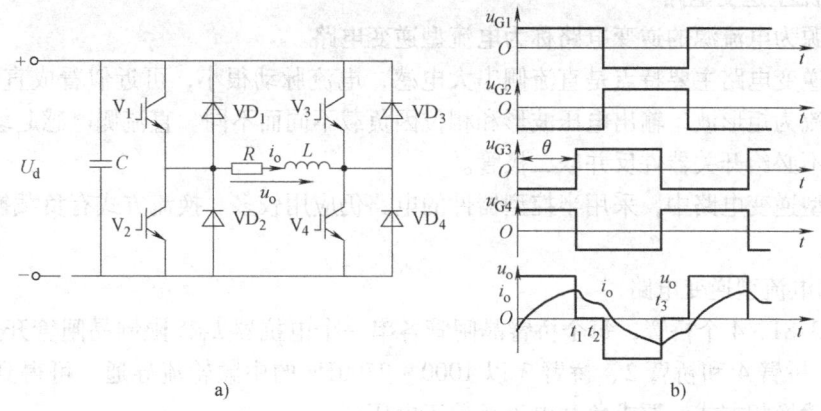

图 1-3-77 单相全桥逆变电路的移相调压方式
a) 电路图 b) 波形图

$180°$ 反偏,且 V_1 和 V_2 互补,V_3 和 V_4 互补关系不变。V_3 的基极信号只比 V_1 落后 q ($0 < q < 180°$),V_3、V_4 的栅极信号分别比 V_2、V_1 的前移 $180° - q$,u_o 成为正负各为 q 的脉冲,改变 q 即可调节输出电压有效值。

③ 带中心抽头变压器的逆变电路

电路如图 1-3-78 所示。交替驱动两个 IGBT,经变压器耦合给负载加上矩形波交流电压。两个二极管的作用也是提供无功能量的反馈通道,U_d 和负载相同,变压器匝比为 1:1:1 时,u_o 和 i_o 波形及幅值与全桥逆变电路完全相同。

与全桥电路的比较,少用一半开关器件,器件承受的电压为 $2U_d$,比全桥电路高一倍。必须有一个变压器。

2) 三相电压型逆变电路

3 个单相逆变电路可组合成一个三相逆变电路,如图 1-3-79 所示。应用最广的是三相桥式逆变电路可看成由 3 个半桥逆变电路组成。

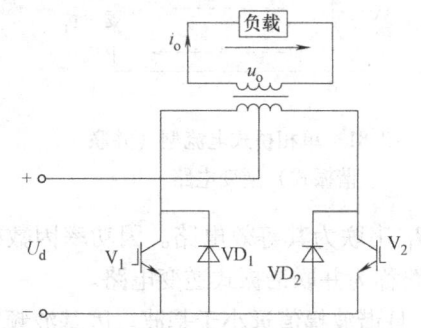

图 1-3-78 带中心抽头变压器的逆变电路

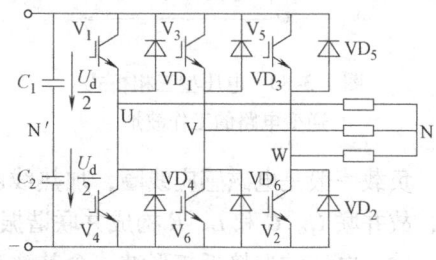

图 1-3-79 三相电压型桥式逆变电路

$180°$ 导电方式。每个桥臂导电 $180°$,同一相上下两臂交替导电,各相开始导电的角度差 $120°$,任一瞬间有 3 个桥臂同时导通,每次换流都是在同一相上下两臂之间进行,也称为纵向换流。

波形图分析如图 1-3-80 所示。

（3）电流型逆变电路

直流电源为电流源的逆变电路称为电流型逆变电路。

电流型逆变电路主要特点是直流侧串大电感，电流脉动很小，可近似看成直流电流源。交流输出电流为矩形波，输出电压波形和相位因负载不同而不同。直流侧电感起缓冲无功能量的作用，不必给开关器件反并联二极管。

在电流型逆变电路中，采用半控型器件的电路仍应用较多。换流方式有负载换流、强迫换流。

1）单相电流型逆变电路

见图 1-3-81，4 个桥臂，每个桥臂晶闸管各串一个电抗器 L_T，限制晶闸管开通时的 di/dt。桥臂 1、桥臂 4 和桥臂 2、桥臂 3 以 1000～2500Hz 的中频轮流导通，可得到中频交流电。采用负载换相方式，要求负载电流超前于电压。

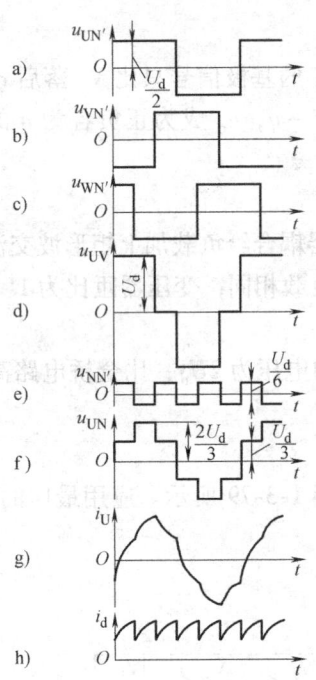

图 1-3-80　电压型三相桥式
逆变电路的工作波形

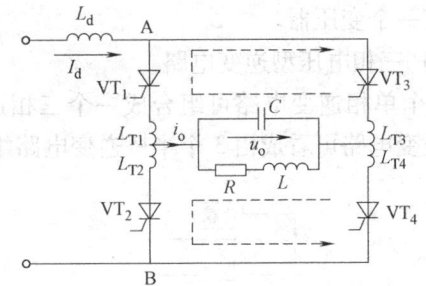

图 1-3-81　单相桥式电流型（并联
谐振式）逆变电路

负载一般是电磁感应线圈，加热线圈内的钢料，R_L 串联为其等效电路。因功率因数很低，故并联 C。C 和 L、R 构成并联谐振电路，故此电路称为并联谐振式逆变电路。

输出电流波形接近矩形波，含基波和各奇次谐波，且谐波幅值远小于基波。因基波频率接近负载电路谐振频率，故负载对基波呈高阻抗，对谐波呈低阻抗，谐波在负载上产生的压降很小，因此负载电压波形接近正弦波。

① 工作波形分析

在一周期内，两个稳定导通阶段和两个换流阶段。以下分析参见图 1-3-82。

$t_1 \sim t_2$：VT_1 和 VT_4 稳定导通阶段，$i_o = I_d$，t_2 时刻前在 C 上建立了左正右负的电压。

$t_2 \sim t_4$：t_2 时触发 VT_2 和 VT_3 开通，进入换流阶段。L_T 使 VT1、VT4 不能立刻关断，电流有一个减小过程。VT2、VT3 电流有一个增大过程。4 个晶闸管全部导通，负载电压经两个并联的放电回路同时放电。t_2 时刻后，L_{T1}、VT1、VT3、L_{T3} 到 C；另一个经 L_{T2}、VT2、VT4、L_{T4} 到 C。$t = t_4$ 时，VT1、VT4 电流减至零而关断，换流阶段结束。$t_4 - t_2 = t_g$ 称为换流时间。i_o 在 t_3 时刻，即 $i_{VT1} = i_{VT_2}$ 时刻过零，t_3 时刻大体位于 t_2 和 t_4 的中点。

② 保证晶闸管的可靠关断

见图 1-3-82，晶闸管需一段时间才能恢复正向阻断能力，换流结束后还要使 VT1、VT4 承受一段反压时间 t_β，$t_\beta = t_5 - t_4$ 应大于晶闸管的关断时间 t_q。为保证可靠换流，应在 u_o 过零前 $t_d = t_5 - t_2$ 时刻触发 VT2、VT3。

实际工作过程中，感应线圈参数随时间变化，必须使工作频率适应负载的变化而自动调整，这种控制方式称为自励方式。固定工作频率的控制方式称为他励方式。

自励方式存在起动问题。解决方法，一是先用他励方式，系统开始工作后再转入自励方式；二是附加预充电起动电路。

2）三相电流型逆变电路

图 1-3-83 是一个电流型三相桥式逆变电路。交流侧电容用于吸收换流时负载电感中存

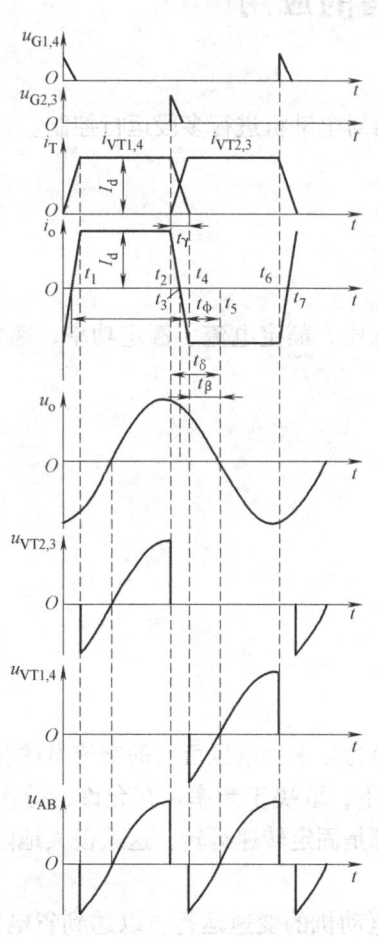

图 1-3-82 并联谐振式逆变电路工作波形

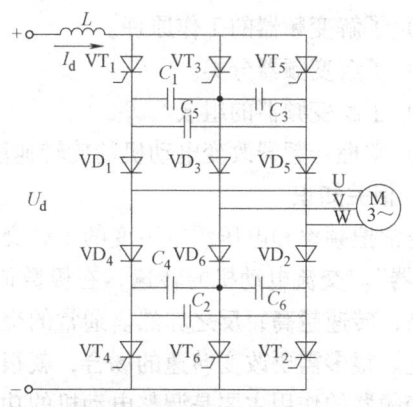

图 1-3-83 电流型三相桥式逆变电路

贮的能量。

基本工作方式是120°导电方式，即每个臂在一个周期内导电120°。每个时刻上、下桥臂组各有一个臂导通，横向换流。

波形分析：电流型三相桥式逆变电路仍为前述的120°导电工作方式，输出波形和图1-3-84的波形大体相同。各桥臂的晶闸管和二极管串联使用，各桥臂之间换流采用强迫换流方式，连接于各臂之间的电容$C_1 \sim C_6$即为换流电容。

4. 实训操作

（1）画出单相半桥电压型逆变电路及其工作波形参考图1-3-76。

（2）分析单相半桥电压型逆变电路及其工作波形

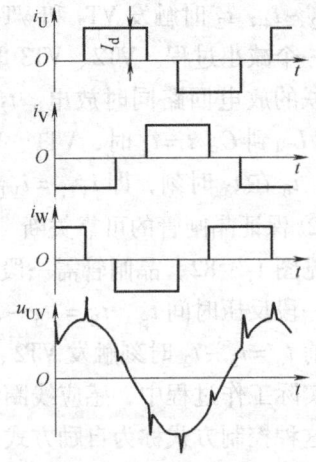

图1-3-84 电流型三相桥式逆变电路的输出波形

任务3-4 变频器的应用

1. 任务描述

用变频器对电动机进行正、反转控制；用变频器对电动机进行多段运行控制。

2. 教学目标

（1）能力目标

1）能进行变频器控制电动机的正反转操作。

2）能进行变频器控制电动机多段运行。

3）能正确设置变频器输出的额定频率、额定电压、额定电流、额定功率、额定转速。通过外部端子控制电动机起动/停止、正转/反转。

（2）知识目标

1）了解变频器概念。

2）了解变频器的作用。

3）了解变频器的工作原理。

4）了解变频器分类。

5）了解变频器的组成。

6）掌握变频器改变电动机的旋转速度的原理。

3. 相关知识

通常把频率和电压固定不变的工频交流电变转换为频率和电压可变的交流电的装置称作"变频器"。交流电动机的转速，在极数固定的前提下，取决于频率。在允许的范围内，频率越高，转速越高，反之亦然。通常的交流电动机都是固定转速运转，这就极大地限制了它的用途。很多需要改变转速的场合，就很难适合。

变频器的作用主要是调整电动机的功率、实现电动机的变速运行，以达到省电的目的。同时变频器还可以降低电力线路电压波动，因为电压下降将会导致同一供电网络中的电压敏感设备故障跳闸或工作异常。采用了变频器后，电动机能在零频零压时逐步起动，这样能最大程度地减小电路电压下降。实物如图 1-3-85 所示。

图 1-3-85　变频器实物图

（1）变频器的工作原理

变频器分为两种，一种是交-交型，即输入是交流电，输出也是交流电，将工频交流电直接转换成频率、电压均可控制的交流电，这种类型的变频器又称为直接式变频器。

另一种是交-直-交型，即将工频交流电通过整流变成直流电，然后再把直流电变成频率、电压均可控的交流电。这种类型的变频器又称为间接变频器，是应用较多的一种。

（2）变频器的组成

变频器一般由主电路和控制电路组成。主电路由整流器、中间直流环节、逆变器、组成。

1）主电路原理

主电路原理图见图 1-3-86。

三相工频交流电经过 $VD_1 \sim VD_6$ 整流后，正极送入到缓冲电阻 R_L 中，R_L 的作用是防止

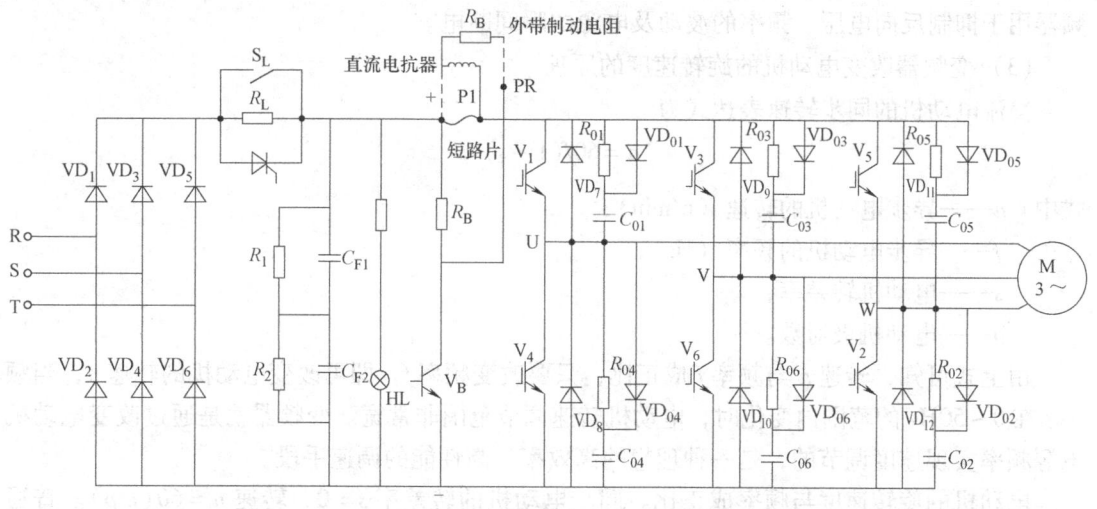

图 1-3-86　变频器主电路原理图

电流忽然变大。经过一段时间电流趋于稳定后，晶闸管或继电器的触点会导通，短路掉缓冲电阻 R_L，这时的直流电压加在了滤波电容 C_{F1}、C_{F2} 上，这两个电容可以把脉动的直流电波形变得平滑一些。由于一个电容的耐压有限，所以把两个电容串起来用。

耐压就提高了一倍。又因为两个电容的容量不一样的话，分压会不同，所以给两个电容分别并联了一个均压电阻 R_1、R_2，这样，C_{F1} 和 C_{F2} 上的电压就一样了。

HL 是主电路的电源指示灯，串联了一个限流电阻接在了正负电压之间，这样三相电源一加进来，HL 就会发光，指示电源送入。直流电压加在了大功率晶体管 V_B 的集电极与发射极之间，V_B 的导通由控制电路控制，V_B 上还串联了变频器的制动电阻 R_B，组成了变频器制动回路。我们知道，由于电动机的绕组是感性负载，在起动和停止的瞬间都会产生一个较大的反向电动势，这个反向电动势的能量会通过续流二极管 $VD_7 \sim VD_{12}$ 使直流母线上的电压升高，这个电动势高到一定程度会击穿逆变管 $V_1 \sim V_6$ 和整流管 $VD_1 \sim VD_6$。当有反向电动势产生时，控制回路控制 V_B 导通，电压就会通过 V_B 在电阻 R_B 上释放掉。当电动机较大时，还可并联外接电阻。

一般情况下 "+" 端和 P_1 端是由一个短路片短接上的，如果断开，这里可以接外加的直流电抗器用于改善电路的功率因数。

直流母线电压加到 $V_1 \sim V_6$ 逆变管上，这 6 个大功率晶体管为 IGBT，其基极由控制电路控制。控制电路控制某 3 个管子的导通，给电动机提供电流运转。

为了保护 IGBT，在每个 IGBT 上都并联了一只续流二极管，还有一些阻容吸收回路。有了续流二极管的回路，反向电压会从该回路加到直流母线上，通过放电电阻释放掉。

2）控制电路原理图

控制电路原理如图 1-3-87 所示。上半部为主电路，下半部为控制电路。主要由控制核心 CPU、输入信号、输出信号和面板操作指示信号、存储器、LSI 电路组成。

外接电位器的模拟信号经模数转换将信号送入 CPU，达到调速的目的。外接的开关量信号也经与非门送入控制 CPU。

变频器的工作原理被广泛应用于各个领域。例如计算机电源的供电，在该项应用中，变频器用于抑制反向电压、频率的波动及电源的瞬间断电。

（3）变频器改变电动机的旋转速度的原理

交流电动机的同步转速表达式为

$$n = 60f(1-s)/p$$

式中　n——异步电动机的转速（r/min）；

　　　f——异步电动机的频率（Hz）；

　　　s——电动机转差率；

　　　p——电动机极对数。

由上式可知，转速 n 与频率 f 成正比，只要改变频率 f，即可改变电动机的转速 n，当频率 f 在 0~50Hz 的范围内变化时，电动机转速调节范围非常宽。变频器就是通过改变电动机电源频率实现速度调节的，是一种理想的高效率、高性能的调速手段。

电动机的旋转速度与频率成正比。同步电动机的转差率 $s=0$，转速 $n=60(f/p)$。普通异步电动机的转速比同步电动机的转速低 1%~3%。

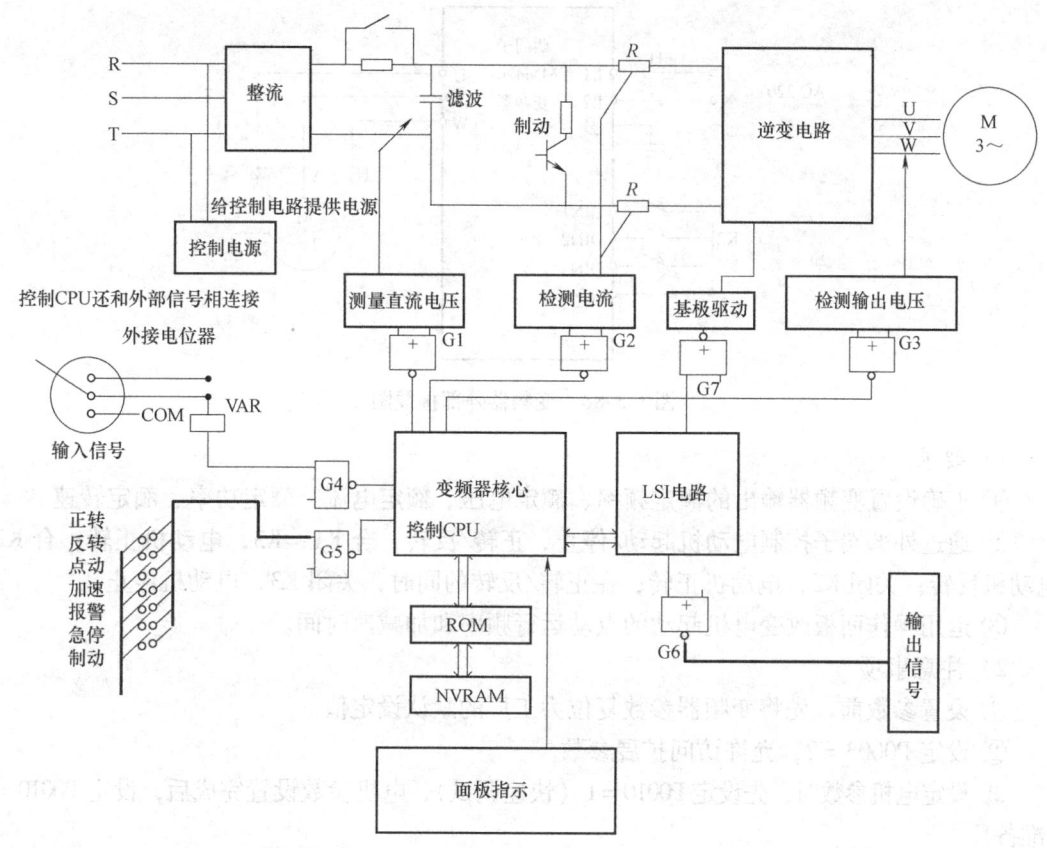

图 1-3-87　变频器控制电路原理图

4. 实训操作

（1）变频器控制电机的正反转操作

1）要求

① 正确设置变频器输出的额定频率、额定电压、额定电流、额定功率、额定转速。

② 通过外部端子控制电机起动/停止、正转/反转。合 K1、K3，电动机正转；合 K2，电动机反转；关闭 K2，电动机正转；在正转/反转的同时，关闭 K3，电动机断电停止。

③ 运用操作面板改变电动机起动的点动运行频率和加减速时间。

以上操作参见变频器的外部接线图 1-3-88。

2）操作步骤

① 检查实训设备中器材是否齐全。

② 按照变频器外部接线图完成变频器的接线，认真检查，确保正确无误。

③ 打开电源开关，按照参数功能表正确设置变频器参数。

④ 合开关 K1，电动机正转。

⑤ 关闭开关 K1，合开关 K2，电动机反转。

⑥ 合开关 K3，电动机停止。

（2）变频器控制电机多段运行

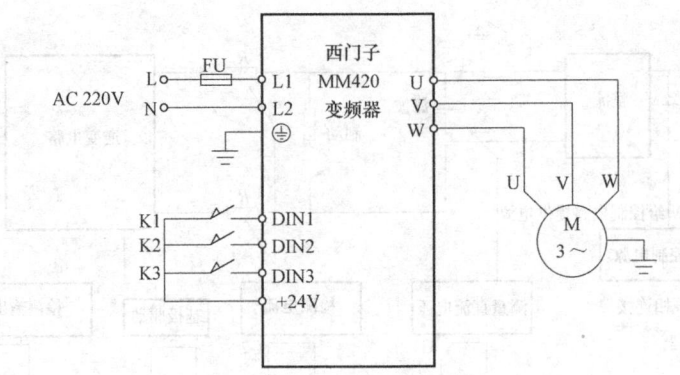

图 1-3-88 变频器外部接线图

1) 要求

① 正确设置变频器输出的额定频率、额定电压、额定电流、额定功率、额定转速。

② 通过外部端子控制电动机起动/停止、正转/反转，合 K1、K3，电动机正转；合 K2，电动机反转；关闭 K2，电动机正转；在正转/反转的同时，关闭 K3，电动机停止。

③ 运用操作面板改变电机起动的点动运行频率和加减速时间。

2) 注意事项

① 设置参数前，先将变频器参数复位为工厂的默认设定值。

② 设定 P0003 = 2，允许访问扩展参数。

③ 设定电机参数时，先设定 P0010 = 1（快速调试），电机参数设置完成后，设定 P0010 = 0（准备）。

任务 3-5　识读斩波电路

1. 任务描述

识读降压斩波电路（BUCK）、升压斩波电路（BOOST）、升降压斩波电路（BUCK-BOOST）、Cuk 斩波电路、Sepic 斩波电路和 Zeta 斩波电路。

2. 教学目标

（1）能力目标

能识读降压斩波电路（BUCK）、升压斩波电路（BOOST）、升降压斩波电路（BUCK-BOOST）、Cuk 斩波电路、Sepic 斩波电路和 Zeta 斩波电路。

（2）知识目标

了解降压斩波电路（BUCK）、升压斩波电路（BOOST）、升降压斩波电路（BUCK-BOOST）、Cuk 斩波电路、Sepic 斩波电路和 Zeta 斩波电路的基本原理。

3. 相关知识

直流斩波电路的主要作用是实现直流电能的变换及对直流电的电压或电流进行控制。按照输入电压与输出电压之间的关系，可以分为 6 种不同的形式，分别为降压斩波电路（BUCK）、升压斩波电路（BOOST）、升降压斩波电路（BUCK-BOOST）、Cuk 斩波电路、Sepic 斩波电路和 Zeta 斩波电路。下面分别对它们的工作原理进行简单的介绍。

（1）降压斩波电路

降压斩波（BUCK）电路的拓扑结构图如图 1-3-89 所示。

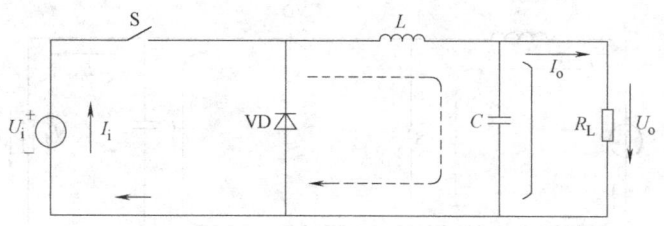

图 1-3-89　BUCK 电路拓扑结构

分析在开关器件导通和关断时，电路的动态工作过程。图 1-3-89 中实线部分表示开关器件导通时的回路，虚线部分表示器件关断时的续流回路。在续流过程中，根据通过电感 L 的电流的不同分为，电感电流连续（CCM）和断续（DCM）两种情况。由此可以得到降压斩波电路的动态工作过程如图 1-3-90 所示。

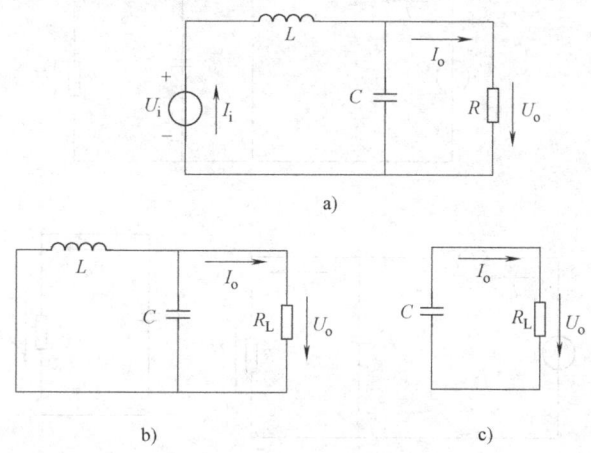

图 1-3-90　BUCK 电路动态工作过程

a）S 导通时等效电路　b）S 关断，$i_L \neq 0$ 时等效电路　c）S 关断，$i_L = 0$ 时等效电路

在工作过程中，驱动信号以及电感两端的电压和电流波形如图 1-3-91 所示。

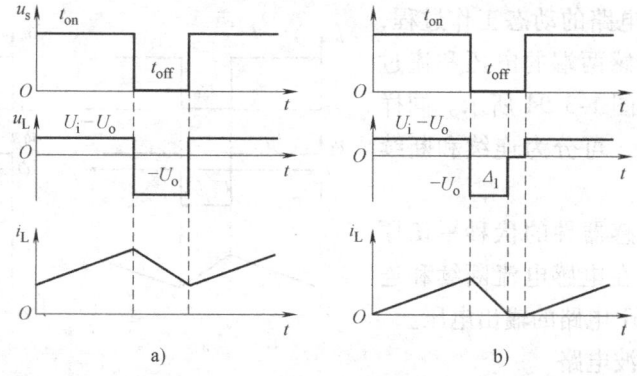

图 1-3-91　BUCK 电路的电流波形

a）电感电流连续时波形　b）电感电流断续时波形

（2）升压斩波电路

升压斩波（BOOST）电路的拓扑结构如图 1-3-92 所示。

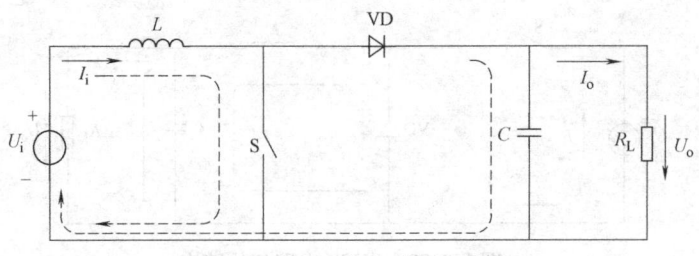

图 1-3-92　BOOST 电路拓扑结构

在图 1-3-92 中，实线部分表示开关器件导通时的回路，虚线部分表示开关器件关断时的回路，由此可以得到升压斩波电路的动态工作过程如图 1-3-93 所示。其中，也分为电感电流连续和不连续两种状态。

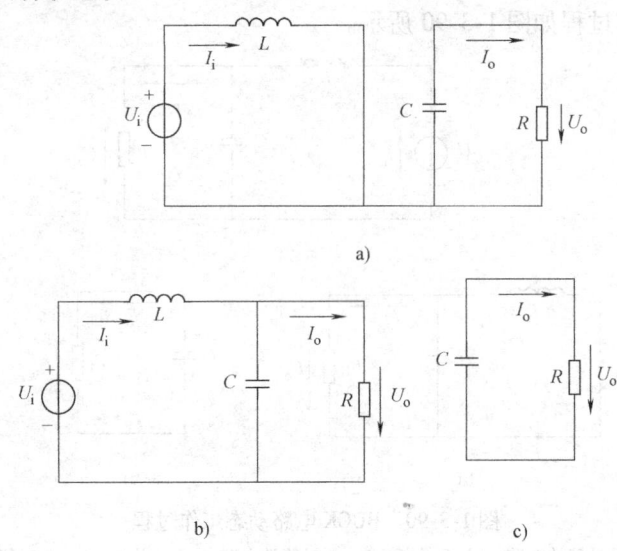

图 1-3-93　BOOST 电路动态工作过程

a) S 导通时等效电路　b) S 关断，$i_L \neq 0$ 时等效电路　c) S 关断，$i_L = 0$ 时等效电路

分析升压斩波电路的动态工作过程，可以得到电路中电感两端的电压和流过电感的电流波形如图 1-3-94 所示。同样类似于 BUCK 电路，可分为连续和断续两种情况。

同样地根据电感器件的伏秒平衡原理，可以分别得到在电感电流断续和连续的情况下，BOOST 电路的输出电压。

（3）升降压斩波电路

升降压斩波电路的拓扑结构如图 1-3-95 所示。

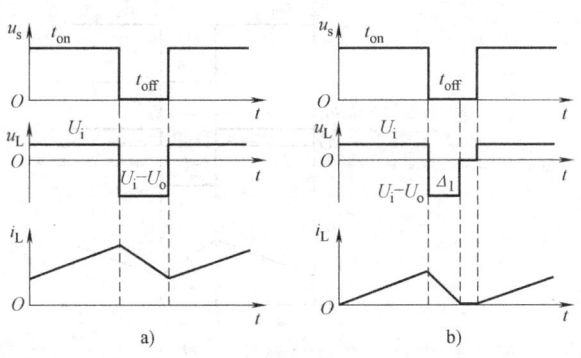

图 1-3-94　BOOST 电路的工作原理图

a) 电感电流连续时波形　b) 电感电流断续时波形

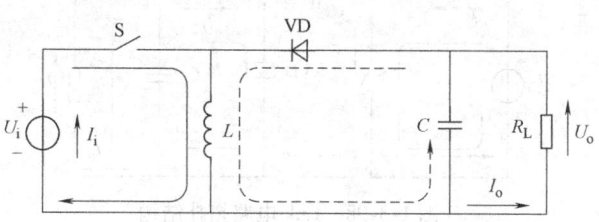

图 1-3-95 BUCK-BOOST 电路拓扑结构

图 1-3-95 中，实线部分表示开关器件导通时的回路，虚线部分表示开关器件关断时的回路，由此可以得到升压斩波电路的动态工作过程如图 1-3-96 所示。其中，也分为电感电流连续和不连续两种状态。

同样地分析 BUCK-BOOST 斩波电路的工作过程，可以得到电感上的电压和电流波形如图 1-3-97 所示。

由伏秒平衡原理可得电感电流连续和断续的输出电压，且其极性与输入相反。

(4) Cuk 斩波电路

Cuk 斩波电路的拓扑结构如图 1-3-98 所示。

在图 1-3-98 中，实线部分表示开关器件导通时的回路，虚线部分表示开关器件关断时的回路，由此可以得到升压斩波电路的动态工作过程。这里重点分析电感电流连续时的等效电路，如图 1-3-99 所示。

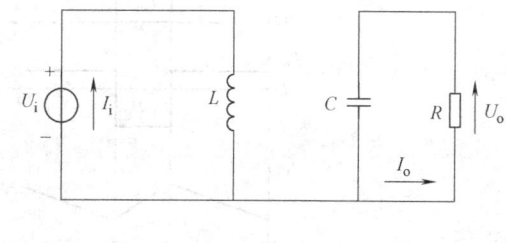

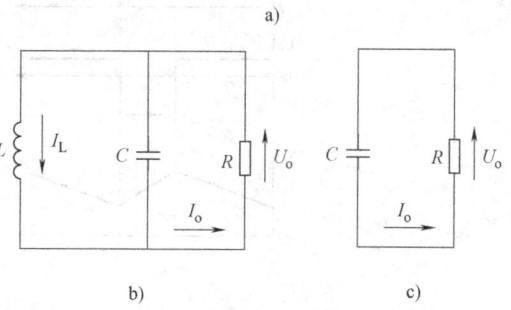

图 1-3-96 BUCK-BOOST 电路动态工作过程
a) S 导通时等效电路 b) S 关断，$i_L \neq 0$ 时等效电路
c) S 关断，$i_L = 0$ 时等效电路

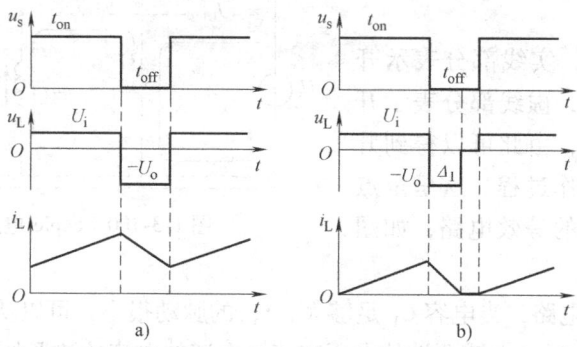

图 1-3-97 BUCK-BOOST 电路的工作原理图
a) 电感电流连续时波形 b) 电感电流断续时波形

由电感器件的伏秒平衡原理，可得电感电流断续和连续情况下，Cuk 斩波电路的输出电压，而且输出与输入的极性相反。

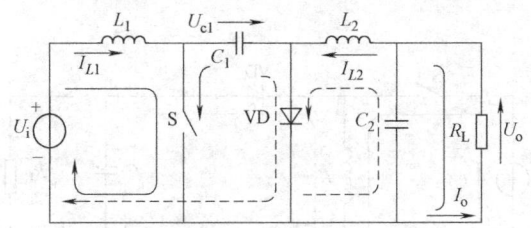

图 1-3-98 Cuk 电路拓扑结构

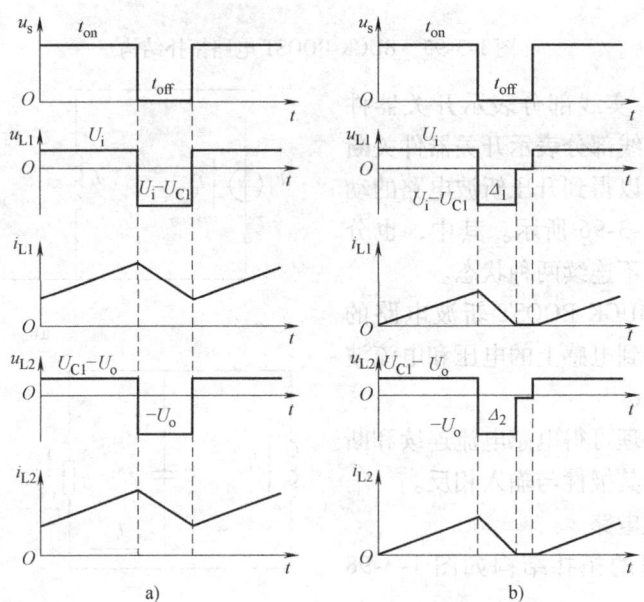

图 1-3-99 Cuk 电路的工作原理图
a) 电感电流连续时波形   b) 电感电流断续时波形

(5) Sepic 斩波电路

Sepic 斩波电路的拓扑结构如图 1-3-100 所示。

在图 1-3-100 中，实线部分表示开关器件导通时的回路，虚线部分表示开关器件关断时的回路，由此可以得到升压斩波电路的动态工作过程。这里重点分析电感电流连续时的等效电路，如图 1-3-101 所示。

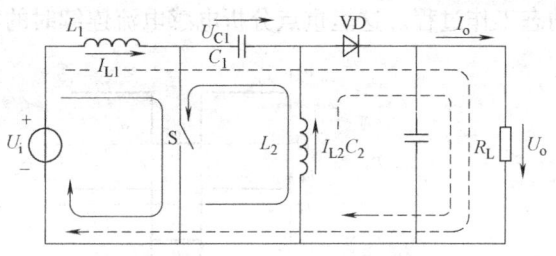

图 1-3-100 Sepic 电路拓扑结构

类似于 Cuk 斩波电路，当电容 C_1 足够大，u_{C1} 的脉动很小，可以认为 $u_{C1} \approx U_{C1}$，由此可以得到 Sepic 电路工作时，电感两端的电压和流过电感的电流的波形如图 1-3-102 所示。

由电感器件的伏秒平衡原理，可得电路的输出电压，而且输出与输入极性相同。

(6) Zeta 斩波电路

Zeta 斩波电路的拓扑结构如图 1-3-103 所示。

在图 1-3-103 中，实线部分表示开关器件导通时的回路，虚线部分表示开关器件关断时

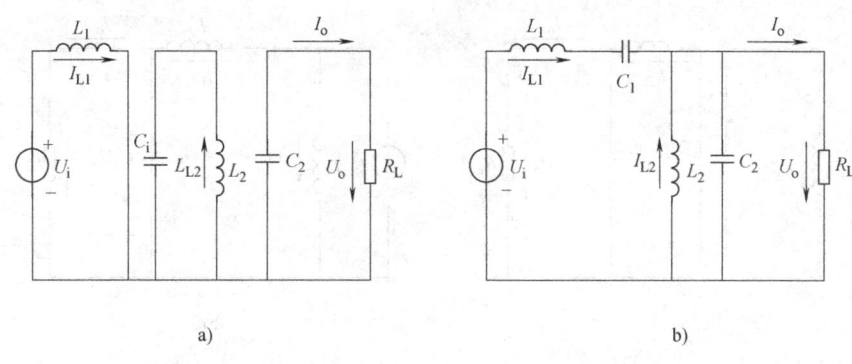

图 1-3-101　电感电流连续时 Sepic 电路动态工作过程
a) S 导通时等效电路　b) S 关断时等效电路

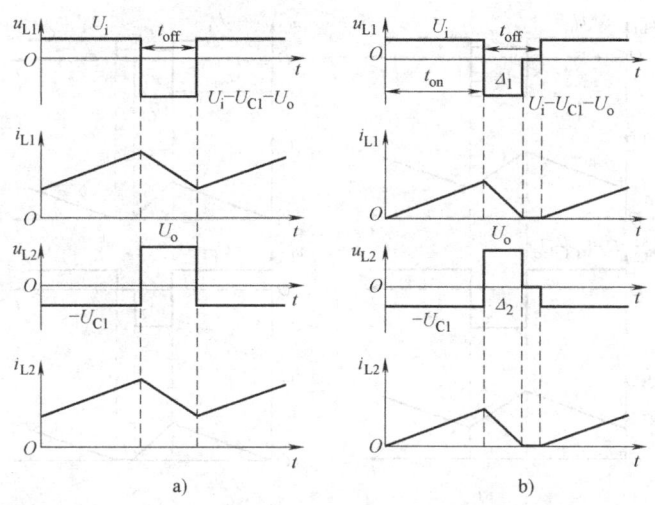

图 1-3-102　Sepic 电路的工作原理图
a) 电感电流连续时波形　b) 电感电流断续时波形

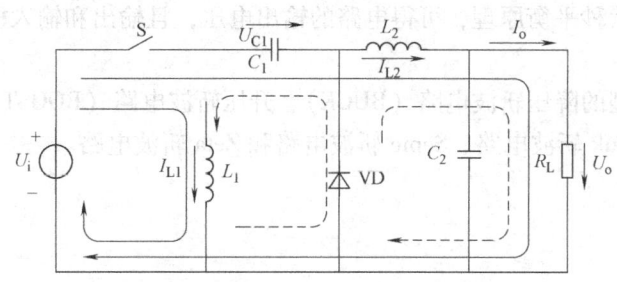

图 1-3-103　Zeta 电路拓扑结构

的回路,由此可以得到升压斩波电路的动态工作过程。这里重点分析电感电流连续时的等效电路,如图 1-3-104 所示。

类似于 Cuk 斩波电路,当电容 C_1 足够大,u_{C1} 的脉动很小,可以认为 $u_{C1} \approx U_{C1}$,由此可以得到 Zeta 电路工作时,电感两端的电压和流过电感的电流的波形如图 1-3-105 所示。

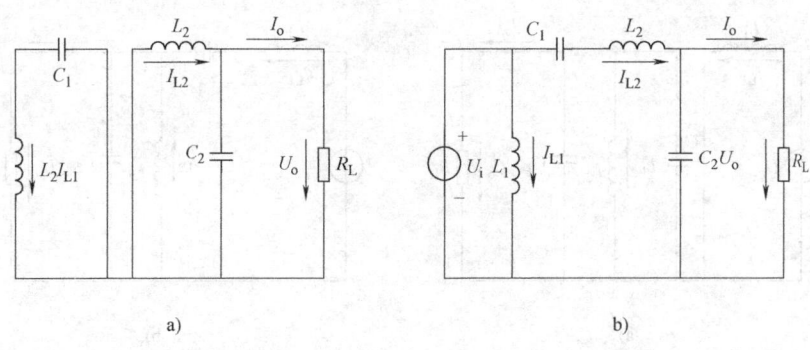

图 1-3-104 电感电流连续时 Zeta 电路动态工作过程
a) S 导通时等效电路 b) S 关断时等效电路

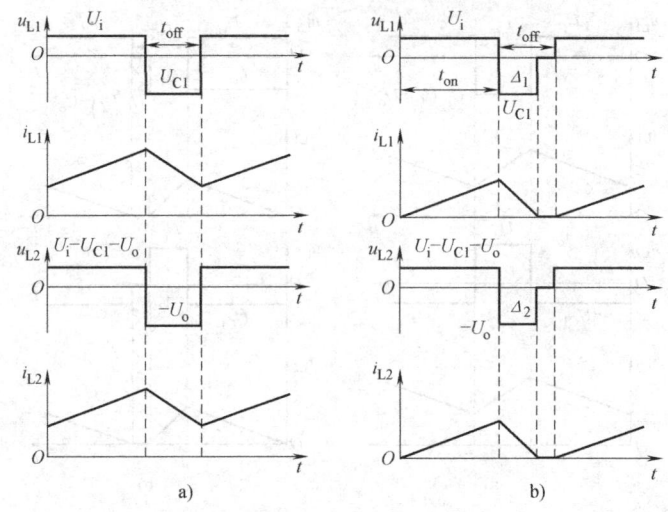

图 1-3-105 Zeta 电路的工作原理图
a) 电感电流连续时波形 b) 电感电流断续时波形

由电感器件的伏秒平衡原理，可得电路的输出电压，且输出和输入极性相同。

4. 实训操作

识读给定的典型的降压斩波电路（BUCK）、升压斩波电路（BOOST）、升降压斩波电路（BUCK-BOOST）、Cuk 斩波电路、Sepic 斩波电路和 Zeta 斩波电路。

项目 4　电机的拆装和维护

任务 4-1　直流电机的拆装和维护

1. 任务描述

对给定的直流电机进行拆装和维护,掌握其构造及工作原理。

2. 教学目标

(1) 能力目标

1) 能够正确拆装直流电动机。
2) 能够初步对直流电动机进行故障判断及修复。
3) 自学能力及团队协作能力。
4) 勤于思考、做事认真的良好作风。
5) 会使用通用工具。

(2) 知识目标

1) 掌握直流电动机的结构。
2) 理解直流电动机的工作原理。

3. 相关知识

(1) 直流电机的结构

直流电机是由定子和转子两大部分构成的。其外形和剖视结构分别如图 1-4-1 和图 1-4-2 所示。

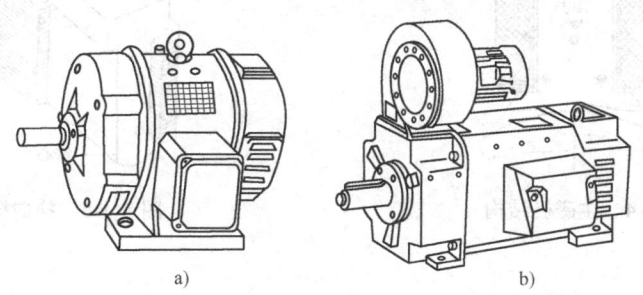

图 1-4-1　直流电机外形
a) Z2 系列　b) Z4 系列

1) 定子部分

直流电动机运行时静止不动的部分称为定子,如图 1-4-3 所示。定子的主要作用是产生磁场,由主磁极、换向极、机座、电刷装置和端盖等组成。

① 主磁极

主磁极用螺钉固定在机座上,如图 1-4-4 所示。主磁极由主磁极铁心和励磁绕组两部分

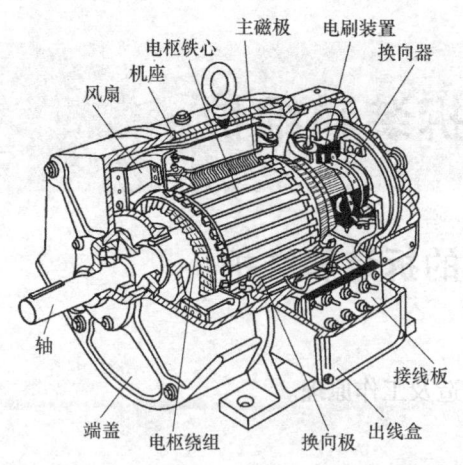
图1-4-2 直流电机的剖视结构（Z2系列）

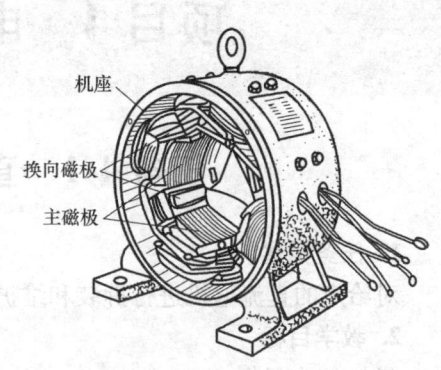
图1-4-3 直流电机定子（Z2系列）

组成。铁心一般用0.5mm~1.5mm厚的硅钢板冲片叠压铆紧而成，分为极身和极靴两部分，上面套励磁绕组的部分称为极身，下面扩宽的部分称为极靴，极靴宽于极身，既可以调整气隙中磁场的分布，又便于固定励磁绕组。励磁绕组用绝缘铜线绕制而成，套在主磁极铁心上。主磁极的作用是产生气隙磁场。

② 换向极

换向极的结构如图1-4-5所示。换向极绕组用绝缘导线绕制而成，套在换向极铁心上，其个数与主磁极相等。换向极的作用是改善换向，减小电机运行时电刷与换向器之间可能产生的换向火花。

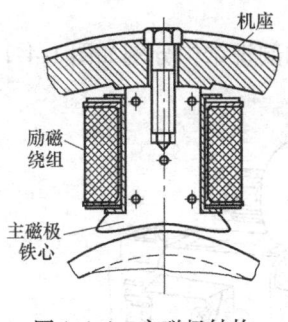
图1-4-4 主磁极结构

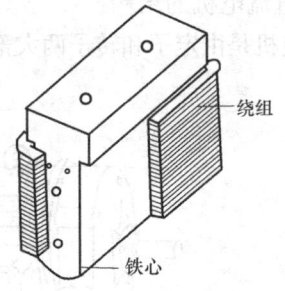
图1-4-5 换向极结构

③ 机座

电机定子的外壳称为机座。为保证机座具有足够的机械强度和良好的导磁性能，一般为铸钢件或由钢板焊接而成。它的作用有两个，一是用来固定主磁极、换向极和端盖，并起支撑和固定整个电机的作用；二是作为磁路的一部分，借以构成磁极之间磁的通路，磁通通过的部分称为磁轭。

④ 电刷装置

电刷装置由电刷、刷握、刷杆和刷杆座等组成，如图1-4-6所示。电刷放在刷握内，用弹簧压紧，使电刷与换向器之间有良好的滑动接触。刷握固定在刷杆上，刷杆装在圆环形的刷杆座上，相互之间必须绝缘。刷杆座装在端盖或轴承内盖上，圆周位置可以调整，调好以后加以固定。电刷装置的作用是用来引入或引出直流电压和直流电流。

2）转子部分

运行时转动的部分称为转子，其主要作用是产生电磁转矩（对电动机）或感应电动势（对发电机），是直流电机进行能量转换的枢纽，所以通常又称为电枢。它由电枢铁心、电枢绕组、换向器、转轴、轴承和风扇等组成。如图1-4-7所示。

① 电枢铁心

电枢铁心是主磁路的主要部分，一般采用由0.5mm厚的硅钢片冲制而成的冲片叠压而成（冲片的形状如图1-4-7a所示），以降低电机运行时电枢铁心中产生的涡流损耗和磁滞损耗。叠成的铁心固定在转轴或转子支架上。铁心的外圆开有槽，槽内嵌放电枢绕组。

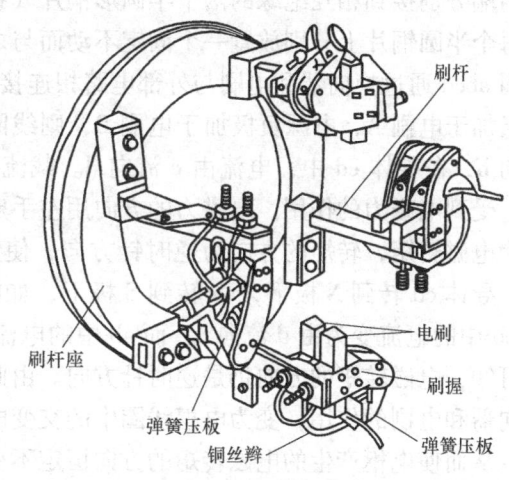

图1-4-6 直流电动机电刷装置的结构

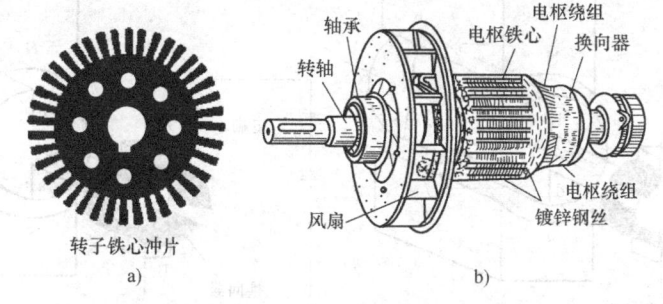

图1-4-7 直流电机转子结构（Z2系列）

② 电枢绕组

它是直流电机的主要电路部分，是通过电流和感应产生电动势以实现机电能量转换的重要部件。

③ 换向器

在直流发电机中，它的作用是将绕组内的交变电动势转换为电刷端上的直流电动势；在直流电动机中，它将电刷上所通过的直流电流转换为绕组内的交变电流，其结构如图1-4-8所示。

3）气隙

为了保证电机正常运转，定子与转子之间留有间隙，称为空气隙。在机械制造技术允许的范围内，气隙应尽可能得小，以提高电磁转换效率。

（2）直流电机的工作原理

图1-4-9a中N、S为一对固定的磁极，abcd是装在可以转动的电枢铁心表面上的一个电枢线圈，线圈

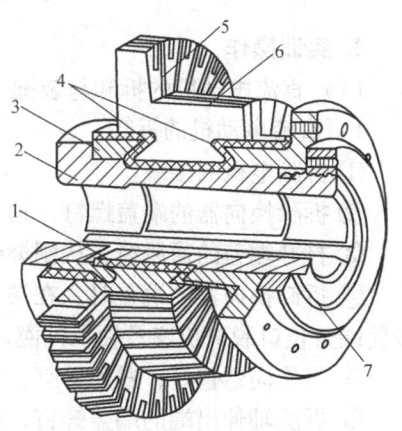

图1-4-8 换向器结构
1—绝缘套筒 2—钢套 3—V形钢环
4—V形云母环 5—云母环
6—换向片 7—螺旋压圈

的两端分别接到相互绝缘的两个半圆形铜片（换向片）上，它们的组合在一起称为换向器。在每个半圆铜片上分别放置一个固定不动而与之滑动接触的由铜和石墨制成的电刷 A 和 B，线圈 abcd 通过换向器和电刷与外部电路相连接。将直流电源加于电刷 A 和 B，例如将电源正极加于电刷 A，电源负极加于电刷 B，则线圈 abcd 中流过电流。在导体 ab 中，电流由 a 流向 b，在导体 cd 中，电流由 c 流向 d。载流导体 ab 和 cd 均处于 N 和 S 极之间的磁场当中，受到电磁力的作用。电磁力的方向用左手定则确定，可知这一对电磁力形成一个转矩，称为电磁转矩，转矩的方向为逆时针方向，使整个电枢逆时针方向旋转。当电枢旋转 180°时，导体 cd 转到 N 极下，ab 转到 S 极下，如图 1-4-9b 所示，由于电流仍从电刷 A 流入，使 cd 中的电流变为由 d 流向 c，而 ab 中的电流由 b 流向 a，从电刷 B 流出，用左手定则判别可知，电磁转矩的方向仍是逆时针方向。由此可见，加于直流电动机的直流电源，借助于换向器和电刷的作用，变为电枢线圈中的交变电流。由于电枢线圈所处的磁极也是同时交变的，从而使电枢产生的电磁转矩的方向恒定不变，确保直流电动机朝确定的方向连续旋转。这就是直流电动机的工作原理。

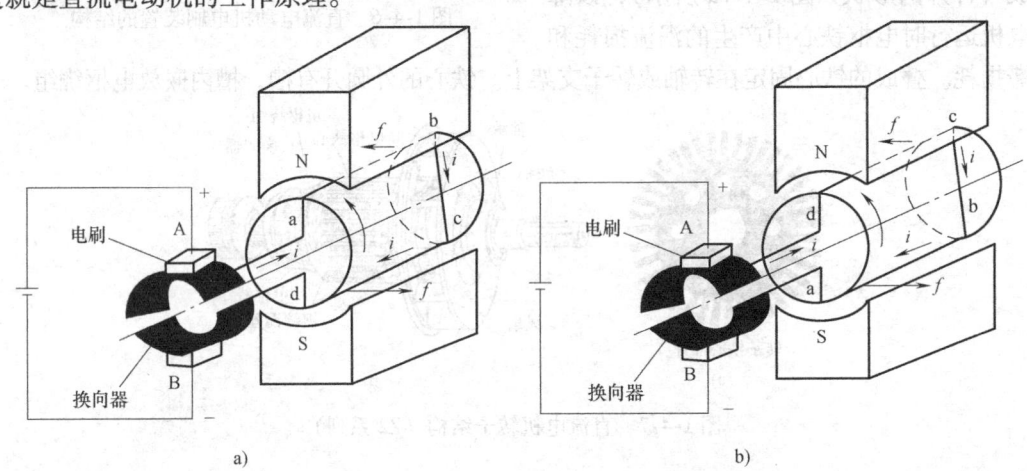

图 1-4-9　直流电动机的工作原理

4. 实训操作

（1）直流电动机的拆卸与装配

1）直流电动机的拆卸

① 拆除电机的接线。

② 拆除换向器的端盖螺钉、轴承盖螺钉，并取下轴承外盖。

③ 打开端盖的通风窗，从刷握中取出电刷，再拆下接到刷杆上的连接线。

④ 拆卸换向器的端盖时，在端盖边缘处垫上木楔，用铁锤沿端盖的边缘均匀敲击，逐步使端盖止口脱离机座及轴承外圈，取出刷架。

⑤ 将换向器包好，避免弄脏、碰伤。

⑥ 拆除轴伸出端的端盖螺钉，将连同端盖的电枢从定子内小心地抽出，以免擦伤绕组。

⑦ 将连同端盖的电枢放在木架上并包好，拆除轴承端的轴承盖螺钉，取下轴承外盖及端盖，如轴承未损坏可不拆卸。

2）直流电动机的装配

① 拆卸完成后，对轴承等零件进行清洗，并经质量检查合格后，涂注润滑脂待用。

② 直流电动机的装配与拆卸步骤相反。
3）装配操作要点
① 从端盖上拆下刷架前要做好标记，以便于安装后调整电刷中性线的位置。
② 抽出电枢时要仔细，不要碰伤换向器及各绕组。取出的电枢必须放在木架或木板上，并用布或纸包好。
③ 装配时拧紧端盖螺栓，必须四周用力均匀，按对角线上下左右逐步拧紧。
④ 确定电刷中性线位置时，若是并励电动机，应将励磁绕组与电刷的连接线拆开。要保证电刷与换向器之间有良好的接触。
⑤ 用感应法调整电刷中性线位置时，断开及闭合开关与转动刷架的位置及观察直流毫伏表指针的摆动情况，三者应同时进行。
⑥ 在判别各种情况下的火花等级时，应保持电动机的负载不变。
(2) 直流电动机的维护
1）电动机在使用前的检查项目
对新安装使用的电动机或搁置较长时间未使用的电动机在通电前必须作如下检查。
① 检查电动机铭牌、电路接线、起动设备等是否完全符合规定。
② 清洁电动机，检查电动机绝缘电阻。
③ 用手拨动电动机旋转部分，检查是否灵活。
④ 通电进行空载试验运转，观察电动机转速、转向是否正常，是否有异声等。
⑤ 以上检查合格后可带动负载起动。
2）电动机在运行中的监视
对运行中的电动机进行监视的目的是为了消除一切不利于电动机正常运行的因素，及早发现安全隐患，及时进行处理，以免故障扩大，造成重大损失，监视的主要项目如下。
① 监视电动机的温度，以粗估电动机运行中是否有过热现象。对于一般常用的小型直流电动机，可用手接触动机外壳，是否有明显的烫手感觉，如明显烫手，则属电动机过热。也可在外壳上滴几点水，如水滴急剧汽化，并伴有"丝丝"声，说明电动机过热。大中型电动机有的装有热电偶等测温装置来监视电动机的温度。如在电动机运行时，嗅到绝缘的焦味，则也属电动机过热，必须立即停机检查。
② 监视电动机的负载电流。一般不允许超过额定电流，容量较大的电动机一般都装有电流表以利于随时观测。负载电流与电动机的温度两者是紧密相关的。
③ 监视电源电压的变化。电源电压过高或过低都会引起电动机的过载，给电动机运行带来不良后果。一般电压的变动量应限制在额定电压的±5%范围内。通常可在电动机的电源上装电压表进行监视。
④ 监视电动机的换向火花。一般直流电动机在运行过程中，电刷与换向器表面基本上看不到火花，或只有微弱的点状火花。
⑤ 监视电动机轴承的温度。不容许超过允许的数值；轴承外盖边缘处不允许有漏油现象。
⑥ 监视电动机运行时的声音及振动情况等。当电动机在运行中出现于平时正常使用时不同的声音或振动时，必须立即停车检查，以免造成事故。
3）电动机的定期维护
为了保证电动机的正常工作，除按操作规程正确使用电动机，运行过程中应注意正常监视外，还应对电动机进行定期检查维护，其主要内容如下。

① 清洁电动机外部，及时除去外部的灰尘、油泥。检查、清洁电动机接线端子，观察接线螺丝是否松动、烧伤等。

② 检查传动装置，包括皮带轮或联轴器等有无破裂、损坏，安装是否牢固等。

③ 定期检查、清洁电动机轴承，更换润滑油或润滑脂。

④ 经常检查绝缘电阻，特别是电机搁置一段时间不用后及在雨季电动机受潮后，还要注意查看电机机壳接地是否可靠。

⑤ 清洁电刷与换向器表面，检查电刷与换向器接触是否良好，电刷压力是否适当。

任务 4-2　交流电机的拆装及维护

1. 任务描述
对给定的交流电机进行拆装和维护，掌握其构造及工作原理。

2. 教学目标
（1）能力目标
1）能够用通用或专用工具正确拆装交流电动机。
2）能够初步对交流电动机进行故障判断及修复。
3）会使用通用、专用工具。

（2）知识目标
1）熟悉单相和三相异步电动机的结构及各部分的作用。
2）理解异步电动机的工作原理，了解其铭牌数据、额定值及使用时的选择方法。
3）了解异步电动机的电磁转矩与机械特性。
4）三相异步电动机的起动、调速和制动。

3. 相关知识
（1）三相异步电机

1）三相异步电动机的结构

三相异步电动机的结构如图 1-4-10 所示，主要由静止的定子部分和转动的转子部分组成。

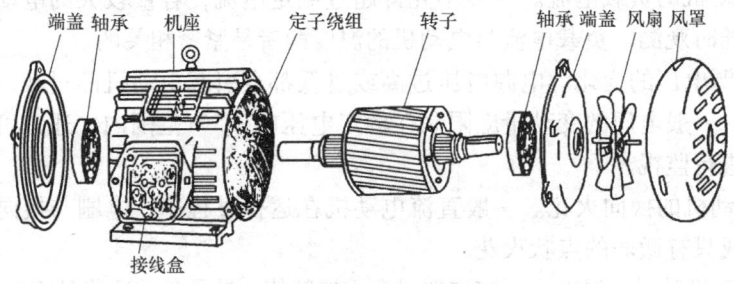

图 1-4-10　封闭式笼型三相异步电动机的结构

① 定子部分

定子部分由机座、定子铁心、定子绕组及端盖、接线盒等部件组成。

机座用来支承定子铁心和固定端盖。中、小型电动机机座一般用铸铁、压铸铝、拉伸铝等制造。

定子铁心是电动机磁路的一部分。为了减小涡流和磁滞损耗,通常用 0.5mm 厚的硅钢片叠压成圆筒,硅钢片表面的氧化层或后涂的绝缘漆作为片间绝缘,在铁心内圆上均匀分布有与轴平行的槽,用来嵌放定子绕组。

定子绕组是电动机的电路部分,也是最重要的部分,一般是由铜导线绕制的线圈连接而成。它的作用是利用通入的三相交流电产生旋转磁场。通常,绕组是用高强度绝缘漆包线绕制成各种型式的线圈,按一定的排列方式嵌入定子槽内。槽口用槽楔塞紧。绕组与铁心之间要有良好的绝缘,对双层绕组,还要加放层间绝缘。

三相异步电动机定子绕组的 3 个首端 U_1、V_1、W_1 和 3 个末端 U_2、V_2、W_2,都从机座上的接线盒中引出,如图 1-4-11 所示。图 a 为定子绕组的星形接法;图 b 为定子绕组的三角形接法。三相绕组具体应该采用何种接法,应视电力网的线电压和各相绕组的工作电压而定。目前我国生产的 Y 系列笼型三相异步电动机,功率在 3kW 及以下者一般采用星形接法;在 4kW 及以上者采用三角形接法。

② 转子部分

转子是电动机中的旋转部分,一般由转轴、转子铁心、转子绕组、轴承风扇等组成。转轴用碳钢制成,两端轴颈与轴承相配合。出轴端铣有键槽,用以固定皮带轮或联轴器。转轴是输出转矩、带动负载的部件。转子铁心也是电动机磁路的一部分,由 0.5mm 厚的硅钢片叠压成圆柱体,并紧固在转子轴上。转子铁心的外表面有均匀分布的线槽,用以放置转子绕组。

三相交流异步电动机按照转子绕组形式的不同,一般可分为笼型异步电动机和绕线型异步电动机。

(a) 笼型转子。笼型转子线槽一般都是斜槽(线槽与轴线不平行),目的是改善起动性能并可降低谐波引起的损耗和电磁噪声。笼型绕组是在转子铁心的槽里嵌放裸铜条或铸入铝,两端全部用称为端环的相同金属短接,即构成了转子绕组。如果去掉铁心,整个绕组形似鼠笼,所以得名笼型绕组,如图 1-4-12 所示。

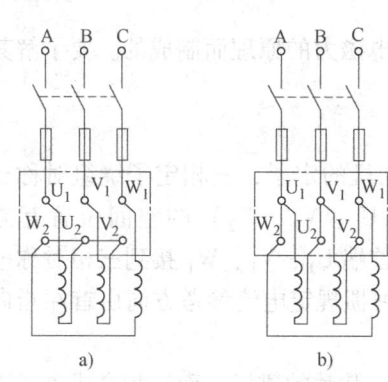

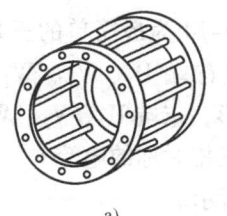 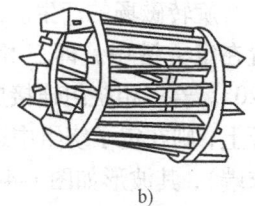

图 1-4-11 三相定子绕组的接法
a) 星形联结 b) 三角形联结

图 1-4-12 笼型异步电动机的转子绕组形式
a) 穿铜条转子 b) 铸铝转子

(b) 绕线型转子。绕线型转子绕组与定子绕组类似,由镶嵌在转子铁心槽中的三相绕组组成。绕组一般采用星形联结,三相绕组的尾端接在一起,首端分别接到转轴上的 3 个铜(或钢)滑环上,通过电刷把 3 根旋转的线变成了固定线,与外部的变阻器连接,构成转子的闭合回路,以便于控制,如图1-4-13所示。

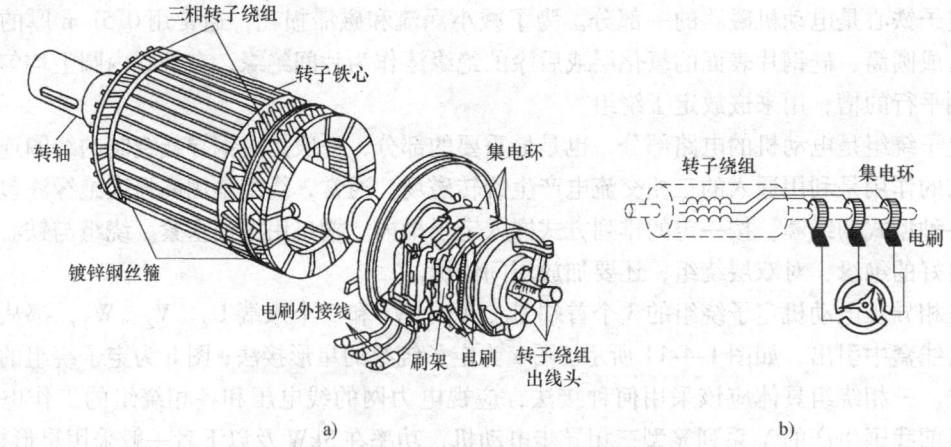

图1-4-13 绕线式异步电动机的转子
a) 绕组外观 b) 绕组接线图

两种转子相比较,笼型转子结构简单、造价低廉,并且运行可靠,因而应用十分广泛。绕线型转子结构较复杂、造价也高,但起动性能较好,并能利用变阻器阻值的变化,在一定范围内调速,在起动频繁、需要较大起动转矩的生产机械(如起重机)中常被采用。

一般电动机转子上还装有风扇或风翼,便于电动机运转时通风散热。铸铝转子一般是将风翼和绕组(导条)一起浇铸出来。

③ 气隙

气隙是定子与转子之间的空隙。中小型异步电动机的气隙一般为0.2mm~1.5mm。气隙的大小对电动机性能影响较大,气隙大,磁阻也大,产生同样大小的磁通,所需的励磁电流也越大,电动机的功率因数也就越低。但气隙过小,将给装配造成困难,运行时定、转子容易发生摩擦,使电动机运行不可靠。

2) 三相异步电动机的工作原理

三相异步电动机是根据磁场与载流导体相互作用产生电磁力的原理而制成的。要了解其作用原理,必须首先理解旋转磁场的产生及其性质。

① 旋转磁场

旋转磁场的产生。图1-4-14为最简单的三相异步电动机的定子,三相定子绕组对称放置在定子槽中,即三相绕组首端U_1、V_1、W_1(或末端U_2、V_2、W_2)的空间位置互差120°。若三相绕组连接成星形,末端U_2、V_2、W_2相连,首端U_1、V_1、W_1接到三相对称电源上,则在定子绕组中通过三相对称的电流i_U、i_V、i_W(习惯规定电流参考方向由首端指向末端),其波形如图1-4-15所示。

当三相电流流入定子绕组时,各相电流的磁场为交变、脉动的磁场,而三相合成磁场则是一旋转磁场。为了说明问题,在图1-4-16中选择几个不同瞬间,来分析旋转磁场的形成。

$t=0$瞬间($i_U=0$;i_V为负值;i_W为正值)。此时,U相绕组(U_1U_2绕组)内没有电流;V相绕组(V_1V_2绕组)电流为负值,说明电流由V_2流进,由V_1流出;而W相绕组(W_1W_2绕组)电流为正,说明电流由W_1流进,由W_2流出。运用右手螺旋定则,可以确定这一瞬间的合成磁场如图1-4-16a所示,为一对极(两极)磁场。

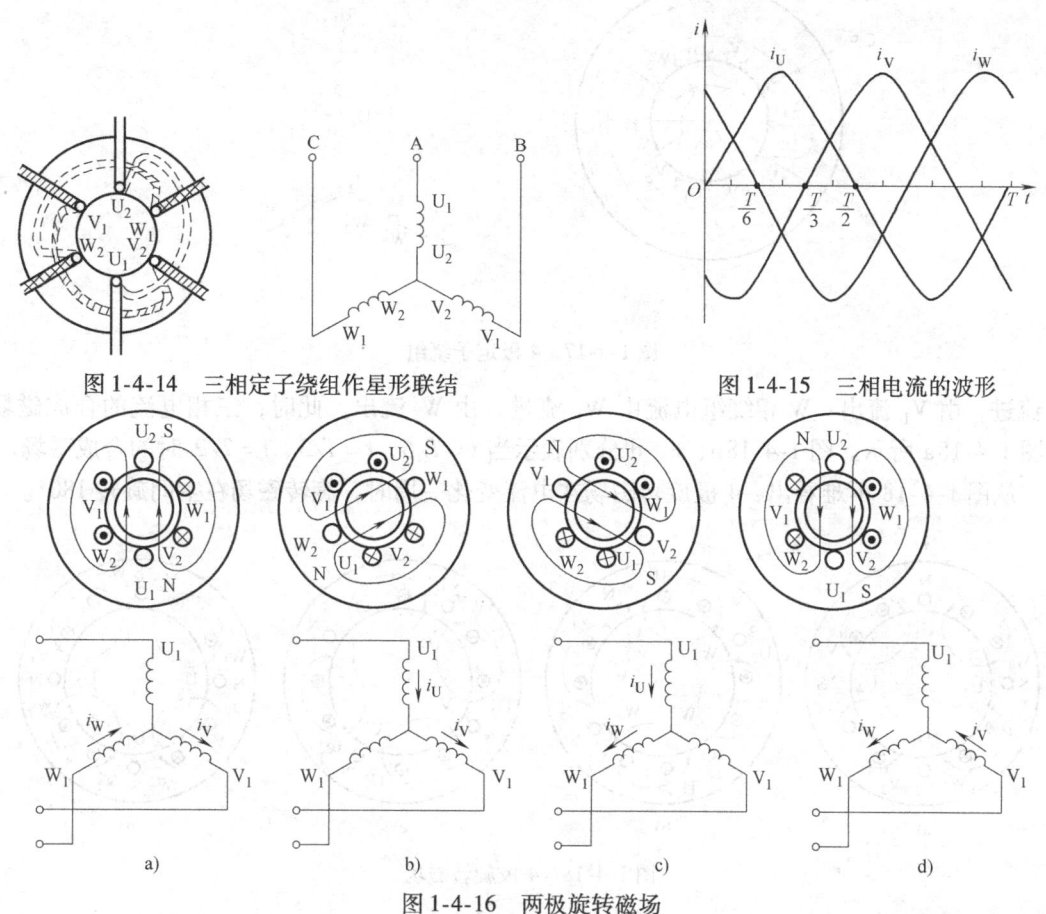

图 1-4-14 三相定子绕组作星形联结　　图 1-4-15 三相电流的波形

图 1-4-16 两极旋转磁场

$t=T/6$ 瞬间（i_U 为正值；i_V 为负值；$i_W=0$）：U 相绕组电流为正，电流由 U_1 流进，由 U_2 流出；V 相绕组电流未变；W 相绕组内没有电流。合成磁场如图 1-4-16b 所示，同 $t=0$ 瞬间相比，合成磁场沿顺时针方向旋转了 60°。

$t=T/3$ 瞬间（i_U 为正值；$i_V=0$；i_W 为负值）：合成磁场沿顺时针方向又旋转了 60°，如图 1-4-16c 所示。

$t=T/2$ 瞬间（$i_U=0$；i_V 为正值；i_W 为负值）：与 $t=0$ 瞬间相比，合成磁场共旋转了 180°，如图 1-4-16d 所示。

由此可见，随着定子绕组中三相对称电流的不断变化，所产生的合成磁场也在空间不断地旋转。由上述两极旋转磁场可以看出，电流变化一周，合成磁场在空间旋转 360°（1 转），且旋转方向与线圈中电流的相序一致。

以上分析的是每相绕组只有一个线圈的情况，产生的旋转磁场具有一对磁极。旋转磁场的极数与定子绕组的排列有关。如果每相定子绕组分别由两个线圈串联而成，如图 1-4-17 所示，其中，U 相绕组由线圈 U_1U_2 和 $U_1'U_2'$ 串联组成，V 相绕组由 V_1V_2 和 $V_1'V_2'$ 串联组成，W 相绕组由 W_1W_2 和 $W_1'W_2'$ 串联组成，当三相对称电流通过这些线圈时，便能产生两对极旋转磁场（4 极）。

当 $t=0$ 时，$i_U=0$；i_V 为负值；i_W 为正值。即 U 相绕组内没有电流；V 相绕组电流由

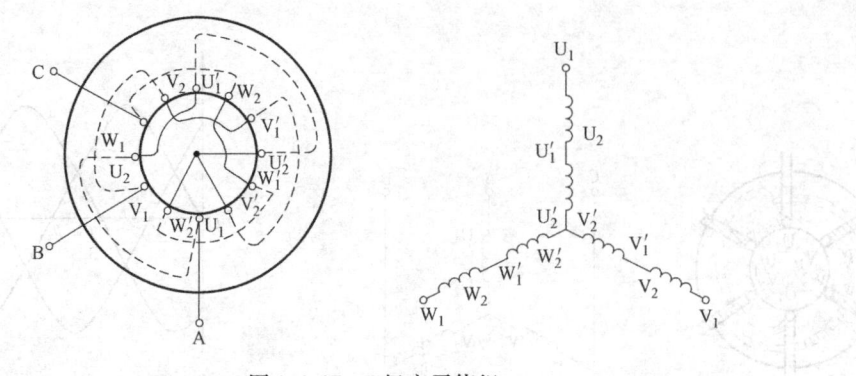

图1-4-17 4极定子绕组

V_2'流进,由 V_1 流出;W 相绕组电流由 W_1 流进,由 W_2' 流出。此时,三相电流的合成磁场如图1-4-18a所示。图1-4-18b、c、d分别表示当 $t=T/6$、$t=T/3$、$t=T/2$ 时的合成磁场。

从图1-4-18不难看出,4极旋转磁场在电流变化一周时,旋转磁场在空间旋转180°。

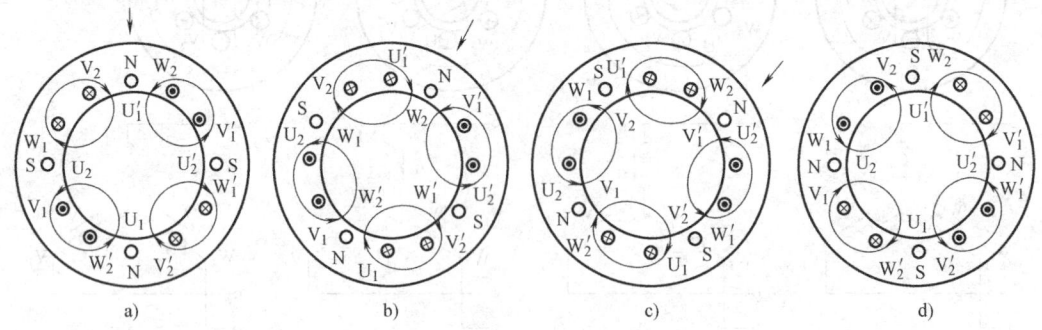

图1-4-18 4极旋转磁场

② 旋转磁场的转速

由以上分析可以看出,旋转磁场的转速与磁极对数、定子电流的频率之间存在着一定的关系。一对极的旋转磁场,电流变化一周时,磁场在空间转过360°(1转);两对极的旋转磁场,电流变化一周时,磁场在空间转过180°(1/2转);由此类推,当旋转磁场具有 p 对磁极时,电流变化一周,其旋转磁场就在空间转过 $1/p$ 转。

转速是以每分钟的转数来表示的,所以旋转磁场转速的计算公式为

$$n_1 = \frac{60f_1}{p}$$

式中　n_1——旋转磁场的转速,又称同步转速,单位为 r/min;
　　　f_1——定子电流的频率,单位为 Hz;
　　　p——旋转磁场的极对数。

我国使用的异步电动机,定子绕组的电流频率为50Hz,不同极对数的异步电动机所对应的旋转磁场的转速如表1-4-1所示。

表1-4-1 异步电动机转速和极对数的对应关系

p	1	2	3	4
n_1/(r/min)	3000	1500	1000	750

旋转磁场的转向与电流的相序一致，例如图 1-4-17 和图 1-4-18 中电流的相序为 A-B-C，则磁场旋转的方向为顺时针。必须指出，电动机三相绕组的任一相都可以是 U 相（或 V 相、W 相），而电源的相序总是固定的（正）。因此，如果我们将 3 根电源线中的任意两根（如 A 和 B）对调，也就是说，电源的 A 相接到 V 相绕组上，电源的 B 相接到 U 相绕组上，在 V 相绕组中，流过的电流是 A 相电流 i_U，而在 U 相绕组中，流过的是 B 相电流 i_V，这时，三相对称的定子绕组中电流的相序为 A-C-B（逆时针），所以旋转磁场的转向也变为逆时针了。

③ 三相异步电动机的工作原理

设旋转磁场以 n_1 的转速顺时针旋转，则静止的转子绕组同旋转磁场就有了相对运动，从而在转子导体中产生了感应电动势，其方向可根据右手定则判断（假定磁场不动，导体以相反的方向切割磁力线）。如图 1-4-19 所示，可以确定出上半部导体的感应电动势垂直纸面向外，下半部导体的感应电动势垂直于纸面向里。由于转子电路为闭合电路，在感应电动势的作用下，产生了感应电流。

由于载流导体在磁场中要受到力的作用，因此，可以用左手定则确定转子导体所受电磁力的方向如图 1-4-19 所示。这些电磁力对转轴形成一电磁转矩，其作用方向同旋转磁场的旋转方向一致。这样，转子便以一定的转速沿旋转磁场的旋转方向转动起来。

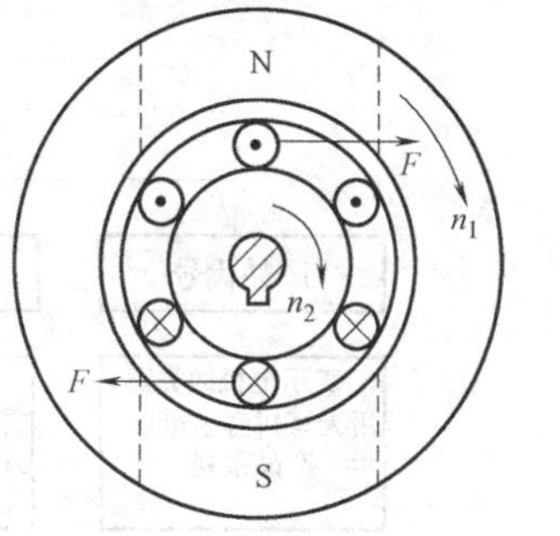

从上面的分析可以知道，异步电动机电磁转矩的产生必须具备下列条件：

（a）气隙中有旋转磁场。
（b）转子导体中有感应电流。

图 1-4-19　异步电动机的工作原理

电动机不带机械负载的状态称为空载。这时负载转矩是由轴承转动的摩擦力及风扇阻力等造成的，称为空载转矩，其值很小。这时电动机的电磁转矩也很小，但其转速 n_0（称空载转速）很高，接近于同步转速。

异步电动机的工作原理与变压器有许多相似之处，如二者都是依靠工作磁通为媒介来传递能量；异步电动机每相定子绕组的感应电动势 E_1 也近似与外加电源电压 U_1 平衡。

当异步电动机的负载增大时，转子电流增大，在外加电压不变时，定子绕组电流也增大，从而抵消转子磁通势对旋转磁通的影响。可见，同变压器类似，定子绕组电流是由转子电流来决定的。

④ 转差率

异步电动机的转子转速 n 低于同步转速 n_1，两者的差值（n_1-n）称为转差。转差就是转子与旋转磁场之间的相对转速。

转差率就是相对转速（即转差）与同步转速之比，用 s 表示。

转差率是分析异步电动机运转特性的一个重要参数。在电动机起动瞬间，$n=0$，$s=1$；当电动机转速达到同步转速（为理想空载转速，电动机实际运行中不可能达到）时，$n=n_1$，$s=0$。由此可见，异步电动机在运行状态下，转差率的范围为 $0<s<1$；在额定状态下运行时，$s=0.02\sim0.06$。

⑤ 三相异步电动机的铭牌

三相异步电动机在出厂时，机座上都固定着一块铭牌，铭牌上标明了使用电动机应遵循的技术数据和电机型号。某三相异步电动机的铭牌如图1-4-20所示。

图1-4-20 三相异步电动机的铭牌示例

三相异步电动机的型号的组成见图1-4-21。

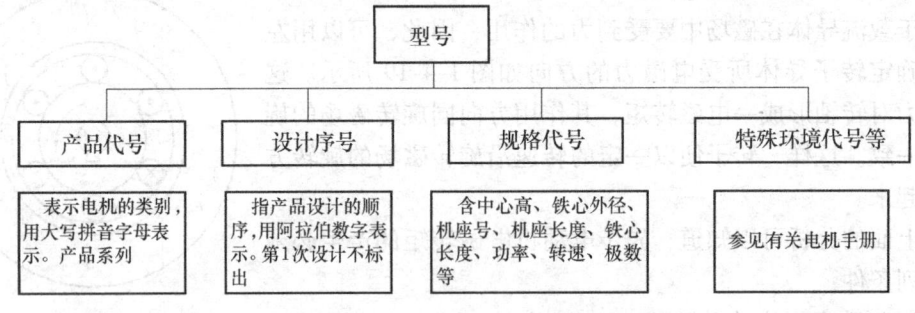

图1-4-21 三相异步电动机的型号组成

Y系列小型三相异步电动机由以下几部分组成：Y＋设计序号＋机座号（中心高mm）＋铁心长代号＋—＋极数特殊使用环境代号（实际编制时不含"＋"号），例如图1-4-20给出的Y2-100L2-4W。

异步电动机按额定值运行称为额定运行状态，异步电动机的额定值如下。

额定功率 P_N：额定功率指电动机在额定运行状态时轴上输出的机械功率，单位为W或kW。

额定电压 U_N：指额定运行状态下加在定子绕组上的线电压，单位为V或kV。

额定电流 I_N：指电动机在定子绕组加额定电压、输出额定功率时，定子绕组中的线电流，单位为A。

额定频率 f_N：是指电动机所接电源标准频率，单位为Hz。我国工业用电的频率是50Hz。

额定转速：指电动机定子所加电源为额定频率、额定电压，且轴端输出额定功率时电机的转速，单位为r/min。

额定效率 η_N 和额定功率因数 $\cos\varphi_N$：指电动机在额定负载时的效率和定子边的功率因数。

此外，铭牌上还标明绕组接法、绝缘等级及温升等。对绕线转子异步电动机，还应标明转子的额定电动势及额定电流。

（2）同步电动机

1）同步电动机的结构

同步电动机属于交流电动机，定子绕组与异步电动机相同。它的转子的转速 n 与定子绕组所产生的旋转磁场的速度 n_1 是一样的，所以称为同步电动机。因此，同步电动机的电流在相位上是超前电压的，即同步电动机是一个容性负载。同步电动机的转速 n 与定子电流频率 f 和极对数 p 保持严格不变的关系，即

$$n = n_1 = \frac{60f}{p}$$

同步电动机的基本结构是由定子与转子两大部分组成，如图 1-4-22 所示。

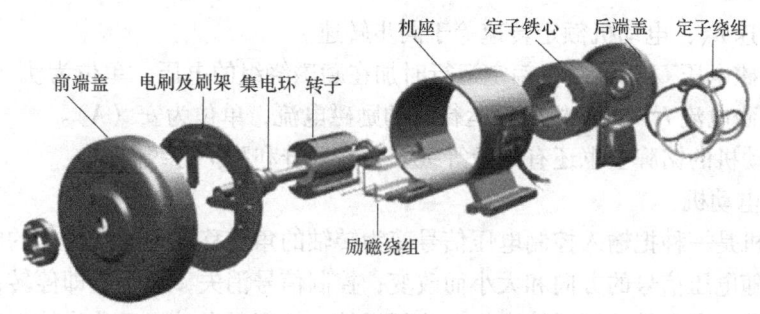

图 1-4-22　同步电动机的结构

① 定子

同步电动机的定子与异步电动机完全相同。

② 转子

与异步电动机转子的结构不同，通常由转子铁心、起动绕组、励磁绕组和滑环等组成。下面仅介绍小型同步电动机用的凸极转子。

凸极式转子如图 1-4-23 所示，结构比较简单，磁极形状与直流机相似，磁极上装有集中式直流励磁绕组。气隙是不均匀的，圆周上各处的磁阻各不相同，在转子磁极的几何中线处气隙最大，磁阻也大。凸极式转子制造方便，容易制成多极，但是机械强度低。

起动绕组：在转子磁极表面装有由嵌入磁极表面的若干铜条组成，并用短路环将这些铜条的两端联结起来的短路绕组。该绕组在同步电动机中称为起动绕组，在同步发电机中称为阻尼绕组，起抑制转子机械振荡的作用。

滑环：装在转子轴上，经引线接至励磁绕组，并借电刷接到励磁装置上。

2）同步电动机的工作原理

同步电动机的工作原理简图如图 1-4-24 所示。当对称三相电流流过定子三相绕组时，将在空气隙中产生旋转磁动势，建立旋转磁场，它的旋转速度为同步速度 $n_1 = \frac{60f}{p}$，它的旋转方向是从具有超前电流的相转向具有滞后电流的相。当直流励磁电流流过转子励磁绕组时，转子具有固定的磁极极性

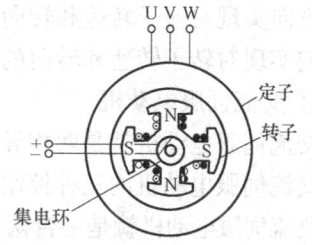

图 1-4-23　凸极转子同步电机结构

(N、S），若直流励磁电流不变，转子磁极的极性和磁场就不变，且极对数与定子基波磁场的极对数相同（等于电动机的极对数）。根据磁极间同性相斥、异性相吸的原理，定子和转子两个磁场的相互作用，使得转子被定子基波旋转磁场牵动，以同步转速一起旋转。这就是同步电动的工作原理。

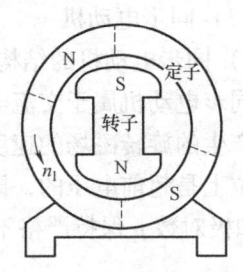

图 1-4-24　同步电动机的工作原理简图

3）同步电动机的额定值

同步电动机的额定功率、额定电压、额定电流、额定频率、额定效率的内容与异步电动机相同。不同的有如下几项。

① 额定转速 n_N：电动机额定转速等于同步转速。

② 额定励磁电压 U_f：电动机额定运行时加在励磁绕组的电压，单位为伏（V）。

③ 额定励磁电流 I_f：电动机额定运行时的励磁电流，单位为安（A）。

此外，电动机的铭牌上也还有绝缘等级、允许温升和防护等级等。

（3）伺服电动机

伺服电动机是一种把输入控制电压信号变为转轴的角位移或角速度输出的电动机，转轴的转向与转速随电压信号的方向和大小而改变；控制信号消失，转子立即停转；并且能带动一定大小的负载，在自动控制系统中作为执行元件，故伺服电动机又称为执行电动机。

根据供电电压和电机类型的不同，伺服电动机分直流伺服电动机和交流伺服电动机两大类。直流伺服电动机输出功率较大，一般可达几百瓦；交流伺服电动机输出功率较小，一般为几十瓦。

① 直流伺服电动机

直流伺服电动机按磁极的种类划分为两种：一种是永磁式直流伺服电动机，它的转子磁极是永久磁铁；另一种是电磁式直流伺服电动机，它的结构和工作原理与他励直流电机没有本质不同。直流伺服电动机就是微型的他励直流电动机。

直流伺服电动机的工作原理与直流电动机相同。根据直流电动机的工作原理，只要直流伺服电动机的励磁绕组中有电流流过且产生磁通，当电枢绕组中有电流时，电枢电流与磁通相互作用便产生转矩是伺服电动机执行动作。若两绕组中有一个断电，电动机便立即停转。

直流伺服电动机的控制方法有两种：一种是电枢控制，就是改变电枢绕组电压 U_d 的大小与方向实现对转子转速和转向的控制；另一种是磁场控制，通过改变励磁绕组电压的大小与方向实现对转子转速和转向的控制，这种控制方式主要针对电磁式直流伺服电动机。

② 交流伺服电动机

交流伺服电动机就是两相异步电动机，其定子两相绕组空间互成90°电角度。

交流伺服电动机的三种控制方法是幅值控制、相位控制和幅值-相位控制。

交流伺服电动机就是一台两相交流异步电动机，杯形转子伺服电动机的结构如图 1-4-25 所示。其转子与三相笼形异步类似，为减小转动惯量，转子做得比较细。

交流伺服电动机的定子铁心中安放空间互差90°电角度的两相绕组，一相绕组为励磁绕组 F，一相为控制绕组 K，转子为鼠笼式。电机运行时，励磁绕组接单相交流电压 U_f，控制

绕组接控制电压 U_K，两者频率相同，如图 1-4-26 所示。

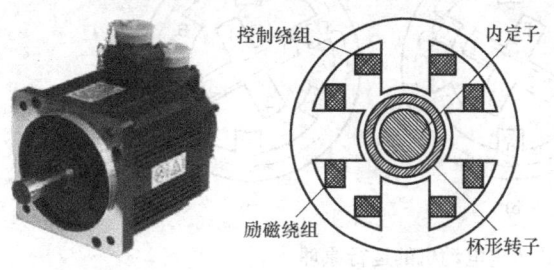 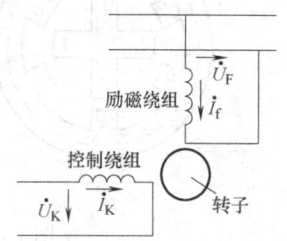

图 1-4-25　交流伺服电动机的结构　　　图 1-4-26　交流伺服电动机原理接线图

当控制电压 U_K 为零时，只要励磁电流产生的脉动磁场，转子不能转动。当有控制电压时，且励磁绕组和控制绕组中的电流不同相时会共同产生一个合成的旋转磁场，在旋转磁场的作用下，转子就会旋转起来。

交流伺服电动机运行时，励磁绕组所接电源一般为额定电压不变，改变控制绕组所加的电压的大小和相位，电动机气隙磁动势则随着控制电压的大小和相位而改变，由于气隙磁动势的不同，电动机机械特性也相应改变，拖动负载运行的交流伺服电动机的转速 n 也随之变化。这就是交流伺服电动机利用控制电压的大小和相位的变化，控制转速变化的原理。

(4) 步进电动机

步进电动机是一种用电脉冲信号控制、将电脉冲信号转换成为角位移或直线位移的电动机。步进电动机定子绕组输入一个电脉冲，转子就前进一步，因此被称为步进电动机。其输出的直线位移或角位移量与输入的脉冲数成正比，其线速度或转速与脉冲频率成正比。根据运动形式的不同，步进电动机可分为旋转式步进电动机或直线式步进电动机。旋转式步进电动机按结构又分成反应式、永磁式和混合式步三类。这三类步进电机的运行原理基本相同。下面仅以反应式步进电动机为例，说明步进电动机的结构、工作原理和运行特性。

反应式步进电动机的结构如图 1-4-27 所示。主要由定子、转子两部分构成，它们均由磁性材料构成。一般定子相数为 2~6，每相两个绕组套在一对定子磁极上，称为控制绕组，转子上是无绕组的铁心，其上均匀分布着很多小齿。

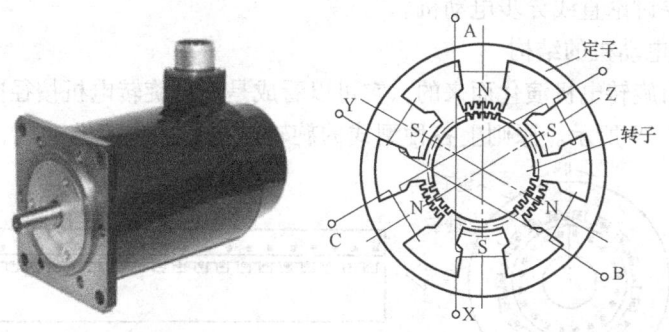

图 1-4-27　步进电动机的基本结构

图 1-4-28 是一台三相反应式步进电机的工作原理图。定子为凸极式，共有 3 对磁极，每两个相对的磁极上绕有控制绕组，组成一相。凸极结构的无绕组的转子用软磁性材料制

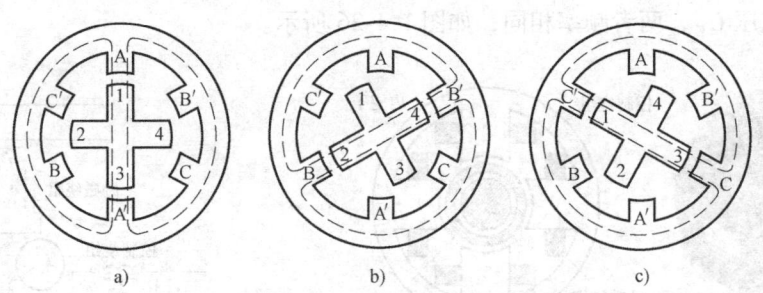

图 1-4-28 反应式步进电动机的运行原理
a) A 相通电 b) B 相通电 c) C 相通电

成,圆周上均匀分布 4 个齿,齿宽等于定子的极靴宽。

当 A 相绕组通电时,由于磁力线力图通过磁阻最小的路径,故转子受到磁场转矩的作用,必然转到其磁极轴线与定子磁极轴线对齐,即转子 1、3 磁极与定子 A 相磁极对齐,此时磁场转矩为零,转子停止转动,位置如图 1-4-28a 所示。

当 A 相断电,B 相绕组通电时,磁场转矩吸引转子逆时针方向转动 30°,即转子 2、4 磁极与 B 相磁极对齐,位置如图 1-4-28b 所示。同样,当 B 相断电、C 相绕组通电时,磁场转矩吸引转子再逆时针方向转动 30°,使转子 1、3 磁极与 C 相磁极对齐,位置如图 1-4-28c 所示。若按 A—B—C 顺序轮流给三相定子绕组通电,则转子以 30°的步距角一步一步地逆时针转动;若按 A—C—B 顺序轮流给三相定子绕组通电,则转子以 30°的步距角一步一步地顺时针转动。由此可知,步进电动机运动的方向取决于定子绕组通电的顺序,而转子转动的速度取决于定子绕组通断电的频率。

通常把一种通电状态转换到另一种通电状态称为一拍,每一拍转子转过的角度称为步距角,用 θ_{se}。上述的通电过程称为三相单三拍,步距角 30°。三相是指定子为三相绕组;单是指每次只有一相控制绕组通电;三拍是指经过三次改变控制绕组的通电状态为一个循环。

(5) 直线异步电动机

直线电动机是一种将电能直接转换成直线运动机械能,而不需要任何中间转换机构的传动装置。直线电动机可分为直线异步电动机、直线同步电动机、直线直流电动机和直线步进电动机。本节主要讨论直线异步电动机。

1) 直线异步电动机的结构

直线电机是由旋转电机演化而来的,它可以看成是一台旋转电机按径向剖开,并展成平面而成,如图 1-4-29 所示。原则上各种型式的旋转电机,如直流电动机、异步电动机、同

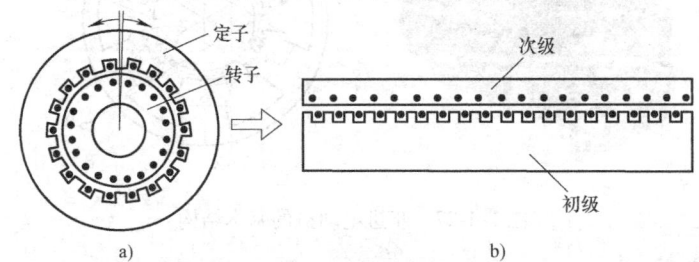

图 1-4-29 直线异步电动机的形成过程
a) 旋转式异步电动机 b) 直线异步电动机

步电动机等均可演化成直线电动机。由定子演变而来的一侧称为初级,由转子演变而来的一侧称为次级。在实际应用时,将初级和次级制造成不同的长度,以保证在所需行程范围内初级与次级之间的耦合保持不变。直线电动机可以是短初级长次级,也可是长初级短次级。考虑到制造成本、运行费用,目前一般均采用短初级长次级。

图 1-4-30 所示的平板型直线异步电动机仅在次级的一边具有初级,称为单边型。为了消除单边型存在的法向力,可以采用在次级的两侧都装上初级,使法向力相互抵消,这种形式的电动机称为双边型直线异步电动机,如图 1-4-31 所示。

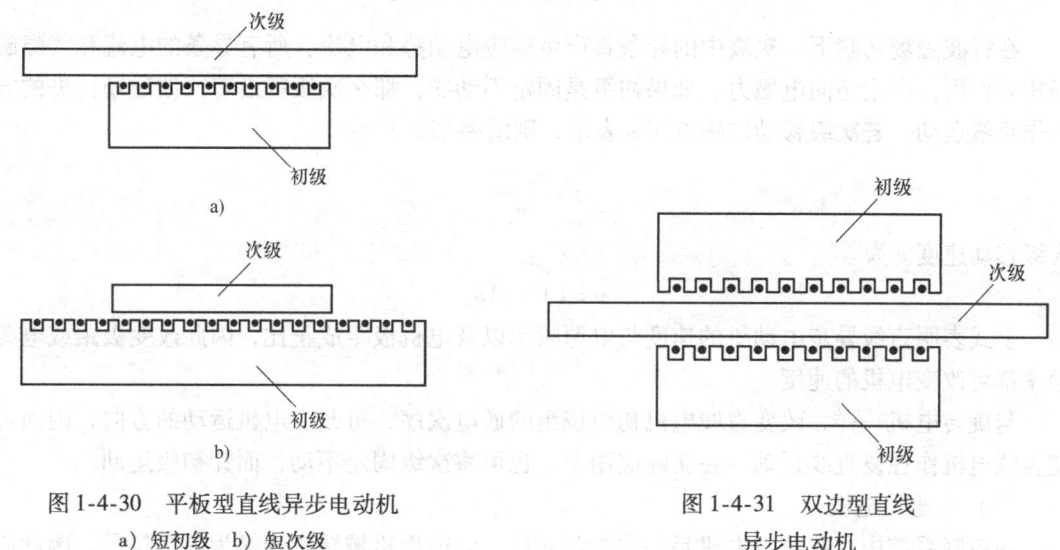

图 1-4-30 平板型直线异步电动机
a) 短初级 b) 短次级

图 1-4-31 双边型直线异步电动机

若将平板型直线异步电动机沿着与直线运动方向相垂直的方向卷成圆筒,即得到如图 1-4-32 所示的圆筒型直线异步电动机。

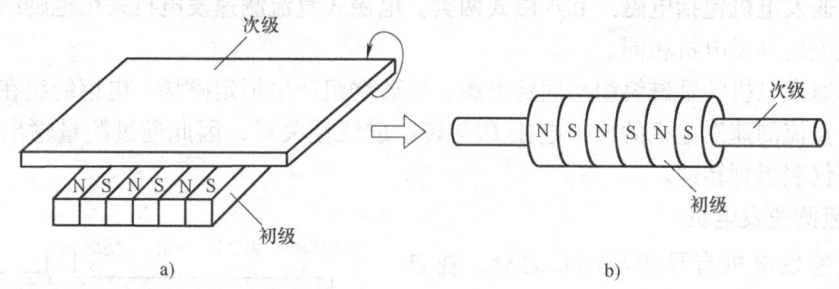

图 1-4-32 圆筒型直线电机的形成过程
a) 扁平型 b) 圆筒型

2) 直线异步电动机的工作原理

当初级的多相绕组中通入多相电流后,便在气隙中产生一个气隙磁场,这个磁场的磁通密度波是直线移动的,故称为行波磁场(见图 1-4-33)。显然,行波的移动速度与旋转磁场在定子内圆表面上的线速度是相同的,称为同步速度

$$v = 2f\tau$$

式中 f——电源的频率;

τ——初级的极距。

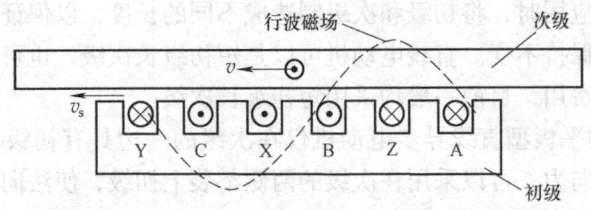

图 1-4-33　直线异步电动机的工作原理

在行波磁场切割下，次级中的导条将产生感应电动势和电流，所有导条的电流和气隙磁场相互作用，产生切向电磁力。如果初级是固定不动的，那么次级就沿着行波磁场行进的方向作直线运动。若次级移动的速度用 v 表示，则滑差率 s 为

$$s = \frac{v_s - v}{v_s}$$

次级移动速度 v 为

$$v = (1-s)v_s$$

上式表明直线异步电动机的速度与电源频率以及电机极距成正比，因此改变极距或电源频率都可改变电机的速度。

与旋转电机一样，改变直线电机初级绕组的通电次序，可改变电机运动的方向，因而可使直线电机作往复直线运动。在实际应用中，也可将次级固定不动，而让初级运动。

（6）测速发电机

在控制系统中，测速发电机是一种检测元件，它能把机械转速转换为电压信号，因此应用广泛。测速发电机也有交流测速发电机、直流测速发电机两类。

1）直流测速发电机

直流测速发电机包括电磁式和永磁式两类。电磁式直流测速发电机采用他励结构，其工作原理与直流他励发电机相同。

直流测速发电机的励磁绕组接固定电源，励磁绕组产生恒定磁场，电枢绕组在外力拖动下旋转时，直流测速发电机的输出电压 U 与转速成线性关系，因此通过测量输出电压就可以通过专用仪表得到转速。

2）交流测速发电机

交流测速发电机有异步与同步之分，在自动控制系统中交流异步测速发电机应用较广。

① 结构

目前被广泛应用的交流异步测速发电机的转子都是杯形结构，定子上由两相空间互差90°的分布绕组组成。其中一相绕组为励磁绕组，另一相为输出绕组。转子空心杯由电阻率较大的非磁性材料磷青铜制成。为减小主磁路的磁阻，空心杯转子内部还有一个由硅钢片叠压而成的定子铁心，该铁心称为内定子。图 1-4-34

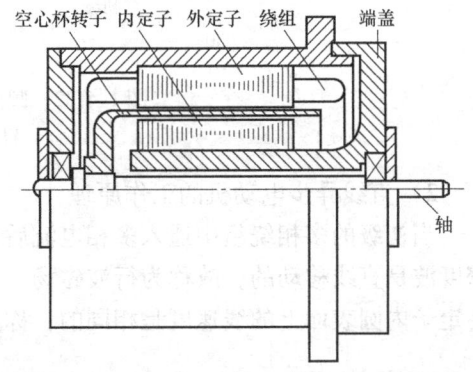

图 1-4-34　空心杯转子异步测速发电机的结构

为一台空心杯转子异步测速发电机的结构。

② 工作原理

空心杯转子异步测速发电机的工作原理如图 1-4-35、图 1-4-36 所示。图中，设互差 90° 空间角度的励磁绕组的轴线为直轴（d 轴），输出绕组的轴线为交轴（q 轴）。

当励磁绕组接频率为 f 单相的交流电压 U_1 时，励磁绕组便有交流电流流过，并沿 d 轴方向产生交变的脉振磁势 $\bar{F}_d$ 和相应的脉振磁通 Φ_d，其交变频率 f 与外加电压频率相同。

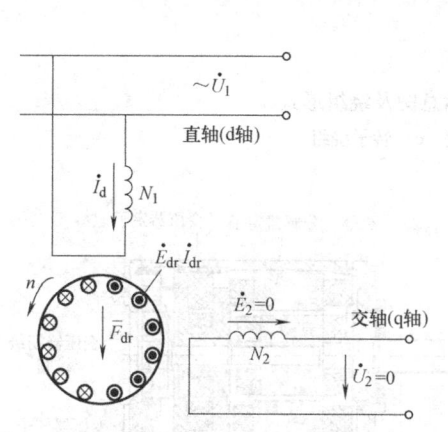 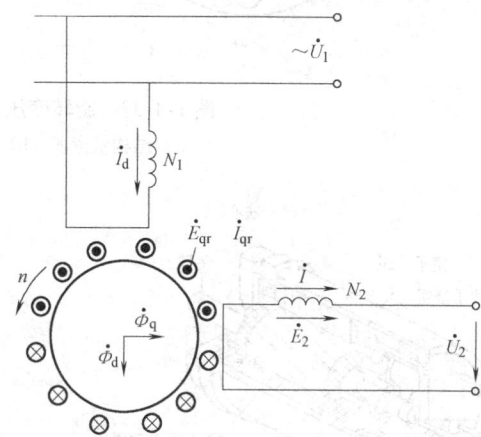

图 1-4-35　$n=0$ 时异步测速发电机的工作原理　　图 1-4-36　$n\neq 0$ 时异步测速发电机的工作原理

当励磁电压不变时，励磁磁通 Φ_d 恒定，测速发电机的输出电势 E_2 只与转速成正比，因此输出电压 U_2 也只与转速成正比。所以根据 U_2 的大小可以得到发电机的转速。

（7）旋转变压器

旋转变压器是自控系统中的一类精密控制微电机，常用于角度位置的传感和测量。这种变压器的初、次级绕组分别放置在定、转子上，当初级侧外加单相交流电压励磁时，其次级侧的输出电压将与转子的转角严格保持某种函数关系，因此，转子绕组的输出电压就与转子的转角有关。

1）结构

旋转变压器的结构和绕线转子异步电动机相似，由定子和转子两部分组成。定、转子采用高磁导率的铁镍软磁合金片或硅钢片经冲压、绝缘、叠装而成。在定子槽中分别布置有两个空间互成 90°的绕组，一个是定子激磁绕组（D_1D_2），一个为定子交轴绕组（D_3D_4），两套绕组的结构是完全相同的。在转子槽中分别布置有两个空间互成 90°的绕组，一个余弦输出绕组（Z_1Z_2），一个正弦输出绕组（Z_3Z_4），两套绕组的结构是完全相同的，如图 1-4-37 所示。

根据转子输出电压与转子转角之间的函数关系，可分为正余弦旋转变压器、线性旋转变压器和特殊函数旋转变压器；根据转子电信号引进、引出的方式，分为有刷旋转变压器和无刷旋转变压器。分别如图 1-4-38、图 1-4-39 所示。

在有刷旋转变压器中，定、转子上都有绕组。转子绕组的电信号通过滑动接触，由转子上的滑环和定子上的电刷引进或引出。由于有刷结构的存在，使得旋转变压器的可靠性很难得到保证。

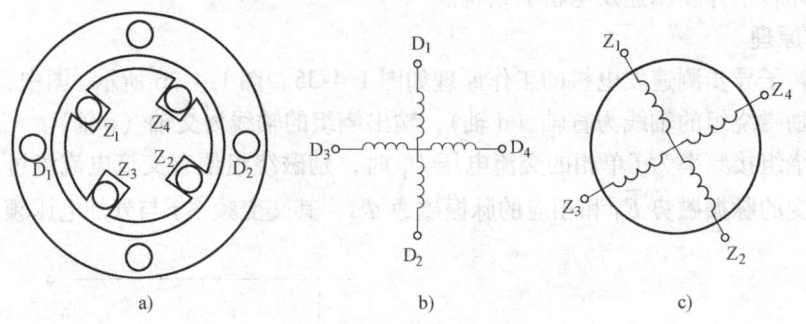

图 1-4-37　旋转变压器结构示意图及绕组形式
a) 结构示意图　b) 定子绕组　c) 转子绕组

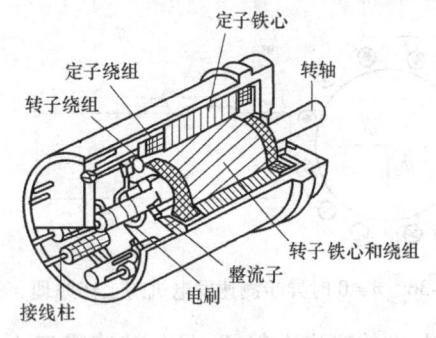

图 1-4-38　有刷旋转变压器的结构

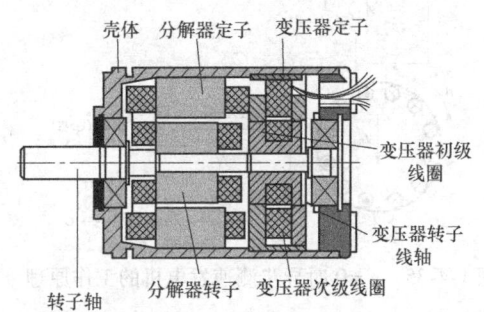

图 1-4-39　无刷旋转变压器

2) 旋转变压器的工作原理

以正、余弦旋转变压器为例讨论。其原理如图 1-4-40 所示。其中 D_1D_2 与 D_3D_4 为定子两相相互垂直的正弦绕组；Z_1Z_2 与 Z_3Z_4 为转子上两相互垂直的正弦绕组。

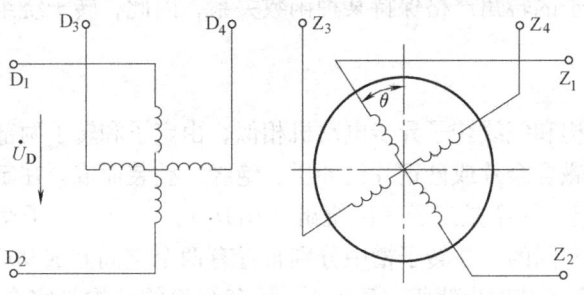

图 1-4-40　正、余弦旋转变压器的工作原理图

以 D_1D_2 与 Z_1Z_2 的夹角表示输入角。设定子绕组匝数为 N_D，转子匝数为 N_Z，则转子绕组与定子绕组的匝比为

$$K = \frac{N_Z}{N_D}$$

综上所述，正、余弦旋转变压器将转子上转角 θ 的输入信号转化为输出绕组 Z_1Z_2、Z_3Z_4 两端的输出电信号，而该信号与转角 θ 之间的关系为正弦和余弦，这就是正、余弦旋

转变压器的工作原理。

当有负载时，转子绕组中的电流会产生转子磁动势，该磁动势将使气隙磁动势发生畸变，破坏上述的正、余弦关系，引起测量误差。为此需要采取措施减小此误差，常用的方法，一是增大负载阻抗值，减小转子电流，减小误差；二是采取降低负载电流对气隙磁场影响的补偿办法。

4. 实训操作

（1）电动机的拆装

拆卸前应清理好场地，准备好工具，并在接头线、端盖与外壳、轴承盖与端盖等上做好标记，以免装配时弄错。拆卸小型异步电动机的一般步骤如下。

① 卸下皮带或脱开联轴器的连接销。
② 拆下接线盒内的电源接线和接地线。
③ 卸下皮带轮或联轴器。
④ 卸下底脚螺母和垫圈。
⑤ 卸下前轴承外盖（若有）。
⑥ 卸下前端盖。
⑦ 拆下风叶罩。
⑧ 卸下风叶。
⑨ 卸下后轴承外盖（若有）。
⑩ 卸下后端盖。
⑪ 抽出转子。
⑫ 拆下前、后轴承及前、后轴承的内盖（若有）。

电动机的装配步骤与拆卸步骤相反。对一般较小容量的小型异步电动机，只拆除风叶罩、风叶、前轴承外盖和前端盖，而后轴承外盖、后端盖连同前后轴承、轴承内盖及转子一起抽出。

（2）电动机主要零部件的拆装方法

1）皮带轮或联轴器的拆装

拆卸时，先在皮带轮或联轴器与转轴之间做好位置标记，拧下固定螺钉和销子，然后用拉具慢慢地拉出。如果拉不出，可在内孔点少许煤油再拉。如果仍拉不出，可用急火围绕皮带轮或联轴器迅速加热，同时用湿布包好轴，并不断浇冷水，以防热量传入电动机内部。装配时，先用细铁砂布把转轴、皮带轮或联轴器的轴孔打光滑，将皮带轮或联轴器对准键槽套在轴上，用硬木块垫在键的一端，轻轻将键敲入槽内。键在槽内要松紧适度，太紧或太松都会伤键和伤槽，太松还会使皮带打滑或振动。

2）轴承盖的拆装

轴承外盖拆卸很简单，只要拧下固定轴承盖的螺钉，就可取下前后轴承外盖。前后两个轴承外盖要分别标上记号，以免装配时前后装错。轴承外盖的装配方法是：将外盖穿过转轴套在端盖外面，插上一颗螺钉，一手顶住这颗螺钉，一手转动转轴，使轴承内盖也跟着转到与外盖的螺钉孔对齐时，便可将螺钉顶入内盖的螺孔中并拧紧，最后把其余的螺钉也装上拧紧。

3）端盖的拆装

拆卸前，应在端盖与机座的接缝处做好标记，以便复原。然后拧下固定端盖的螺钉，用螺丝刀慢慢地撬下端盖（拧螺钉和撬端盖都要对角线均匀对称地进行）。

前后端盖要做上记号，以免装配时前后搞错。装配时，对准机壳和端盖的接缝标记，装上端盖。插入螺钉拧紧（要按对用线对称地旋进螺钉，而且要分几次旋紧，且不可有松有紧，以免损伤端盖）。同时要随时转动转子，以检查转动是否灵活。

4）转子的拆装

前后端盖拆掉后，便可抽出转子。由于转子很重，应注意切勿碰坏定子线圈。对于小型电动机转子，抽出时要一手握住转子，把转子拉出一些，再用另一只手托住转子，慢慢地外移。对于较大的电动机，抽出转子时要两人各抬转子的一端，慢慢外移。装配时，要按上述逆过程进行，要对准定子腔中心小心地送入。

5）滚动轴承的拆装

拆卸滚动轴承的方法与拆卸皮带轮类似，也可用拉具来进行。如果没有拉具，可用两根铁扁担夹住转轴。使转子悬空，然后在转轴上端垫木块或铜块后，用锤敲打使轴承脱开拆下。在操作过程中注意安全。装配时，可找一根内径略大于转轴外径的平口铁管套入转轴，使管壁正好顶在轴承的内圈上，便可在管口垫木块用手锤敲打。使轴承套入转子定位处。

在总装电动机时要特别注意，如果没有将端盖、轴承盖装在正确位置，或没有掌握好螺钉的松紧度和均匀度，都会引起电动机转子偏心，造成扫膛等不良运行故障。

项目 5　单片机应用基础

任务 5-1　数制之间的转换

1. 任务描述

对给定的数进行数制之间的转换。

2. 教学目标

（1）能力目标

能进行数制之间的转换。

（2）知识目标

1）了解计算机中的数制。

2）熟悉计算机中数的表示方法及数的表示形式。

3. 相关知识

数制是人们按进位的原则进行计数的一种科学方法。一种记数制所使用的数字符号的个数称为基数，某个固定位置上的计数单位称为位权。

如：十进制数 123.45 用位权可以表示成 $(123.45)10 = 1 \times 10^2 + 2 \times 10^1 + 3 \times 10^0 + 4 \times 10^{-1} + 5 \times 10^{-2}$

（1）计算机中的数制

所谓数制是指数的制式，是人们利用符号计数的一种科学方法。数制有很多种，微型计算机中常用的数制有十进制、二进制和十六进制等。

1）十进制（Decimal）

十进制是人们生活中普遍使用的计数制，它用 0、1、2、…、9 这十个数码来描述。十进制数的主要特点如下。

① 它有 0~9 十个不同的数码，这是构成所有十进制数的基本符号。

② 它是逢 10 进位的。十进制数在计数过程中，当它的某位计满 10 时就要向它邻近的高位进 1。

2）二进制（Binary）

二进制是在计算机系统中使用的计数制，它用 0、1 这两个数码来描述。二进制数的主要特点如下。

① 任何二进制数都是由 0、1 这两个数码组成。

② 二进制数的基数为 2，它遵循逢 2 进 1 的进位计数原则。

3）十六进制（Hexadecimal）

十六进制是人们在计算机指令代码和数据的书写与软件工具的显示中经常使用的数制，它用 0、1、…、9 和 A、B、…、F 这十六个数码和字母来描述。十六进制数的主要特点如下。

① 任何一个十六进制数都是由 0、1、…、9 和 A、B、…、F 这十六个数码和字母中的一些或全部数码构成。

② 二进制数的基数为 16，它遵循逢 16 进 1 的进位计数原则。

部分十进制、二进制和十六进制数的对照见表 1-5-1。

表 1-5-1　部分十进制、二进制和十六进制数的对照表

整　数			小　数		
十进制	二进制	十六进制	十进制	二进制	十六进制
0	0000	0	0	0	0
1	0001	1	0.5	0.1	0.8
2	0010	2	0.25	0.01	0.4
3	0011	3	0.125	0.001	0.2
4	0100	4	0.0625	0.0001	0.1
5	0101	5	0.03125	0.00001	0.08
6	0110	6	0.015625	0.000001	0.04
7	0111	7			
8	1000	8			
9	1001	9			
10	1010	A			
11	1011	B			
12	1100	C			
13	1101	D			
14	1110	E			
15	1111	F			
16	10000	10			

（2）数制间的转换

在计算机中都是以二进制数进行算术运算和逻辑运算操作。

1）二进制数和十进制数间的转换

① 二进制数转换成十进制数

二进制数转换成十进制数只要把欲转换数按权展开后相加即可。例如：

$$11010.01B = 1\times 2^4 + 1\times 2^3 + 0\times 2^2 + 1\times 2^1 + 0\times 2^0 + 0\times 2^{-1} + 1\times 2^{-2} = 26.25$$

② 十进制数转换成二进制数

十进制整数转换成二进制整数常用的是"除 2 取余法"。

例 1-5-1：100D = ＿＿＿＿＿B

```
2| 100       余数
2| 50        0(最低位)
2| 25        0
2| 12        1
2|  6        0
2|  3        0
2|  1        1
    0        1(最高位)
```

答案：100D = 1100100B

十进制小数转换成二进制小数通常采用"乘 2 取整法"。

例 1-5-2：0.625D = ＿＿＿＿＿B

乘 2 取整：　　　　　　整数部分
　　　　0.625
　　×　　　2
　　　　1.250　　　　　　　1
　　　　0.25
　　×　　　2
　　　　0.5　　　　　　　　0
　　　　0.5
　　×　　　2
　　　　1.0　　　　　　　　1

答案：0.625D = 0.101B

2）二进制数与十六进制数的转换

① 二进制数转换为十六进制数

采用四位二进制数合成为一位十六进制数的方法，以小数点为界分成左侧整数部分和右侧小数部分。

例 1-5-3：把 111010.011110B 转换为十六进制数。

0011 1010 . 0111 1000 = 3A.78H
　3　　A　 7　 8

② 十六进制数转换为二进制数

将十六进制数的每位分别用 4 位二进制数码表示。

例 1-5-4：把 2BD4H 和 20.5H 转换为二进制数

2BD4H = 0010 1011 1101 0100B

20.5H = 0010 0000.0101B

3）十六进制数与十进制数的转换

① 十六进制数转换成十进制数

十六进制数转换成十进制数的方法和二进制数转换成十进制数的方法类似。

例 1-5-5：将十六进制数 3DF2H 转换成十进制数。

$3DF2H = 3 \times 16^3 + 13 \times 16^2 + 15 \times 16^1 + 2 \times 16^0 = 15858$

② 十进制数转换成十六进制数

十进制整数转换成十六进制整数与十进制整数转换成二进制整数类似，十进制整数转换成十六进制整数可以采用"除 16 取余法"。

十进制小数转换成十六进制小数的方法类似十进制小数转换成二进制小数，常采用"乘 16 取整法"。

（3）二进制数的运算

二进制数的运算比较简单，包括算术运算和逻辑运算，算术运算包括加、减、乘、除运算；逻辑运算有逻辑乘、逻辑加、逻辑非和逻辑异或等。

1）二进制数的算数运算

① 加法运算

运算规则：0 + 0 = 0；0 + 1 = 1 + 0 = 1；1 + 1 = 10（向高位进位）。

② 减法运算

运算规则：0 - 0 = 0；1 - 0 = 1；1 - 1 = 0；0 - 1 = 1（向高位借1）。

③ 乘法运算

运算规则：0×0 = 0；0×1 = 1×0 = 0；1×1 = 1。

④ 除法运算

除法是乘法的逆运算。

2）逻辑运算

① 逻辑乘运算

逻辑乘又称逻辑与，常用∧算符表示。

逻辑乘运算法则为：0∧0 = 0；1∧0 = 0∧1 = 0；1∧1 = 1。

② 逻辑加运算

逻辑加又称逻辑或，常用算符∨表示。

逻辑加的运算规则为：0∨0 = 0；1∨0 = 0∨1 = 1；1∨1 = 1。

③ 逻辑非运算

逻辑非运算又称逻辑取反，常采用"-"运算符表示。

运算规则为：$\bar{0} = 1$；$\bar{1} = 0$。

④ 逻辑异或

逻辑异或又称为半加，是不考虑进位的加法，常采用算符表示。逻辑异或的运算规则为 0⊕0 = 0 = 1⊕1 = 0；1⊕0 = 0⊕1 = 1。

3）计算机中二进制数的单位表示

① 位（bit）

这里所说的位是指二进制数的位。位是数的最小单位，在计算机中位仅有0和1两个数值，表示两种状态。

② 字节（Byte）

8位二进制数称为1个字节，在使用时常用大写字母 B 表示。字节是最基本的数据单位，计算机中的数据、代码、指令、地址多以字节为单位。

③ 字（Word）

字是一台计算机上所能并行处理的二进制数，字的位数（或长度）称之为字长。字长必须是字节的整数倍。

（4）计算机使用二进制数的原因

1）易于实现。

2）运算简单。

3）具有逻辑属性。

4）可靠性高。

4. 实训操作

（1）十进制和二进制数各有什么特点？请举例加以说明。

（2）为什么微型计算机要采用二进制？

（3）把下列十进制数转换为二进制数和十六进制数。

① 135　　② 0.625　　③ 47.6875　　④ 0.94　　⑤ 111.111　　⑥ 1995.12

(4) 把下列二进制数转换为十进制数和十六进制数。

① 11010110B　② 1100110111B　③ 0.1011B

④ 0.10011001B　⑤ 1011.1011B　⑥ 111100001111.11011B

(5) 把下列十六进制数转换成十进制数和二进制数。

① AAH　② BBH　③ C.CH　④ DE.FCH　⑤ ABC.DH　⑥ 128.08H

(6) 先把下列十六进制数变成二进制数，然后分别完成逻辑乘、逻辑加和逻辑异或操作，应写出竖式。

① 33H 和 BBH　② ABH 和 7FH　③ CDH 和 80H　④ 78H 和 0FH

任务 5-2　认知单片机

1. 任务描述

认识单片机，熟悉单片机的基本结构及功能，学习单片机的相关概念。

2. 教学目标

（1）能力目标

1）认识单片机。

2）了解 80C51 的内部结构。

3）了解 80C51 引脚信号功能定义。

4）了解 80C51 的存储器空间分配及各 I/O 口的特点。

5）了解 80C51 的复位电路、时钟电路及指令时序。

（2）知识目标

1）了解单片机的基本结构及功能。

2）了解单片机的相关概念。

3. 相关知识

（1）单片机的定义

单片微处理器集成了计算机的主要器件，所以把单片微处理器看做一个微型计算机，简称单片机（Single Chip Microcomputer）。

（2）片机的特点

1）体积小、重量轻。

2）电源单一、功耗低（突出特点）。

3）功能强、价格低，有优异的性能价格比。

4）全部集成在芯片上，布线短、合理、集成度高。

5）数据大部分在单片机内传递，运行速度快、抗干扰能力强、可靠性高。

（3）单片机的应用

单片机的应用领域很广，具体应用包括家用电器、智能卡、智能仪器仪表、网络与通信、工业控制等。

（4）80C51 单片机的逻辑结构

1）80C51 单片机的组成

80C51 单片机的组成如图 1-5-1 所示。

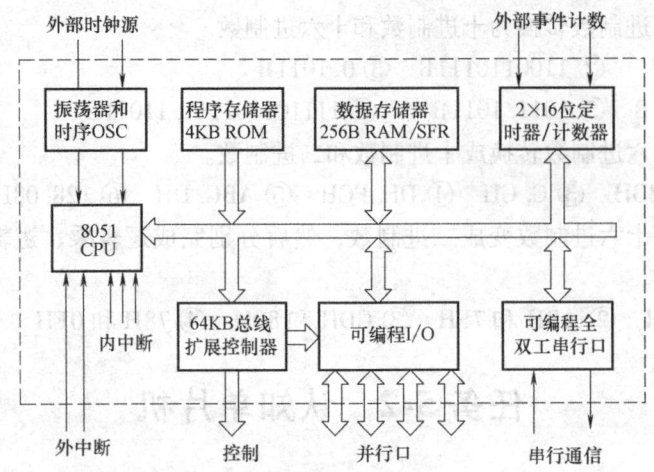

图 1-5-1　80C51 单片机的组成

2）中央处理单元

中央处理单元主要由运算器和控制器两部分构成。

① 运算器

运算器由算术/逻辑运算单元 ALU、累加器 ACC、寄存器 B、暂存寄存器、程序状态字寄存器 PSW 组成。如图 1-5-2 所示。

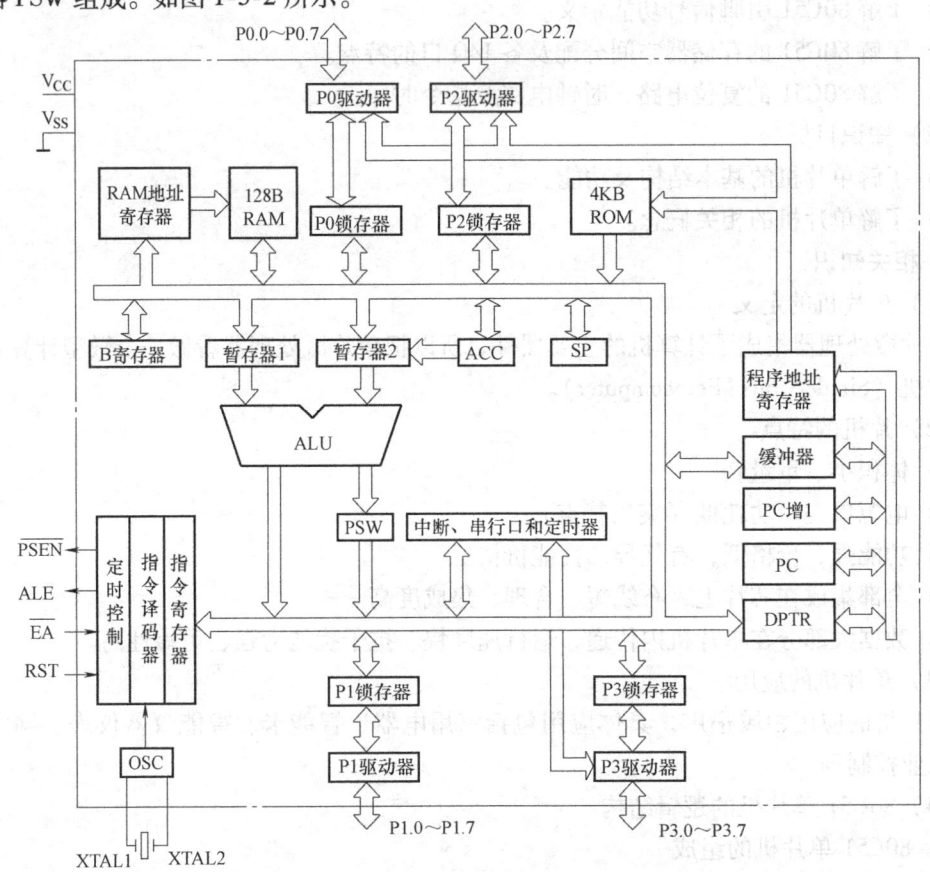

图 1-5-2　运算器结构

② 控制器

控制器是由指令寄存器 IR、指令译码器 ID、定时及控制逻辑电路和程序计数器 PC 等部件组成。程序计数器 PC 是一个十六位的计数器。指令寄存器 IR 保存当前正在执行的一条指令。定时与控制是微处理器的核心部件。

3）存储器

MCS-51 系列单片机片内有程序存储器 ROM 和数据存储器 RAM。

片内程序存储器：容量为 4KB，用于存放程序和表格常数。

片内数据存储器：容量为 128B，用于存放运算的中间结果、数据暂存以及数据缓冲等。有 32B 可指定为工作寄存器。

4）输入/输出接口

MCS-51 系列单片机有 4 个八位并行接口（P0~P3），它们都是双向的，每个接口的 8 条 I/O 线均可以进行数据的输入/输出。

(5) 80C51 单片机的引脚及功能

1）80C51 单片机的引脚封装

80C51 系列单片机通常有两种封装，一种是双列直插式封装，另一种是方形封装。如图 1-5-3 所示。

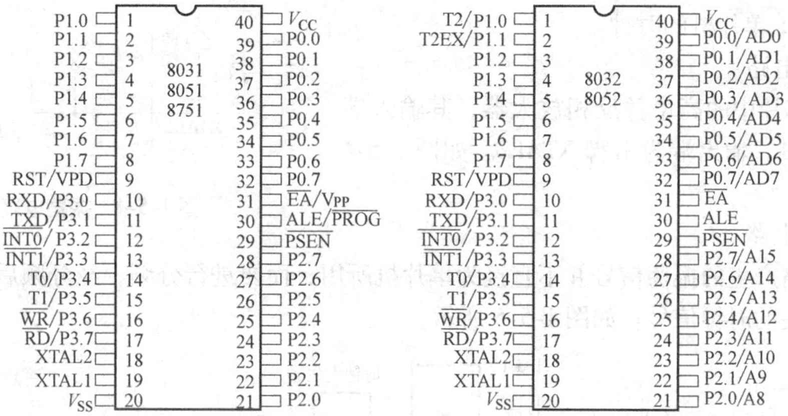

图 1-5-3 单片机的引脚封装图

2）80C51 单片机引脚及功能

① 电源线

V_{CC}、V_{SS}（40、20 脚）：电源接入引脚，MCS-51 系列单片机采用 +5V 的电源电压。使用时 V_{CC} 接电源的正极（+5V），V_{SS} 接电源负极（0V）。

② 输入/输出端口引脚

输入/输出端口引脚：P0、P1、P2 和 P3。

4 个并行端口都可以作为普通的 I/O 端口使用，除 P1 口外其他 3 个端口都具有第二功能。

(6) 80C51 单片机的存储器组织

80C51 单片机的存储器在物理结构上分为程序存储器和数据存储器，共有 4 个存储空间，分别是片内程序存储器、片内数据存储器、片外程序存储器和片外数据存储器。

80C51 单片机存储器的地址空间为 3 类，即程序存储器、数据存储器、特殊功能寄存器。

1) 80C51 单片机的程序存储器

80C51 单片机的程序存储器最大配置为 64KB，用于存放编好的程序和表格常数。程序存储器由两个部分组成：

① 片内程序存储器 ROM，容量为 4KB，地址为 0000H ~ 0FFFH；

② 片外程序存储器最多可扩至 64KB，地址为 1000H ~ FFFFH，片内外统一编址。

2) 80C51 单片机的数据存储器

① 片外 RAM

片外数据存储器通过硬件电路可以扩展为 64KB，地址范围为 0000H ~ 0FFFFH。使用时通过 "MOVX" 指令进行数据存取。

② 片内 RAM

片内数据存储器共有 128 个字节，地址范围为 00H ~ 7FH。它们又分为 3 个部分，即工作寄存器区、位寻址区和用户区。

(7) 80C51 单片机的并行 I/O 口

有 P0 口、P2 口、P1 口、P3 口。

(8) 80C51 单片机的时钟与复位

1) 80C51 单片机的时钟

① 振荡电路

80C51 芯片中的高增益反相放大器，其输入端为引脚 XTAL1，输出端为引脚 XTAL2。如图 1-5-4 所示。

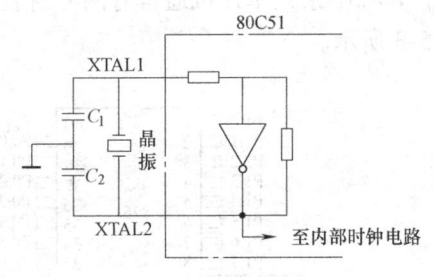

图 1-5-4　振荡电路

② 分频电路

振荡电路产生的振荡信号并不直接为单片机所用，而要进行分频，经分频后才能得到单片机各种相关的时钟信号。如图 1-5-5 所示。

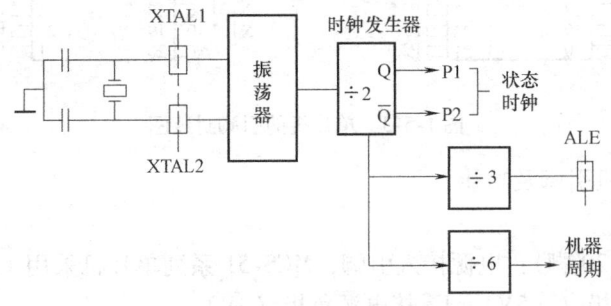

图 1-5-5　分频电路

③ 晶振频率

晶振频率是指晶体振荡器的振荡频率，也就是振荡电路的脉冲频率，所以也称振荡频率。80C51 的晶振频率范围一般为 1.2 ~ 33MHz。

④ 从外部引入脉冲信号驱动时钟电路

高频振荡信号除了由振荡电路产生外，还可以从外部脉冲源直接引入。如图 1-5-6

所示。

2) 80C51 单片机的定时单位

80C51 单片机的时序定时单位从小到大依次为：时钟周期、状态周期、机器周期和指令周期。

① 时钟周期

把晶振脉冲的周期定义为节拍（用 P 表示）。

② 机器周期

80C51 采用定时控制方式，因此它有固定的机器周期。

当晶振脉冲频率为 12 MHz 时，1 个机器周期为 1μs；当晶振脉冲频率为 6 MHz 时，1 个机器周期为 2μs。

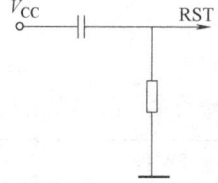

图 1-5-6 从外部引入脉冲信号驱动时钟电路

③ 指令周期

指令周期是最大的时序定时单位，执行 1 条指令所需要的时间称为指令周期。

3) 80C51 单片机的复位方式

① 复位方式

80C51 有复位信号引脚 RST，用于从外界引入复位信号。可以通过加电复位和手动复位。

② 80C51 单片机的复位电路

复位电路用于产生复位信号，通过 RST 引脚送入单片机，进行复位操作。复位电路的好坏直接影响单片机系统工作的可靠性。

积分电路型复位电路如图 1-5-7 所示。

微分电路型复位电路如图 1-5-8 所示。

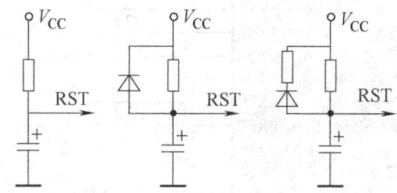

图 1-5-7 积分电路型复位电路　　　　图 1-5-8 微分电路型复位电路

③ 80C51 单片机的基本的复位电路

80C51 单片机的基本的复位电路如图 1-5-9 所示。

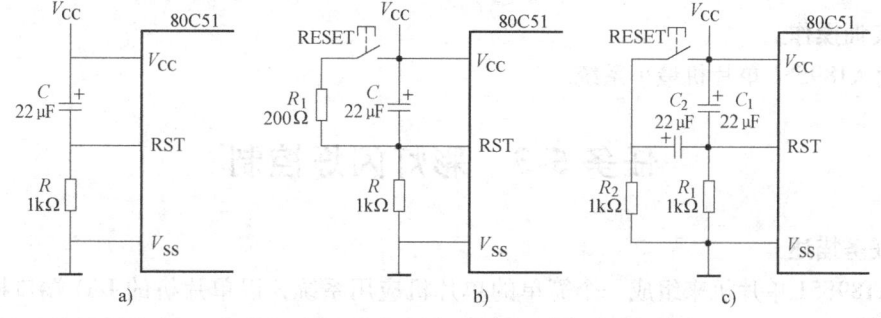

图 1-5-9 80C51 单片机的基本的复位电路
a) 简单的复位电路　b) 电平方式复位电路　c) 按键脉冲复位电路

④ 80C51 芯片内复位电路

80C51 的 RST 引脚是复位信号的输入端。复位信号 RST 是高电平有效，其有效时间应持续 24 个振荡脉冲周期（即 2 个机器周期）以上。若使用频率为 6MHz 的晶振，则复位信号持续时间应超过 4μs 才能有效。如图 1-5-10 所示。

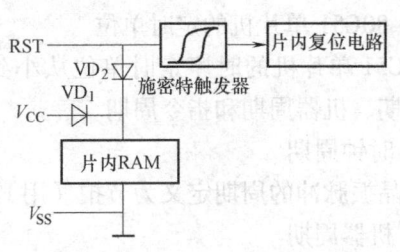

图 1-5-10　80C51 芯片内复位电路

（9）单片机最小工作系统

单片机最小系统包括电源、时钟电路、复位电路、引脚这几部分，如图 1-5-11 所示。其中时钟电路为单片机工作提供基本时钟，复位电路用于将单片机内部各电路的状态恢复到初始值。

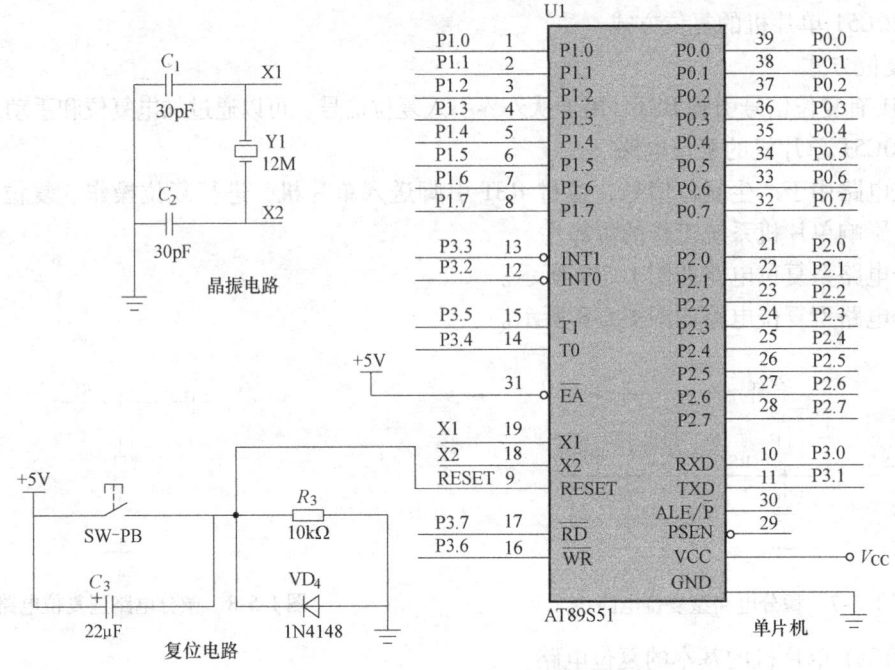

图 1-5-11　AT89S51 单片机最小系统

4. 实训操作

识读 AT89S51 单片机最小系统。

任务 5-3　彩灯闪烁控制

1. 任务描述

用 AT89S51 单片机来组成一个简单的单片机应用系统，以单片机的 I/O 端口控制一个发光二极管（LED），通过在集成开发环境下调试程序，实现发光二极管的亮/灭以及闪烁的控制效果。

2. 教学目标

（1）能力目标

1）能识读单片机的最小工作系统。

2）操作 Keil 软件，进行程序的调试。

（2）知识目标

1）了解单片机的最小工作系统构造。

2）了解 Keil 软件，了解进行程序的调试方法。

3. 相关知识

用 AT89S51 单片机来组成一个简单的单片机应用系统，如图 1-5-12 所示，以单片机的 I/O 端口控制一个发光二极管（LED），通过在集成开发环境下编程和调试程序，实现发光二极管的亮/灭以及闪烁的控制效果。

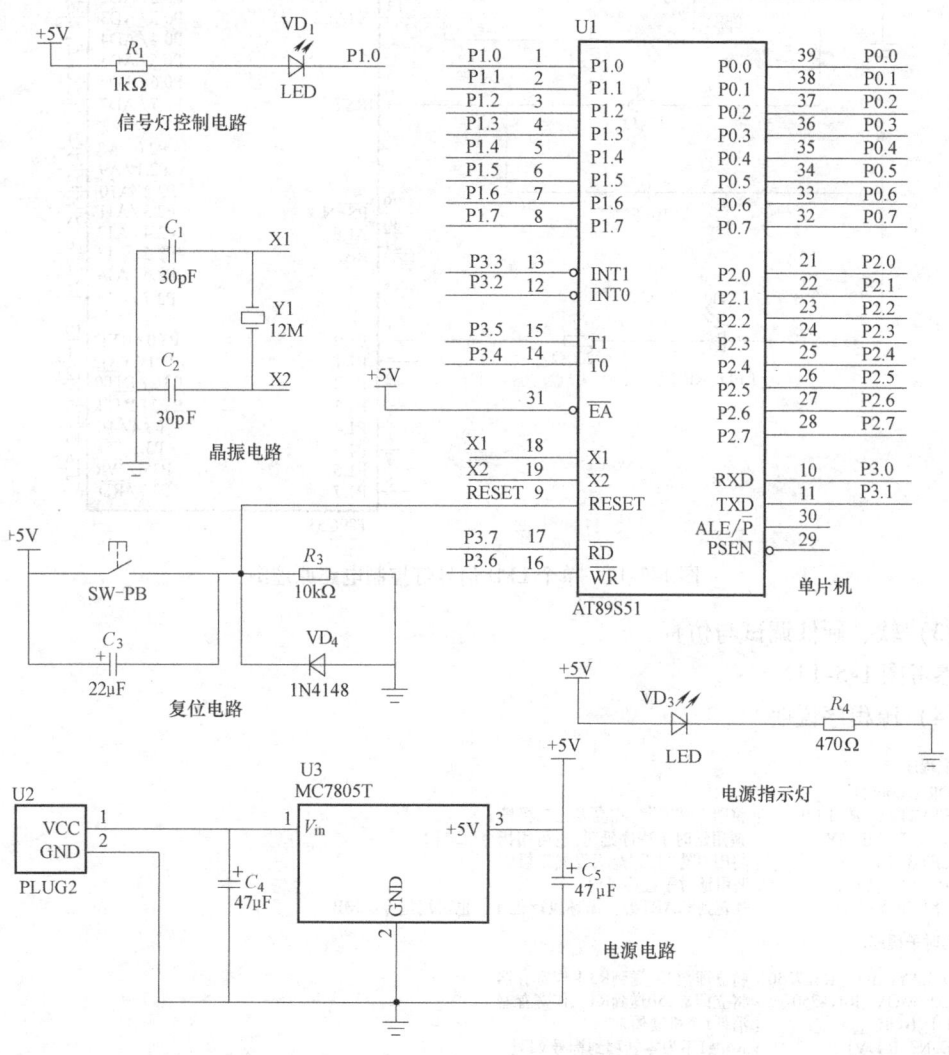

图 1-5-12　单片机控制 LED 灯电路

4. 实训操作

(1) 确定设计方案

选用 AT89C51 单片机芯片、时钟电路、复位电路、电源和一个发光二极管构成最小系统,完成对单个信号灯的控制。见图1-5-13。

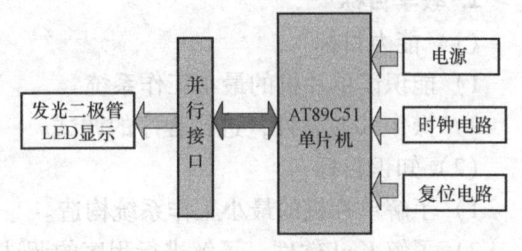

图1-5-13 最小工作系统方案设计框图

(2) 硬件电路设计

参考图 1-5-14。

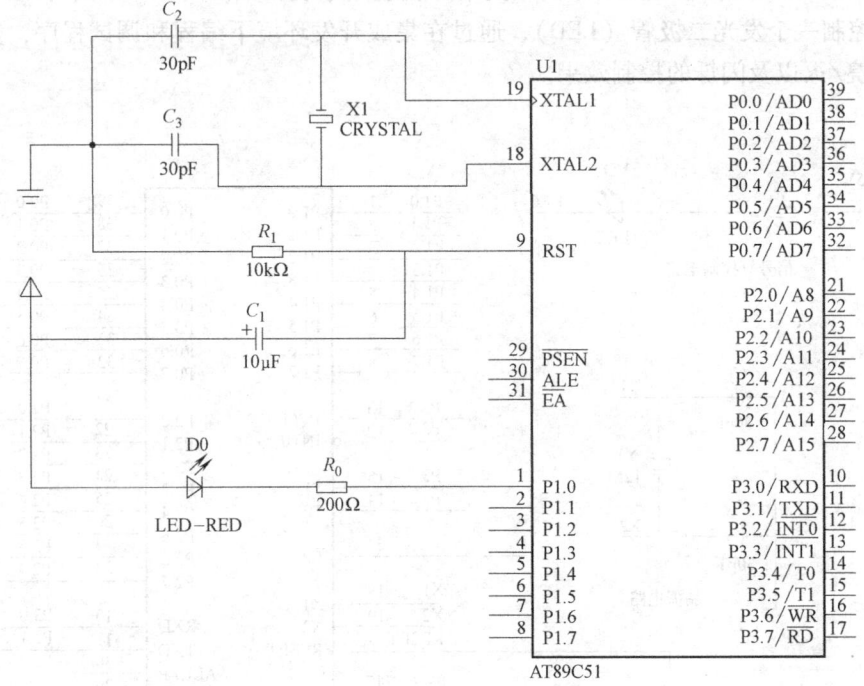

图1-5-14 单个 LED 信号灯控制电路原理图

(3) 软、硬件调试与仿真

参考图 1-5-14。

(4) 源程序说明

```
主程序:
ORG 0000H
START: CLR P1.0      ;将P1.0清"0",点亮发光二极管
  ACALL DELAY        ;调用延时子程序延时,也可用指令LCALL
  SETB P1.0          ;将P1.0置"1",熄灭发光二极管
  ACALL DELAY        ;调用延时子程序延时
  SJMP START         ;跳转到START处,循环执行程序。也可用指令LJMP

延时子程序:
DELAY: MOV R3,#250   ;将立即数250送到R3工作寄存器
D2     MOV R4,#250   ;将立即数250送到R4工作寄存器
D1     NOP           ;消耗1个机器周期
       DJNZ R4,V1    ;R4减1不为零转移到标号V1处
       DJNZ R3,V2    ;R3减1不为零转移到标号V2处
       RET           ;子程序结束,返回到主程序
```

任务 5-4　汽车转向灯控制

1. 任务描述

利用单片机控制一个模拟汽车左右转向灯的控制系统。

2. 教学目标

（1）能力目标

1）能识读单片机控制一个模拟汽车左、右转向灯的控制系统图。

2）调试单片机控制一个模拟汽车左、右转向灯的控制系统。

（2）知识目标

1）了解简单的汇编程序。

2）了解单片机 4 个 I/O 端口连接外部设备。

3）了解常见的顺序程序、循环程序、延时子程序和查表程序。

3. 相关知识

（1）程序设计语言

1）机器语言（Machine Language）

用二进制代码"0"和"1"表示指令和数据的程序设计语言。

2）汇编语言（Assembly Language）

用助记符来表示的面向机器的程序设计语言。

3）高级语言（High-Level Language）

面向过程并能独立于计算机硬件结构的通用程序设计语言，是一种接近人类语言和数学表达式的计算机语言。

（2）汇编语言源程序的编辑与汇编

汇编语言源程序是由汇编语言语句构成的。汇编语言语句可分为两大类：指令性语句和指示性语句。

指令性语句是由指令组成的由 CPU 执行的语句。

指示性语句是由伪指令组成的，它不被 CPU 执行，用来告诉汇编程序如何对程序进行汇编的指令。由于它不能生成机器语言，故又被称为伪指令语句。

1）指令性语句格式

[标号:] 操作码助记符 [目的操作数] [，源操作数] [；注释]

① 每条汇编语句一般由若干部分组成，每一部分称为一个字段。

② 每个字段之间应该严格地用分界符加以分隔。

③ 分界符包括冒号、空格符、逗号、分号等。

2）伪指令的指示性语句格式

[标号:] 伪操作　操作数 [，操作数，……] [；注释]

① 伪指令不是真正的指令，是在汇编时供汇编程序识别的指令，又称为汇编指令。

② 它不属于指令系统，也无对应的机器码，只是用来对汇编过程进行某种控制。

3）常用的指示性语句

① ORG（Origin）汇编起始指令

ORG 是程序汇编起始地址定位伪指令。

功能：是规定对汇编语言源程序进行汇编时，目的程序在程序存储器中存放的起始地址。

格式：［标号：］ORG　16 位地址或标号

② END（End）汇编结束指令

END 是汇编语言程序结束伪指令。

功能：是表示程序已结束，汇编程序对 END 后面的指令不再汇编。

格式：［标号：］END。

③ EQU（Equate）赋值指令

EQU 是赋值（也称等值）伪指令。

功能：把操作数段中的数据或地址赋值给标号字段中的字符名称。

格式：字符名称　EQU　　数值或汇编符号

④ DATA（Data）数据地址赋值指令

DATA 是数据地址赋值伪指令。

功能：把操作数段中的表达式的值赋给标号字段中的字符名称。

格式：字符名称　DATA　　表达式

⑤ XDATA 数据地址赋值指令

XDATA 是数据地址赋值伪指令。

功能：把操作数段中的表达式的值赋给标号字段中的字符名称。

格式：字符名称　XDATA　　表达式

⑥ BIT（Bit）位地址赋值指令

BIT 是位地址赋值伪指令。

功能：把位地址赋给字符名称。

格式：字符名称　BIT　　位地址

⑦ DB（Define Byte）定义字节指令

DB 是定义字节伪指令。

功能：从程序存储器指定地址单元开始存放若干个字节的数值或 ASCII 码字符。

格式：［标号：］DB　字节数据或 ASCII 码字符

⑧ DW（Define Word）定义字指令

DW 是定义字伪指令。

功能：从程序存储器指定地址单元开始存放若干个字的数值。

格式：［标号：］DW　字节数据或 ASCII 码字符

⑨ DS（Define Space）定义存储空间指令

DS 是定义存储空间伪指令。

功能：从程序存储器指定地址单元开始保留表达式的值所规定的存储单元。

格式：［标号：］DS　表达式

4）汇编语言源程序的汇编

汇编语言源程序必须要转换为机器码（即目的程序），计算机才能执行，这个转换过程称为汇编。

汇编语言源程序的汇编可分为手工汇编和机器汇编两类。
① 手工汇编是指用人脑通过查指令编码表把汇编语言源程序翻译成机器码的过程。
② 机器汇编是用机器代替人脑并由专门的程序来进行的,这种程序称为汇编程序。
③ 反汇编是在分析程序存储器已有的程序时,将机器语言翻译成汇编语言的转换过程。
5) 汇编语言源程序的编辑
汇编语言源程序一般在微机上借助编辑软件进行编写,可供使用的编辑工具有许多,如行编辑软件、屏幕编辑软件等。
(3) 汇编语言程序的基本结构
汇编语言程序具有四种结构形式,见图1-5-15,即顺序结构、循环结构、分支结构和子程序结构。

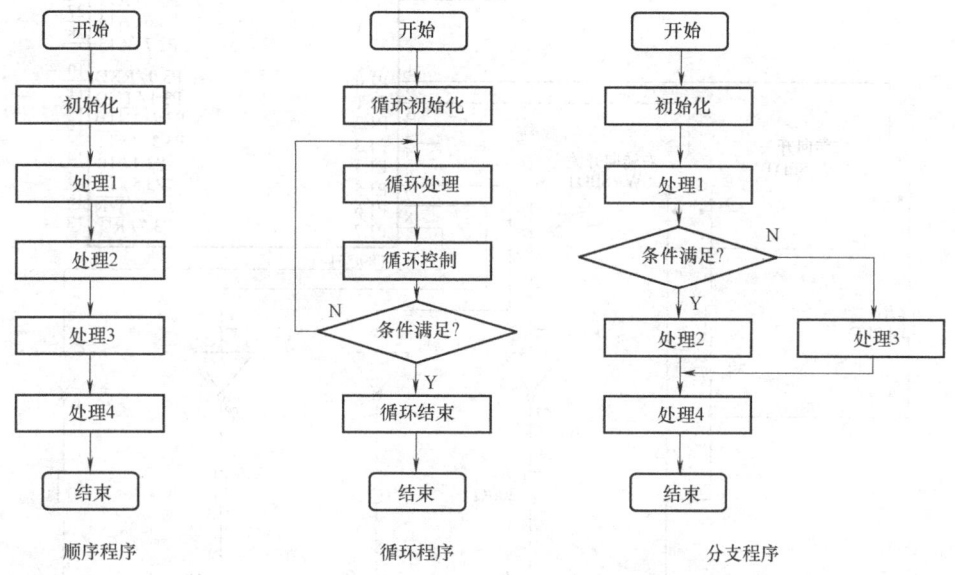

图 1-5-15　汇编语言程序的基本结构

4. 实训操作

(1) 确定方案

选用 AT89C51 单片机芯片、时钟电路、复位电路、电源和 8 个发光二极管构成最小系统,见图 1-5-16,完成对单个信号灯的控制。

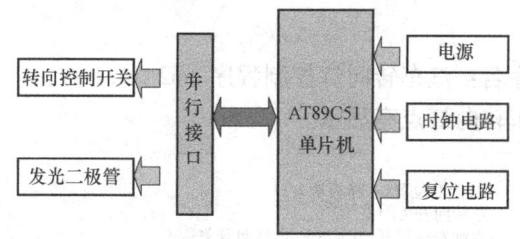

图 1-5-16　方案图

(2) 硬件电路

参考图 1-5-17。

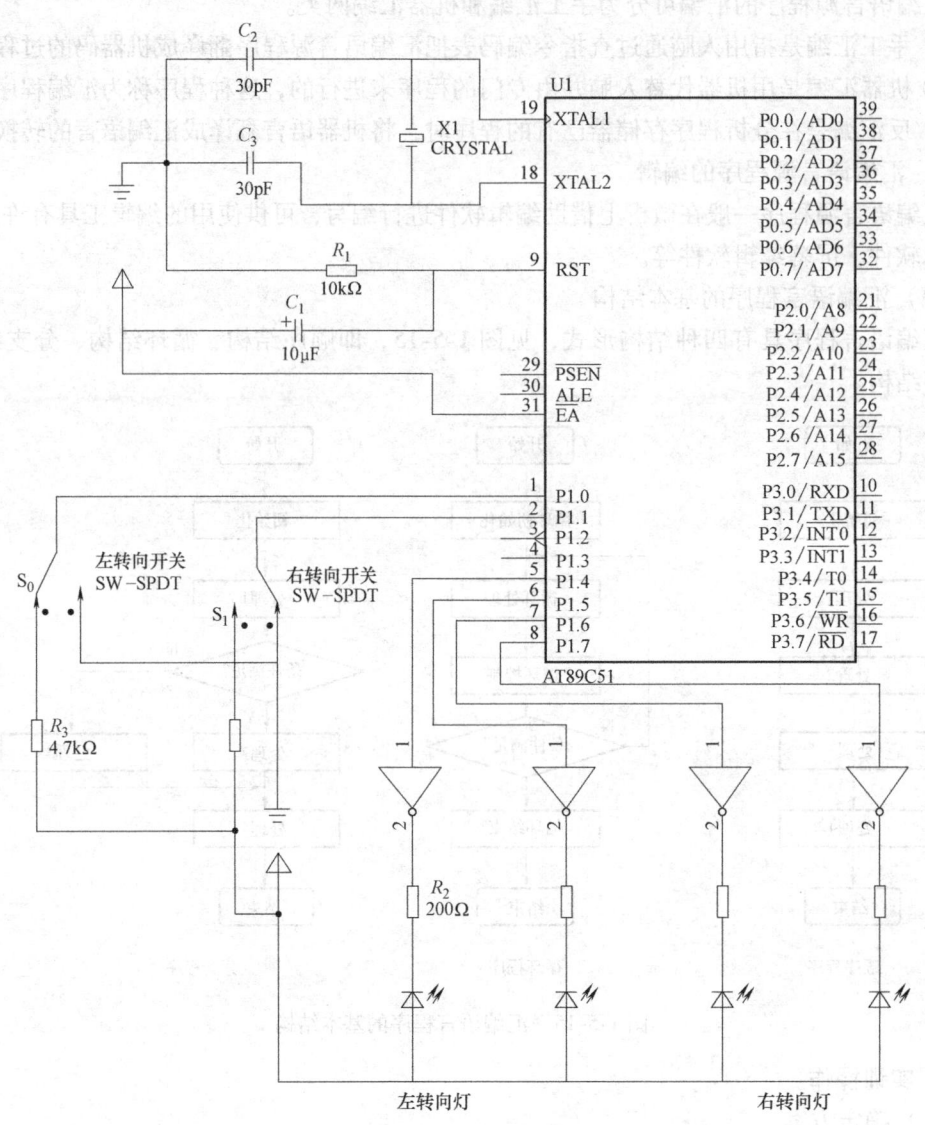

图 1-5-17 硬件电路

(3) 源程序

汽车转向灯控制程序名：汽车转向灯控制程序 xm2_4.asm。

程序功能：控制汽车转向灯点亮显示。

```
ORG  0000H
START: MOV P1, #0FH    ;P1低四位置1，作为输入口
LOOP : JNB P1.0, AA    ;左转向开关P1.0 = 0
   JB   P1.1, BB       ;否则左转向开关P1.1=1, 右转向开关P1.1=1
   MOV P1, #3FH        ;左转向灯点亮
   LCALL DELAY         ;延时
   LJMP  LOOP          ;返回初始状态
BB  MOV P1, #0FFH      ;左、右转向灯同时点亮
   LCALL DELAY         ;延时
```

```
LJMP  LOOP                  ;返回初始状
AA    JB P1.1,CC            ;右转向开关P1.1=1
MOV P1  #0FH                ;否则右转向开关P1.1=0,P1.0-0关灯
LCALL DELAY                 ;延时
LJMP  LOOP                  ;返回初始状
CC:MOV  P1,#0CFH            ;右转向开关P1.1=1,右转向灯点亮
LCALL DELAY                 ;延时
LJMP  LOOP                  ;返回初始状
DELAY:MOV R3,#0FFH          ;延时子程序
…
RET
END
```

(4) 软、硬件调试与仿真

软、硬件调试与仿真图见图 1-5-17 ~ 图 1-5-19。

图 1-5-18 通信数据线与仿真器连接图

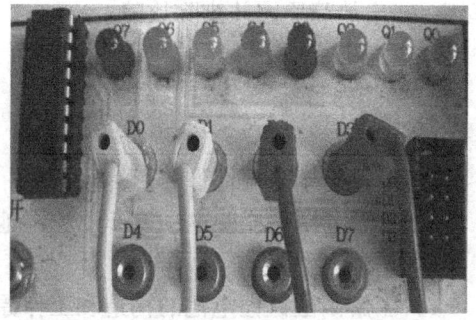

图 1-5-19 由 LED 组成的转向灯连接图

项目 6 动力电池基础

任务 6-1 锂电池、铁锂电池的结构与检测

1. 任务描述

顾客的电动汽车显示"动力电池故障",车辆无法启动,你作为维修技师,接到此故障车辆,找出故障原因并排除故障。

2. 教学目标

(1) 能力目标

1) 能通过仪器仪表检测锂电池。

2) 会进行动力电池保养。

3) 能够检测并排除电动汽车动力电池故障。

(2) 知识目标

1) 了解磷酸铁锂电池的构造和工作原理。

2) 了解三元锂电池的构造。

3. 相关知识

电池是电动汽车的动力源,是能量的存贮装置。因此在电动汽车上电池系统是其关键核心部分。特别是在纯电动汽车上,蓄电池作为其唯一的动力源,所以更加重要。

目前,电动汽车使用的动力电池可以分为化学电池、物理电池和生物电池三大类。化学电池是利用物质的化学反应发电的电池,按其工作性质分为原电池、蓄电池、燃料电池和储备电池。物理电池是利用光、热、物理吸附等物理能量发电的电池。如太阳能电池、超级电容器、飞轮电池等。生物电池是利用生物化学反应发电的电池,如微生物电池、酶电池、生物太阳电池等。

(1) 锂离子电池的基本原理

1) 锂离子电池的工作原理

锂离子电池是指以锂离子嵌入化合物为正极材料的电池的总称。

如图 1-6-1 所示,电池在充电时,锂离子从正极材料的晶格中脱出,通过电解质溶液和隔膜,嵌入到负极中;放电时,锂离子从负极脱出,通过电解质溶液和隔膜,嵌入到正极材料晶格中。在整个充、放电过程中,锂离子往返于正、负极之间。

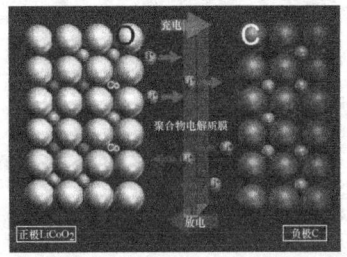

图 1-6-1 锂电池工作原理

因锂离子在充放电时来回迁移而命名的,所以锂离子电池又称"摇椅电池"。

锂离子电池充放电过程的基本的电化学反应为:

正极:$LiCoO_2 \longrightarrow Li_{1-x}CoO_2 + xLi^+ + xe^-$

负极：$6C + xLi^+ + xe^- \longrightarrow Li_xC_6$

总反应：$LiCoO_2 + 6C \longrightarrow Li_{1-x}CoO_2 + Li_xC_6$

2）锂离子电池的结构

锂离子电池主要由正负极集流体、正负极材料、隔板、电解液和安全阀等组成。电池的集流体既是与外电路的连接部分，也是正负极材料的载体。它本身是金属，电特性满足欧姆定律，可等效为一定阻值的纯电阻。

磷酸铁锂电池是用正极材料作为名字的锂离子电池，正极以磷酸铁锂为主要原料，见图1-6-2。由铝箔与电池正极连接，中间是聚合物的隔膜，它把正极与负极隔开，但锂离子 Li^+ 可以通过而电子 e^- 不能通过，由碳（石墨）组成的电池负极，由铜箔与电池的负极连接。电池的上下端之间是电池的电解质，电池由金属外壳密闭封装。磷酸铁锂电池在充电时，正极中的锂离子 Li^+ 通过聚合物隔膜向负极迁移；在放电过程中，负极中的锂离子 Li^+ 通过隔膜向正极迁移。

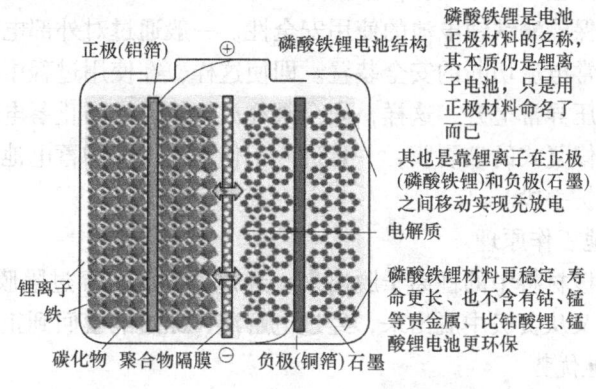

图1-6-2 磷酸铁锂电池结构和原理

（2）锂离子电池的发展现状

目前有很多公司都在进行锂离子电池的研发。如富士重工与 NEC 开发廉价的锰酸锂电池，具有高安全性、低制造成本的特点，在车载环境下的寿命高达12年，可运行10万千米，与纯电动汽车的整车寿命相当。我国在锂离子电池方面的研究水平，有多项指标超过了高级电池标准提出的长期目标所规定的指标，目前已经把锂离子电池作为电动汽车用动力电池的重要发展目标。但锂离子电池也有一些不足，如成本比较高、必须有特殊的保护电路等。

锂离子电池以其优异的性能已广泛应用于电动汽车中。随着技术的不断推进和对其深入的研发，它必将会在电动车应用领域逐步取代铅酸电池、镍电池等电池。

（3）磷酸铁锂电池

磷酸铁锂电池是指用磷酸铁锂作为正极材料的锂离子电池。锂离子电池的正极材料有很多种，主要有钴酸锂、锰酸锂、镍酸锂、三元材料、磷酸铁锂等。其中钴酸锂是目前绝大多数锂离子电池使用的正极材料，而其他正极材料由于多种原因，目前在市场上还没有大量使用。从材料的原理上讲，磷酸铁锂也是一种嵌入/脱嵌过程，这一原理与钴酸锂、锰酸锂完全相同。磷酸铁锂电池是用来做锂离子二次电池的，现在主要方向是动力电池，相对 NI-H、

Ni-Cd 电池有很大优势。磷酸铁锂电池充放电效率相对高一些。在 88%~90%。而铅酸电池约为 80%。

1）磷酸铁锂电池构造

正极：正极物质在磷酸铁锂离子蓄电池中以磷酸铁锂（$LiFePO_4$）为主要原料。

负极：负极活性物质是由碳材料与黏合剂的混合物再加上有机溶剂调和制成糊状，并涂覆在铜基体上，呈薄层状分布。

隔膜板：称为隔板或称隔离膜片，其功能起到关闭或阻断通道的作用，一般使用聚乙烯或聚丙烯材料的微多孔膜。所谓关闭或阻断功能，是电池出现异常温度上升时阻塞或阻断作为离子通道的细孔，使蓄电池停止充放电反应。隔膜板可以有效防止因内、外部短路等引起的过大电流而使电池产生异常发热现象。

PTC 元件：在磷酸铁锂电池盖帽内部，当内部温度上升到一定温度时或电流增大到一定控制值时，PTC 就起到了温度保险丝和过流保险的作用，会自动拉断或断开，从而形成内部断路。这样电池内部停止了工作反应，温度降下来，保证了电池的安全使用（双重保险）。

安全阀：为了确保磷酸铁锂电池的使用安全性，一般通过对外部电路的控制或者在磷酸铁锂电池内部设有异常电流切断的安全装置。即使这样，在使用过程中也有可能因其他原因引起磷酸铁锂电池内压异常上升，这样，安全阀释放气体，以防止蓄电池破裂或爆开。安全阀实际上是一次性非修复式的破裂膜，一旦进入工作状态，保护蓄电池使其停止工作，因此是蓄电池的最后的保护手段。

2）磷酸铁锂电池工作原理

电池充电时，正极材料中的锂离子脱出来，经过电解液，穿过隔膜进入到负极材料中；电池放电时，锂离子又从负极中脱出来，经过电解液，穿过隔膜回到正极材料中。

3）磷酸铁锂电池优势

① 超长寿命

长寿命铅酸电池的循环寿命在 300 次左右，最高也就 500 次，而我国某公司生产的磷酸铁锂动力电池，循环寿命可达到 2000 次以上，标准充电（5 小时率）使用，可达到 2000 次。同质量的铅酸电池是"新半年、旧半年、维护维护又半年"，最多也就 1~1.5 年的时间，而磷酸铁锂电池在同样条件下使用，将达到 7~8 年。综合考虑，性能价格比将为铅酸电池的 4 倍以上。

② 使用安全

磷酸铁锂完全解决了钴酸锂和锰酸锂的安全隐患问题。钴酸锂和锰酸锂在强烈的碰撞下会产生爆炸，对使用者的生命安全构成威胁。而磷酸铁锂以经过严格的安全测试，即使在最恶劣的交通事故中也不会产生爆炸。

③ 可大电流 2C 快速充放电

在专用充电器下，1.5C 充电 40min 内即可使电池充满，起动电流可达 2C，而铅酸电池现在无此性能。

④ 耐高温

磷酸铁锂电热峰值可达 350~500℃，而锰酸锂和钴酸锂只在 200℃ 左右。

⑤ 大容量

具有比普通电池（铅酸等）更大的容量。5~1000AH（单体）。

⑥ 无记忆效应

可充电池在经常处于充满不放完的条件下工作，容量会迅速低于额定容量值，这种现象叫作记忆效应。镍氢、镍镉电池就存在记忆性，而磷酸铁锂电池无此现象，电池无论处于什么状态，可随充随用，无须先放完再充电。

⑦ 绿色环保

该电池不含任何重金属与稀有金属（镍氢电池需稀有金属），无毒（SGS 认证通过）无污染，符合欧洲 RoHS 规定，为绝对的绿色环保电池。

4）磷酸铁锂电池劣势

① 导电性差、锂离子扩散速度慢

高倍率充放电时，实际比容量低，这个问题是制约磷酸铁锂产业发展的一个难点。磷酸铁锂之所以这么晚还没有大范围的应用，这是一个主要的问题。

② 振实密度较低

一般只能达到 0.8~1.3，低的振实密度可以说是磷酸铁锂的很大缺点，这决定了它在小型电池（如手机电池等）没有优势，所以其使用范围受到一定程度的限制。即使它的成本低、安全性能好、稳定性好、循环次数高，但如果体积太大，也只能小量的取代钴酸锂。但这一缺点在动力电池方面不会突出。因此，磷酸铁锂主要是用来制作动力电池。

③ 一致性问题严重

单体磷酸铁锂电池寿命目前超过 2000 次，但是制作出来的电池一致性不佳，进而影响到电池组的使用性能和整体寿命，因此应用在动力汽车上存在一定障碍。

④ 磷酸铁锂电池低温性能差

磷酸铁锂材料的固有特点决定其低温性能劣于锰酸锂等其他正极材料。一般情况下，对于单只电芯，其 0℃时的容量保持率约 60%~70%，-10℃时为 40%~55%，-20℃时为 20%~40%。这样的低温性能显然不能满足动力电源的使用要求。

⑤ 制造成本高

磷酸铁锂具有安全性、环保性、循环次数高等优点是毋庸置疑的，但目前的制造成本相对铅酸电池、锰酸锂电池要高，其主要原因是材料物理性能和其他锂电材料相差较大，其粒度小、振实密度小、比表面积大、材料的加工性能不好、涂敷量低，导致电池成本增加。磷酸铁锂电池只有 3.2V，比其他的锂电低 20% 左右，单体电池要多用 20%，导致电池组成本上升较多。

5）磷酸铁锂电池安全问题

磷酸铁锂电池同样有危险性。因为磷酸铁锂也是一种锂离子电池，从材料的原理上讲，磷酸铁锂也是一种嵌入/脱嵌过程，这一原理与钴酸锂和锰酸锂完全相同。

而锂的化学性质非常活泼，很容易燃烧，当电池充放电时，电池内部持续升温，活化过程中所产生的气体膨胀，电池内压加大，当压力达到一定程度时，如外壳有伤痕，即会破裂，引起漏液、起火，甚至爆炸。

从技术理论来看，磷酸铁锂电池对电池的起火、爆炸等危险性有小部分的改善，但很不彻底，危险性一样突出。

在各种情况下，电池外部短路、内部短路、过充都存在发生危险的可能。

(4) 三元聚合物锂电池

三元聚合物锂电池是指正极材料使用锂镍钴锰［Li(NiCoMn)O$_2$］三元正极材料的锂电池。三元复合正极材料前驱体产品是以镍盐、钴盐、锰盐为原料，里面镍钴锰的比例可以根据实际需要调整。这种电池相对于钴酸锂电池安全性高，但是电压太低，用在手机上（手机截止电压一般在3.4V左右）会有明显的容量不足的感觉。

目前三元材料的电芯代替了之前广泛使用的钴酸锂电芯，在笔记本电池领域广泛使用。

三元材料综合了钴酸锂、镍酸锂和锰酸锂三类材料的优点，存在三元协同效应，并且在价格上有一定优势。同时在循环稳定性、热稳定性和安全性能上也有所提高。在新能源汽车对动力电池能量密度提升的背景下，三元材料作为高容量密度正极材料有望进一步拓展其市场份额。

由于锂酸铁锂的先天不足，使更多的企业开始注意三元材料。大部分磷酸铁锂的生产厂家都开始关注三元材料的开发。其中一些已经开始批量生产。

4. 实训操作

动力电池组故障主要包括动力电池自身故障和动力电池应用故障。

（1）单体电池故障

单体电池的故障包括如下三种。

第一种故障是电池性能正常，无须更换。对应故障有单体电池SOC偏低和单体电池SOC偏高。

第二种故障是电池性能衰退严重，应及时更换。对应故障有单体电池容量不足和单体电池内阻偏大。

第三种故障是电池影响行车安全。对应故障有单体电池内部或外部短路、单体电池极性装反，在强振动下锂离子电池的极耳、极片上的活性物质、接线柱、外部连线、焊点可能会折断或脱落，引发单体电池内部短路或者外部短路故障。

（2）电池管理系统故障

电池管理系统故障包括CAN通信故障、总电压测量故障、单体电压测量故障、温度测量故障、电流测量故障、继电器故障、加热器故障、冷却系统故障等。

（3）线路或连接件故障

线路或连接件故障的诊断对于保证行车安全和整车的可靠性同样重要。例如，由于车辆的振动，电池间的连接螺栓可能会出现松动，电池间接触电阻增大，发生电池间虚接故障，导致电池组内部能量损耗增加，造成车辆动力不足和续驶里程短，在极端情况下还能导致高温，产生电弧，融化电池电极和连接片，甚至电池着火等极端安全事故。

在电动汽车运行过程中，单体电池之间可能出现相对跳动，造成两电池间的连接片折断。电池箱与电动汽车的电气连接也是故障的高发点，电插接器在经历长时间振动后容易虚接，出现易烧蚀、接触不良等故障。

项目 7　高压安全操作及安全防护

任务 7-1　高压安全操作及安全防护

1. 任务描述

一客户要求给他的电动汽车 EV200 进行保养。维修工作应进行哪些关于安全的操作。

2. 教学目标

（1）能力目标

1）在进行高电压技术的车辆上作业，能断开高电压系统，确定系统断电，防止高电压系统重新激活。

2）能用仪表进行绝缘检测。

3）能用设备重新激活高电压系统。

（2）知识目标

1）熟悉有关职业安全和事故预防的法律规定和规范。

2）熟悉汽车高压电气系统的危险性。

3）掌握高电压系统安全作业规范。

4）熟悉高电压系统事故和事故的急救措施。

3. 相关知识

（1）电动汽车上涉及高压系统的部件及系统

电动汽车电气系统另一个重要组成部分是汽车高、低压电气系统。高压电气系统主要功用是根据车辆行驶的功率需求，完成从动力电池或燃料电池到驱动电动机的能量变换与传输过程。

在传统的燃油汽车中，电动助力转向系统、制动系统等主要由低压电气系统供电，而在电动汽车中，为了节约能源，对于功率较大的子系统，如制动气泵电动机、电动助力转向系统和电动空调等一般采用高压供电。

电动汽车的辅助蓄电池则由动力电池通过 DC/DC 变换器来充电。图 1-7-1 为一个典型的电动汽车高低压电路原理图。12V 低压电气系统由高压动力电池通过 DC/DC 变换器为其充电，而高压动力电池系统通过车载充电器进行充电。

电动汽车的高压电气系统主要由动力电池/燃料电池、驱动电动机和功率转换器等大功率、高压电气设备组成。整车高压电气系统原理如图 1-7-1 所示。高压电源从电的正极 D+出发，首先通过位于驾驶员控制台的高压开关 DK1，该开关受低压控制，作为整车高压电源的总开关以及充电开关。经线路 2 可以进行充电操作，经线路 3 与主电动机控制器（通过驱动电动机驱动车辆行走）、直流电源变换器（给低压 24V 电源充电）、转向系统控制器（控制转向助力机构）、制动系统控制器（控制和驱动气泵打气提供制动能量）及冷暖一体化空调器相连，最后经过分流器 FL 流回负极。分流器 FL 的作用是检测高压线路中的电流值。此外，在电池内部之间装有500A的熔断器F，防止高压回路中电流过大。

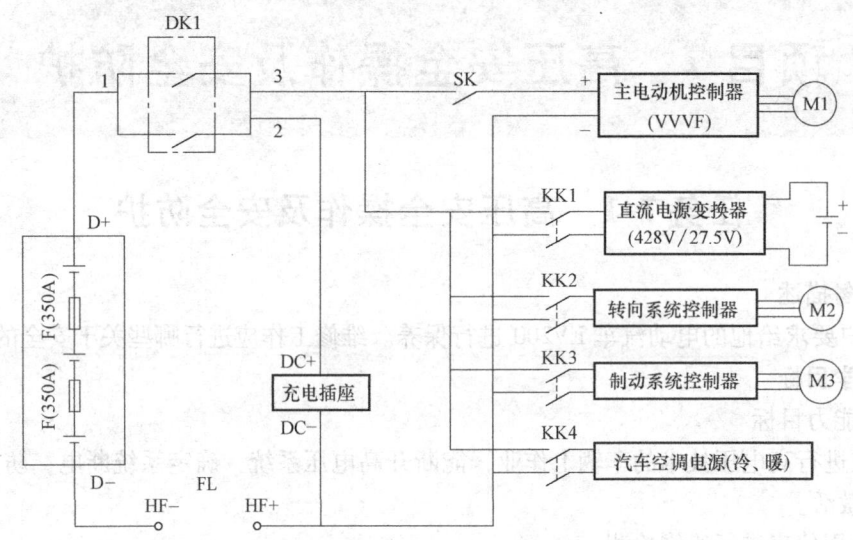

图1-7-1 典型的电动汽车高低压电路原理图

(2) 高电压系统作业安全规范

1) 高电压系统作业流程

① 断开高压连接。

② 防止高电压系统再激活。

③ 确定系统断电。

④ 遮盖或阻隔临近的带电部件。

2) 高电压系统职业安全辅助措施

① 耐酸的绝缘安全手套。

② 绝缘的安全工作鞋。

③ 符合标准的适用高电压绝缘工具。

④ 护目镜。

⑤ 绝缘外套和防水油布。

3) 从事高电压系统工作时注意事项

① 所有橙色的电缆都带有危及生命安全的高电压。

② 不能直接对高电压元件喷水或者采用高压清洗液冲洗。

③ 不能在高电压连接线上使用机油、油脂、接触喷雾等。

④ 在高电压带电部件附近作业前，必须先将系统断电。

⑤ 在焊接、使用切割工具或者锋利工具作业之前，必须先将系统断电。

⑥ 所有断开的高电压连接线必须采用防尘和防潮措施。

⑦ 破损的电缆必须替换。

⑧ 携带或体内植入维持生命和健康用电子医疗器械（例如心脏起搏器）的人员不能操作高电压系统，包括点火系统。

⑨ 所有测量工具必须适用于高电压系统，获得准许才可使用。

⑩ 在受潮的高电压系统上作业时务必小心。因潮湿的元件，特别是沾染潮湿的路面盐分的元件，可能会有致命危险。

（3）电压和电流对人体的危害

① 25V 以上的交流电和 60V 以上的直流电都具有危险性。例如在德国允许的最大接触电压是 50V 交流电以及 120V 直流电。

② 有大约 5mA 的电流通过人体时，就可视作是"电气事故"。会产生麻木感，但是仍可以导走电流。

③ 体内通过的电流达到 10mA 左右时，到达了导出电流的极限，人体开始收缩，无法再导走电流！电流的滞留时间也相应增加。

30~50mA 交流电的长时间滞留会导致呼吸停止以及心室纤维性颤动。经过人体的电流到达大约 80 mA 时，被认为是"致命值"。

注意：交流电压在人体内产生交流电，会促使肌肉组织和心脏产生颤动。交流电压的频率越低，危险性越高。如果不进行急救很快就会致命。

如果规格中注明了交流电压，则该电压指的是行业内通用的电压有效值。但是，实际的接触电压会高得多，这取决于交流电压的波形（正弦或者矩形）。可以看到 25V 的交流电比 60V 的直流电压的实际对人体的接触电压要高。

4. 实训操作

电动汽车高压系统检测。

（1）断开电压

① 断开系统连接必须由高电压工程师通过引导性故障查询来完成。

② 关闭点火开关并拔下点火钥匙。

③ 把点火钥匙放在安全的地方。

④ 松开维修接头并快速把它拔出。

⑤ 用肉眼检查维修接头是否存在污浊、氧化和接触烧灼的情况。

⑥ 单独存放维修接头。

⑦ 提供绝缘保护或者遮盖维修接头暴露的接插口。

⑧ 在检测系统断电之前，需要等待大约 1min 的时间。注意：系统中存在充过电的高电压电容。

⑨ 检查测量工具和装备的状态以及运行情况。

⑩ 连接测量适配器电缆。

⑪ 按照维修车间手册和引导型故障，查询检测系统的断电，并把测量值填入测试记录。

⑫ 把测试记录放入指定的文件夹。

⑬ 防止高电压系统再次激活。

⑭ 在车辆的易见处贴上标有"高电压系统已关闭"的警示标签，并把负责此工作的高电压工程师的名字也同时标注在上面。

（2）检查断电

在维修车间手册中有明确的检测规范，请使用带有相应测量适配器的指定检测设备。以大众的诊断仪为例，用于确认系统断电以及检测绝缘电阻的测量工具有混合动力测量模块 VAS6558（图 1-7-2），工具上与诊断仪连接的 USB 接口和用于确认系统断电以及检测绝缘电阻的测量笔。

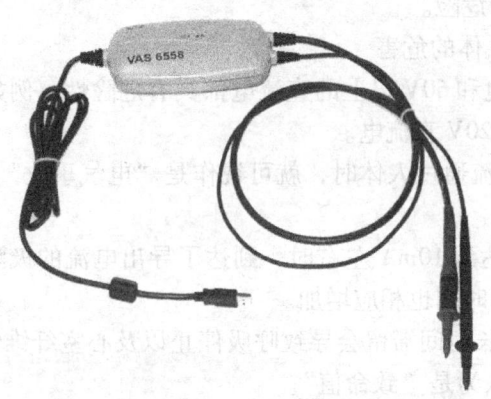

图 1-7-2　混合动力测量模块 VAS6558

混合动力测量模块 VAS6558/1 是测量高压蓄电池的绝缘工具（图 1-7-3），其测量的插头上有正极、负极、屏蔽线插孔。该套工具还有用于电能管理器的 VAS 6558/1-2 测量适配器和用于空调压缩机的 VAS6558/1-3 适配器。

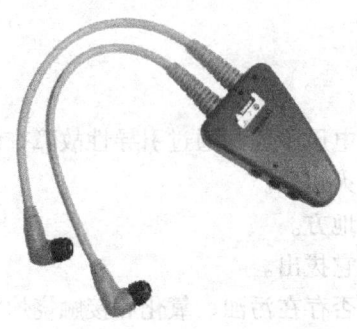

图 1-7-3　适配器套件 VAS 6558/1

在绝缘检测中，会产生高达 1kV 的直流测量电压。德系某混合动力车型对断电的检查步骤如下。

① 关闭点火开关。
② 拔出维修接头。
③ 插入维修接头的保护塞或者为维修接头的接插口提供绝缘保护罩。
④ 等待大约 1min（电容中储存的能量进行放电）。
⑤ 通过连接 12V 电压进行参考测试来检查测量工具的功能。
⑥ 断开高压蓄电池的高压电缆，并把测量适配器连接到高压蓄电池。
⑦ 进行测量，结果为 0V。
⑧ 把测量值输入"断电被核实"的记录中。

如果在测量中电压出现更高的值，则在蓄电池管理器或者开关继电器中可能存在故障。

第2部分

汽车电气系统检修

项目 1　蓄电池故障诊断与排除

任务 1-1　接车及签订修车委托书

1. 任务描述

教师或学生作为"客户",实训用车辆作为客户的车辆,学生作为"服务顾问",接车及签订修车委托书。

2. 教学目标

(1) 能力目标

1) 具备标准的职业形象。
2) 熟练使用标准的服务用语。
3) 具有专业的服务技巧。
4) 具备标准的礼仪形态。
5) 能进行接车谈话,能现场直观检查并接车。
6) 能接受客户委托,能签订维修合同。

(2) 知识目标

1) 熟悉 4S 店汽车修理流程。
2) 掌握接车谈话、接车及签订维修合同知识。
3) 了解汽车售后服务标准的职业形象知识。
4) 熟练掌握标准的服务用语。
5) 了解专业的服务技巧。
6) 掌握标准的礼仪形态。

3. 相关知识

(1) 汽车维修流程图

汽车维修流程见图 2-1-1。

(2) 维修业务流程标准

1) 预约阶段

① 接受用户预约(见表 2-1-1)

② 主动预约(见表 2-1-2)

2) 接待/诊断阶段

① 接待程序(见表 2-1-3)

② 诊断程序(见表 2-1-4)

3) 调度(见表 2-1-5)

4) 维修操作(见表 2-1-6)

5) 质量控制/终检(见表 2-1-7)

表 2-1-1 接受用户预约

流程与内容	工作人员	工作标准——影响顾客的重点
及时接听电话	维修接待员	→所有电话应在铃响三声内接听
自我介绍	维修接待员	→通报公司名称/个人代号,并感谢顾客来电
确认顾客需求,解答顾客问题	维修接待员	→运用结构式提问,尽快确认顾客实际需求
	维修接待员	→如在交谈当中必须接听另一个电话时,需先征得来电顾客的同意
	维修接待员	→如果无法回答顾客的问题顾虑,应亲自联络其他人员协助
	维修接待员	→如果一时不能解答顾客的问题,应向顾客承诺何时能够给予答复
预约	维修接待员	→与顾客约定检修车辆的日期和时间
留言	维修接待员	→顾客指名要找的公司人员不在时,应主动协助留言。留言内容包括来电者的姓名、电话、基本需求,以及最佳的回电时间
登记	维修接待员	→对访问过的用户做登记

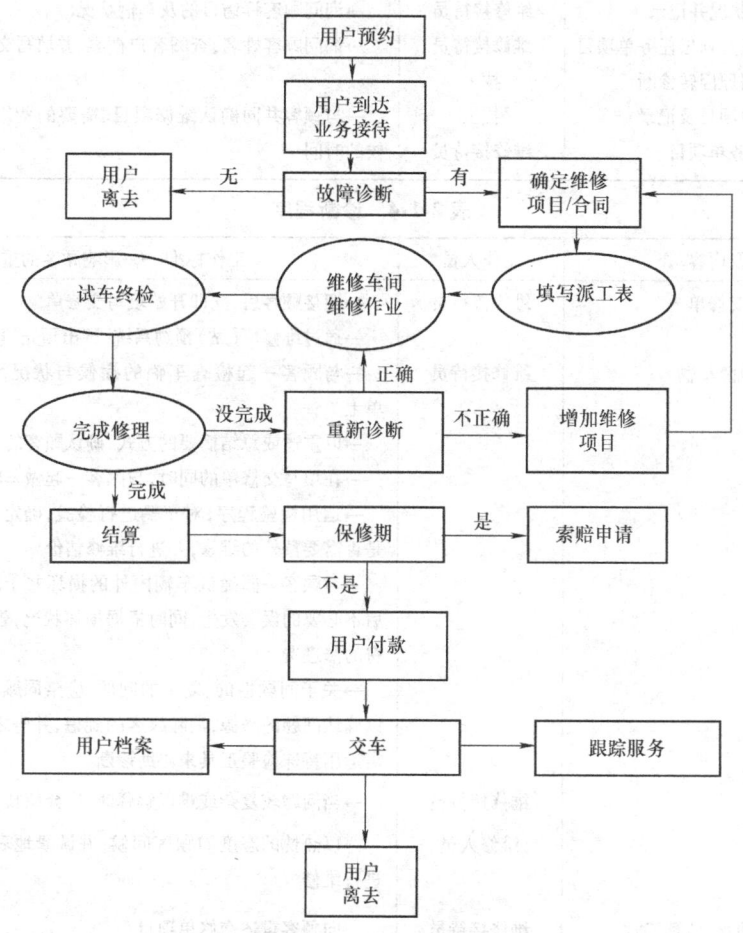

图 2-1-1 汽车维修流程

表 2-1-2　主动预约

流程与内容	工作人员	工作标准——影响顾客的重点
自我介绍	维修接待员	→接通电话,首先表明公司名称/个人代号
向顾客介绍服务维修项目	维修接待员	→提醒顾客做必要的保养维修,介绍维修厂(站)提供预约服务
解答顾客问题	维修接待员	→提供维修厂(站)地址、电话
	维修接待员	→解答顾客所关心的问题
预约	维修接待员	→如果顾客同意的话,依据顾客的意愿,帮助确定预约的日期和时间
登记	维修接待员	→在顾客自愿的情况下,留下电话、姓名

表 2-1-3　接待程序

流程与内容	工作人员	工作标准——影响顾客的重点
顾客到达	维修接待员	→在顾客进入维修区(站)的 1 分钟内,以热情有礼的态度主动迎接
自我介绍	维修接待员	→自我介绍
询问车辆状况并记录	维修接待员	→询问顾客拜访目的及车辆状况
调阅用户车辆档案并列出任务单项目	维修接待员	→询问顾客姓名,查阅客户档案,并填写交修单
未确认项目原因转诊断	技工	
核查任务单项目及记录	技工	→与顾客共同确认维修项目、需要的费用以及可能需要等候的时间
确定任务单项目	维修接待员	

表 2-1-4　诊断程序

流程及内容	工作人员	工作标准——影响顾客的重点
填写交修单	维修接待员	→迎接顾客后,立即开始填写交修单
		→通过维修厂(站)预约系统,调出预先填写的交修单
检查故障车辆	维修接待员	→与顾客一起检查车辆的症候与状况,详细记录在交修单上
		→以重述或总结摘要的方式,确认顾客的实际要求
		→在填写交修单的同时,与顾客一起做车辆故障检查
		→运用检验程序,对车辆进行检验,确定该车辆状况,以及是否需要额外的维修,并进行维修估价
		→与顾客一同确认车辆内外的损坏并予以记录,以避免日后不必要的误会发生,同时根据损坏状况,告知顾客可能要花费的修理费
		→关于间歇性的、复杂的问题,应陪同顾客一起进行试车,以确认问题的来源,消除顾客的疑虑,并告之顾客在哪些部分需运用特殊检验工具来协助诊断
	维修接待员	→当问题较复杂或难以解释时,应介绍技术人员
	维修人员	→以热忱的态度向顾客问候,并诚挚地表明愿意协助顾客进行维修
确定交修单项目、估算工时、备件及费用征询用户意见	维修接待员	→向顾客重述交修单项目
	技术人员	→依据统一价格为顾客的维修项目进行估价
	维修接待员	→完整而清楚地说明维修项目,征求顾客的看法

(续)

流程及内容	工作人员	工作标准——影响顾客的重点
介绍其他维修保养项目	维修接待员	→充分利用填写交修单的机会,以顾问咨询的态度,向顾客提供附加价值的维修服务
估算完工时间	调度员	→根据维修项目,估算工时,与顾客一道确定交车时间
确认付款方式(支票/现金)、用户认可交修	财务人员	→与顾客商定付款方式(支票/现金)
顾客在休息区等候	维修接待员	→车辆交修之后,维修接待员指引或陪同顾客到休息区等候
顾客在商店等候	维修接待员	→假如顾客要求的话,可带领顾客前往零件部门或是车辆展示中心 →确认顾客对离店工具的需求。有条件的可提供备用交通工具
等候时被告知工单有所改变	维修接待员	→若有下述情况发生,应立即通知顾客: 1. 故障项目增加 2. 修理时间延长 3. 修理费用变动 →如果需要顾客做出任何决定,可向顾客提供一些替代方案,以及相关费用。经顾客确认,方可进行后续维修工作

表 2-1-5 调度

流程与内容	工作人员	工作标准——影响顾客的重点
制订工作计划进行分配技术工作	调度员	按照任意单项目、时间要求,制订工作计划 为了保证快速高效地安排施工任务,根据任务单项目、时间和施工进度情况,提前与维修接待员确定交车时间。小组积压不得超过两台车。对于特殊客户,需调动精干人员协作完成任务,满足客户要求
	调度员	客户要求指定专人修理时,如果指定人员无派工或客户认可等待时,可指定专人维修。遇有时间不许可情况,及时报告给维修接待员,做适当调整

表 2-1-6 维修操作

流程与内容	工作人员	工作标准——影响顾客的重点
完成任务单项目	技工、维修工	按照任务单项目进行维修;按着任务单确定的时间完成任务
控制时间(效率、生产率)	管理人员	严格记录每个任务单项目开始执行及完成时间,并对工作效率进行评估
考核维修项目完成情况	管理人员	严格考核任务单要求的维修项目完成情况及工作质量评估。对于没有按时完成或工作质量不合格的,提出整改方案并实施,同时向车间主任报告
提出需增维修项目、征询用户意见	技工、维修接待员	在按着任务单项目进行维修时,如果认为需增维修项目或征询用户意见,应首先与维修接待员联系并详细说明情况,由维修接待员提出具体意见或措施

表 2-1-7　质量控制/终检

流程与内容	工作人员	工作标准——影响顾客的重点
终检	技工	→不合格，返回责任技工，重新维修
核查需要增加维修项目及记录	技工	→合格
征询用户意见	维修接待员	

6）开票/索赔（见表 2-1-8）

表 2-1-8　开票/索赔

流程与内容	工作人员	工作标准——影响顾客的重点
预结算	开票员 索赔员	
保修索赔处理	开票员 索赔员	→保修期内，填索赔申请，账目存档
	开票员 索赔员	→非保修期内，不计索赔申请

7）交车/结算（见表 2-1-9）

表 2-1-9　交车/结算

内容	工作人员	工作标准——影响顾客的重点
核验任务单项目、材料表、车辆终检报告	维修接待员	→在交车前应审查交修单上工作是否已全部完成
	维修接待员	→仔细审核每一项工时及零件费用，并将全部维修费用与原始报价进行比较
通知顾客接车 向顾客解释修理项目	维修接待员 维修接待员 维修接待员	→确认交修单上的维修项目都经过维修与复验 →自我介绍，表明单位及个人姓名 →解释所完成的维修/服务的项目 必须向顾客说明： 1. 修理项目 2. 更换的零件 3. 特别订购的零件 4. 没有收费的服务项目 5. 此次修理的总费用 6. 下一次保养的时间
结算、付款 清理车辆、交车	出纳员 维修接待员 维修接待员 出纳员 维修接待员	→交给顾客修理发票和修理项目清单 →将罩在乘客座位上的保护套、地毯保护垫等扔进垃圾箱 →给顾客开出门条 →假如顾客不满意，或是维修仍有未完善之处，出纳员应负担起通知维修接待员前来处理的责任

8）跟踪（见表 2-1-10）

（3）接车谈话和接受客户委托

1）客户咨询及接车、填写"接车登记表"

首次与客户接触通常是由于车辆出现问题而在汽车销售服务中心内发生的。

客户咨询是处理委托的重要内容。咨询谈话由 3 部分组成，即建立联系、咨询、咨询结束。

项目1　蓄电池故障诊断与排除

表 2-1-10　跟踪

流程与内容	工作人员	工作标准——影响顾客的重点
电话回访	维修接待员	→以专业的态度进行电话访谈
	维修接待员	→电话回访应在 24 小时内进行
了解用户满意度	管理人员	→对于表明对服务不满意的顾客，必须在 24 小时之内（或
	服务部经理	是 48 小时内）再度与顾客联络
自动进入预约程序		

客户咨询的所有阶段都要求员工具有系统知识、产品知识、良好的谈话技巧以及以客户为本的指导思想。

① 建立联系

联系的建立始于问候，问候时车辆机电维修工需介绍自己的姓名，有礼貌地询问客户姓名。接下来应使用姓名来称呼用户，以此向客户显示对他本人的关注。给客户的第一印象对于将来与客户之间的关系意义非常重大，因此，重要的是尽快与客户建立个人联系，从接受委托到咨询直至将车辆交付给客户并在以后为用户继续服务期间都保持这种联系。

(a) 对客户表示热情、尊重和关注

"顾客是上帝"，对于服务工作来说更是如此，你只有做到充分尊重客户和客户的每一项需求，并以热情的工作态度去关注你的客户，客户才有可能对你的服务感到满意，你才能在竞争中居于有利的位置。

(b) 帮助客户解决问题

客户能找到你，接受你的服务，他最根本的目的就是为了要你帮助他妥善解决问题。

与客户交谈首先应以开放式问题开始（W 起始问题）。答复开放式问题可以为继续交谈提供共同点，通常能使客户融合在谈话中并获得附加信息。主动倾听能鼓励客户详细描述其问题。车辆机电维修工让客户把话说完并点头示意，保持目光交流并用明确的词语表明自己正在专心倾听。客户结束其讲述后，车辆机电维修工应针对客户的叙述内容做出回应。应感谢客户富有价值的说明，同时回避过于主观的建议。

(c) 迅速响应客户的需求

金牌服务的一个重要环节就是能迅速地响应客户的需求，对于服务工作来说，当你的客户对你表达了他的需求后，你应在第一时间就立刻对他的需求做出反应。

(d) 始终以客户为中心

对服务顾问来讲，你在为客户提供服务的过程中，是否始终都以你的客户为中心，是否始终关注他的心情、需求，这也是非常重要的。

始终以客户为中心不能只是一句口号或是贴在墙上的服务宗旨。始终以客户为中心应是一种具体的实际行动和带给客户的一种感受。例如，快速地为客户倒上一杯水；真诚地向客户表示歉意；主动地帮助客户解决问题；在客户生日时主动寄上一张贺卡或打电话问候；在客户等候时为客户准备书刊杂志等。

(e) 持续提供优质服务

对人来说，做一件好事很容易，难的是做一辈子的好事。对企业来说也是如此，你可以为你的客户提供一次优质的服务，甚至一年的优质服务，难的是能为你的客户提供长期的、始终如一的高品质服务。但如果你真的做到了这一点，你必然会发现，企业会逐渐形成自己的品牌。如果那样，企业在同行业的竞争中就能取得相当大的优势。

当然这种能力是在整个金牌客户服务过程中最难获得的一种能力，也是每一家想有所作为的企业都应竭尽全力培养的一种能力。

（f）设身处地地为客户着想

设身处地地为客户着想是做到始终以客户为中心的前提，作为一名服务顾问，能经常地换位思考是非常重要的，设身处地地为客户着想就意味着你能站在客户的角度去思考问题、理解客户的观点、知道客户最需要的和最不想要的是什么，只有这样，才能为客户提供金牌服务。

（g）提供个性化的服务

每个人都希望能获得与众不同的"优待"，如果你能让你的客户得到与众不同的服务和格外的尊重，这会使你的工作能更顺利地开展。个性化的服务包括对客户的一些特殊要求，你也依然能加以特殊的对待并及时地去满足。

如果说一家企业或一名服务代表，能同时做到以上讲的7点，那么所呈现出来的服务就是一种货真价实的金牌服务。

在今天，随着市场竞争的日益加剧，服务工作也相应地面临着更严峻的挑战，人们该怎样去面对这些挑战呢？应主要从以下3个方面着手。

a）能保持一种以客户为中心的态度，始终如一地关注客户的需求；

b）理解你的客户和他对服务的观点以及他的想法；

c）掌握一种有效的服务技巧去指导你的服务行为，而不是完全凭借自己的感受去做事情。

如果你做到了以上3点，那么就能很有效地去应对工作中所面临的一些挑战。

② 咨询

在大多数情况下，客户对所供产品和服务的实际作用不能给予全面的评价。因此他就需要专业人员提供咨询，以便其作出决定。

咨询时需要做好充分的准备工作。这包括所有必要信息资料的汇总，同时要考虑谈话方式、产品优点论据并处理客户可能持有的异议。

不要试图说服客户，要让客户信服。如果咨询时对于企业优势的宣传胜过了客户自己对这家企业的印象，客户就会产生怀疑甚至拒绝。服务接待人员应让客户始终感到他的问题得到了认真对待，且在解决其遇到的问题时能够得到企业的支持。

维修时通常会更换损坏的部件或总成。因为汽车制造商和供货商在不断优化他们的产品，所以除了正常备件或总成（例如免维护蓄电池）外，还有改进型产品（例如绝对免维护蓄电池）可供选择。咨询时必须向客户证明，改进产品的性能可以为他带来明显的好处。只有车辆机电维修工非常熟悉产品且能以使人印象深刻的方式讲述产品优点时，才会取得成功。

对驾驶方式或紧急情况下处理方法的咨询专业人员，可从车辆损坏情况（例如胎体撞破）推断出损坏是因车轮驶过路沿造成的。服务顾问应礼貌、客观且不过分主观地告知客户，其行车安全将因此而受到威胁并由于轮胎更严重的磨损而发生更多的费用。向客户建议尽量不要从路沿上驶过，如果为了停车而必须这样做时，也要以尽量大的钝角和尽量低的车速驶过路沿。通过向客户提供对紧急情况，例如发动机不起动时的咨询，就能提高客户对汽车销售服务中心的满意度并加强与客户的联系。

③ 结束

接受咨询后客户往往还有疑虑并提出各种异议，这表示客户已经对该问题进行过研究，但也可能是客户想得到折扣或更多的服务。无论如何，必须认真对待客户的异议，不能简单地置之不理。车辆机电维修工应向客户确认他有权提出异议，以此向客户表明其异议得到了理解。

如果咨询结束时客户仍然不能作出决定，则车辆机电维修工应缩小选择范围并再次说明使用相关产品或服务所带来的好处，由此来帮助客户更容易地作出决定。反问问题"这个轮胎搭配铝合金轮辋真的适合您的车吗？"也有助于作出选择。

2）服务顾问的职业化塑造

一名服务顾问的外表形象对他工作的开展是很有影响的。一名优秀的服务顾问的外表形象应该是什么样的？他的整体形象又应是什么样的？他应掌握哪些服务技巧？他应从哪些方面去塑造服务顾问的职业化形象呢？

① 标准的职业形象

客户在接受服务顾问的服务时，他通常是通过这位服务顾问的外表形象来进行判断的，也就是说，他首先会通过一个人的外表来判断给他提供服务的人员是否是职业的。如果服务顾问有整洁的仪表，整齐的着装，那就会给客户带来一种愉快的感受，也就能使服务工作顺利地开展下去。

可见，外在的、标准的、职业化的形象，会给客户带来很好的视觉效果，会提高客户的信任度，这一点在面对面的服务中尤为重要。

② 标准的服务用语

服务用语就是那种能让客户感觉到你是一名优秀服务顾问的语言。当你跟客户说这样一句话时，客户就会觉得："原来我是客户，你是为我提供服务的"。服务用语应是很专业的语言，而不是一些基本的服务用语，如："您好，欢迎光临，谢谢"等。

③ 专业的服务技巧

专业的服务技巧包括专业知识、沟通和服务的技巧、投诉处理的技巧。这一部分将在以后的章节中做重点讲解。

④ 标准的礼仪形态

标准的礼仪形态包括服务顾问的站姿、坐姿，包括他在行走中身体语言的表现。他应认真地递交名片、收取客户的名片、跟客户交谈、落座等，这些都是一名服务顾问要去掌握的最基本、最重要的服务技巧。

为达到这些要求，很多服务顾问在上岗之前都会经过一些关于商务礼仪方面的培训。

综上所述，如果一名服务顾问穿着很得体，然后经常使用的是"您看这样可以吗？您看这样行吗？"这样一些服务用语。在为客户提供服务和帮助时，能很迅速地帮客户发现和解决问题，能够很好地向客户介绍产品的功能，那么服务顾问给客户的感觉就是：对面这个人专业知识很强，真的很不错。他就能因此赢得客户更高的信赖度。

客户对服务的感知，就是觉得服务好或不好，在很大程度上取决于一开始接待服务的质量。回忆自己作为客户，不管是去商场买东西，还是去餐厅吃饭或去维修中心维修自己的产品，你希望在需要服务时得到什么样的接待呢？

(4) 签订"任务委托书"

"任务委托书"在不同的企业可能名称不一，有的企业称其为维修合同。

维修接待员与客户签订"任务委托书"主要内容是运用检验程序，对车辆进行检验，确定该车辆状况，以及是否需要额外的维修，并进行维修估价。特别是还要向顾客重述交修单项目。依据统一价格为顾客的维修项目进行估价。完整而清楚地说明维修项目,征求顾客的看法。充分利用填写交修单的机会,以顾问咨询的态度,向顾客提供附加价值的维修服务。与顾客一道确定交车时间,与顾客商订付款方式(支票/现金)。车辆交修之后,维修接待员指引或陪同顾客到休息区等候。

4. 实训操作

(1) 接车谈话和填写接车登记表

教师或学生作为"客户",利用实训车辆,学生作为维修接待员。进行接车并填写"接车登记表"(见表2-1-11)。

表 2-1-11　接车登记表

××××汽车销售服务有限公司

车牌照号		车型/VIN		接车时间		
顾客名称		客户联系电话		方便联系时间		
客户陈述及要求:				是否预约		是□否□
				是否需要预检		是□否□
				是否需要路试		是□否□
				贵重物品提醒		是□否□
				是否洗车		是□否□
				是否保留旧件		是□否□
				如保留旧件,存放位置		
维修顾问建议						
预估维修项目(包括客户描述及经销商检测结果)				预估维修费用及时间(备件、工时)		
				预估交车时间		
注意:因车辆维修需要,有可能涉及路试,如有在路试中发生交通事故,按保险公司对交通事故处理方法处理						
检查项目	接车确认	备注(如遇异常,请注明原因)		接车里程数:　　　　　　km 油表位置:　E　1/4　1/2　3/4　F		
车辆主副及应急钥匙	正常□异常□			外观确认:含轮胎、轮毂(盖)、玻璃等,如有问题按要求在下图相应位置标注或说明 外观描述:划痕(H)裂痕(L)凹陷(A)油漆脱落(T)		
内饰	正常□异常□					
电子指示系统	正常□异常□					
刮水器功能	正常□异常□					
天窗	正常□异常□					
音响	正常□异常□					
空调	正常□异常□					
点烟器	正常□异常□					
座椅及安全带	正常□异常□					
后视镜	正常□异常□					
玻璃升降器	正常□异常□					
天线	正常□异常□					
备胎	正常□异常□					
随车工具	正常□异常□					
服务顾问签名:				客户签名:		

(2) 签订"任务委托书"

教师或学生作为"客户",利用实训车辆,学生作为维修接待员。签订"任务委托书",见表2-1-12。

表 2-1-12 任务委托书

_____×××× 汽车销售服务有限公司
任务委托书

客户名称:
联系人地址:　　　　　　　　　　　委托书号:
联系人:　　　　　　　邮编:　　　　送修日期:
电话:　　　　　　　　移动电话:　　约定交车日期:

牌照号	颜色	底盘号	发动机号	里程	购车日期	旧件带走	是否洗车
车型				付款方式		油箱	
生产日期				客户描述			

维修项目

维修类别	项目代码	项目名称	工时费	工时	主修人	增项标识

工时费合计:

备件预估

出库类型	备件代码	备件名称	数量	单价	备注

备件价格合计:
预计总费用:

地址:
电话:　　　　　　　　服务经理:
说明:此单据为取车凭证,请妥善保管!此委托书涉及的检查项目,我公司有权收取检查费用。
服务顾问:

5. 考核

按照德国工商联合会（IHK）职业资格考试进行考核。

（1）评分标准

1）评分有客观分和主观分，评分等级分两种情况：

① 10 分或 0 分；

② 10~0 分。

2）评分等级说明如下（见表2-1-13）：

① 客观分

10 分：实际尺寸或实际值在规定的公差范围内。

0 分：实际尺寸或实际值超出规定的公差，或者根本未做。

② 主观分

10~0 分（10—9—8—7—6—5—4—3—2—1—0 分）。

表 2-1-13　评分等级说明

得分	标　　准
10 分	所做工作特别符合相应要求
9 分	所做工作符合相应要求
8 分	所做工作基本符合相应要求
7 分	
6 分	所做工作虽然有缺陷，但还符合要求
5 分	
4 分	所做工作不符合要求，但还能看出掌握了基础知识
3 分	
2 分	所做工作不符合要求，也缺乏基础知识
1 分	
0 分	未做

（2）实训操作评分（见表2-1-14）

表 2-1-14　实训操作评分

序号	评分标准(10~0 分)	得分	系数	实得分
1	工作准备和工作过程的系统性和认真仔细程度		2	
2	技术资料应用情况		1	
3	注意遵守检查与安装条件要求		2	
4	测量与检查记录或文件记录		2	
5	按专业要求做工作任务		4	
6	按专业要求使用量具、检验器具及工具		5	
7	注意遵守劳保与环保规定		1	
8	做好将车辆/系统交给客户之前的准备工作		1	
9	情景专业会谈		1	
实得分合计				
成绩(实得分/1.9)				

任务1-2 确认故障现象

1. 任务描述

利用实训车辆,在蓄电池状态良好的情况下,学生通过起动发动机和使用大灯、喇叭等功率较大的用电设备检查并体验实际情况;在蓄电池亏电的情况下,学生通过起动发动机和使用大灯、喇叭等功率较大的用电设备检查并记录故障现象。

2. 教学目标

(1) 能力目标

会判断蓄电池电量不足。

(2) 知识目标

掌握减少蓄电池的电能消耗方面的知识。

3. 实训操作

(1) 检测蓄电池开路端电压

蓄电池开路端电压低于12.3V即存在亏电现象,一般将亏电现象分为

1) 轻微亏电:开路端电压为11.7~12.3V。
2) 中度亏电:开路端电压为10~11.7V(轻度硫化)。
3) 严重亏电:开路端电压低于10V(中度及严重硫化)。

(2) 查看蓄电池容量状态显示器

蓄电池容量状态显示器(电眼)显示的颜色呈白色。

(3) 用高率放电计检查蓄电池的放电程度

高率放电计是一个由3V的电压表和一个负载组成的。测量时,应将两个叉刀用力压在单格电池的正负极桩上,时间不要超过5s,观察高率放电计显示的电压,根据该电压判断蓄电池的放电情况。参见表2-1-15。

表2-1-15 蓄电池单格电压与放电程度对照表

放电程度(%)	充电足	25	50	75	100
放电计指示电压/V	1.7~1.8	1.6~1.7	1.5~1.6	1.4~1.5	1.3~1.4

一般情况下,状态良好的蓄电池,单格电压应该在1.5V以上,并且稳定。如果其电压在5s内迅速下降,或者某一单格的电压比其他单格电压低0.1V以上,说明该单格电池有故障,应该进行修理。

现在有一种如图2-1-2所示的新型高率放电计,可以测量免维护蓄电池的放电程度。

测试时,用力将放电计的测试针迅速插入正负极桩,保持3~5s,如果蓄电池能保持在9.6V以上,说明该蓄电池性能良好,但存电不足。如果电压稳定在10.6~11.6V之间,说明存电很足;如果电压迅速下降,说明蓄电池已经损坏,必须维修或更换。

(4) 测量起动时蓄电池电压

图2-1-2 12V高率放电计

起动时,如果起动机、起动线路及其连接良好,则起动时电压不低于9.6V时,视为蓄电池不亏电;否则视为亏电。

(5) 使用专用仪器检查

奥迪大众公司4S店使用VAS1979或VAS5033检查,检查时不需拆下蓄电池和蓄电池接线。

注意事项是按检测仪使用说明将夹钳夹到蓄电池接线柱上。夹钳与接线柱应接触良好。负载电流是不同的,应按检测仪上的蓄电池容量来调整(参见蓄电池检测仪使用说明书)。负载电流可根据表2-1-16查取。最低电压可根据表2-1-17的数值查取。负载电流和最低电压根据容量而有所不同。

表2-1-16 负载电流查询表

蓄电池容量/Ah	冷态检测电流/A	负载电流/A	最低电压(极限值)/V
70	340	200	9.5
80	380	300	9.5
82	420	300	9.5
92	450	300	9.5

检测过程中,由于大负载(直流电阻)流过的电流也大,因此蓄电池电压下降。如果蓄电池正常,电压只降到最低电压,最低电压值根据蓄池容量和冷态检测电流的不同而不同。根据冷态检测电流即可了解在寒冷季节蓄电池的输出功率。蓄电池的冷态检测电流高对于压缩比高的发动机尤其重要。

如果蓄电池损坏或充电不足,蓄电池电压下降得非常快,称为"电压崩溃",电压值降至9V以下。这个低电压在检测完成后仍将维持很长时间,然后才缓慢上升。该蓄电池已无法再达到可使用的电压值(空载电压)。

应注意的是,有这种故障的蓄电池已无功率储备。有这种故障的蓄电池应报废。

(6) 免维护蓄电池亏电的检查经验

蓄电池电力不足的表现主要有3个:一是起动机不转或转动微弱,以致起动机无法发动;二是前照灯比平时暗;三是喇叭音量小甚至不响。

为了尽量减少蓄电池的电力消耗,有两点建议:首先,要避免在发动机熄火的情况下长时间开灯或听广播;其次,即使发动机正在运转,如果停车时间较长,也应该把不必要使用的电器设备(车内外灯类、音响和导航类等)的电源关掉。

任务1-3 更换蓄电池

1. 任务描述

利用实训车辆,学生更换蓄电池。

2. 教学目标

(1) 能力目标

1) 会更换蓄电池。

2) 认识铅酸蓄电池的标识。

3) 能进行铅酸蓄电池分类。

4）能进行工作质量检查。
5）能避免和处理更换蓄电池发生的安全事故。
6）能正确进行蓄电池的报废处理。
（2）知识目标
1）掌握蓄电池的功用。
2）掌握铅酸蓄电池的构造。
3）掌握铅酸蓄电池的原理。
4）掌握铅酸蓄电池的标识。
5）掌握铅酸蓄电池的分类。
6）掌握避免和处理更换铅酸蓄电池时发生的安全事故知识。
7）了解废蓄电池的处理知识。

3. 相关知识

（1）蓄电池功用

汽车蓄电池是一种存储电能的装置。蓄电池连接负载后，就可以向负载提供直流电。蓄电池放电时，其化学能转变成电能。蓄电池充电时，电能转变成化学能。汽车蓄电池的主要用途如下：

1）在发动机起动期间，由它驱动起动电机、照明系统、点火系统、电子燃油喷射系统和发动机的其他电气设备。

2）发动机停止运转或低怠速运转的时候，蓄电池给汽车电器附件供电。

3）汽车电器需要的电量超过充电系统输出量时，由蓄电池来补充。

4）起整车电气系统的电压稳压器的作用。

（2）蓄电池的分类

1）镍镉电池（Ni-Cd）

电压为1.2V；使用寿命为500次；放电温度为 $-20 \sim 60$℃；充电温度为 $0 \sim 45$℃。耐过充电能力较强。

2）镍氢电池（Ni-MH）

电压为1.2V；使用寿命为1000次；放电温度为 $-10 \sim 45$℃；充电温度为 $10 \sim 45$℃。目前最高容量是2100mA·h左右。

3）锂离子电池（Li-lon）

电压为3.6V；使用寿命为500次；放电温度为 $-20 \sim 60$℃；充电温度为 $0 \sim 45$℃；重量比镍氢电池轻30%~40%；容量高出镍氢电池60%以上；不耐过充，如果过充会造成温度过高而破坏结构，最终会导致爆炸。

4）锂聚合物电池（Li-polymer）

电压为3.7V；使用寿命为500次；放电温度为 $-20 \sim 60$℃；充电温度为 $0 \sim 45$℃。锂电的改良型，没有电池液，而改用聚合物电解质，可以做成各种形状，比锂电池稳定。

5）铅酸电池（Sealed）

电压为2V；使用寿命为200~300次；放电温度为 $0 \sim 45$℃；充电温度为 $0 \sim 45$℃。用于一般车辆（以6个2V单电池串联成12V的电池组），免加水的电池使用寿命长达10年。体积和重量是最大的。

铅酸蓄电池可分为普通蓄电池、免维护蓄电池、混合蓄电池和复合蓄电池，还有一些新型的蓄电池，如微电子控制蓄电池等。

（3）铅酸蓄电池的构造

现在常用的汽车蓄电池一般为铅酸蓄电池。下面以普通的铅酸蓄电池为例，介绍该类蓄电池的结构。组成蓄电池的基础部件有正极板、负极板、隔板、外壳、极板联条、电解液、电极桩。通常，铅蓄电池由3个或6个单格电池串联而成，每个单格电池的额定电压为2V。结构如图2-1-3和图2-1-4所示。

 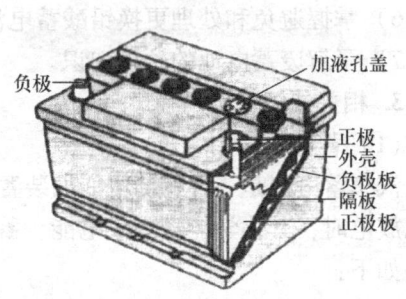

图2-1-3　蓄电池　　　　　　　　图2-1-4　典型铅酸蓄电池的结构

1）极板

极板是蓄电池的基本部件，分正极板和负极板两种。如图2-1-5所示，正极板上的活性物质是二氧化铅（PbO_2），呈棕红色；负极板上的活性物质是海绵状纯铅（Pb），呈青灰色。蓄电池在充电与放电过程中，电能和化学能的相互转换是依靠极板上的活性物质和电解液中硫酸的化学反应来实现的。

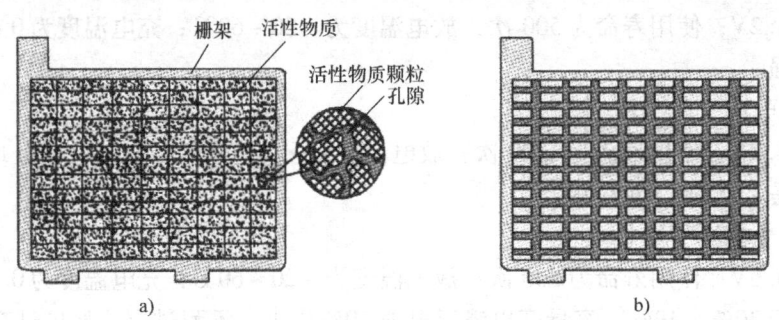

图2-1-5　极板和极板栅架
a）极板　b）极板栅架

正负极板上的活性物质分别充填在铅锑合金铸成的格栅上。

将正、负极板各一片浸入标准的电解液内，就可以获得约2.1V的电压。如图2-1-6所示，为了增大蓄电池的容量，在单格蓄电池中，将多片正、负极板分别焊接成正、负极板组。然后将正、负极板组交错装插在一起，形成单格电池的极板组。

2）隔板

隔板安装在正、负极板之间，其作用是使正、负极板尽量靠近而又不致短路，以缩小蓄电池的体积。

隔板多采用微孔塑料、橡胶、纸质及玻璃纤维等材料制成。隔板材料应该具有多孔性的特点，以便于电解液渗透。隔板通常一面带有沟槽，安装时应该将带有沟槽的一面朝向正极板，并使沟槽竖直放置，以满足正极板化学反应剧烈，便于电解液在电池内上下流通及气泡逸出的要求。

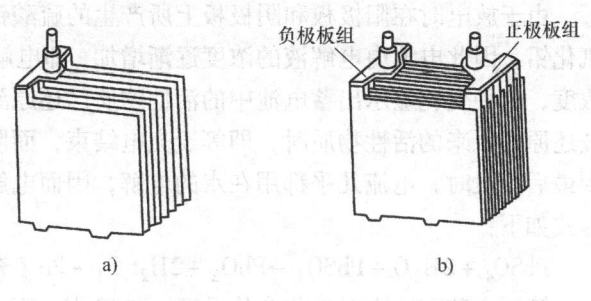

图 2-1-6　极板组
a）正（或负）极板组　b）单格电池的极板组

3）电解液

电解液的作用是形成电离，使极板活性物质与电解液反应，完成蓄电池的放电过程。电解液是由纯净的专用硫酸和蒸馏水配置成的。相对密度一般在 $1.24 \sim 1.28 \text{g/cm}^3$ 之间，寒冷地区和寒冷季节应采用较高密度的电解液。

4）外壳

外壳用来盛放电解液和极板组，并使蓄电池构成一个整体。外壳的材料有硬质橡胶和聚丙烯材料两种，有间壁将其分成 3 个或 6 个相互分离的小格子。底部有凸起的筋条支撑极板组，凸筋之间的空间用来容纳极板脱落的活性物质，以防极板短路。

蓄电池盖上有加液孔，其作用是维护蓄电池时通过它加注电解液和水。

5）联条

联条的作用是将各单格的电池串联起来。传统蓄电池的联条是外露式的，用铅材料铸造而成。整体盖蓄电池的联条在蓄电池的内部，多采用穿壁式或跨接式结构。

6）极桩

极桩有锥台形和 L 形。锥台形极桩是蓄电池装配后再铸上的，L 形极桩是装配后焊接上去的。为了便于识别，极桩的上方或旁边刻有"＋"（或 P）、"－"（或 N）标记，也有的在正极桩上涂上红色油漆。

(4) 铅酸蓄电池的工作原理

铅酸蓄电池内的阳极（PbO_2）及阴极（Pb）浸到电解液（稀硫酸）中，两极间会产生 2V 的电压，这是根据铅酸蓄电池原理，经由充放电，则阴、阳极及电解液即会发生如下的变化。

1）放电中的化学变化

蓄电池连接外部电路放电时，稀硫酸即会与阴、阳极板上的活性物质产生反应，生成硫酸铅。经由放电硫酸成分从电解液中释出，放电越久，硫酸浓度越稀薄。所消耗的成分与放电量成比例，只要测得电解液中的硫酸浓度，即测其密度，即可得知放电量或残余电量。化学方程式如下：

（阳极）（电解液）（阴极）
$$PbO_2 + 2H_2SO_4 + Pb \rightarrow PbSO_4 + 2H_2O + PbSO_4 \text{（放电反应）}$$
（过氧化铅）（硫酸）（海绵状铅）

2）充电中的化学变化

由于放电时在阳极板和阴极板上所产生的硫酸铅会在充电时被分解还原成硫酸、铅及过氧化铅，因此电池内电解液的浓度逐渐增加，即电解液之比重上升，并逐渐回复到放电前的浓度，这种变化显示出蓄电池中的活性物质已还原到可以再度供电的状态。当两极的硫酸铅被还原成原来的活性物质时，即等于充电结束，而阴极板就产生氢，阳极板则产生氧，充电到最后阶段时，电流几乎都用在水的电解，因而电解液会减少，此时应以纯水补充。化学方程式如下：

$PbSO_4 + 2H_2O + PbSO_4 \rightarrow PbO_2 + 2H_2SO_4 + Pb$（充电反应）（必须在通电条件下）

第一个硫酸铅中铅的化合价升高，被氧化，正电荷流入正极；第二个硫酸铅中铅的化合价降低，被还原，负电荷流入负极。

（5）铅酸蓄电池的标识

以型号为 6-QAW-54a 的蓄电池为例，说明如下：

6 表示由 6 个单格电池组成，每个单格电池电压为 2V，即额定电压为 12V；Q 表示蓄电池的用途，Q 为汽车起动用蓄电池、M 为摩托车用蓄电池、JC 为船舶用蓄电池、HK 为航空用蓄电池、D 表示电动车用蓄电池、F 表示阀控型蓄电池；A 和 W 表示蓄电池的类型，A 表示干荷型蓄电池，W 表示免维护型蓄电池，若不标表示普通型蓄电池；54 表示蓄电池的额定容量为 54A·h（充足电的蓄电池，在常温以 20h 率放电电流放电 20h 蓄电池对外输出的电量）；a 表示对原产品的第 1 次改进，若为 b，则表示第 2 次改进，依次类推。型号后加 D 表示低温起动性能好，如 6-QA-110D；加 HD 表示高抗震性；加 DF 表示低温反装，如 6-QA-165DF。

（6）免维护蓄电池

1）结构

现在汽车上使用的蓄电池大多为免维护型。该类蓄电池和普通蓄电池在结构上有两处重要不同之处：极板结构（格栅）和水的利用。

免维护蓄电池的极板材料中没有使用锑，而是用钙和锶合金代替锑。这样就减少了蓄电池的内热和充电期间产生气体的量。格栅成分的改变减少了加水次数或不再需加水。蓄电池接线柱锈蚀主要是由于蓄电池排出的气体冷凝在接线柱上造成的，所以，减少水的损失，也减轻了接线柱的锈蚀。另外，非锑铅合金有更好的导电性，因此，同样尺寸的免维护蓄电池比普通蓄电池的冷车起动功率要高。但由于格栅中没有加锑，格栅的强度降低了；通常采用补充加强筋的方法增加强度。

2）优点

与普通蓄电池相比，免维护蓄电池具有很多优点。

① 在极板上部能存储更多的电解液。

② 有极大的抗过充电能力。

③ 存放寿命长。

④ 可带电解液大量装运，减少了事故和人员伤害的可能性。

⑤ 冷起动额定电流较高。

3）缺点

① 在高温下工作时，其格栅变厚，使板间距离变小。

② 不能承受深度放电（深度放电是彻底放完电后再充电）。

③ 储备容量较低。

④ 预期寿命较短。

（7）混合型蓄电池

混合型蓄电池也称为可深度放电蓄电池。它综合了普通蓄电池和免维护蓄电池的优点，能经受 6 次深度放电后，仍然保持 100% 的初始储备容量。混合型蓄电池的正极板格栅包含大约 2.75% 的锑合金，而负极板格栅则由钙合金组成。这样就使蓄电池能够经受深度放电而且储备容量不变，改善了汽车的起动性能。

混合型蓄电池和其他蓄电池不同的是其格栅上边缘中间位置有一个小凸起。格栅竖条为放射状，栅条是从公共的中心点向四周发散的。经过以上两点改造，电流阻力减少了，也缩短了电流流向小凸起的路径。这样电池能以更快的速度提供更多的电流。

（8）复合蓄电池

1）结构

复合蓄电池是一种比较先进的蓄电池。这种蓄电池用含胶状物质的隔板代替液态的电解液。隔板放在格栅板之间，因此电阻非常低。采用这种结构，输出电压和电流比一般蓄电池高。

2）优点

① 不含酸液，外壳破裂时不会有酸液泄漏。

② 能以任何状态安放。

③ 因为无电解液，所以基本不用维护。

④ 可以经受过度放电。

⑤ 冷起动额定电流大，可超过 800A。

⑥ 寿命比一般蓄电池长 4 倍。

（9）微电子控制蓄电池

在具有相同输出功率的情况下，微电子控制式汽车用蓄电池的自重比传统电池轻约 40%，低温时的工作可靠性更高、充电速度更快。

随着汽车电子化的不断发展，汽车蓄电池也逐步向智能化发展。这种智能化的汽车蓄电池上装有集成电路块和传感器，后者探测电池的物理环境和工作条件参数，前者以此为基础控制和监视电池的电化学反应过程。电池外壳是隔热效果极好的泡沫盒，结合使用温度调节系统（可使电池工作的环境达到恒温状态），微电子控制系统可使蓄电池的充电能力、冷起动能力及使用寿命大大提高。此外，通过数据总线或电源线，蓄电池可与发电机、车载计算机或汽车故障诊断系统进行信息交流。

4. 实训操作

利用实训车辆更换蓄电池。

（1）安全措施

进行蓄电池电解液方面的工作时需要多加小心，电解液有强腐蚀性，必须佩戴护目镜和手套。不得将蓄电池倾倒，否则，电解液可能从排气孔流出。蓄电池充电时会产生爆炸气体（氢气和氧气）。因此不按照规范操作时会产生危险。禁止火花、火焰和明火。进行蓄电池方面工作时必须注意，不得用导电物体例如扳手等将蓄电池电极搭接在一起，否则会造成蓄电池短路，其后果是有蓄电池爆炸和电解液流出的危险。遵守安装和拆卸规定，遵守工作指导。不能戴手表、戒指等。

（2）更换蓄电池

1）拆卸

先拆负极后拆正极，顺序不能反。

先拆负极是为了防止扳手不小心碰到铁导致正负极对搭，正负极对搭有几个后果，其一是起电火花导致蓄电池头烧蚀；其二是电动机或发电机烧掉；其三是电池爆炸。

2）安装

先装正极后装负极，和拆的时候相反，原因同上。

任务1-4　蓄电池充电

1. 任务描述

给亏电的蓄电池充电。

2. 教学目标

（1）能力目标

1）能看懂并学会利用最佳充电曲线。

2）能分析蓄电池产生硫化现象的原因。

3）能使用蓄电池的常规充电方法对蓄电池进行充电。

4）会分析蓄电池亏电原因。

5）会使用补充充电方法充电。

6）能避免和处理充电时发生的安全事故。

（2）知识目标

1）掌握最佳充电曲线。

2）了解蓄电池产生硫化的原因。

3）熟悉蓄电池常规充电方法。

4）了解蓄电池亏电的危害。

5）掌握补充充电方法及要求。

6）熟悉充电时的安全注意事项。

3. 相关知识

（1）蓄电池充电原理

蓄电池充电曲线，如图 2-1-7 所示。实验表明，如果充电电流按这条曲线变化，就可以大大缩短充电时间，并且对电池的容量和寿命也没有影响。原则上把这条曲线称为最佳充电曲线。

由图 2-1-7 可以看出，初始充电电流很大，但是衰减很快。主要原因是充电过程中产生了极化现象。在密封式免维护蓄电池充电过程中，内部产生氧气和氢气，当氧气不能被及时吸收时，便堆积在正极板周围（正极板产生氧气），使电池内部压力加大，电池温度上升，同时缩小了正极板的有效面积，表现为内阻上升，出现所谓的极化现象。

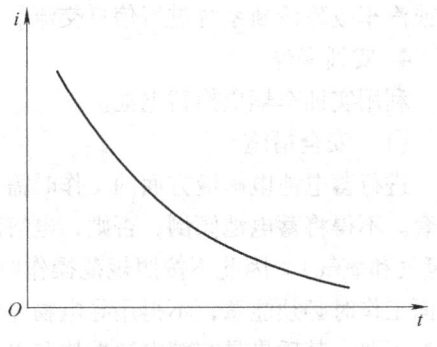

图 2-1-7　最佳充电曲线

很显然，充电过程和放电过程互为逆反应。可逆过程就是热力学的平衡过程，为保障电池能够始终维持在平衡状态之下充电，必须尽量使通过电池的电流小一些。理想条件是外加电压等于电池本身的电动势。但是，实践表明，蓄电池充电时，外加电压必须增大到一定数值才行，而这个数值又因为电极材料、溶液浓度等各种因素的差别而在不同程度上超过了蓄电池的平衡电动势值。在化学反应中，这种电动势超过热力学平衡值的现象，就是极化现象。

（2）蓄电池常规充电方法

常规充电方法是依据国际公认的经验法则设计的。其中最著名的就是"安培小时规则"，即充电电流安培数，不应超过蓄电池待充电的安时数。实际上，常规充电的速度被蓄电池在充电过程中的温升和气体的产生所限制。这个现象对蓄电池充电所必需的最短时间具有重要意义。一般来说，常规充电有以下三种方法。

1）恒流充电法

恒流充电法是用调整充电装置输出电压或改变与蓄电池串联电阻的方法，保持充电电流强度不变的充电方法，如图 2-1-8 所示。该方法的控制比较简单。但由于电池的可接受电流能力是随着充电过程的进行而逐渐下降的，到充电后期，充电电流多用于电解水，产生气体，使出气过甚，因此，常选用阶段充电法。

2）阶段充电法

此方法包括二阶段充电法和三阶段充电法。

① 二阶段法采用恒流和恒压相结合的充电方法，如图 2-1-9 所示。首先，以恒电流充电至预定的电压值，然后，改为恒压完成剩余的充电。一般两阶段之间的转换电压就是第二阶段的恒压。

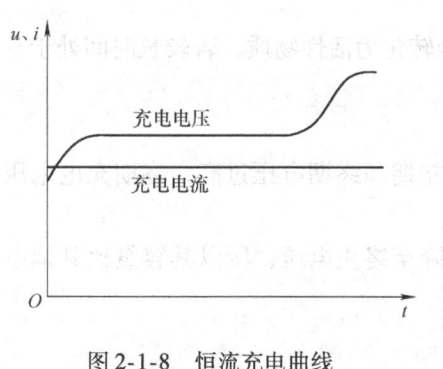

图 2-1-8 恒流充电曲线

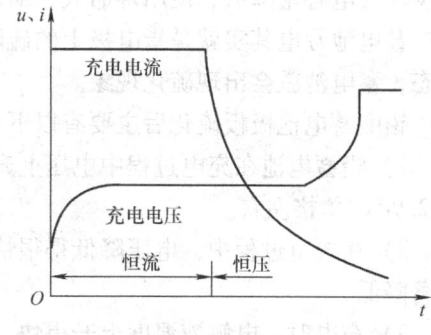

图 2-1-9 二阶段法曲线

② 三阶段充电法在充电开始和结束时采用恒流充电，中间用恒压充电。当电流衰减到预定值时，由第二阶段转换到第三阶段。这种方法可以将出气量减到最少，但作为一种快速充电方法使用，受到一定的限制。

3）恒压充电法

充电电源的电压在全部充电时间里保持恒定的数值，随着蓄电池端电压的逐渐升高，电流逐渐减少。与恒流充电法相比，其充电过程更接近于最佳充电曲线。用恒定电压快速充电，如图 2-1-10 所示。由于充电初期蓄电池电动势较低，充电电流很大，随着充电的进行，电流将逐渐减少，因此，只需简易控制系统。

这种充电方法电解水很少,避免了蓄电池过充。但在充电初期电流过大,对蓄电池寿命造成很大影响,且容易使蓄电池极板弯曲,造成电池报废。

鉴于这种缺点,单纯的恒压充电很少使用,只有在充电电源电压低而电流大时采用。例如,汽车运行过程中,蓄电池就是以恒压充电法充电的。而在使用充电器对蓄电池进行恒压充电时,宜采用改进的恒压充电法,即采用限制最大电流的方法,使电流上限不超过蓄电池容量的25%来防止对电池造成损害。

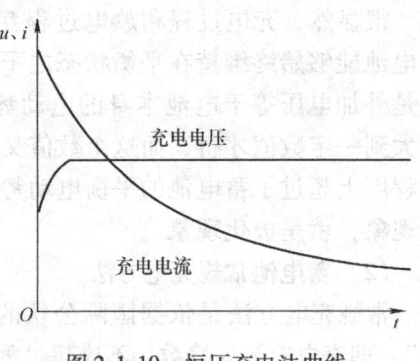

图 2-1-10 恒压充电法曲线

(3) 蓄电池亏电原因及危害

蓄电池在正常使用的情况下,正、负极板上的活性物质(PbO_2 和 Pb)大部分转变为小粒晶状的硫酸铅,它们均匀地分布在多孔性的活性物质上,在充电时很容易和电解液接触起作用恢复为原来的物质 PbO_2 和 Pb。

如果由于使用维护不当,这些小粒晶状的硫酸铅不能及时有效地转化为活性物质,就会逐渐形成结晶粒粗大的硫酸铅,形成极板硫化现象。极板硫化现象是指在极板上生成白色坚硬的硫酸铅结晶,充电时又非常难于转化为活性物质的硫酸铅,这些粗而硬的硫酸铅晶体体积大,导电性差,因而会堵塞极板活性物质的细孔,阻碍了电解液的渗透和扩散作用,增加了电池的内电阻,同时,在充电时,这种粗而硬的硫酸铅不如软小晶粒的硫酸铅容易转化为 PbO_2 和 Pb。若历时过久,这些粗而硬的硫酸铅就会失去可逆作用,结果使极板的有效物质减少、放电容量降低、使用寿命大大缩短。

蓄电池亏电其实就是指电极上的硫酸铅未能完全转化为活性物质,若较长时间处于亏电状态,蓄电池就会出现硫化现象。

铅酸蓄电池极板硫化后主要有以下几种现象:

1) 铅蓄电池在充电过程中电压上升得很快,其初期和终期电压过高,终期充电电压可达 2.90V/单格左右。

2) 在放电过程中,电压降低得很快,即过早地降至终止电压,所以其容量比其他电池显著降低。

3) 充电时,电解液温度上升得快,易超过 45℃。

4) 充电时,电解液密度低于正常值,且充电时过早地发生气泡。

5) 电池解剖时可发现极板的颜色和状态不正常。正极板呈浅褐色(正常为深褐色),极板表面有白色硫酸铅斑点;负极板呈灰白色(正常为灰色)极板表面粗糙,触摸时如同有砂粒的感觉,并且极板发硬。

6) 严重的硫化会使极板上形成的硫酸铅白色结晶体粗大,在一般情况下不能复原成活性物质。

(4) 充电方法及要求

1) 充电方法介绍

根据充电器输出模式以及蓄电池的亏电程度,在以下 3 种充电方法中选择适宜的充电方法：

① 恒压充电

以恒压 16V，6-QW-68 蓄电池限流 17A；6-QW-90 蓄电池限流 22A，充电 4～12h（充电时间视蓄电池亏电程度而定）。此充电方法适用于轻微亏电的蓄电池。

② 分阶段恒流充电

第 1 阶段：

6-QW-68 蓄电池以恒流 7A，6-QW-90 蓄电池以恒流 9A，充电至电压升至 14.4V 后转入下一阶段。

第 2 阶段：

6-QW-68 蓄电池以恒流 3.5A，6-QW-90 蓄电池以恒流 4.5A，充电 6～20h。

实际充电时间视蓄电池亏电程度而定。此充电方法适用于中度亏电的蓄电池。

③ 恒流小电流充电

6-QW-68 蓄电池以恒流 3A，6-QW-90 蓄电池以恒流 4A，充电 20～40h。

实际充电时间视蓄电池亏电程度而定。此充电方法适用于严重亏电的蓄电池。

2）充电过程注意事项

在充电过程中，电池温度应小于 50℃，当电池温度达到 45℃时，应将充电电流减半并相应延长充电时间或停机待电池温度下降后再恢复充电。

3）充电结束的判断

① 电池电压高于 16V 且稳定 3h 不变化。

② 电池容量显示器（电眼）呈现绿色不变化。

③ 必要时，旋开电眼，用密度计测量电解液密度达到 $1.28g/cm^3$ 以上且稳定不变化。

如上述 3 点同时达到，即表明蓄电池已完成充电，可停止充电让蓄电池恢复正常使用。

（5）安全注意事项

蓄电池充电时会产生爆炸气体（氢气和氧气）。因此不按照规范操作时会产生危险。禁止火花、火焰和明火。进行蓄电池方面工作时必须注意，不得用导电物体例如扳手等将蓄电池电极搭接在一起，否则会造成蓄电池短路，其后果是有蓄电池爆炸和电解液流出的危险。遵守安装和拆卸规定，遵守工作指导。

4. 实训操作

用充电器给亏电的蓄电池充电：

充电器正极连接蓄电池正极，充电器负极连接蓄电池负极。确认蓄电池端柱清洁、充电回路连接良好。建议用恒压 16V（最大不能超过 16.2V）限流 25A 充电器对蓄电池充电至电眼发绿。电池电眼发绿说明已充足电。没有条件用恒压方式充电，可以按下列规范恒流充电。

充电结束后，检查蓄电池电眼颜色。电眼显示为绿色，说明蓄电池已充足电。如果电眼为黑色检查充电连线是否接牢，连接点是否清洁，充电电压是否达到 16V，并继续补充电。

若发现电眼发白，有可能是电眼中有气泡，可轻微摇晃电池将气泡赶走。若摇晃后仍然发白，应更换该蓄电池。

对于蓄电池电压低于 11V 的蓄电池，补充电初期可能会出现蓄电池充不进电现象。因为严重亏电蓄电池，蓄电池内硫酸比重已接近纯水，蓄电池内阻很大，随着蓄电池充电的进行，蓄电池内硫酸比重上升，蓄电池的充电电流可以逐步恢复正常。充电过程中，如果发生蓄电池排气孔喷酸，应立即停止充电。充电过程中，蓄电池温度超过45℃时，停止充电，直到电池温度降到室温后，将充电电流减半，继续充电。蓄电池补充电过程中，每小时检查一次电眼状态。蓄电池电眼显示绿色，说明蓄电池已充足电，停止充电。

任务1-5 蓄电池的使用和保养

1. 任务描述

对实训车辆上的蓄电池进行维护。

2. 教学目标

（1）能力目标

1）会使用和维护普通蓄电池。

2）会使用和维护免维护蓄电池。

3）能检查和诊断蓄电池常见的外部和内部故障。

（2）知识目标

1）掌握使用和维护普通蓄电池的项目和方法。

2）掌握使用和维护免维护蓄电池的项目和方法。

3）掌握蓄电池常见的外部故障和内部故障的原因和种类。

3. 相关知识

（1）蓄电池的使用和维护

1）普通蓄电池的使用和维护

① 使用

普通蓄电池的使用寿命一般为1~2年，要延长其使用寿命，应该正确使用并注意保养。

（a）大电流放电时间不宜过长，使用起动机时，每次时间不要超过5s，相邻两次起动之间的时间间隔应该在15s以上。

（b）充电电压不要过高，因充电电压增高10%~12%时，蓄电池的寿命将会缩短2/3左右。

（c）尽量避免蓄电池过放电或长期在欠充电状态下工作，放完电的蓄电池应该在24h内充电。

（d）冬季使用蓄电池，要特别注意保持充足电状态，以免电解液密度降低而结冰。在保证不结冰的前提下，尽可能采用密度偏低的电解液，如果液面过低需添加蒸馏水，只能在充电前进行，尽可能使水和电解液混合。冷起动前，注意预热发动机。

② 维护

除了正确使用蓄电池，日常的维护也是非常重要的。

（a）保持蓄电池外部的清洁，经常清除蓄电池上的灰尘、泥土以及极桩和电线头上的氧化物，擦去电池上部和外表面的电解液和污物。

（b）检查蓄电池固定得是否牢固、极桩是否晃动、接头是否连接紧固。

（c）检查和调整各单格电池内电解液的液面高度。

（d）根据外界温度和季节，及时调整电解液的密度。

(e) 检查并疏通加液孔盖上的通气孔。
(f) 经常检查蓄电池的放电程度,如果低于规定标准,要立即进行补充充电。
2) 免维护蓄电池的使用和维护

这种蓄电池是严格密封的,所以不需要加注蒸馏水,但是要经常检查外壳有无裂纹和腐蚀情况。有电解液指示器的,要检查电解液的液面和密度。

(2) 蓄电池故障
1) 常见外部故障
① 容器破裂

蓄电池容器多由硬橡胶或塑料制成,质地硬脆。造成破裂的原因有蓄电池固定螺母拧得过紧、汽车行驶中剧烈振动、外物撞击和电解液结冰等。

检查判断时,可根据电池电解液液面高度以及电池底部的潮湿情况来判断是否有裂纹存在,容器的裂纹一般在其4个角上或附近区域。蓄电池的裂纹小的可以修补,严重的要更换蓄电池。

② 封口胶破裂

封口胶因质量低劣或受到撞击容易造成破裂。封口胶破裂后,电解液会从裂缝中渗出,与杂质混合会导致蓄电池外部导通短路,引起蓄电池自放电。封口胶有轻微裂缝时,可以在清洁干燥后,用喷灯喷裂纹处烤热熔封。裂缝严重的可以把封口胶清除干净,重新封口。

③ 极桩螺栓或螺母腐蚀

如果蓄电池的极桩螺栓和接线端已经腐蚀产生污物,可以用竹片将污物刮去,用抹布蘸浓度为5%的碱溶液擦去残余的污物和酸液,用水清洗干净。然后在极桩和接线端的表面涂上凡士林油保护。如果腐蚀比较严重,应该更换极桩连接螺栓和螺母。

④ 蓄电池爆炸

蓄电池充电后期,电解液中的水分解为氢气和氧气。由于氢气可以燃烧,氧气可以助燃,如果气体不及时排除,并且与明火接触的话,会迅速燃烧,引起爆炸。为了防止蓄电池产生爆炸事故,必须使蓄电池的通气孔保持畅通,严禁蓄电池周围有明火,蓄电池内部连接处的焊点要牢固,以免松动引起火花。

2) 常见内部故障
① 极板硫化

蓄电池长期充电不足或放电后长时间没有充电,极板上会生成一层白色的粗晶粒的硫酸铅。在正常充电时不能转化成二氧化铅和海绵状的纯铅,这种现象称为"硫酸铅硬化",简称"硫化"。

这种硫酸铅晶体导电性差、体积大,会阻塞活性物质的孔隙,阻碍了电解液的渗透和扩散,使蓄电池的内阻增加,起动时不能供给大的起动电流,以致不能起动发动机。

(a) 硫化的特征
a) 放电时,电压急剧下降,电池容量降低。
b) 蓄电池充电时单格电压上升快,电解液温度迅速上升,但电解液密度却增加得很慢。
c) 蓄电池充电时过早产生气泡,甚至一开始就有气泡。
(b) 产生硫化的原因

蓄电池长期充电不足，或放完电后没有及时充电；蓄电池经常过量放电或小电流深度放电；电解液液面过低；电解液不纯、电解液密度过高等。

(c) 极板硫化的处理方法

轻度极板硫化的蓄电池，可以使用 2~3A 的小电流长时间充电，即过充电，或者用全放、全充的充电循环方法使活性物质还原。对于硫化较严重的蓄电池，可以使用去硫充电的方式消除硫化，对于严重硫化的蓄电池则应该更换极板或者报废。

② 自行放电

充足电的蓄电池，在放置不用时，电能自行消耗而逐渐失去电量的现象称为自行放电。充足电的蓄电池，每昼夜自行放电的容量不能超过总电量的 2%。否则，就是自行放电故障。产生自行放电的原因有：电解液和极板隔板材料中有杂质，在电池内部形成局部电池，产生自放电；蓄电池表面有电解液泄漏，连接正负极桩导致放电；蓄电池长期放置；极板活性物质脱落等。

为了减少蓄电池自行放电，在使用中应该保持蓄电池表面清洁干燥，盖好加液孔盖，以免杂质掉入电池内，保证电解液的纯度。

有自行放电故障的蓄电池，可以用以下方法处理：将蓄电池完全放电或过放电，使极板上的杂质浸入电解液中，然后倒掉电解液，再用蒸馏水反复清洗蓄电池各单格电池，最后加入新的电解液重新充电。

③ 极板短路

隔板损坏、极板拱曲或活性物质大量脱落沉积在容器底部都会造成极板短路。极板短路的外部特征是：充电时电解液的温度迅速升高，而电压和密度上升缓慢，充电期间气泡很少；用高率放电计测试时，电压迅速下降到零。

对于极板短路的蓄电池必须解体，查明短路的原因并排除。

④ 极板活性物质脱落

活性物质脱落，主要是正极板上的二氧化铅脱落，这是蓄电池过早损坏的原因之一。产生活性物质脱落的主要原因是充电电流过大，过充电、充电时温度过高等都会造成活性物质脱落。另外，蓄电池接起动机时间过长，放电电流过大，使极板拱曲也会造成活性物质脱落。活性物质脱落不严重的话，可以通过清洗和更换电解液后重新使用。脱落严重的应该更换极板或报废。

4. 实训操作

对实训车辆的免维护蓄电池进行维护。

任务1-6　质量检查与交车

1. 任务描述

教师或学生作为"客户"，实训用车辆作为客户的车辆，学生作为"服务顾问"进行质量检查与交车。

2. 教学目标

(1) 能力目标

1) 能对维修完工的车辆进行质量检验，会填写维修车辆出厂质量检查单。

2) 能承担质量责任。
3) 能执行维修质量检验规范。
(2) 知识目标
1) 熟悉质量检验员的工作职责和质量责任。
2) 熟悉质量检验员应具备的资历和能力。
3) 掌握维修质量检验规范及考核方案。
4) 熟悉维修车辆出厂质量检查单的填写。

3. 相关知识

以下内容是某4S店的维修质量检查员职位描述，维修质量检验规范及考核方案。
(1) 维修质量检查员职位描述
1) 质量检验员工作职责：
① 熟练掌握汽车维修质量检验的基本原理、技术标准、规范和方法。
② 能快速、准确地判断汽车维修疑难杂症并具有较强的检修检测能力。
③ 能独立完成并可指导他人完成汽车维修全过程的各项质量检验工作。
④ 按照委托书内容无遗漏地逐项进行检查，认真填写最终质量检查报告日报。
⑤ 参与顾客满意度整改及返修/返工车辆的原因分析及改善对策。
⑥ 定期编制质检日报、周报、月报并提出合理化建议。
⑦ 严格把握三级质检制度，并一丝不苟地执行，不合格的车辆必须予以返修/返工。
⑧ 质检员休假或者外出试车，由车间主管/技术总监担当值班质检员，如果有相应工作交接，质检报告上得有签名确认。
⑨ 完成公司交办的其他临时性工作。
2) 质量责任
① 了解、实施质量管理体系，参与质量管理体系的完善。
② 对用户车辆的维修质量负责，并及时处理用户的疑问。
3) 资历和能力
① 大专或同等以上文化程度。
② 3年以上汽车维修工作经验。
③ 有驾照。
④ 熟悉被检品牌汽车及相关工作流程。
⑤ 技术知识丰富，故障判断能力较强。
⑥ 具有良好的协调、组织能力，工作认真负责。
⑦ 行政或职务关系，受技术负责人（主管）的领导。
(2) 维修质量检验规范

在维修过程中，维修技师应严格遵循"不接受、不制造、不传递"质量缺陷的原则，重视修理的质量，采用上下道工序互检的方式并严格执行三级质检（自检、互检、专职检）检验制度。

1) 第一级检验：维修技师的个人自检（自检）

维修技师在完成修理和后续整理工作后进行。自检的主要内容包括根据维修工单的作业内容，逐项检查是否达到技术标准。自检完毕，维修技师在维修工单技师栏填写自己名字。

2) 第二级检验：维修班组的互检（互检）

维修班组长对本班组的维修质量负责。在其本班组成员自检完成后，班组长应按规定对所完成的维修项目进行质检，并核对是否所有维修项目和操作内容均已完成。当发现问题时，必须采取相应措施进行纠正。检验的结果应反馈给维修技师，以提高维修技师的技术水平，避免同一问题的重复发生。完成质检后，班组长应当在维修工单技师签字后签字确认，如有增加项目，应在增项技师签字的下面签字确认，然后将工单、客户自费更换的配件、钥匙交接给质检人员，申请质检员总检。

3) 第三级检验：质检人员的终检（专职检）

质检员在班组二级检验合格后，再对车辆的维修质量进行终检，必要时路试，同时对完工车辆的清洁状况进行检查；做好最终检验记录，并签字。对二级维护、总成大修和整车修理的，应按照机动车维修合格证管理制度规定，开具汽车修竣出厂合格证，并向客户解释合格证保修条例。重要、安全性能的修理、返修等，应优先检验。

(3) 质检合格的车辆交车

质检合格的车辆由维修技师将维修工单交接给服务顾问，并向服务顾问做详细交接，服务顾问应做力所能及的完工交车前的质检（油液面及颜色外观质检）。未经三级质检的车辆，服务顾问必须拒绝完工交车。服务顾问引导客户检验车辆后，打印预结算单向客户解释费用明细，引导客户买单后送客。

(4) 维修检验不合格车辆的处理

维修检验不合格指各级检验中发生的不合格。对于一、二级检验发生的不合格由各班组班组长负责自行采取相应的纠正措施。但对于由于技术水平、配件、维修检测设备原因等班组不能解决的问题，应当及时报告车间主管。

1) 内部返修的处理

三级检验（最终检验）中发现的不合格，质检人员应当做好记录，并把不合格车辆返回原承修班组重新维修，告知检验发现的问题和做好"检验不合格的标识"，即为内部返修标注，对于终检的不合格车辆，经维修后应当重新检验。

2) 外返车辆的处理

外返车辆是指经最终检验合格，已交付顾客使用，但在短期内或质保期内，故障重新出现，并经分析判断确认为维修质量问题的车辆。外返车辆的确认由质检人员、技术主管、车间主管和服务主管共同进行，开外返维修工单，标注"外部返工"，由车间主管安排原承修组返修，但由于技术能力限制的，应当安排给技术能力更高的班组。外返车辆必须给予优先安排，维修完工后，再次检验，合格后，才能交付。

质检人员应当详细记录每一台内返/外返车辆，编制日、周、月报告分析不合格原因，并采取相应的纠正或预防措施。

(5) 质量抽检

发动机大修或价值较高的总成修理（镗缸、磨轴或者总成件修理），技术主管要亲自测量各技术参数并进行过程检验，车辆完工出厂前需要技术主管签字确认；车间主管应会同技术主管联合随机抽检已终检的车辆，每月应不低于30台次，样本要包括修竣的事故车，要有月度抽检报告并做相应分析。

4. 实训操作

对维修完工的车辆进行质量检验并填写维修车辆出厂质量检查单，车辆出厂质量检查单见表 2-1-17。

表 2-1-17　车辆出厂质量检查单

××××维修车辆出厂质量检查单

任务委托书号						
检查项目	交车检查（是否与接车状态时相同）	备注（如有与接车状况不同，请注明原因）	检查项目	交车检查（是否与接车状态时相同）	备注（如有与接车状况不同，请注明原因）
车辆主副及应急钥匙	正常□异常□		油表位置		
内饰	正常□异常□		车辆外观		
电子指示系统	正常□异常□		客户陈述与要求已完全处理		
刮水器功能	正常□异常□		维修项目已经完全完成		
天窗	正常□异常□		客户车辆主要设置恢复原状		
音响	正常□异常□		实际费用与预估基本一致		
空调	正常□异常□		实际时间与预估基本一致		
点烟器	正常□异常□		洗车质量符合标准要求		
座椅及安全带	正常□异常□		旧件已按客户要求处理		
后视镜	正常□异常□		告知客户回访时间及方式		
玻璃升降器	正常□异常□		提醒下次保养里程/时间		
天线	正常□异常□		推荐预约并告知预约电话		
备胎	正常□异常□		提醒24小时服务热线		
随车工具	正常□异常□		实际交车时间		
维修技师：		班组长：		质检员：	
整体评价 非常满意□	客户整体评价（请帮忙在下述相应表格中打"√"）			客户签字	
	非常满意□	满意□	一般□	不满意□	非常不满意□

项目 2　倒车灯电路故障诊断与排除

任务 2-1　确认故障现象

1. 任务描述

利用实训车辆,在倒车灯电路良好的情况下,操作和使用倒车灯;在倒车灯电路设置故障的情况下,学生进行检查并记录故障现象。

2. 教学目标

(1) 能力目标

能正确操作、使用和检查汽车倒车灯。

(2) 知识目标

1) 掌握操作和使用汽车电气系统知识。

2) 了解汽车倒车灯的法律法规要求。

3. 相关知识

1) 汽车倒车灯的安装位置及功用

汽车倒车灯安装在汽车的尾部,一般是左右对称各安装 1 只,个别车辆只在右侧安装 1 只。法规规定为白色。汽车倒车灯用于在倒车时照亮车后的路面,并起到警示车后的车辆和行人的作用。

2) 倒车灯的使用

打开点火开关,手动车辆挂倒档,自动档汽车换档手柄放在 R(倒档)位置,倒车灯应点亮。

4. 实训操作

检查倒车灯并记录故障现象。

任务 2-2　识读电路图并在车上熟悉电路构造

1. 任务描述

识读实训车的倒车灯电路图;利用维修资料,在实训车上熟悉倒车灯电路构造。

2. 教学目标

(1) 能力目标

1) 会使用汽车维修资料和维修数据。

2) 能识读汽车倒车灯电路图。

3) 能在车上熟悉倒车灯电路构造。

(2) 知识目标

1) 熟悉维修资料和维修数据的使用。

2）掌握汽车电路图的特点。
3）掌握汽车电路读图基本方法。
4）掌握汽车电路的构成。

3. 相关知识

（1）导线与线束

1）导线

导线是汽车电气系统中最基础的组成部分，但它并不像大家想象的那么简单。在不同的汽车电路中，对导线的尺寸以及材料要求也不一样，它们各自都有严格的标准规定。

注意：在维修汽车电路时，要严格按照维修手册中的相关规定、标准、程序去执行。切记不可随便连接、更换或替代出现问题的导线。有的修理人员经常随意篡改和加接导线，就是我们俗称的"飞线"，这样容易引起导线过热，发生火灾，是十分危险的。

单根导线标称截面及允许的电流见表2-2-1。

表2-2-1 导线截面与允许电流的关系

导线标称截面积 /mm²	0.5	0.75	1.0	1.5	2.5	4.0	35	50
允许电流 /A	13	16	19	24	32	42	170	215

注：将单根导线置于温度为25℃的空气中。

2）线束

现在大多数汽车电路都使用外面有绝缘层的铜质导线，还有一种具有屏蔽功能的屏蔽电缆中也有应用。屏蔽电缆外围有屏蔽层，从而可以避免受电磁波的干扰。汽车计算机信号传输电路一般都使用屏蔽电缆。另外还有多根导线并排制作在一起的带状导线，这种导线的优点是节省空间，布线简单，多用在空间狭小的地方，比如汽车仪表板系统电路使用的就是带状导线。如图2-2-1所示。

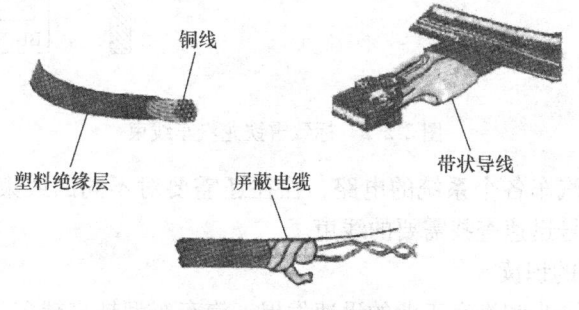

图2-2-1 汽车导线

在汽车电路中应用最多的应该是线束。线束其实就是将多根导线集合在一起，并共用一个大的接头，以节省空间和简化电路。例如，灯光开关的连接线束内就包含停车灯、尾灯、远光和近光电路所使用的导线。大多数线束用一根硬质或软质塑料管包装，然后用线夹固定在汽车上。一辆汽车上会有多个线束，而且汽车越高级，线束越多。线束的布线方式在各车型的维修手册中有详细的标注，如图2-2-2所示为标致雪铁龙汽车线束。

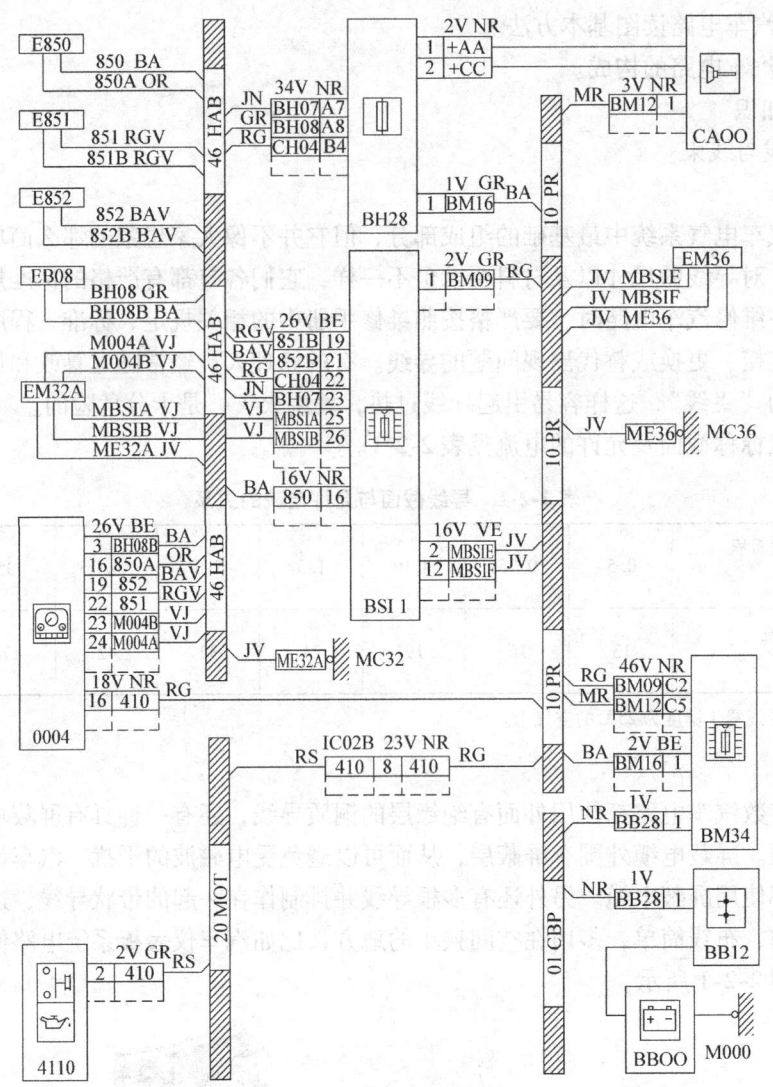

图 2-2-2 标致雪铁龙汽车线束

为了更好地区分汽车各个系统的电路，往往还需要对不同的线束进行编号。维修汽车时，可以根据这些编号迅速查找需要的线束。

（2）汽车电路图的识读

随着汽车技术的进步和汽车工业的迅速发展，汽车车型越来越多，结构越来越复杂，功能越来越完善。汽车设备的性能不断得到改进，特别是汽车电子控制技术的迅速发展，使得汽车电路越来越复杂。作为一名汽车维修技师，快速、准确地阅读和利用电路图已是一项必备的技能。但是各种车型的汽车线路结构型式、电气设备的数量、安装位置、接线方法都各有差异，所以想彻底读懂电路图，需要系统的学习。

本部分介绍各种电路图的共同点和不同点以及阅读方法。

1）各种类型车辆电路的共同特点

虽然不同厂家的不同车型的电路图都有各自的特点，但是所有电路的接线原则会有共同点。汽车电气线路除了采用低压直流电、单线制负极搭铁外，还具有以下3个特点：

① 各用电设备均采用并联。汽车上的两个电源（蓄电池与发电机）之间以及所有用电设备之间，都是正极接正极，负极接负极，并联连接。

② 汽车线路有颜色和编号特征。为了便于区别各线路的连接，汽车所有低压导线必须选用不同颜色的单色或双色线，并在每根导线上编号。编号由生产厂家统一编制。

③ 导线做成线束。为了不使全车导线凌乱，以便安装和绝缘保护，一般都将导线做成线束。一辆车可以有多个线束。

2）汽车电路的构成

下面以大众公司的电路图为例，讲解汽车电路的构成。如图2-2-3所示。

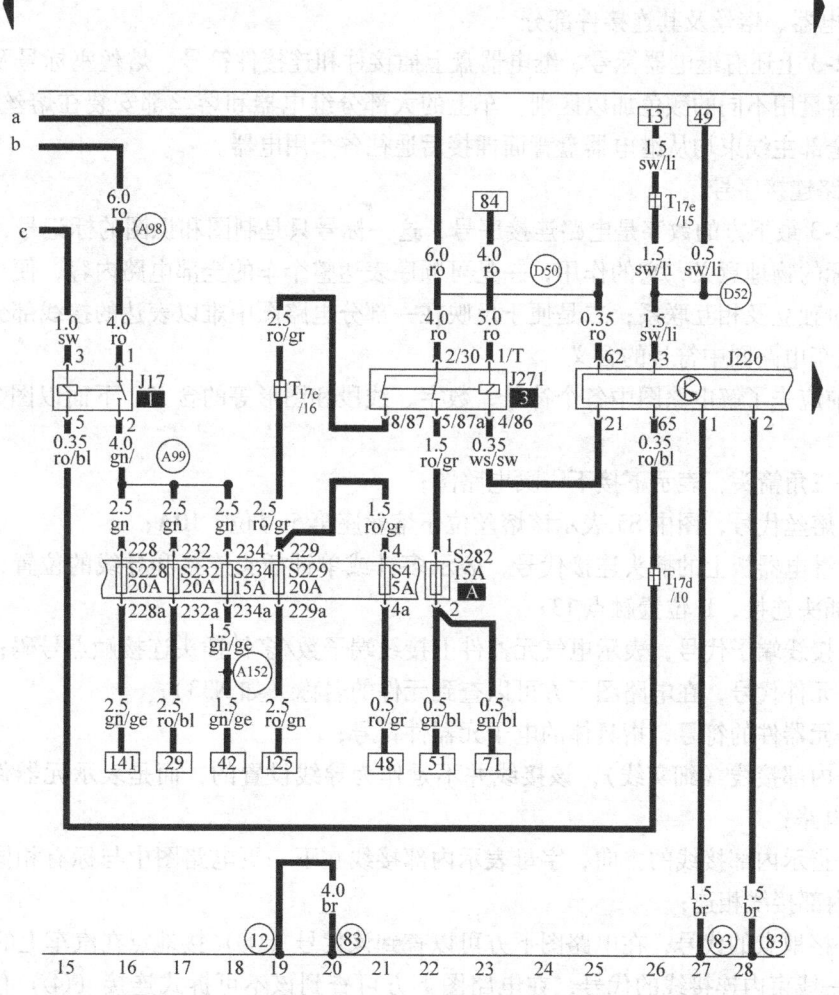

图2-2-3　典型电路图

① 外线部分

外线部分在图上以粗实线画出，集中在图的中间部分。每条线上都有导线的颜色、导线的截面积的标注（原厂图）。线端都有接线柱号或插口号表示其连接关系。用颜色标记或用文字及字母表示。

如果导线是双色的，则以两种颜色的字母共同标记。有时导线的截面积会以数字标示在导线颜色上方，例如4.0、6.0等，单位是mm^2。

② 内部连接部分

内部连接部分在图上以细线画出。这部分连接是存在的，但线路是不存在的。这种标示线路是为了说明连接关系。同时，使电路图更加容易理解。

③ 电气元件部分

电路图本身就是表达元件之间的连接关系的。电气元件在图中用框图辅以相应的标号表示，每一个元件都有一个代号。电气元件的接线点都用标号标出，标号在元件上可以找到。例如，图2-2-3上燃油泵继电器S271。

④ 继电器、熔丝及其连接件部分

图2-2-3上还有继电器标号、继电器盘上插接件和连接件符号、熔丝座标号及熔丝容量等。熔丝容量用不同的颜色加以区别。车上的大部分继电器和熔丝都安装在熔丝/继电器盒内。几乎全部主线束均从继电器盘背面插接后通往各个用电器。

⑤ 电路连接序号

图2-2-3最下方的数字是电路连接序号，这一标号只是制图和识图的标记号，数字的大小没有实际的物理意义，它的作用，一是可顺序表达整个车的全部电路内容，便于表示每一部分的相对独立及相互联系；二是便于反映在一部分电路图中难以表达的接线部分。

3）汽车电路图中符号的含义

读图前应先了解电路图中各个符号、数字、线段和图形等的含义，下面以图2-2-4为例进行说明。

1——三角箭头，表示下接下一页电路图；

2——熔丝代号，图中S5表示该熔丝位于熔丝座第5号位，10A；

3——继电器板上的插头连接代号，表示多针或单针插头连接和导线的位置，例如D13表示多针插头连接，D位置触点13；

4——接线端子代号，表示电气元器件上接线端子数/多针插头连接触点号码；

5——元件代号，在电路图下方可以查到元件的名称（如N33）；

6——元器件的符号，指具体的电子元器件符号；

7——内部接线（细实线），该接线并不是作为导线设置的，而是表示元器件或导线线束内部的电路；

8——指示内部接线的去向，字母表示内部接线在下一页电路图中与标有相同字母（例如d）的内部接线相连；

9——接地点的代号，在电路图下方可以查到该代号（①）接地点在汽车上的位置；

10——线束内连接线的代号，在电路图下方可查到该不可拆式连接（④）位于哪个导线束内；

11——插头连接，例如T8a/6表示8针a插头触点6；

12——附加熔丝符号，例如 S 123 表示在中央电器附加继电器板上第 23 号位熔丝，10A；

13——导线的颜色和截面积（单位：mm²），例如棕/红，2.5：mm²。

14——三角箭头，指示元器件接续上一页电路图；

15——指示导线的去向，框内的数字指示导线连接到哪个接点编号；

16——继电器位置编号，表示继电器板上的继电器位置编号；

17——继电器板上的继电器或控制器接线代号，该代号表示继电器多针插头的各个触点。例如：2/30 表示：2 是指继电器板上 2 号位插口的触点 2，30 是指继电器/控制器上的触点 30。

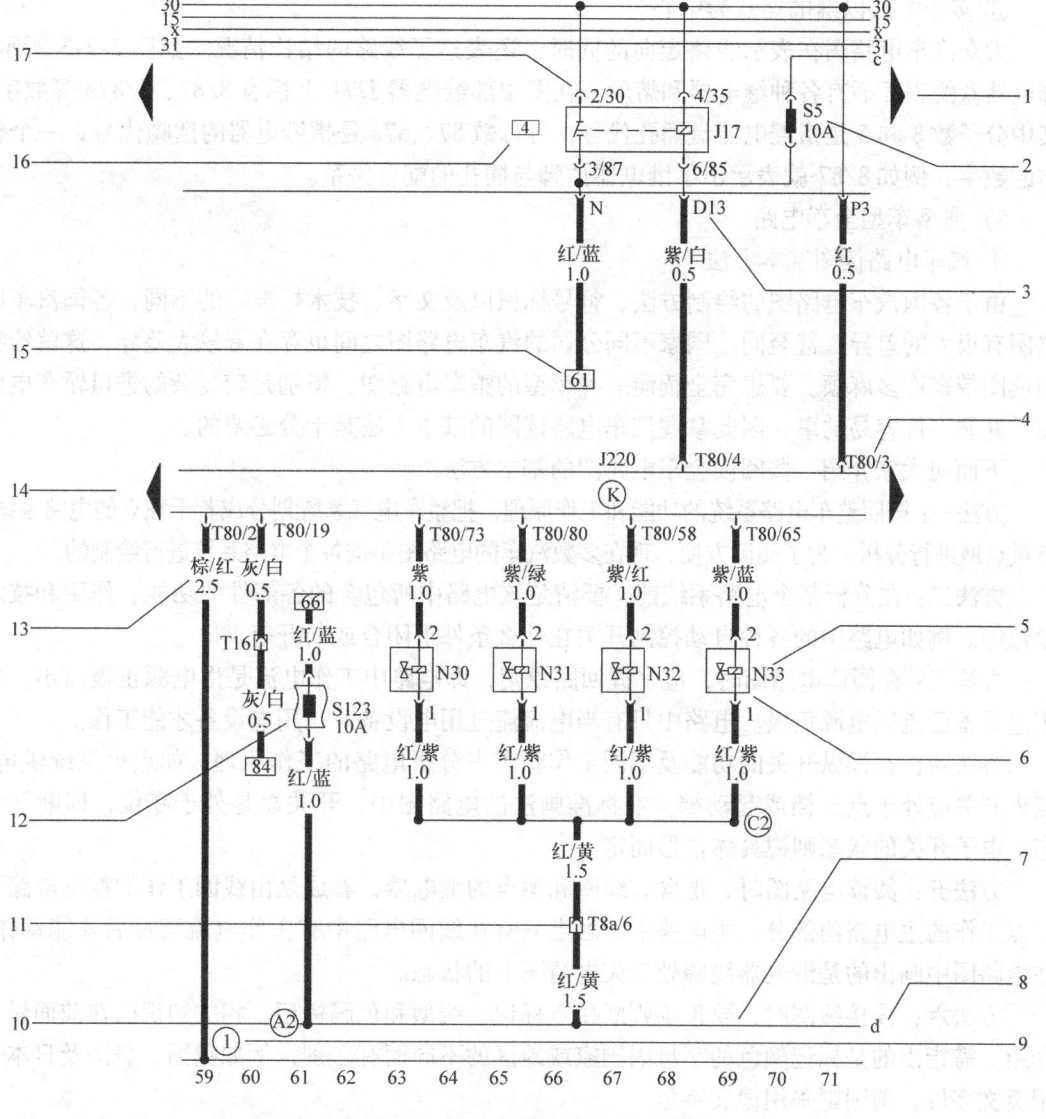

图 2-2-4　汽车电路图中符号含义说明

4）汽车电路图的特点与标准画法

① 接点标记具有固定的含义

在电路图中经常遇到接点标记的数字及字母，它们都具有固定的含义。如图 2-2-4 所示，最上方的数字 30 代表的是来自蓄电池正极的供电线，数字 31 代表搭铁线，数字 15 代表来自点火开关的点火供电线，x 代表受控制的大容量用电设备供电线（来自卸荷继电器的供电线）等。无论这些标记出现在电路的什么地方，相同的标记都代表相同的接点。

② 所有电路都是纵向排列，不互相交叉

图 2-2-4 的电路图采用了断线代号法来处理线路复杂交错的问题。例如，某一条线路的上半段在电路序号为 66 的位置上，下半段电路在电路序号为 61 的位置上，在上半段电路的终止处画一个标有 61 的小方格，在下半段电路的开始处也有一小方格，内标有 66，通过 61 和 66 就可以将上、下半段电路连在一起了。

③ 多个电路以继电器盒为中心

大众汽车电路图在表示线路走向的同时，还表达了线路的结构情况。如图 2-2-3 所示，继电器盒的正面插有各种继电器和熔丝。在图中部继电器 J271 上标有 8/87、5/87a 等数字，其中分子数 8 和 5 是指继电器盘插孔代号，分母数 87、87a 是指继电器的插脚代号，一个整体的数字，例如 8/87 就表示出了继电器插脚与插孔的配合关系。

5）典型车型全车电路

① 汽车电路读图基本方法

由于各国汽车电路图的绘制方法、符号标识以及文字、技术标准等的不同，各国汽车电路图有很大的差异，甚至同一国家不同公司的汽车电路图之间也存在着较大差异，这就给我们读图带来许多麻烦。要想完全读懂一种车型的整车电路图，特别是较复杂的进口轿车电路图，并非一件容易的事，因此掌握汽车电路读图的基本方法是十分必要的。

下面向大家介绍一些阅读全车电路图的基本方法。

方法一：按照整车电路系统的功能和工作原理，把整车电气系统划分成若干独立的电路系统，有重点地进行分析。为了阅读方便，现在多数汽车的电路图是按各个电路系统进行绘制的。

方法二：在分析某个电路系统前，要清楚该电路中所包含的各部件的功能、作用和技术参数等。例如电路中的各种自动控制开关在什么条件下闭合或断开等。

方法三：在阅读电路图时，应掌握回路原则，即电路中工作电流是由电源正极流出，经用电设备后流回电源负极。电路中只有当电流流过用电设备时，用电设备才能工作。

方法四：按操纵开关的功能及不同工作状态来分析电路的工作原理。如点火系统供电，点火开关应处于点火档或起动档。在标准画法的电路图中，开关总是处于零位，即断开状态，电子开关的状态则视具体情形而定。

方法五：阅读电路图时，把含有线圈和触点的继电器，看成是由线圈工作的控制电路和触点工作的主电路两部分。主电路中的触点只有在线圈电路中有工作电流流过后才能动作。在电路图中画出的是继电器线圈处于失电情况下的状态。

方法六：读接线图时，要正确判断接点标记、线型和色码标记。相关知识已在前面做了介绍。需指出的是标记颜色的字母因国家或地区的不同而有区别，例如我国、美国及日本采用英文字母，德国则采用德文字母。

方法七：进口汽车一般只配有接线图，其原理图往往是有关人员为研究、使用及检修而收集和绘制的。由于这些图的来源不同，收集时间不同以及符号变更等，在读法上可能出现差异。所以在读电路原理图时应注意这一点。

总之，掌握这些读图的基本方法，只是为读图打下一定基础，要达到快速准确地读图，还需不断地学习和实践。

② 全车电路的组成

汽车电气设备线路图是将各电气部件的图形符号通过导线连接在一起的关系图。可分为三种形式，即布线图、电路原理图和线束图。布线图是汽车上采用较早、应用较广的一种，它较准确地反映了汽车电气各部件的安装位置，从图中可看出导线的走向、接点、分叉等情况，但识读困难；电路原理图可清楚地反映出电气系统各部件的连接关系和电路原理；线束图用于绕制线束和连接电气设备。

全车线路一般包括以下几个部分：

电源电路——由蓄电池、发电机、电压调节器及工作情况指示装置电路组成。

起动电路——由起动机、继电器及保护装置电路组成。

照明及灯光信号装置电路——由各种灯、继电器及开关电路组成。

仪表电路——由仪表指示装置、传感器、各种报警指示灯及控制装置的电路组成。

辅助装置电路——由提高车辆安全性、舒适性、经济性等各种功能的电气装置组成的电路，因车型不同而有所差异。一般包括风窗刮水清洗装置、风窗除霜防雾装置、起动预热装置、音响装置、空调装置、点烟装置、车窗电动举升装置、电控门锁、电动座椅调节装置等。

随着现代汽车的发展，电子控制装置在汽车上的应用越来越多，如电子控制燃油喷射、自动变速器、防抱死制动、巡航控制、悬架平衡控制等，都将会构成电气线路的另一组成部分。

6）电气线路分析

① 电路分析方法

电气线路分析方法是先研究各部分的线路，然后按照由部分到整体的顺序逐次地进行研究。在研究某一部分或某一设备的线路时，应熟悉该部分的工作原理，根据它的工作性质，运用有关的连接原则分析和掌握它的线路。具体方法可以沿着工作电流的流动方向，由电源查向用电设备；也可以逆着工作电流方向，由用电设备查向电源。

② 认识电路图符号及相关数码

在布线图中电气系统的图形符号一般由外形演变而来，易于辨认。在电路原理图中则有规定的符号。在全车线路中，常标有字母和数字，用来说明图形和线条所反映不出来的内容。

在读懂电路图符号及数码意义的基础上，按照"化整为零、闭合回路"的原则，即可读懂电气线路图，为查找和排除电气系统故障提供依据。

③ 认识电路接线特点

尽管各汽车电气设备的数量不同、形式不一、安装位置不同、接线有些差异，但它们具有以下几个共同特点：

（a）汽车上各电气设备的接线大多采用单线制。这样不但安装方便，而且减少了线路的故障。

（b）两个电源（蓄电池和发电机）并联。这样两电源可单独供电，也能共同供电，且发电机电压高于蓄电池电压时，还能向蓄电池充电。

（c）各用电设备必须并联，且受各自开关控制。

(d) 电流表能反映蓄电池的充放电情况。汽车上的用电设备除了用电量大的起动机、电喇叭外,都必须经过电流表与蓄电池构成回路。

为了防止短路烧坏线束,汽车上大部分用电设备都装有保护装置。

7) 大众电路图读图实例

下面以蓄电池、起动机、发电机、点火开关部分电路为例,介绍电路图的标记。蓄参见图2-2-5。

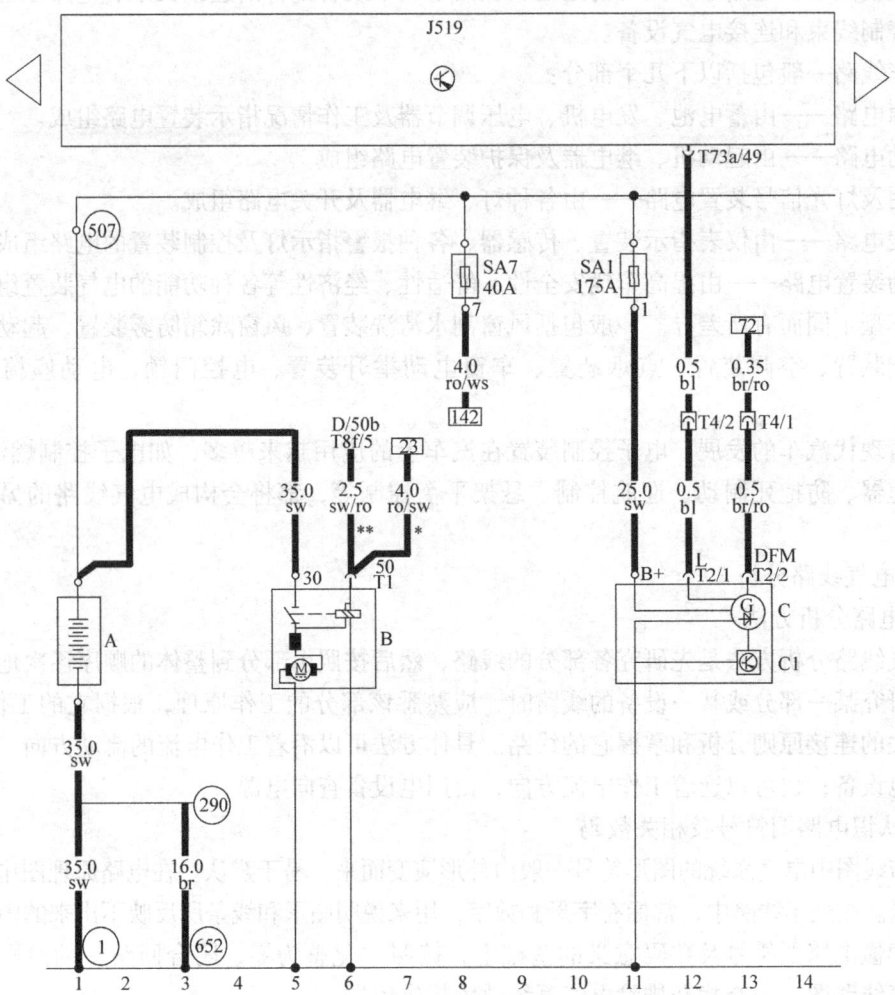

图 2-2-5 蓄电池、起动机、发电机及点火开关电路

A—蓄电池 B—起动机 C—交流发电机 C1—电压调压器 D—点火开关 J519—车身控制模块

SA1—熔丝(175A) SA7—熔丝(40A) T1—1、T2—2、T4—4、T8f—8 芯黑色插接器

T73a—73 芯白色插接器 ①—接地点,蓄电池至车身 290—蓄电池线束中的接地连接

507—蓄电池熔丝架上的螺栓连接(30) 652—接地点,变速箱和发动机接地,在发动机固定螺栓上

*—仅限于装备自动变速器的汽车 **—仅限于装备手动变速器的汽车

导线颜色:ws—白色 sw—黑色 ro—红色 br—棕色 bl—蓝色

① 蓄电池

蓄电池在电路图 2-2-5 中用 A 表示,负极搭铁,接地点①表示蓄电池至车身搭铁,652

表示至变速箱搭铁。从蓄电池负极至车身的这条搭铁线较粗，截面积为35mm²。另一条接地线导线为6mm²的棕色线。

蓄电池的正极与起动机接点30用粗线连接，截面积为35mm²。是用来向起动机供大电流的。

② 起动机

起动机用B表示。线路编号5、6的细实线表示自身内部搭铁。接点50上，如果装备自动变速器的汽车，通过T1用4mm²的红黑线相连；如果装备手动变速器的汽车，通过T1用2.5mm²的黑红线相连，并通过T8f/5与点火开关D/50b相连，组成起动机电磁开关的控制电路，50端子通电，起动机即工作。起动机接点30的接线如前蓄电池接线所述。

③ 发电机

发电机用C表示。发电机电压调节器用C1表示。线路编号为11的细实线表示自身接地。发电机的L端子，通过插接器T2/1、0.5mm²的蓝色线、插接器T4/2、0.5mm²的蓝色线、插接器T73a/49与车身控制模块J519相连。点火开关接通、发动机未起动时，L端子得电，仪表板内的二极管正向导通，向发电机励磁绕组提供励磁电流，发电机报警灯点亮。发动机起动后，发电机发电，L端子电压由发电机提供，进入自励磁，L端子电位升高后，发电机报警灯熄灭。如果在行车中发电机报警灯点亮，说明充电系统有故障，应及时进行检修。

B+端子是发电机C输出端子，通过25mm²的黑色线、SA1熔丝（175A）连接到蓄电池熔丝架上。当发电机发电时给蓄电池充电或给汽车用电器供电。

8）电控电路简介

以上海大众朗逸轿车车身控制单元电路为例。上海大众朗逸1.6L和2.0L轿车所配置的车身控制单元属大众PQ25生产平台上集成度较高的产品，其实质是将车载网络控制单元、舒适系统控制单元和数据总线控制单元集成于一体，负责管理车辆电子电气系统。涉及的系统包括电气负荷管理、发电机励磁控制、CAN-BUS数据传输、定速巡航和车身电器（转向灯、危急报警灯、制动灯、喇叭、风窗清洗、刮水器、后视镜、后风窗加热、座椅加热、电动车窗与中控锁等）。自动档车型还具有起动机继电器、换档杆锁和倒车灯的辅助控制功能。车身控制单元具有功能强大的自诊断功能，其诊断地址为09，标注代号为J519。车身控制单元有两个T73端子的插接器与外围电路连接，T73a为黑色，T73b为白色，安装位置在仪表左侧继电器板下方（见图2-2-6）。

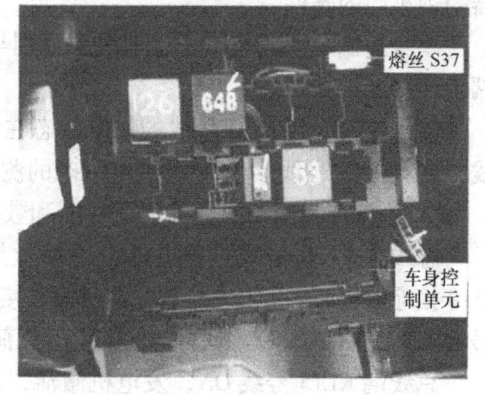

图2-2-6 车身控制单元电路

① 车身控制单元的外围电路

车身控制单元与其他控制单元一样，其外围电路可分为电源电路、信号输入电路和控制执行器工作的输出电路，现描述如下：

车身控制单元的电源电路如图2-2-7所示。

对应不同的控制对象，车身控制单元设有8路来自电源总线KL30号线的常电输入。30号线→熔丝SC16（7.5A）→J519的T73b/39端子，作为控制单元常电电源。

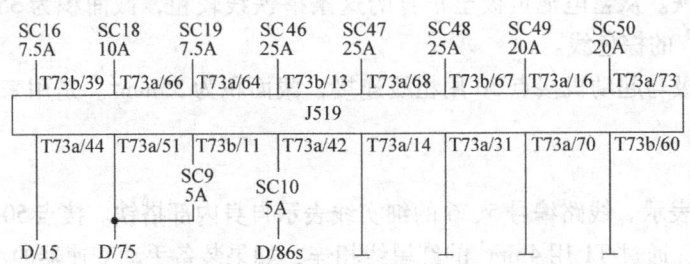

图 2-2-7　车身控制单元的电源电路

30 号线→熔丝 SC18（10A）→J519 的 T73a/66 端子，为车内照明灯供电。
30 号线→熔丝 SC19（7.5A）→J519 的 T73a/64 端子，为后视镜加热供电。
30 号线→熔丝 SC46（25A）→J519 的 T73b/13 端子，为转向灯、制动灯供电。
30 号线→熔丝 SC47（25A）→J519 的 T73b/68 端子，为风窗清洗和刮水电机供电。
30 号线→熔丝 SC48（25A）→J519 的 T73b/67 端子，为后风窗加热供电。
30 号线→熔丝 SC49（20A）→J519 的 T73a/16 端子，为中控锁供电。
30 号线→熔丝 SC50（20A）→J519 的 T73a/73 的端子，为喇叭供电。

除 30 号线供电外，车身控制单元还需要总线端 KL15 号线、KL75 号线的电源。15 号线的电路走向是：点火开关 D/15→J519 的 T73a/44 端子，为 J519 与网关 J533 供电。它还唤醒 CAN 总线及 LIN 总线，是 J519 正常工作（除中控锁和车身防盗功能外）的必要条件，同时也体现点火开关位置。2 条 75 号线电路走向是：D/75→熔丝 SC9（5A）→J519 的 T73b/11 端子，为倒车灯供电；D/75→J519 的 T73a/51 端子，体现点火开关位置。86s 号线电路走向是：D/86s→熔丝 SC10（5A）→J519 的 T73a/42 端子，体现点火开关位置，构成遥控器闭锁车门的条件。

车身控制单元共有 4 条接地线，分别与 J519 的 T73a/14、T73a/31、T73a/70 和 T73b/60 端子连接。

15 号、75 号和 86s 号线的供电状态在测量值 001 组显示，1 区是 86s 号线，3 区是 75 号线，4 区是 15 号线。30 号线供电状态的测量值在 040 组和 041 组各区间显示。

② 车身控制单元的电气负荷检测和数据总线

总线端 KL30 号线→蓄电池上部熔丝架内的熔丝 S5（5A）→J519 的 T73b/59 端子，与 J519 接地端子 T73b/60（与蓄电池负极直接连接）构成检测发电机发电量和车辆电气负荷的信号输入（见图 2-2-8）。针对不同的电气负荷，车身控制单元按以下三种模式进行相应管理。

总线端 KL15 号线 ON，发电机激活，蓄电池电压低于 12.7V，控制策略通过发动机控制单元 J220 提升发动机怠速转速来提高发电量；蓄电池电压低于 12.2V，J519 将关闭座椅加热（通过 T73a/36 端子→座椅加热控制单元 J774 的 T8n/2 端子发送关闭指令）、后风窗玻璃加热和后视镜加热等负载较大的用电器，并关闭车内部分照明，如脚部照明灯，降低或关闭自动空调系统的功率输出（通过舒适系统 CAN 总线）。

总线端 KL15 号线 ON，发电机未激活，当蓄电池电压低于 12.2V 时，关闭脚部照明、自动空调和信息娱乐系统（如收音机）。

总线端 KL15 号线 OFF，当电压低于 11.8V 时，关闭车内照明灯和收音机。

项目2　倒车灯电路故障诊断与排除

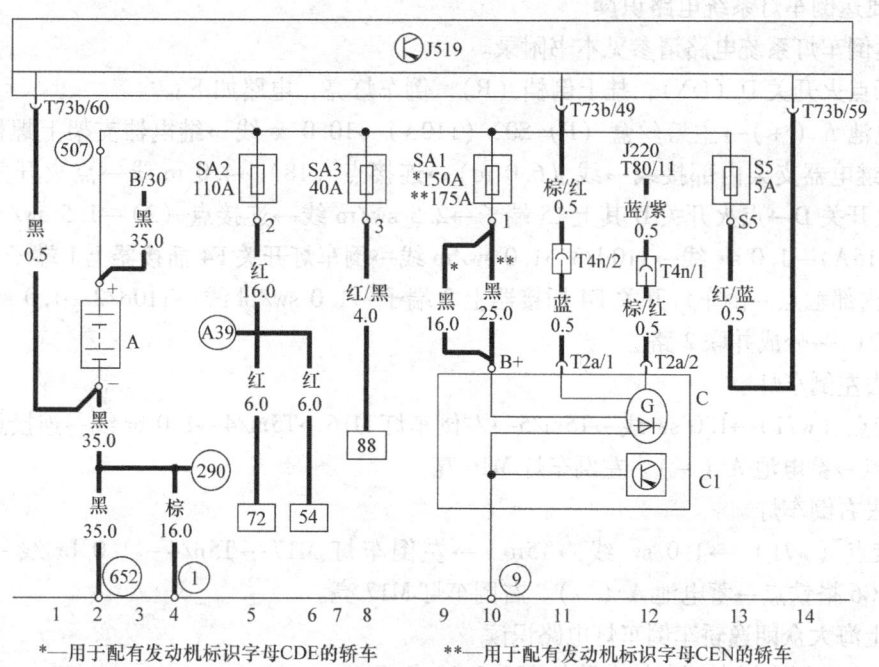

图2-2-8　电源电路图

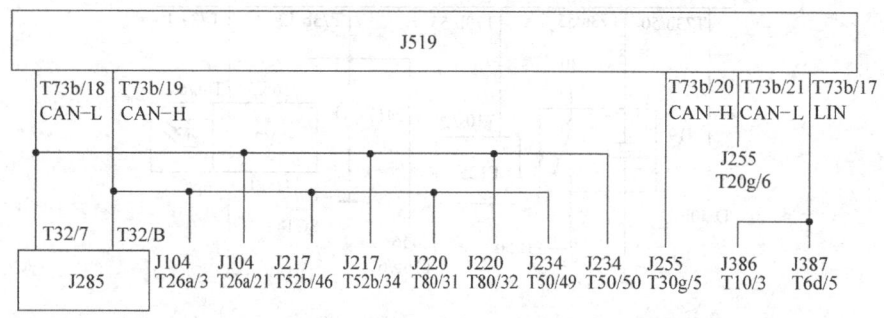

图2-2-9　网关图

J104—ABS控制单元　　J217—自动变速器控制单元　　J220—发动机控制单元
J255—自动空调控制单元　　J285—仪表控制单元　　J386—驾驶员侧车门控制单元
J387—前排乘客侧车门控制单元　　J519—车身控制单元

　　J519供电电压的测量值在002组2区和060组1区，电气负荷管理状态在060组的2区和3区显示。

　　由于数据总线控制单元J533集成在J519内，所以动力系统CAN数据总线和舒适系统数据总线在此交汇（见图2-2-9）。T73b/18、T73b/19、T73b/20和T73b/21端子依次与动力系统CAN-L、CAN-H和舒适系统CAN-H、CAN-L连接形成CAN总线网络，用于各控制单元之间的数据交换。T73b/17是LIN总线端子，在LIN总线上连接的从控单元有驾驶人侧车门控制单元J386和前排乘客侧车门控制单元J387。

　　9）倒车灯系统电路识读

① 捷达倒车灯系统电路识读

捷达倒车灯系统电路请参见本书附录。

打开点火开关D（ON），挂上倒档（R），倒车灯亮，电路如下：

蓄电池A（+）→主熔丝盒（P）S02（110A）→10.0 ro 线→继电器支架上螺栓连接点（105）→继电器支架内部接线→线（6.0 ro）→连接点（18）→4.0 ro 线→点火开关D30 端子→点火开关D→点火开关D其上15 端子→2.5 sw/ro 线→连接点（2）→1.5 sw/ro 线→熔丝S14（15A）→1.0 sw 线→T10d/3→1.0 sw/ro 线→倒车灯开关F4 插接器上1 端子→倒车灯开关F4 内部触点→倒车灯开关F4 插接器上2 端子→1.0 sw/bl 线→T10d/2→1.0 sw 线→连接点（w71）→分成并联2 路。

① 去左倒车灯

连接点（w71）→1.0 sw 线→T5m/5→左倒车灯M16→T5m/4→1.0 br 线→连接点（58）→G6 搭铁点→蓄电池A（-）。左倒车灯M16 亮。

② 去右倒车灯

连接点（w71）→1.0 sw 线→T5n/1→左倒车灯M17→T5n/4→1.0 br 线→连接点（58）→G6 搭铁点→蓄电池A（-）。右倒车灯M17 亮。

② 上海大众朗逸轿车倒车灯电路识读

上海大众朗逸轿车倒车灯电路如图2-2-10 所示。

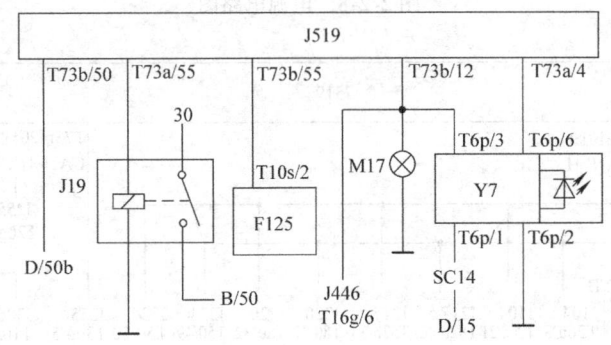

图2-2-10　上海大众朗逸轿车倒车灯电路图
F125—自动变速器多功能开关　J19—起动锁止继电器　J446—驻车辅助控制单元
M17—倒车灯　Y7—室内自动防眩目后视镜

对于自动档轿车，自动变速器多功能开关F125 通过其T10s/2 端子向J519 的T73b/55 端子发送自动变速器档位信号（见图2-2-10）。当J519 检测到F125 处于R 档位置时，T73b/12 端子输出12V 电压使倒车灯M17 点亮，与此同时该电压信号加在驻车辅助控制单元J446 的T16g/6 端子和室内防眩目后视镜Y7 的T6p/3 端子上，J446 根据这一信号开始执行倒车距离控制。Y7 的作用是自动调节车后入射光线的反射强度，避免对驾驶人眼睛产生眩目，Y7 识别到倒车信号后关闭防眩目功能。

对于手动档轿车，倒车灯M17 则由倒车灯开关F4 直接控制点亮，并将12V 电压信号加在J519 的T73b/55 端子，被J519 识别后通过其T73b/48 端子向J446 发送倒车信息。

车身控制单元的测量值，倒车灯开关信号测量值在030 组4 区显示，倒车灯控制状态的测量值在034 组4 区显示。执行诊断测试模式（DTM）功能可对倒车灯进行终端测试。

4. 实训操作

在捷达车上查找及认识倒车灯电路上每个信息并熟悉其功用，即：蓄电池 A；主保险丝盒 P 及其上的 110A 熔丝；10.0 ro 线；4.0 ro 线；点火开关 D，其上 15、30 端子；插接器；2.5sw/ro 线；1.5 sw/ro 线；熔丝 S14（15A）；1.0sw 线；T10d 及 T10d/3；1.0 sw/ro 线；倒车灯开关 F4 及其插接器上 1、2 端子；1.0sw/bl 线；T10d 及 T10d/2；1.0sw 线；w71 点；T6m 及 T6m/5、T6m/2；T6n 及 T6n/5、T6n/2；1.0 br 线；58 接点；2.5 br 线；G6 搭铁点。

任务 2-3　电路故障分析

1. 任务描述

在实训车辆上设置倒车灯不亮故障，要求学生会分析故障，确定故障范围，确定诊断顺序。

2. 教学目标

（1）能力目标

1）会分析故障，确定故障范围。

2）能确定诊断顺序。

（2）知识目标

1）了解汽车电气系统的工作条件。

2）掌握汽车电气系统的故障种类。

3）掌握电气元器件故障性质。

4）掌握线路故障，即短路、断路及高电阻。

5）掌握分析故障，确定故障范围方法。

6）掌握确定诊断顺序的原则。

3. 相关知识

汽车电气系统的故障虽然多种多样，但就产生故障的原因与诊断方法却有许多共同之处，掌握这些共性知识对我们进行电气系统的故障诊断与分析会带来很大帮助。

（1）汽车电气系统的工作条件

汽车电气系统的工作条件可概括为：大范围的温度和湿度变化，波动的电压及较强的脉冲干扰，电器间的相互干扰，剧烈的振动以及尘土的侵蚀等。

1）温度与湿度

温度的变化包括两方面：一是外界环境温度；二是使用温度。使用温度与电器设备工作时间的长短、布置位置以及电子元件自身的发热和散热条件有密切关系。对于电子元件来讲，较高的使用温度是造成过热损坏的主要原因。

在湿度较大的环境下，将会增加水分子对电子元件的浸润作用，使其绝缘性能下降，影响电器设备的工作性能。

2）电压的波动

汽车电气系统的电压波动可分为两种：一种是正常范围内的波动，即从蓄电池的端电压到电压调节器起作用的电压之间；另一种为过电压，过电压将对汽车上的电子设备带来极大危害。

过电压从其性质来分，可分为非瞬变性过电压和瞬变性过电压。非瞬变性过电压主要是由于发电机调节器失灵，或其他原因引起发电机励磁电流未经调节器，使发电机电压升高到不正常值。这种故障如不及时排除，则整个充电系统的电压会一直处于不正常的高压，过电压有时可高达100多伏。它会使蓄电池的电解液沸腾，电器设备烧毁。

瞬变性过电压对汽车电子元件危害最大，其产生主要有以下几种情况：

① 当停车关闭点火开关时，由于发电机的磁场绕组与蓄电池之间的通路瞬间切断，从而在磁场绕组中感应出按指数规律变化的负电压，其反向峰值可达 $-100V \sim -50V$。该脉冲由于没有蓄电池吸收，极易引起电子元器件的损坏。

② 汽车运行中，发电机与蓄电池之间的导线意外松脱，或者在没有蓄电池的情况下，突然断开其他负载。发电机端电压瞬间可升高很多，极限情况可达100V以上，且可维持0.1s左右的时间。对一些过电压敏感的电子元件，这样的过电压足以造成损坏或误动作。

③ 电感性负载，如喇叭、各种电动机、电磁离合器等，在切换时，将在电路中产生高频振荡，振荡的峰值电压可达200多伏，但其持续时间较短（$300\mu s$左右），一般不能引起电子元件损坏，但对于具有高频响应的控制系统，如电控汽油喷射系统，往往会引起误动作。

3）电器间的相互干扰

由于各个电器设备工作方式不同，它们之间会以不同的方式彼此干扰。通常将汽车上所有电器能在车上正常工作而不干扰其他电器正常工作的能力称为汽车电器的相容性。在实际中，电器间的相互干扰是不可避免的，因此，对汽车电气系统来说，重要的是相容性。任何因素激发出的振荡都会通过导线等以电磁波的方式发射出去，势必对其他电子系统产生电磁干扰。因此，汽车上应用的计算机等，都应具有良好的屏蔽措施，一旦屏蔽被破坏，也会导致其工作异常。

4）其他

汽车行驶中不可避免地产生振动和冲击，它将造成电子设备的机械性损坏，如脱线、脱焊、触点抖动、搭铁（接地）不良等故障。尘土及有害气体的侵蚀会导致接触不良、绝缘性能下降等故障。

(2) 汽车电气系统的故障种类

汽车电气系统的故障总体上可分为两大类：一类是电器元件故障；另一类是线路故障。

1）电器元件故障

汽车电气系统的故障大多数是由于电器元件故障造成的。

电器元件故障是指电气系统中电器元件自身丧失其原有机能，包括电器元件的机械损坏、烧毁，电子元件的击穿、老化、性能减退等。在实际使用和维修中，常常因线路故障、质量不好而造成电器元件故障。电器元件故障有的是可修复的，但对于一些不可拆的电器元件，出现故障后只能更换。

汽车各电气系统具有数量不等的电器元件，常见的故障如熔丝烧断，灯泡灯丝烧断，电机转子和定子绕组短路、断路或搭铁（接地），电刷接触不良等，开关常见故障是触点接触不良和机械故障，继电器主要是触点接触不良或线圈断路。

2）线路故障

线路故障包括断路、短路、接线松脱、接触不良或绝缘不良等。这一类故障有时容易出现一些假象，给故障诊断带来困难。例如，某搭铁线与车身出现接触不良，就有可能造成用电器工作不正常。这是因为有的搭铁（接地）线多为几个用电器共用，一旦该搭铁（接地）

线出现接触不良，它就把多个用电器的工作电路联系到一起，就有可能通过其他线路找到搭铁（接地）途径，造成一个或多个用电器工作异常。

① 短路

（a）接地短路（搭铁）

接地短路是指电路未经过负载提前接地的一种故障现象。

大部分接地短路故障是由于导线或电路元件的绝缘层破裂，并且接地造成的。如图2-2-11所示，开关和灯泡之间的导线绝缘层破损导致接地短路，电流没有通过灯泡而直接返回接地端，会导致灯泡不亮，电路中的电流升高，熔丝或其他电路保护装置断开。如果电路没有保护装置，还会引起线路或其他部件烧毁。

图2-2-12中是另一种形式的接地短路故障。电路在灯泡和开关之前接地，会导致灯泡不亮并且开关无法控制电路，熔丝也会马上烧断。如果没有电路保护装置，还有可能会烧毁电源。若出现这种情况，即使更换了熔丝，接通电路后仍然会再次烧断熔丝。

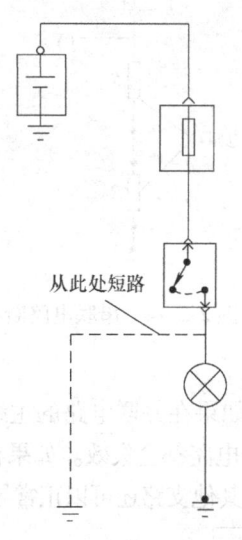 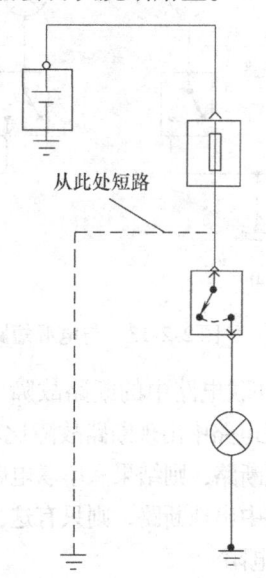

图2-2-11 接地短路（从控制开关后面短路）　　图2-2-12 接地短路（从控制开关前面短路）

（b）电源短路

在汽车电路故障中，还有一种短路形式是与电源短路，通常是一个电路的两个独立分支因导线绝缘层破损相互连接，如图2-2-13所示。

电源短路一般会导致电路不能正常工作或者反应异常甚至烧毁。如图2-2-13a所示，两个独立的支路在开关前面短路，会使两个电路都不能单独控制，任何一个开关都可以同时控制这两个电路，但一个开关闭合后，另一个开关将不能关断电路。如图2-2-13b所示，一个电路灯泡前面的导线和一个电路灯泡和开关之间的导线短接，这样会造成右边的电路失效，而左边的电路正常。所以遇到短路故障，要具体情况具体分析，不能一概而论，要根据故障的详细情况，参照电路图并利用检测工具正确判断才行。

② 断路

断路是一种不连续的、有中断的电路故障。电气部件接触不良就是一种轻微的断路现象。电路中的任何一部分出现问题都有可能导致断路，比如导线断裂、电路部件烧毁、接头松动等。

(a) 串联电路中的断路故障

如图 2-2-14 所示，一个串联电路中出现断路故障，这会导致整个电路都不导通。检测电路中断路的方法是用电压表分别测量电路中各个部件两端的电压。即电压表一端接搭铁，而另一端分别接某一个部件的两端。如果一端有电压，而另一端没有电压（电压为 0V），则这个部件中间肯定有断路存在。

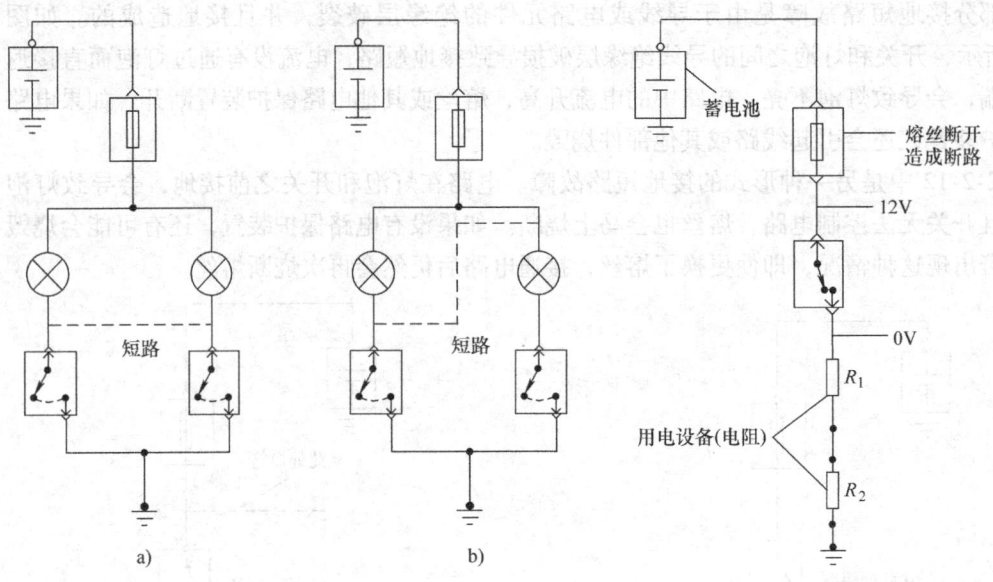

图 2-2-13 与电源短路　　图 2-2-14 串联电路断路

(b) 并联电路中的断路故障

在并联电路中出现断路故障比较复杂，如图 2-2-15 所示。如果在并联电路的主线路或接地电路中出现断路，则结果和串联电路中出现断路是一样的，整个电路都会失效。如果在并联电路的某个支路中出现断路，则只有这个出现断路的支路受到影响，其他支路还可以正常导通。

③ 高电阻

高电阻现象在汽车电路中经常出现。高电阻会引起整个电路或某个器件断断续续的导通，或者电路中电流过低。例如灯泡闪烁或者亮度降低，就有可能是高电阻引起的。电路连接不好、松动或者接头不干净都有可能引起高电阻问题。

由于汽车的工作环境比较恶劣，比如高速、高温、寒冷、颠簸、腐蚀等都会引起电路故障。所以在日常行车过程中要经常检查和注意保养电气系统。如果发现电气部件有异常或导线破裂、扭结、松动等，一定要及时检修。

4. 实训操作

(1) 分析故障，确定故障范围

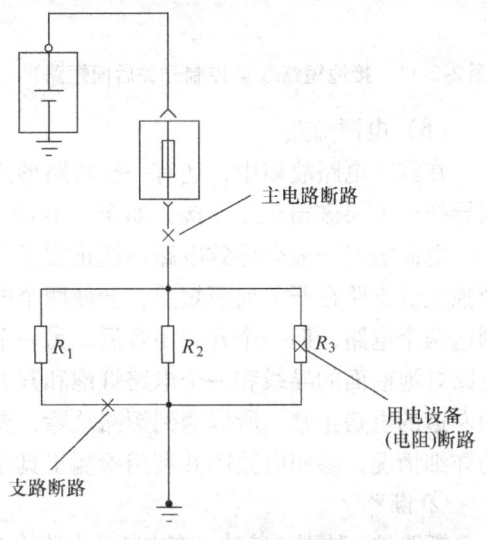

图 2-2-15 并联电路断路

所谓分析故障就是根据故障现象、故障码、数据流、仪表、相关系统或部件的功用、原理、工作过程等分析故障可能的原因，确定故障范围。

如捷达车两个倒车灯不亮，分析故障，故障范围应该是两个倒车灯的公共部分的电器元件和线路断路故障。具体故障点和故障性质如下：

1）熔丝 S14（15A）烧断；
2）熔丝 S14 熔丝接触不良；
3）S14—T10d/3 之间线断；
4）T10d 插接器 T10d/3、T10d/2 接触不良；
5）T10d/3—倒车灯开关 F4 之间线断；
6）倒车灯开关 F4 插接器（两端）接触不良；
7）倒车灯开关 F4 接触不良；
8）倒车灯开关 F4 线束插接器—F4T10d/2 之间线断；
9）F4T10d/2—w71 之间线断；
10）w71 点断路。

（2）确定诊断顺序

根据故障范围确定诊断顺序，即先诊断什么、后诊断什么。一般来说，熔丝、开关、用电器、插接器等容易出现故障，如果不是事故车，电线很少出现故障。因此，如果故障范围内包含熔丝，应首先检查，其次是诊断开关，电机、继电器、灯泡等用电器，插接器的电器元件。最后再查线路。还包括以下原则：

1）故障码优先。即如果有故障码，则首先按照故障码指示的故障进行诊断。
2）故障概率大的优先。
3）容易检测诊断的优先。
4）先易后难。
5）先外后内。
6）先检测不需要拆件或少拆件的。

如上述捷达车两个倒车灯不亮，根据分析故障确定的故障范围，确定诊断顺序如下：

1）熔丝 S14（15A）。
2）倒车灯开关 F4。
3）倒车灯开关 F4 插接器（两端）接触不良；T10d 插接器 T10d/3、T10d/2 接触不良；熔丝 S14 熔丝接触。
4）线路：F4T10d/2—w71 之间线断；S14—T10d/3 之间线断；T10d/3—倒车灯开关 F4 之间线断；倒车灯开关 F4 线束插接器—F4T10d/2 之间线断；F4T10d/2—w71 之间线断；w71 点断路。

任务 2-4　倒车灯熔丝故障诊断与排除

1. 任务描述

将实训用的 2008 款捷达车，设置倒车灯熔丝 S14（15A）烧断故障。诊断与排除倒车灯熔丝故障。

2. 教学目标

（1）能力目标

1）能用换件法诊断与排除熔断器（熔丝）、易熔线。

2）能用肉眼观察诊断熔断器（熔丝）、易熔线。

3）能用万用表通过电位法、电压法及电阻法诊断熔断器（熔丝）、易熔线。

4）能用试灯诊断熔断器（熔丝）、易熔线。

（2）知识目标

1）熟悉电路保护装置的熔断器、易熔线的构造、功用及原理。

2）熟悉电路保护装置的熔断器、易熔线的诊断方法、流程及注意事项。

3. 相关知识

在汽车电路中会出现电器部件过载或搭铁（接地）短路等电路故障，这种故障会引起电流过大而损坏部件和导线。为此通常在汽车电路中使用保护装置，如果发生过载（电流过大），保护装置就会切断电源，阻止电流流过电路。常用的电路保护装置有熔断器、易熔线等，如图 2-2-16 所示。

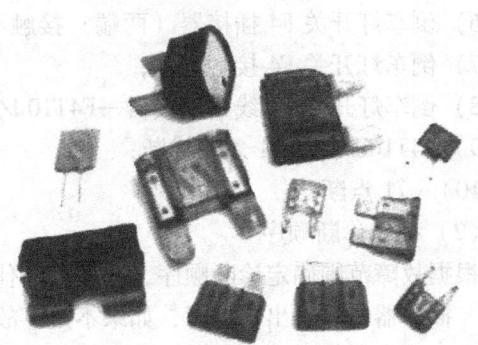

图 2-2-16 常见的电路保护装置（实物）

（1）熔断器

熔断器是最常见的电路保护装置（见图 2-2-17）。熔断器集中装在熔断器盒内。由于车型不同，熔断器盒安装的位置也不同，通常安装在仪表板下、前围板后面、杂物箱后面或前挡板上。熔断器标识和规格通常贴在熔断器盒内或其盖上，如图 2-2-18 所示。

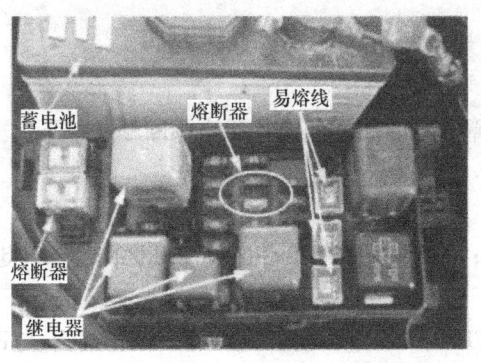

图 2-2-17 熔断器盒中的熔断器

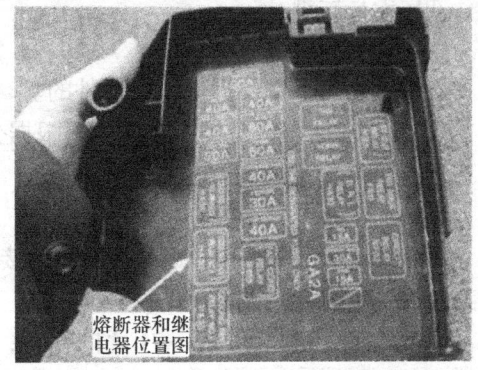

图 2-2-18 熔断器盒盖上标有熔断器的详细信息

按熔断器壳体的材料分，常见的熔断器有塑料片式、玻璃管式、陶瓷式；按熔断器的型号分有大号熔断器、标准的汽车熔断器和小号熔断器。如图 2-2-19 所示。

以上这些熔断器虽然外形不尽相同，但内部结构和原理基本一致。

熔断器与它保护的电路串联连接。熔断器一端和蓄电池连接，另一端接要保护的电路（见图 2-2-20）。增加汽车附件时，必须根据实际情况选择正确的熔断器。熔断器的额定电流要稍大于实际的负载电流。

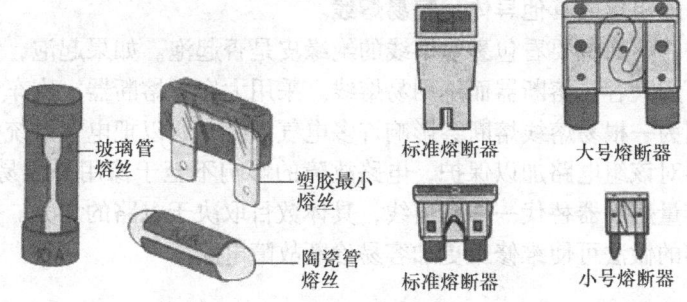

图 2-2-19 常用熔断器

警告：熔断器都有额定电压和额定电流，切勿使用超过汽车厂规定额定值的熔断器，否则会损害电路。

（2）易熔线

易熔线对主电源线提供保护。易熔线由易熔材料制造，外表包裹特别的耐热绝缘层，一部汽车或许有一根或几根。易熔线盒外壳上标有额定值（见图2-2-21），电路过载时，易熔线会熔化，从而切断电路。易熔线一般位于蓄电池附近的主连接处（见图2-2-22），在有些通用汽车公司产的汽车上，易熔线位于起动电机附近的主连接处（见图2-2-23）。易熔线的电流容量由它的线号决定。易熔线一般比它保护的线号大4个线号（即大4个号码），导线越细其线号越大，比如14号线需要18号易熔线保护。

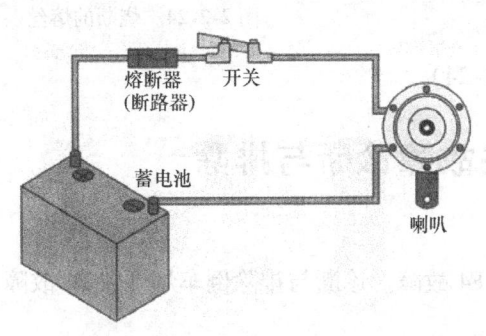

图 2-2-20 熔断器串联在电路中

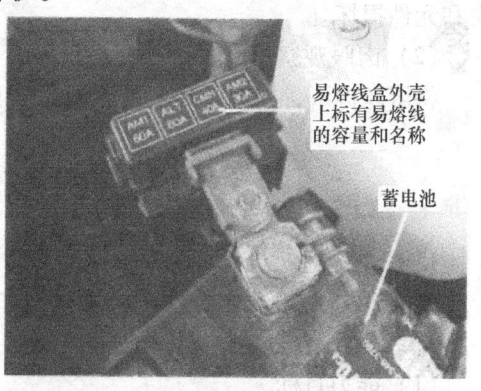

图 2-2-21 易熔线的外壳上标有其额定值

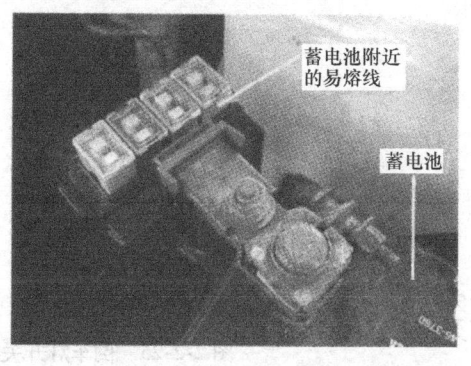

图 2-2-22 在电源附近的易熔线

图 2-2-23 在发动机室内熔丝/继电器盒内的易熔线

警告：不准用电阻丝或其他导体代替易熔线。

识别易熔线是否熔断主要看包裹易熔线的绝缘皮是否起泡。如果起泡，说明已熔断。

有一些汽车厂用大容量熔断器而不用易熔线。采用大容量熔断器，汽车厂将电气系统划分成几组电路。因为一根易熔线熔断会影响许多电气系统，所以把电气系统分成若干组电路并用大容量熔断器对该组电路加以保护，电路故障的影响不至于像用一根易熔线那样严重。一般要用多个大容量熔断器替代一根易熔线，具体数目取决于电路的划分。分成几组电路并采用大容量熔断器的做法可使维修工更加容易诊断故障电路。

4. 实训操作

倒车灯电路熔丝 S14（15A）诊断。

（1）换件法

换件法在实际故障诊断中经常采用。使用一个型号、结构、性能相同的无故障的元件替换怀疑可能出现故障的元件，观察出现故障系统的工作情况，从而判断故障所在。采用换件法必须注意的是，在换件前要对其线路进行必要的检查，确保线路正常方可使用，否则会造成更大的损失。

对于拆卸比较方便的电器元件采用换件法较好，如熔丝、继电器、灯泡等。而有的电器元件拆卸较麻烦，如倒车灯开关、灯光总开关、点火开关、发电机、起动机、车窗电机等，所以最好是诊断其确实有故障再拆卸，然后采用换件法，以免造成工时损失和元件损坏。

图 2-2-24　烧断的熔丝

（2）肉眼观察

将熔丝拆下，用肉眼观察是否断路（见图 2-2-24）。

任务 2-5　倒车灯开关故障诊断与排除

1. 任务描述

将实训用的 2008 款捷达车，设置倒车灯开关 F4 故障。诊断与排除倒车灯开关 F4 故障。

2. 教学目标

（1）能力目标

1）会用万用表、跨接线诊断倒车灯开关。

2）会更换倒车灯开关。

（2）知识目标

1）熟悉倒车灯开关构造、原理。

2）掌握诊断倒车灯开关规范、诊断工艺流程。

3）熟悉诊断倒车灯开关安全注意事项。

3. 相关知识

倒车灯开关（见图 2-2-25）是常开型的开关，当挂倒档时，机械机构将开关的触点压下，闭合电路，倒车灯亮。当脱开倒档时，开关触点弹起，倒档灯电路又成断开状态，倒车灯灭。

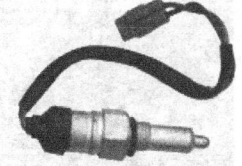

图 2-2-25　倒车灯开关

4. 实训操作

（1）倒车灯开关诊断

1）用万用表通过电阻法诊断
下面是笔者在实训车上的实测数据，以下同，不再标注。
① 条件
断开点火开关，断开倒车灯开关 F4 插头。
② 步骤
（a）不挂倒档。测量倒车灯开关 F4 两个端子的电阻 R。$R > 2\text{M}\Omega$，正常。
（b）挂上倒档。测量倒车灯开关 F4 两个端子的电阻 R。$R = 30.26\Omega$，不正常。正常 R 应小于 0.1Ω。
（c）结论。倒车灯开关 F4 有故障，属于触点接触不良。应该更换。
2）用跨接线诊断
① 在线测量条件
断开倒车灯开关插头，接通点火开关。
② 步骤
（a）断开倒车灯开关插头。
（b）用跨接线两端分别接线束上倒车灯开关的插头 1、2 端子上。
（c）接通点火开关，观察倒车灯是否亮。如果亮，说明是倒车灯损坏，否则倒车灯开关没坏。
（2）更换倒车灯开关（略）。

任务 2-6　倒车灯灯泡故障诊断与排除

1. 任务描述

将实训用的 2008 款捷达车，设置倒车灯灯泡故障。诊断与排除倒车灯灯泡故障。

2. 教学目标

（1）能力目标
1）会诊断与排除倒车灯灯泡故障。
2）会拆装更换倒车灯灯泡。
3）能看懂汽车倒车灯的底座说明。
（2）知识目标
1）熟悉汽车倒车灯分类。
2）熟悉汽车倒车灯的底座说明含义。
3）熟悉汽车倒车灯材料说明。
4）掌握气体汽车倒车灯、LED 汽车倒车灯的特点。

3. 相关知识

（1）汽车倒车灯分类

汽车倒车灯，按使用的材料的类型分为气体车类和 LED 类；按底座分为 P21W、W21W、P27W、W16W 等。

（2）汽车倒车灯的底座说明

P21W：功率 21W，灯泡直径 26.5mm，总长 52.5mm，也可称为 BA15S 或 1156。使用

P21W 汽车倒车灯的车型有奔驰 S 系和比亚迪 F3 等。

W21W：功率 21W，也可称为 7440。使用 W21W 汽车倒车灯的车型有吉普-欧兰德等。

P27W：功率 27W，可也称为 3156。

W16W：功率 16W，灯泡直径 15.2mm，总长 35.6mm，灯头表示为 W2.1×9.5d。使用 W16W 汽车倒车灯的车型有宝马 5 系、7 系和奥迪 Q5 等。

(3) 汽车倒车灯材料说明

1) 气体汽车倒车灯

气体汽车倒车灯使用的材料是卤素。由卤素做成的倒车灯，技术成熟，价格低，很多车型都在使用。但也有一些不足的地方，如有辐射、有汞、容易破裂等，对运输和安装带来一定的不便。使用寿命在 8000h 左右。

2) LED 汽车倒车灯

LED 汽车倒车灯（见图 2-2-26）使用的材料是 LED。由 LED 做成的汽车倒车灯具有无污染、无辐射、使用寿命长的特点（理论寿命在 50000h 以上）。现在已经有很多车型把倒车灯改装成 LED 倒车灯了。但由于 LED 汽车倒车灯价格较高，对普及使用有很大影响，特别是在国内，普及率比较低。

图 2-2-26 所示的这款 LED 汽车倒车灯泡由 12 颗 4.8mm 无边圆头 LED 做成，发光效果良好；其内部各电子元件经严格

图 2-2-26 LED 汽车倒车灯

测试合格，性能稳定，损耗下降约 20%；可根据客户的需求做成不同灯数、色温、亮度的相关汽车灯产品；用低压供电，比传统汽车灯泡更安全。

4. 实训操作

(1) 倒车灯灯泡诊断

1) 拆下并通过肉眼观察或用万用表诊断

拆下，通过肉眼观察灯丝情况判断好坏。如果肉眼观察不清楚或为了可靠起见，可以通过测量电阻的方法诊断。

2) 在线测量

在线测量在后续章节中讲授。

(2) 更换倒车灯灯泡

参考维修资料更换倒车灯灯泡。

任务 2-7　倒车灯电路故障诊断

1. 任务描述

将实训用的 2008 款捷达车，分别设置倒车灯开关 F4、熔丝 S14（15A）、线路故障。分别用万用表、试灯、跨接线，采用不同方法进行诊断故障。

2. 教学目标

(1) 能力目标

1) 会用电位法检测电路。

2) 能进行电压损失测量。

3) 了解汽车电气系统故障常用诊断方法。
4) 了解插接器的处理方法。
5) 了解导线和线束的处理方法。
6) 能进行导线和线束检测和维修。
7) 能进行接线端子的维修。
8) 能用万用表通过电位法、电压法、电阻法及通断法诊断电路。
9) 能用试灯、跨接线诊断电路。
(2) 知识目标
1) 掌握电位及其测量知识。
2) 掌握电压损失知识。
3) 了解测试灯构造原理及使用注意事项。
4) 了解跨接线构造原理及使用注意事项。
5) 熟悉汽车电气系统故障常用诊断方法。
6) 熟悉汽车电气系统故障诊断时应注意的事项。
7) 熟悉插接器的处理方法。
8) 熟悉导线和线束的处理方法。
9) 熟悉导线及端子的维修工艺流程。

3. 相关知识

(1) 汽车电气系统故障常用诊断方法

汽车电路发生的故障主要有断路、短路、电器元件的损坏等。为了能迅速、准确地诊断故障，下面介绍几种常见的诊断方法。

1) 直观诊断法

汽车电路发生故障时，有时会出现冒烟、火花、异响、焦臭、发热等异常现象。这些现象可通过人的眼、耳、鼻、身感觉到，从而可以直接判断出故障所在部位。

例如，汽车行驶中，突然发现转向灯与转向指示灯均不亮故障，用手一摸，发现闪光器发热烫手，说明闪光器已烧坏。

2) 断路法

汽车电路发生搭铁（对地短路）故障时，可用断路法判断，即将怀疑有搭铁故障的电路段断开后，根据电器设备中搭铁故障是否还存在，判断电路搭铁的部位和原因。

例如，汽车行驶时，听到电喇叭长鸣，则可以将继电器按钮接柱上的导线拆开，此时如果喇叭停鸣，则说明喇叭按钮至继电器这段电路中有搭铁。

3) 短路法

汽车电路中出现断路故障，还可以用短路法判断，即用跨接线将被怀疑有断路故障的电路短接，观察仪表变化或电器设备工作状况，从而判断出该电路中是否存在断路故障。

例如，怀疑汽车电路中的各种开关有故障，可用导线将开关短接来判断开关是好是坏。

4) 试灯法

试灯法就是用一只发光二极管作为试灯，检查电路中有无断路故障。

例如，用试灯的一端和交流发电机的电枢接柱连接，另一端搭铁。如果灯不亮，说明蓄电池至交流发电机电枢接柱间有断路现象；若灯亮，说明该段电路良好。

5）仪表法

观察汽车仪表板上的水温表、燃油表、机油指示灯等的指示情况，判断电路中有无故障。

例如，发动机冷态，接通点火开关时，水温表指示满刻度位置不动，说明水温表传感器有故障或该线路有搭铁。

6）换件法

换件法在实际故障诊断中经常采用。使用一个无故障的元件替换怀疑可能出现故障的元件，观察出现故障系统的工作情况，从而判断故障所在。采用换件法必须注意的是，在换件前要对其线路进行必要的检查，确保线路正常方可使用，否则会造成更大的损失。

7）仪器法

随着汽车电气设备的日趋复杂，在维修中，特别是维修装置电子设备较多的车辆，使用一些专用的仪器是十分必要的。

(2) 汽车电气系统故障诊断时应注意的事项

1）拆卸和安装电器元件时，应切断电源。

2）更换熔断器的熔丝时，一定要与原规格相同，切勿用导线替代。

3）正确拆卸导线插接器（插头与插座）。为了防止插接器在汽车行驶中脱开，所有的插接器均采用了闭锁装置。要拆开插接器时，首先要解除闭锁，然后把插接器拉开，不允许在未解除闭锁的情况下用力拉导线，这样会损坏闭锁或连接导线。

4）在检修传统汽车电气故障时，往往采用"试火"的办法逐一判断故障部位。在装有电子设备的汽车上，不允许使用这种方法。否则会给某些电路和电子元件造成意想不到的损害。

5）在发动机工作时，不要拆下蓄电池接线。对于装有电控装置的车辆也不要采用该办法来判断发电机是否发电。

6）不允许使用电阻表及万用表的 $R \times 100$ 以下低阻档检测小功率晶体管，以免电流过载损坏晶体管。

7）更换晶体管时，应首先接入基极；拆卸时，最后拆下基极。

4. 实训操作

(1) 插接器的处理方法

1）确认插接器清洁且没有松动的导线端子。

2）用润滑脂填塞多孔插接器（防水插接器除外）。

3）所有的插接器都有下压释放式锁（A），如图 2-2-27 所示。

4）一些插接器上有将它们固定在车体或其他部件固定支架上的夹子。此夹子有牵引式锁。

5）如果不能先释放锁且不能从其固定支架（A）上拆卸插接器，某些固定插接器就会分离，如图 2-2-28 所示。

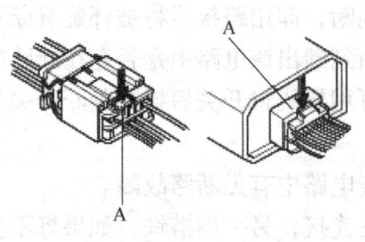

图 2-2-27 插接器释放式锁

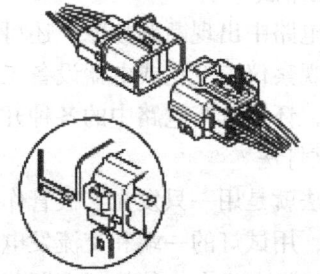

图 2-2-28 插接器固定支架上的夹子

6) 绝对不要试图通过拉插接器上的线束来分离插接器，而应抓住插接器的塑料壳往外拉。

7) 重新安装塑料盖，如图 2-2-29 所示。

8) 连接插接器前，确认端子(A)在适当位置且没有弯曲，如图 2-2-30 所示。

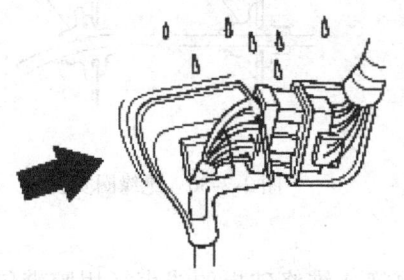 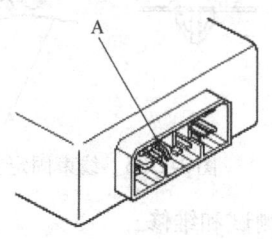

图 2-2-29　插接器塑料盖　　　　　　图 2-2-30　插接器端子

9) 检查挡圈(A)和橡胶密封圈(B)是否松动，如图 2-2-31 所示。

10) 某些插接器的后面包有润滑脂，必要时添加润滑脂。如果润滑脂（A）受到污染，应更换，如图 2-2-32 所示。

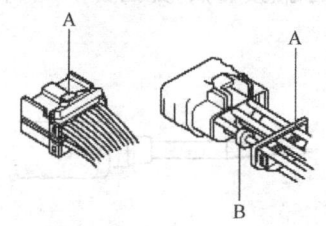 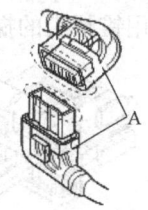

图 2-2-31　插接器挡圈（A）和橡胶密封圈（B）　　图 2-2-32　插接器上的润滑脂位置

11) 插入插接器并确认它能牢牢锁紧。

12) 放置导线时使盖的开口端朝下，如图 2-2-33 所示。

（2）导线和线束的处理方法

1) 用系在指定位置上的导线固定夹将导线和导线线束固定在框架上。

2) 小心地拆卸固定夹，不要损坏锁止机构（A），如图 2-2-34 所示。

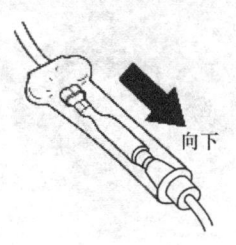 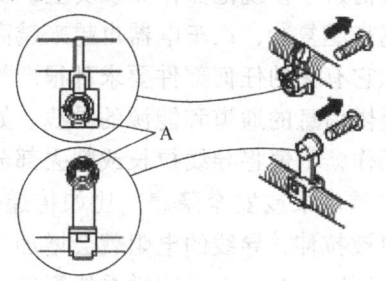

图 2-2-33　放置导线时盖的开口端方向　　图 2-2-34　导线固定夹拆卸方法

3) 用钳子（A）夹住固定夹底部，倾斜地穿过孔，然后挤压标记处膨胀，使夹子释放，如图 2-2-35 所示。

4) 安装线束夹后，确认线束不与任何移动部件干涉。

5) 让导线线束远离排气管和其他热的部件、支架和孔的尖锐边缘及暴露在外面的螺钉和螺栓。

6）将绝缘圈（A）适当地放在它们的槽内。禁止绝缘圈扭曲（B），如图2-2-36所示。

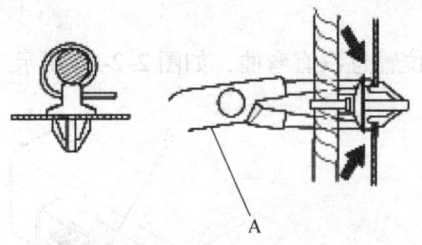 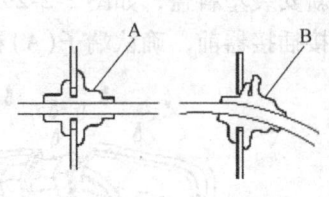

图2-2-35　线束固定夹拆卸方法　　　　图2-2-36　绝缘圈安装

（3）测试和维修

1）禁止使用绝缘层破裂的导线或线束。更换或维修破损的线束（用胶带包住破裂部分）。

2）安装部件后，确认部件下面的导线没有被夹住。

3）当使用电子测试装置时，应遵守制造商说明和本书中的相关叙述。

4）如果可能，从电线侧面嵌入拆卸工具（除了防水插接器），如图2-2-37所示。

5）使用锥形尖的探针，如图2-2-38所示。

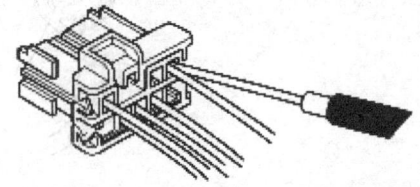 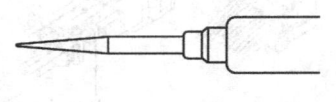

图2-2-37　插接器上导线端子拆卸示意图　　图2-2-38　插接器上导线端子拆卸探针

（4）导线及端子的维修

1）导线的维修

① 剥线

剥线是维修导线时常做的工作，但是很多维修工忽视了这一项工作的重要性，认为这是很简单的事情，不按规范操作。事实上，现代汽车电气系统变得越来越复杂，汽车电器也越来越高级，这些高级电器对和它有关的任何部件要求都很严格，其中就包括给它们提供信息的通道和能源的导线。如果剥线时没有按规定操作，不慎将导线拉长或削去部分导线，都有可能带来严重后果或安全隐患。比如传递信号的导线，如果维修时被拉伸，导线的电阻就会增加，从而影响信号的传递。所以，对于剥线这样看似简单的工作不能掉以轻心，应该使用专用剥线钳（见图2-2-39）剥线。对于不同型号的导线，要使用剥线钳的不同部位或不同的剥线钳。

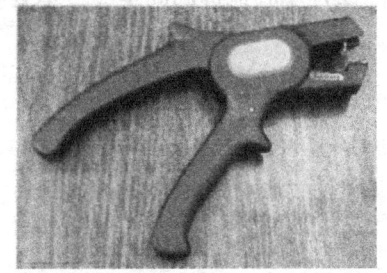

图2-2-39　剥线钳实物

② 连接

维修时，通常要将一根断开的导线或两根导线连接在一起。有的维修工习惯将两个裸露的接头拧在一起，然后用绝缘胶带包上就算完成了导线的连接。其实这样做很不规范，这样连接的导线不但使用寿命短，而且还可能会造成短路、漏电、打火等多种故障。

规范的接线方法是利用专用接线材料和专用接线工具（压线钳，见图2-2-40）连接。连接的过程及要求如图2-2-41所示。

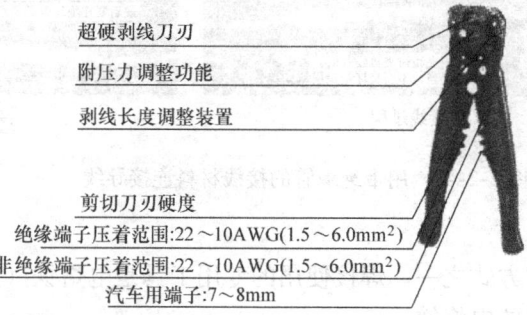

图 2-2-40　压线钳实物图

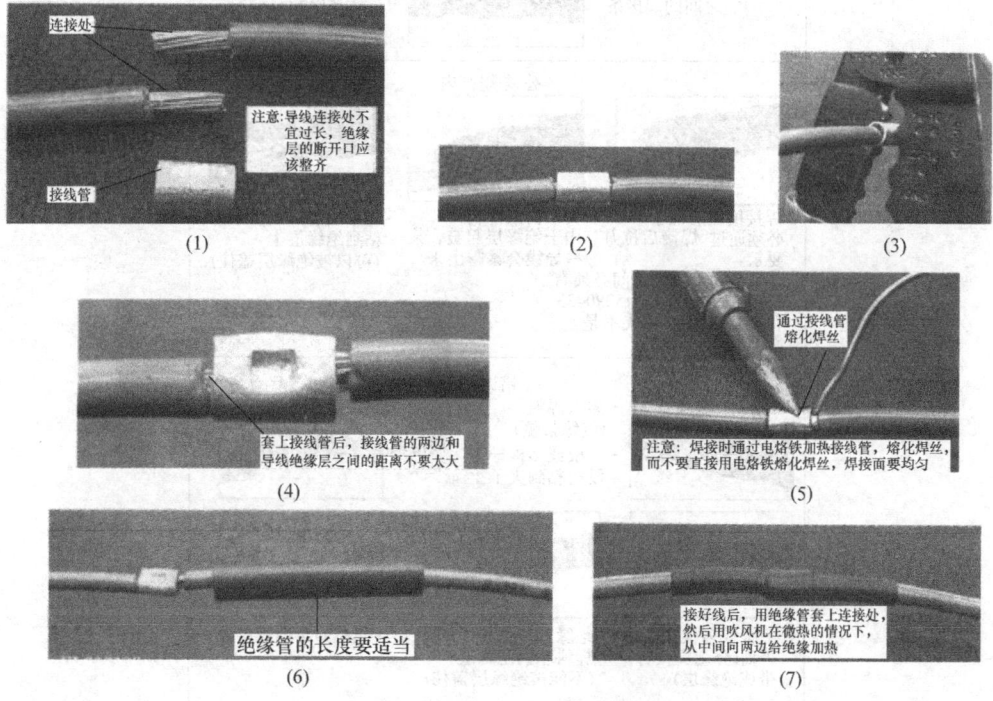

图 2-2-41　用套管压接导线的过程及要求

还有一种带绝缘管的接线材料，其外观及连接方法如图 2-2-42 所示。

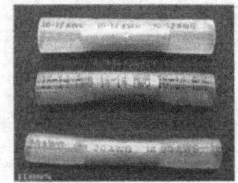
带绝缘管的接线材料

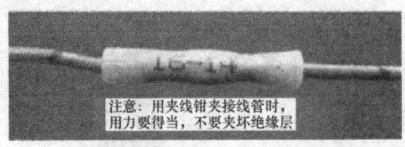
接线过程

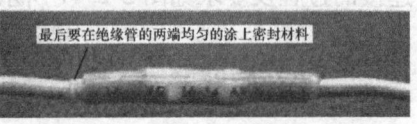
接线完成

图 2-2-42　用带绝缘管的接线材料连接导线

③ 焊接

焊接是连接导线的基本方式之一。焊接使用的专用工具是电烙铁（见图 2-2-43）。根据不同情况，要选取不同功率的电烙铁。

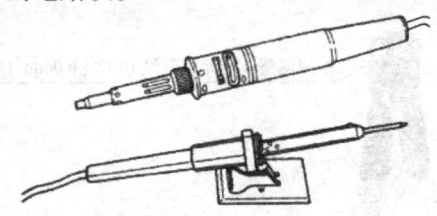

图 2-2-43　电烙铁

焊接导线时，要注意以下问题（参考图 2-2-44）。

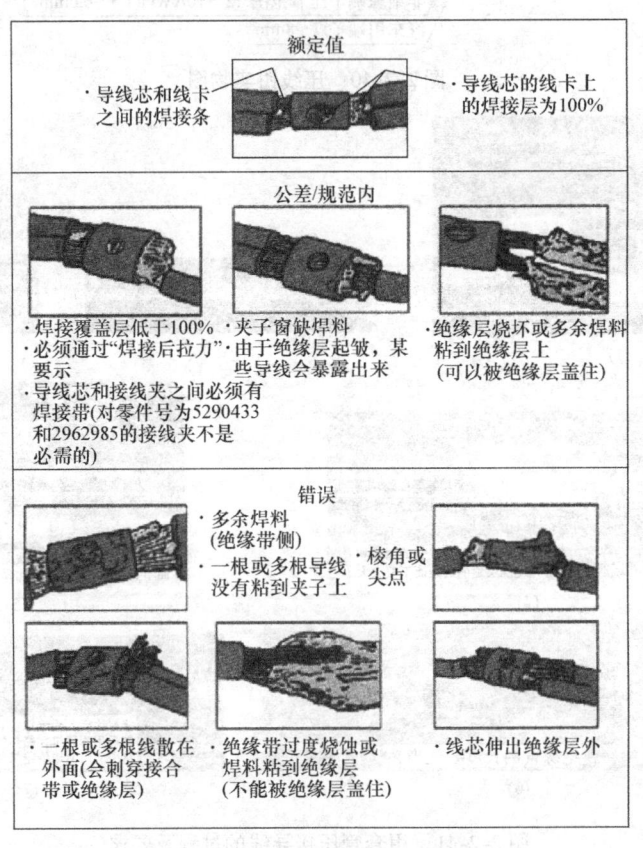

图 2-2-44　焊接导线正、误比较

（a）焊接时不要直接用电烙铁加热熔化焊接材料，而是通过加热导线接头，同时把焊接材料放到需要焊接的区域，间接熔化焊接材料。因为只有这样，才能使熔化的焊接材料充分和导线融为一体。否则，因为导线温度比焊接材料低，会造成焊接不牢的后果。

（b）要确保焊接点在导线的金属头上，而不能在绝缘层上。

（c）如果用接线夹，要确保焊接材料均匀覆盖夹子。

（d）不要使用太多焊接材料。要圆滑焊接，不要让焊接材料产生棱角，否则，棱角会刺穿绝缘层，引起漏电或短路。

（e）不要长时间给导线加热，以免烧毁导线和绝缘层。

（f）维修导线时，一定要断开电源。

2）端子及维修

导线的一端一般都有一个连接金属片，我们称之为端子。尽管有些时候我们常把端子说成接头，但实际上，端子应该属于导线的一部分。虽然端子的样式有很多种，但是所有的端子的作用和基本结构都是一样的，端子上有一个锁舌用来将端子固定在导线上，如图2-2-45所示。需要注意的是，在连接端子和导线时，要使用专用工具（或多功能压线钳）。

接头是一种塑料的机械连接件。端子通过接头将电路接通，有的接头可以连接一对端子，有的可以连接多对端子。我们通常把可以连接多对端子的接头称为多孔接头，如图2-2-46所示。

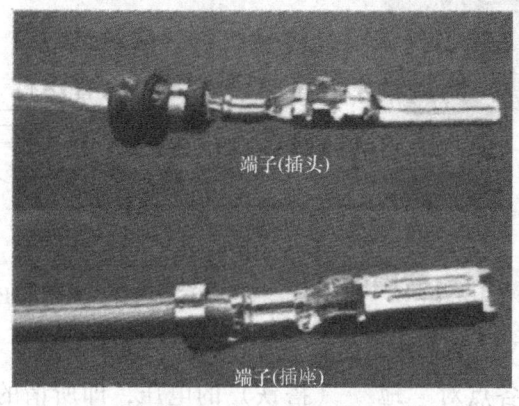

图 2-2-45　端子实物

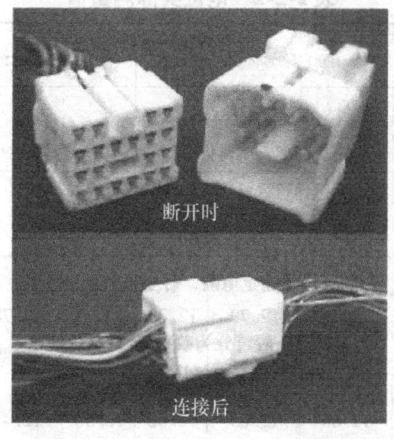

图 2-2-46　插头和插座连接前后

从接头中拔出端子的方法：使用专用工具（见图2-2-47），将专用工具深入接头的小孔中，顶压端子的锁舌，然后移动接头，即可拔出端子，如图2-2-48所示。

注意：用专用工具压锁舌时，用力要适当，不能用力太大，否则会损坏锁舌和接头。如果用工具压住锁舌后仍然不能移动端子，可能是压的地方不对或没有压住锁舌，而不是用力不够。如果位置正确，轻轻用力即可压住锁舌。

（5）用万用表诊断捷达倒车灯电路

1）通过用万用表测电位的方法诊断电路

利用捷达车，针对倒车灯电路，在不同条件下通过用万用表测电位的方法进行电路诊断的训练。S14/1、S14/2、T10d/3、F4/1、F4/2、T10d/2、T6n/5、T6n/2、G6 为该车倒车灯电路上的测量点。

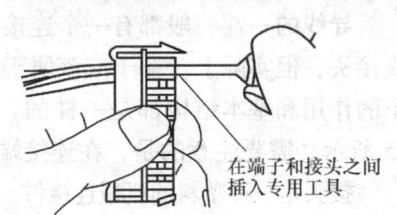

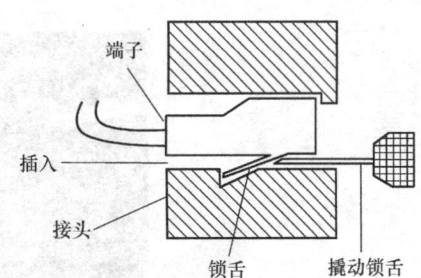

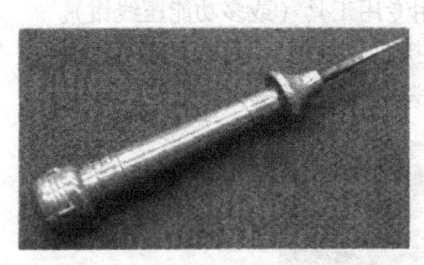

图2-2-47　拔端子的专用工具　　　　　　图2-2-48　拔出端子时要注意锁舌的位置

蓄电池电压：12.78V（参考表2-2-2 注①）。

测量倒车灯线路上各点对"地"（搭铁）的电压，即所谓的"电位"。实际测量如表2-2-5。

表 2-2-2　电位实际测量值　　　　　　　　　　　　　　　　　　　　单位：V

测量对象		$U_{S14/1}$	$U_{S14/2}$	$U_{T10d/3(前)}$	$U_{T10d/3(后)}$	$U_{F4/1}$	$U_{F4/2}$	$U_{T10d/2(前)}$	$U_{T10d/2(后)}$	$U_{T6n/5}$	$U_{T6n/2}$	U_{G6}	备注
电路正常，接通点火开关，空档（倒车灯开关断开）	理想值	12.78	12.78	12.78	12.78	12.78	0	0	0	0	0	0	
	实测值	12.78	12.76	12.76	12.76	12.76	0	0	0	0	0	0	①
电路正常，接通点火开关，挂倒档（倒车灯开关接通），倒车灯亮	理想值	12.78	12.78	12.78	12.78	12.78	12.78	12.78	12.78	12.78	0	0	
	实测值	12.78	12.76	12.66	12.63	12.58	12.50	12.47	12.41	12.35	0.12	0	②

项目2 倒车灯电路故障诊断与排除

（续）

测量对象		$U_{S14/1}$	$U_{S14/2}$	$U_{T10d/3(前)}$	$U_{T10d/3(后)}$	$U_{F4/1}$	$U_{F4/2}$	$U_{T10d/2(前)}$	$U_{T10d/2(后)}$	$U_{T6n/5}$	$U_{T6n/2}$	U_{G6}	备注
设置 F4/2 点至 T10d/2（前）点之间导线断路故障，接通点火开关，挂倒档（倒车灯开关接通）	理想值	12.78	12.78	12.78	12.78	12.78	12.78	0	0	0	0	0	
	实测值	12.78	12.76	12.66	12.63	12.62	12.62	0	0	0	0	0	①
设置灯泡烧了故障，接通点火开关，挂倒档（倒车灯开关接通）	理想值	12.78	12.78	12.78	12.78	12.78	12.78	12.78	12.78	12.78	0	0	
	实测值	12.76	12.73	12.66	12.61	12.56	12.56	12.56	12.55	12.55	0	0	①
设置倒车灯开关 F4 接触不良故障，接通点火开关，挂倒档（倒车灯开关接通）	理想值	12.78	12.78	12.78	12.78	12.78	0	0	0	0	0	0	
	实测值	12.78	12.76	12.66	12.66	12.65	0	0	0	0	0	0	①
接通点火开关，挂倒档（倒车灯开关接通），倒车灯不亮	测量值	12.77	0	0	0	0	0	0	0	0	0	0	
	通过数据分析，S14 熔丝断路												
接通点火开关，挂倒档（倒车灯开关接通），倒车灯不亮	测量值	12.76	12.76	12.76	12.76	12.76	12.76	12.76	12.76	0	0	0	
	通过数据分析，T10d/2（后）与 T6n/5 之间导线断路												

注：本表数值为编者在车辆上实测值。

① 有的电位比蓄电池电压低，其原因是接通点火开关后，汽车电气系统和汽车仪表、电控系统等会消耗一些电能，所以蓄电池电压会下降。

② 有的电位比蓄电池电压低，其原因是接通点火开关，挂倒档（倒车灯开关接通），倒车灯亮，倒车灯电路有电流流过，各个电器元件及各段导线均有电压损失（或称电压降）。有的电压损失较小，在万用表上显示不出来。同时还包括测量因素。

2) 通过用万用表测电压的方法诊断电路

利用捷达车，针对倒车灯电路，在不同条件下通过用万用表测电压的方法进行电路诊断的训练。S14/1、S14/2、T10d/3、F4/1、F4/2、T10d/2、T6n/5、T6n/2、G6 为该车倒车灯电路上的测量点。

蓄电池电压为：12.78V（车辆上实测值）。

测量倒车灯线路上两点电位差，即所谓的"电压"。实际测量如表 2-2-3 所示。

3) 通过用万用表测电阻的方法诊断电路

利用捷达车，针对倒车灯电路，在不同条件下，通过用万用表测电阻的方法进行电路诊断的训练。S14/1、S14/2、T10d/3、F4/1、F4/2、T10d/2、T6n/5、T6n/2、G6 为该车倒车灯电路上的测量点。

测量倒车灯线路上两点之间的电阻。在测量的过程中，前提条件是电路处在断开状态。实际测量如表 2-2-4 所示。

该车倒车灯泡参数为 12V/21W，常温下电阻为 0.45Ω。

4) 通过用万用表测通断（蜂鸣）的方法诊断电路

利用捷达车，针对倒车灯电路 S14/2 点后面的电路诊断为例。在不同条件下，用万用表测通断（蜂鸣）的方法进行电路诊断的训练。在测量的过程中，前提条件是电路处在断开状态。这里将 S14 熔丝拆下来。实际测量如表 2-2-5 所示。S14/1、S14/2、T10d/3、F4/1、F4/2、T10d/2、T6n/5、T6n/2、G6 为该车倒车灯电路上的测量点。

通过用万用表测通断（蜂鸣）的方法诊断电路可以作为一种快速测量方法，由于电阻小于 30Ω 时发出蜂鸣声，通常认为是"通的"是不确切的。

该车倒车灯泡参数为 12V/21W，常温下电阻为 0.45Ω。

(6) 用试灯诊断倒车灯电路

以下是编者用实训车辆测量的实际数据，仅供参考。

利用捷达车，针对倒车灯电路，在不同条件下通过用试灯对地进行电路诊断的训练。S14/1、S14/2、T10d/3、F4/1、F4/2、T10d/2、T6n/5、T6n/2、G6 为该车倒车灯电路上的测量点。实际测量如表 2-2-6 所示。

蓄电池电压为 12.78V。

用试灯测量倒车灯线路上各点对"地"（搭铁），观察试灯亮不亮。

(7) 用跨接线的方法诊断电路

以下是编者用实训车辆测量的实际数据，仅供参考。

利用捷达车，针对倒车灯电路，在不同条件下用跨接线的方法进行电路诊断的训练。S14/1、S14/2、T10d/3、F4/1、F4/2、T10d/2、T6n/5、T6n/2、G6 为该车倒车灯电路上的测量点。实际测量如表 2-2-7。

项目2 倒车灯电路故障诊断与排除

表 2-2-3 电压实际测量值

单位：V

测量对象		$U_{S14/1-S14/2}$	$U_{S14/2-T10d/3(前)}$	$U_{T10d/3(前)-T10d/3(后)}$	$U_{T10d/3(后)-F4/1}$	$U_{F4/1-F4/2}$	$U_{F4/2-T10d/2(前)}$	$U_{T10d/2(前)-T10d/2(后)}$	$U_{T10d/2(后)-T6n/5}$	$U_{T6n/5-T6n/2}$	$U_{T6n/2-G6}$	备注
电路正常，接通点火开关，空档（倒车灯开关断开）	理想值	0	0	0	0	0	0	0	0	0	0	
	实测值	0	0	0	0	12.78	0	0	0	0	0	①
电路正常，接通点火开关，挂倒档（倒车灯开关接通），倒车灯亮	理想值	0	0	0	0	12.76	0	0	0	0	0	
	实测值	0.01	0.06	0.01	0.03	0	0.02	0.00	0.06	12.45	0.03	②
设置F4/2（前）至T10d/2（前）之间导线断路故障，点火开关开，挂倒档（倒车灯开关接通）	理想值	0	0	0	0	0	12.78	0	0	0	0	
	实测值	0	0	0	0	0	12.76	0	0	0	0	①
设置倒车灯泡烧了故障，点火开关开，挂倒档，倒车灯开关接通	理想值	0	0	0	0	0	0	0	0	12.78	0	
	实测值	0	0	0	0	0	0	0	0	12.73	0	①
设置F4接触不良故障，接通点火开关，挂倒档，倒车灯灯不亮	理想值	0	0	0	0	12.78	0	0	0	0	0	
	实测值	0	0	0	0	12.71	0	0	0	0	0	①
接通点火开关，挂倒档，倒车灯不亮，诊断故障	测量值	12.70	0	0	0	0	0	0	0	0	0	通过数据分析，S14 熔丝断路，烧了
	测量值	0	0	0	0	0	0	0	12.70	0	0	通过电位比较分析，T10d/2（后）与T6n/5之间导线断路

注：本表数据值为在车辆上实测值。
① 有的电位比蓄电池电压低，其原因是接通点火开关后，汽车电气系统和汽车仪表、电控系统等会消耗一些电能，所以蓄电池电压会下降。
② 有的电位比蓄电池电压低，其原因是接通点火开关，挂倒档（倒车灯开关接通），倒车灯亮，倒车灯电路有电流流过，各个电器元件及各段导线均有电压损失（或称电压降）。有的电压损失较小，在万用表上显示不出来，同时还包括测量因素。

表 2-2-4 倒车灯线路上两点电阻的测量

单位：Ω

测量对象		$R_{S14/1-S14/2}$	$R_{T10d/3(前)-T10d/3(后)}$	$R_{T10d/3(后)-F4/1}$	$R_{F4/1-F4/2}$	$R_{F4/2-T10d/2(前)}$	$R_{T10d/2(前)-T10d/2(后)}$	$R_{T10d/2(后)-T6n/5}$	$R_{T6n/5-T6n/2}$	$R_{T6n/2-G6}$	备注
电路正常,关闭点火开关,空档(倒车灯开关断开),拆下S14	理想值	不测	0	0	∞	0	0	0	0	0	
	实测值	不测	0.03	0.01	>2MΩ	0.01	0.00	0.01	0.45	0.01	①
电路正常,关闭点火开关,挂倒档(倒车灯开关接通),拆下S14	理想值	不测	0	0	0	0	0	0	0	0	
	实测值	不测	0.03	0.01	0.01	0.01	0.00	0.01	0.45	0.01	①
设置 F4/2 点至 T10d/2(前)点之间导线断路故障,接通点火开关,挂倒档(倒车灯开关接通),拆下S14	理想值	不测	0	0	0	∞	0	0	0	0	
	实测值	不测	0.03	0.01	0.01	>2MΩ	0.00	0.01	0.45	0.01	①
设置倒车灯泡烧了故障,接通点火开关(倒车灯开关接通),拆下S14	理想值	不测	0	0	0	0	0	0	∞	0	
	实测值	不测	0.03	0.01	0.01	0.01	0.00	0.01	>2MΩ	0.01	①
设置开关 F4 接触不良故障,接通点火开关,挂倒档(倒车灯开关接通),拆下S14	理想值	不测	0	0	∞	0	0	0	0	0	
	实测值	不测	0.03	0.01	>2MΩ	0.01	0.00	0.01	0.45	0.01	①
电路有故障,倒车灯不亮,关闭点火开关,挂倒档,拆下 S14 测量,诊断故障	测量值	不测	>2MΩ	0.01	0.01	0.01	0.00	0.01	0.45	0.01	
	通过数据分析，T10d/3 断路										
	测量值	不测	0.03	0.01	0.01	0.01	0.00	>2MΩ	0.45	0.01	
	通过数据分析，T10d/2(后)与 T6n/5 之间导线断路										

注：本表数值为编著者在车辆上实测值。
① 由于用万用表准确度问题，T10d/2(后)与 T6n/5 之间导线显示的数值有所变化。

项目 2 倒车灯电路故障诊断与排除

表 2-2-5 用万用表测通断（蜂鸣）的方法测量

测量对象		S14/1 - S14/2	S14/2 - T10d/3(前)	T10d/3(前) - T10d/3(后)	T10d/3(后) - F4/1	F4/1 - F4/2	F4/2 - T10d/2(前)	T10d/2(前) - T10d/2(后)	T10d/2(后) - T6n/5	T6n/5 - T6n/2	T6n/2 - G6	备注
电路正常,关闭点火开关,空挡(倒开关断),拆下 S14	理想值	不测	蜂鸣	蜂鸣	蜂鸣	不蜂鸣	蜂鸣	蜂鸣	蜂鸣	蜂鸣	蜂鸣	
	实测值	不测	蜂鸣	蜂鸣	蜂鸣	不蜂鸣	蜂鸣	蜂鸣	蜂鸣	蜂鸣	蜂鸣	
电路正常,关闭点火开关,挂倒挡(倒车灯开关接通),拆下 S14	理想值	不测	蜂鸣	蜂鸣	蜂鸣	蜂鸣	蜂鸣	蜂鸣	蜂鸣	蜂鸣	蜂鸣	
	实测值	不测	蜂鸣	蜂鸣	蜂鸣	蜂鸣	蜂鸣	蜂鸣	蜂鸣	蜂鸣	蜂鸣	
设置 T10d/2(前)点至 T10d/3(后)点之间导线断路故障,关闭点火开关,挂倒挡(倒车灯开关接通),拆下 S14	理想值	不测	蜂鸣	蜂鸣	蜂鸣	蜂鸣	不蜂鸣	蜂鸣	蜂鸣	蜂鸣	蜂鸣	
	实测值	不测	蜂鸣	蜂鸣	蜂鸣	蜂鸣	不蜂鸣	蜂鸣	蜂鸣	蜂鸣	蜂鸣	
设置 F4 泡烧坏故障,关闭点火开关,挂倒挡(倒车灯开关接通),拆下 S14	理想值	不测	蜂鸣	蜂鸣	蜂鸣	蜂鸣	蜂鸣	蜂鸣	蜂鸣	不蜂鸣	蜂鸣	
	实测值	不测	蜂鸣	蜂鸣	蜂鸣	不蜂鸣	蜂鸣	蜂鸣	蜂鸣	不蜂鸣	蜂鸣	
设置倒车灯开关 F4 接触不良故障,关闭点火开关,挂倒挡(倒车灯开关接通),拆下 S14	理想值	不测	蜂鸣	蜂鸣	蜂鸣	不蜂鸣	蜂鸣	蜂鸣	蜂鸣	蜂鸣	蜂鸣	
	实测值	不测	蜂鸣	蜂鸣	蜂鸣	不蜂鸣	蜂鸣	蜂鸣	蜂鸣	蜂鸣	蜂鸣	
电路有故障,倒车灯不亮,关闭点火开关,挂倒挡,拆下 S14,测量,诊断故障	测量值	不测	蜂鸣	不蜂鸣	蜂鸣	蜂鸣	蜂鸣	蜂鸣	蜂鸣	蜂鸣	蜂鸣	
	通过数据分析,T10d/3 断路											
	测量值	不测	蜂鸣	蜂鸣	蜂鸣	蜂鸣	蜂鸣	蜂鸣	不蜂鸣	蜂鸣	蜂鸣	
	通过数据分析,T10d/2(后)与 T6n/5 之间导线断路											

表 2-2-6　用试灯诊断倒车灯电路的测量

测量对象		$U_{S14/1}$	$U_{S14/2}$	$U_{T10d/3(前)}$	$U_{T10d/3(后)}$	$U_{F4/1}$	$U_{F4/2}$	$U_{T10d/2(前)}$	$U_{T10d/2(后)}$	$U_{T6n/5}$	$U_{T6n/2}$	U_{G6}	备注
电路正常,接通点火开关,空档(倒车灯开关断开)	理想值	亮	亮	亮	亮	亮	不亮	不亮	不亮	不亮	不亮	不亮	
	实测值	亮	亮	亮	亮	亮	不亮	不亮	不亮	不亮	不亮	不亮	
电路正常,接通点火开关,挂倒档(倒车灯开关接通),倒车灯亮	理想值	亮	亮	亮	亮	亮	亮	亮	亮	亮	亮	不亮	
	实测值	亮	亮	亮	亮	亮	亮	亮	亮	亮	亮	不亮	
设置F4/2点至T10d/2(前)点之间导线断路故障,接通点火开关,挂倒档(倒车灯开关接通)	理想值	亮	亮	亮	亮	亮	亮	不亮	不亮	不亮	不亮	不亮	
	实测值	亮	亮	亮	亮	亮	亮	不亮	不亮	不亮	不亮	不亮	
设置灯泡烧了故障,接通点火开关,挂倒档(倒车灯开关接通)	理想值	亮	亮	亮	亮	亮	亮	亮	亮	亮	不亮	不亮	
	实测值	亮	亮	亮	亮	亮	亮	亮	亮	亮	不亮	不亮	
设置倒车灯开关F4接触不良故障,接通点火开关,挂倒档(倒车灯开关接通)	理想值	亮	亮	亮	亮	亮	不亮	不亮	不亮	不亮	不亮	不亮	
	实测值	亮	亮	亮	亮	亮	不亮	不亮	不亮	不亮	不亮	不亮	
接通点火开关,挂倒档,倒车灯不亮,诊断故障	测量值	亮	不亮	不亮	不亮	不亮	不亮	不亮	不亮	不亮	不亮	不亮	
	通过数据分析,S14 熔丝断路,烧了												
	测量值	亮	亮	亮	亮	亮	亮	亮	亮	不亮	不亮	不亮	
	通过数据分析,T10d/2(后)与 T6n/5 之间导线断路												

表 2-2-7 用跨接线的方法诊断电路的测量

跨接线2端连接位置		S14/1 – S14/2	S14/2 – T10d/3（前）	T10d/3（前） – T10d/3（后）	T10d/3（后） – F4/1	F4/1 – F4/2	F4/2 – T10d/2（前）	T10d/2（前） – T10d/2（后）	T10d/2（后） – T6n/5	T6n/5 – T6n/2	T6n/2 – G6	备注
设置F4/2（前）至T10d/2（前）点之间导线断路故障，接通点火开关，挂倒档（倒车灯开关接通）	理想值	倒车灯不亮	倒车灯不亮	倒车灯不亮	倒车灯不亮	倒车灯不亮	倒车灯亮	倒车灯不亮	倒车灯不亮	不能接	倒车灯不亮	
	实测值	倒车灯不亮	倒车灯不亮	倒车灯不亮	倒车灯不亮	倒车灯不亮	倒车灯亮	倒车灯不亮	倒车灯不亮	不能接	倒车灯不亮	
设置灯泡了故障，接通点火开关，挂倒档（倒车灯开关接通）	理想值	倒车灯不亮	倒车灯不亮	倒车灯不亮	倒车灯不亮	倒车灯不亮	倒车灯不亮	倒车灯不亮	倒车灯不亮	不能接	倒车灯不亮	
	实测值	倒车灯不亮	倒车灯不亮	倒车灯不亮	倒车灯不亮	倒车灯不亮	倒车灯不亮	倒车灯不亮	倒车灯不亮	不能接	倒车灯不亮	
设置F4接触不良故障，接通点火开关，挂倒档（倒车灯开关接通）	理想值	倒车灯不亮	倒车灯不亮	倒车灯不亮	倒车灯不亮	倒车灯亮	倒车灯不亮	倒车灯不亮	倒车灯不亮	不能接	倒车灯不亮	
	实测值	倒车灯不亮	倒车灯不亮	倒车灯不亮	倒车灯不亮	倒车灯亮	倒车灯不亮	倒车灯不亮	倒车灯不亮	不能接	倒车灯不亮	
设置倒车灯开关接触不良故障，接通点火开关，挂倒档（倒车灯开关接通）	测量值	倒车灯亮	倒车灯不亮	倒车灯不亮	倒车灯不亮	倒车灯不亮	倒车灯不亮	倒车灯不亮	倒车灯不亮	不能接	倒车灯不亮	
接触点火开关，挂倒档，倒车灯不亮，诊断故障	测量值	倒车灯不亮	倒车灯不亮	倒车灯不亮	倒车灯不亮	倒车灯不亮	倒车灯不亮	倒车灯不亮	倒车灯不亮	不能接	倒车灯不亮	通过数据分析，S14 熔丝断路，烧了
	测量值	倒车灯不亮	倒车灯不亮	倒车灯不亮	倒车灯不亮	倒车灯不亮	倒车灯不亮	倒车灯不亮	倒车灯亮	不能接	倒车灯不亮	通过数据分析，T10d/2（后）与T6n/5之间导线断路

项目 3　喇叭电路故障诊断与排除

任务 3-1　确认故障现象

1. 任务描述

利用实训车辆，在喇叭电路良好的情况下，操作和使用喇叭；在喇叭电路设置故障的情况下，学生进行检查并记录故障现象。

2. 教学目标

（1）能力目标

能正常操作和使用喇叭，确认喇叭故障现象。

（2）知识目标

1）了解喇叭的功用。

2）使用喇叭的法律法规要求。

3. 相关知识

（1）喇叭功用

喇叭是汽车的声响信号装置。在汽车的行驶过程中，驾驶人根据情况和规定，使喇叭发出声音信号，警告行人或其他的车辆以确保行车安全。同时，喇叭还有催行和传递信号等作用。

（2）喇叭的正确使用

由于我们国家的道路大部分是混合道路，公路行车环境十分复杂，为了充分发挥好喇叭的效能，应正确使用喇叭。

使用喇叭要目的明确，也就是讲我们每按一声喇叭都要观察道路上的行人和其他机动车及非机动车的驾驶人是否听到了，切忌在对方没有听到喇叭声的情况下就强行通过。

根据自己的车速掌握好使用喇叭的时机，如果自己的车速较快，就应该将按喇叭的时机适当提前，以免对方听到喇叭声后还没有反应过来是怎么一回事，你的车辆就已经行驶到跟前导致发生危险。

根据对方避让的快慢来确定使用喇叭的时机。例如拉板车的，因为是重车，避让得就比较慢，那么按喇叭的时机就应适当早一点；行人和其他机动车、自行车等避让得相对要快些，按喇叭的时机应稍晚一些。

综上所述，在允许使用喇叭的路段正确使用好喇叭，可以帮助我们处理好道路上的一些情况，顺利地通过障碍，提高行车的安全系数。

4. 实训操作

检查喇叭并记录故障现象。

任务 3-2　识读电路图并在车上熟悉电路构造

1. 任务描述

识读实训车的喇叭电路图。利用维修资料,在实训车上熟悉喇叭电路构造。

2. 教学目标

(1) 能力目标

1) 能在车上识别喇叭电路的相关电气元件。

2) 能熟练识读喇叭电路图。

(2) 知识目标

1) 掌握喇叭的分类。

2) 掌握喇叭的结构与工作原理。

3. 相关知识

喇叭电路控制方式有用继电器和不用继电器两种。如果不用继电器,其喇叭必定是低电流型的,喇叭开关要通过总的电流,打开喇叭开关便会接通从蓄电池至喇叭的电路。

常用的喇叭电路控制方式是用继电器,其电路图如图 2-3-1 所示。大多数电路布线都把喇叭开关下面的触片接蓄电池电压。按下开关时,触点闭合而接通至搭铁的电路。激励继电器线圈只需很小的电流,也就是说喇叭开关不是通过喇叭需要的大电流。喇叭开关闭合时,继电器铁心产生吸力,吸动继电器衔铁,衔铁便将触点闭合,接通喇叭电路,蓄电池的电流便流过搭铁的喇叭。

4. 实训操作

(1) 识读捷达车喇叭电路图

捷达倒车灯电路图请参见本书附录。

打开点火开关 D (ON),按压喇叭按钮 (H),喇叭 H1 响,电流流向如下:

蓄电池 A (+)→主熔丝盒 (P) S02 (110A)→10.0ro 线→继电器支架上螺栓连接点 (105)→继电器支架内部接线→线 (6.0ro)→连接点 (18)→4.0ro 线→点火开关 D30 端子→点火开关 D→点火开关 D 其上 15 端子→2.5sw/ro 线→连接点 (2)→1.0sw/ro 线→熔丝 S13 (10A)→1.0sw/ge 线→喇叭继电器 J53 插座端子 T4ae/1→分成下列控制电路、执行电路并联两条电路。

1) 控制电路

喇叭继电器 J53 插座端子 T4ae/1→喇叭继电器 J53 插座端子 T4ae/2→喇叭继电器 J53 内部线圈→喇叭继电器 J53 插座端子 T4ae/3→1.5br/ro 线→按压喇叭按钮 (H) T7a/1→搭铁→蓄电池 A (-)。喇叭继电器 J53 线圈产生磁力,使喇叭继电器 J53 触点吸合接通。

2) 执行电路

喇叭继电器 J53 插座端子 T4ae/1→喇叭继电器 J53 触点→喇叭继电器 J53 插座端子 T4ae/4→1.5sw/ge→喇叭 H1 插接器端子 1→喇叭 H1→喇叭 H1 插接器端子 2→1.5br 线→连接点 (23)→4.0br→G1 搭铁→蓄电池 A (-)。喇叭 H1 响。

(2) 熟悉倒车灯电路构造

利用维修资料,在实训车上熟悉喇叭电路构造。

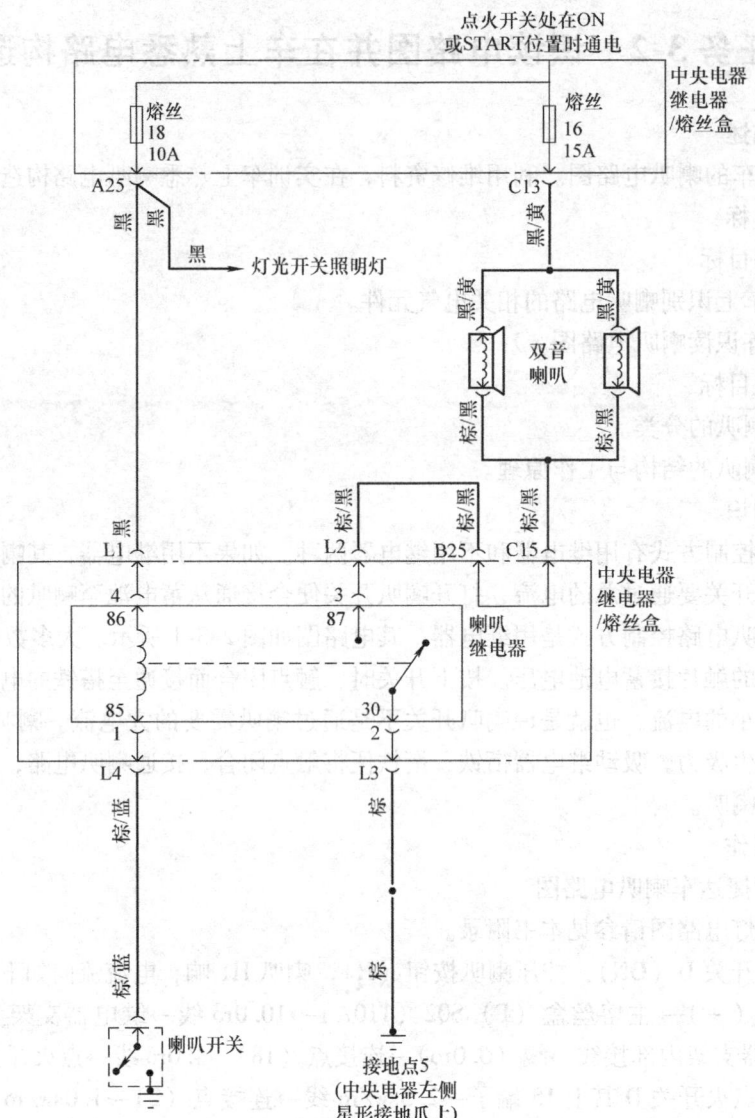

图 2-3-1　桑塔纳 2000 型汽车的喇叭电路

任务 3-3　电路故障分析

1. 任务描述

在实训车辆上设置喇叭不响故障，要求学生会分析故障，确定故障范围，能确定诊断顺序。

2. 教学目标

（1）能力目标

1）能分析故障，确定故障范围。

2）能确定诊断顺序。

(2) 知识目标
1) 分析故障，确定故障范围方法。
2) 确定诊断顺序的原则。

3. 实训操作

（1) 分析故障，确定故障范围

根据喇叭不响的故障现象、电路图、喇叭系统的原理和工作过程，确定故障范围如下：

1) 喇叭的控制电路和执行电路的公共电路部分：2 结点至熔丝 S13（10A）之间导线（1.0sw/ro）断路；熔丝 S13（10A）断；熔丝 S13（10A）与插座接触不良；熔丝 S13（10A）至喇叭继电器 J53 的 1 端子之间的线（1.0sw/ge）断路。

2) 喇叭的控制电路部分：喇叭继电器 J53 插座的 1 端子至喇叭继电器 J53 插座的 2 端子之间的线（1.0sw/ge）断路；喇叭继电器 J53 的线圈坏；喇叭继电器 J53 插座的 2 端子、3 端子与继电器对应的端子接触不良；喇叭继电器 J53 插座上的 3 端子至喇叭按钮 H 之间的线（1.5br/ro）断路；插接器 T7a/1 接触不良；喇叭按钮 H 坏。

3) 喇叭的执行电路部分：喇叭继电器 J53 插座的 1 端子、4 端子与继电器对应的端子接触不良；喇叭继电器 J53 的触点坏；喇叭继电器 J53 插座上的 4 端子至喇叭 H1 插接器 2 端子之间的线（1.5sw/ge）断路；喇叭 H1 坏；喇叭 H1 插接器 1 端子至结点 23 之间的线（1.5br）断路。

（2）确定诊断顺序

一般来说，熔丝、喇叭、继电器、喇叭开关、插接器等容易出现故障，如果不是事故车，电线很少出现故障。因此，应首先检查熔丝，其次是诊断喇叭、继电器、喇叭开关、插接器，最后再查线路。确定诊断顺序如下：

1) 熔丝 S13（10A）。
2) 线路上插接器、继电器安装情况。
3) 喇叭继电器 J53。
4) 喇叭 H1。
5) 喇叭开关。
6) 线路。

任务 3-4 喇叭继电器故障诊断与排除

1. 任务描述

将实训用的 2009 款捷达车，设置喇叭继电器故障。诊断与排除喇叭继电器故障。

2. 教学目标

（1）能力目标
1) 能识别继电器。
2) 会检测继电器。

（2）知识目标
1) 掌握电磁学基础理论。
2) 掌握继电器构造工作原理。

3) 掌握继电器分类。

3. 相关知识

(1) 电磁学基础理论

当电流通过导体时,在导体的周围会产生磁场。比较常见的是通电线圈应用,因为给线圈通电时,在线圈周围会产生磁场(见图2-3-2)。磁场的强弱和以下因素有关:

1) 流过线圈的电流越大,磁场越强;

2) 线圈的匝数越多,磁场越强;

3) 磁场的强弱与线圈长度、直径大小、有无铁心等有关。

同样,在磁场中(如磁体附近)移动导体,导体中也会产生感应电动势(见图2-3-3)。导体中电动势的大小随着磁力线切割导线的速度和被切割的导线数目的增加而增大。点火系统、起动电动机、充电系统继电器等的工作原理都是基于磁感应原理。

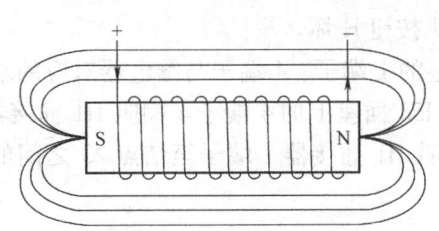

图2-3-2　给线圈通电会产生磁场

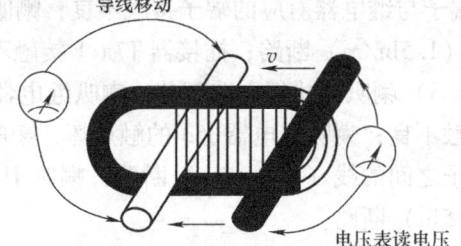

图2-3-3　导体在磁场中移动会产生电动势

(2) 继电器

继电器在汽车上应用非常广泛,通常一辆汽车上要有几十种不同型号的继电器。但无论哪种型号的继电器,其工作原理都是一样的。通俗地说,继电器是一种利用小电流来控制大电流电路或者由一路扩展成多路的电磁开关(见图2-3-4)。

1) 继电器工作原理

如图2-3-5所示,继电器有两个电路,一个是控制电路(图中线圈部分),一个是

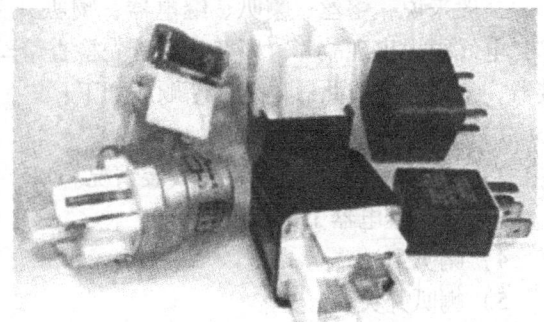

图2-3-4　常见继电器

负载电路(图中开关部分),控制电路有一个线圈控制负载电路中开关的开闭。当给控制电路中的线圈(引脚1、3)接通电流后,就会产生一个磁场,该磁场会作用于负载电路(引脚2、4)中的开关使其闭合,从而接通负载电路。当切断控制电路中的电流后,磁场消失,负载电路中的开关会回复原位(断开状态)。这样,就可以实现以小电流(流过线圈的电流)控制大电流(通过开关的电流)。

以上介绍的继电器称为常开继电器。在继电器的控制电路(线圈)不通电时,开关(2、4)是保持断开状态的。

还有一种继电器是常闭继电器,如图2-3-6所示。常闭继电器和常开继电器的工作原理是一样的,所不同的是,该继电器的负载电路(开关)是常闭的。在接通控制电路(线圈)后,开关会在磁力的作用下断开。断开控制电路的电流后,磁场消失,负载电路(开关)

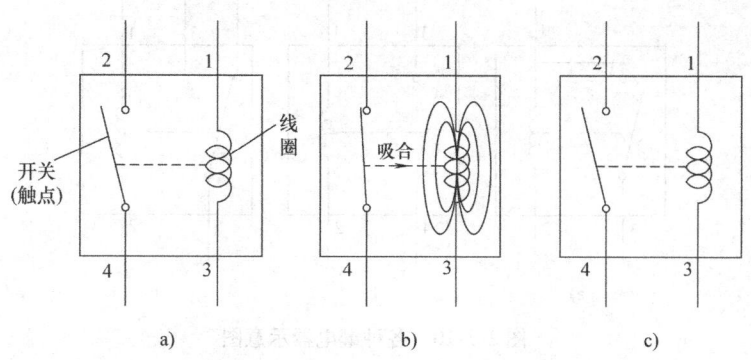

图 2-3-5 常开继电器工作原理图
a）正常位置 b）线圈通电时 c）断电后

就会恢复到闭合状态。

下面提供的是继电器的结构示意图、工作过程图以及结构实物图（图 2-3-7～图 2-3-9），读者可根据上述内容自行理解分析。

2）继电器分类

根据不同需要，继电器的引脚是不同的，有 3、4、5 个引脚等，如图 2-3-10 所示。3 引脚继电器的控制电路（线圈）和负载电路（开关）共用一个电源。5 引脚继电器有两个负载电路（开关），当控制电路接通电源时，引脚 3、5 接通，当断开控制电路时，引脚 4、5 接通。

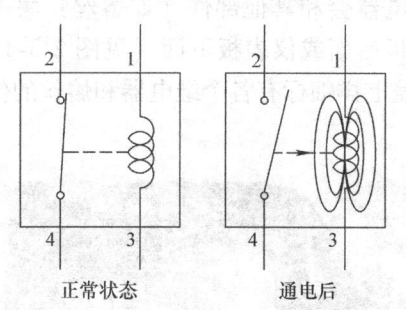

图 2-3-6 常闭继电器工作原理图

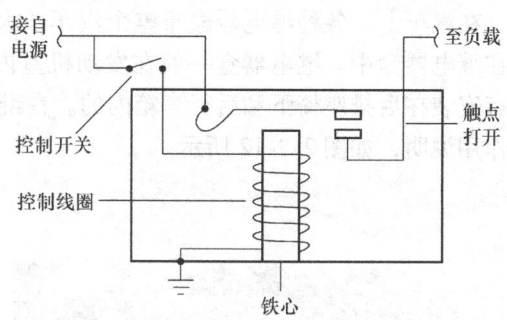

图 2-3-7 继电器结构示意图

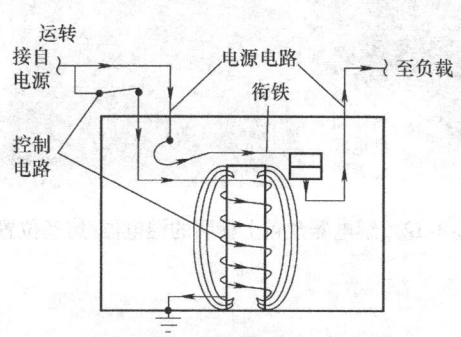

图 2-3-8 继电器工作过程

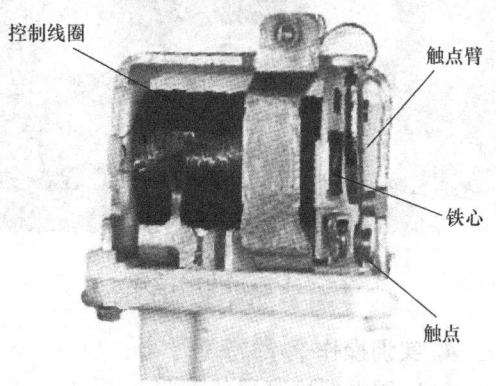

图 2-3-9 继电器构造（实物）

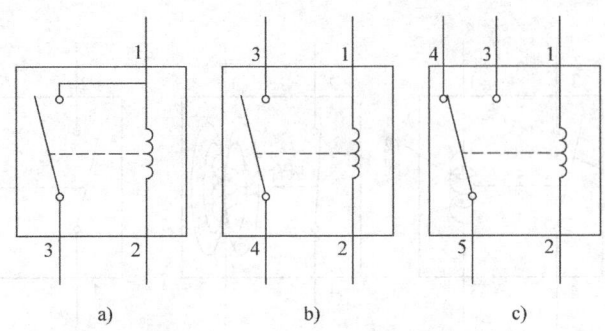

图 2-3-10 各种继电器示意图
a) 引脚 3 继电器 b) 引脚 4 继电器 c) 引脚 5 继电器

继电器还可以分为电磁继电器（上述均是电磁继电器）、固态继电器和温度继电器等。

固态继电器是一种新型开关器件，当施加触发信号时，主电路呈导通状态，无信号时呈阻断状态。大部分固态继电器实质上就是带控制电路的晶闸管器件，因此一般只适合于通断交流信号，如通断直流信号需另加关断电路。这种继电器无机械触点，理论上寿命长、无火花干扰，但晶闸管等半导体器件对于超过极限参数的使用情况很敏感，易损坏，因此目前还不能完全替代传统的电磁继电器。温度继电器实际上就是利用两种不同材料对温度的反应程度不同而设计的一种温度控制开关。由于固态继电器和温度继电器现在应用不是特别广泛，在此不再详述。

3) 继电器在汽车上的位置

在汽车上，各种继电器遍布整个汽车，大部分继电器会和其他部件（如熔丝）集中安装在继电器盒中。继电器盒一般在发动机室内、踢脚板后面或仪表板下面（见图 2-3-11），也有安装在后排座椅下和后行李箱内的。在继电器盒盖上详细标有各个继电器和熔丝的位置及作用说明，如图 2-3-12 所示。

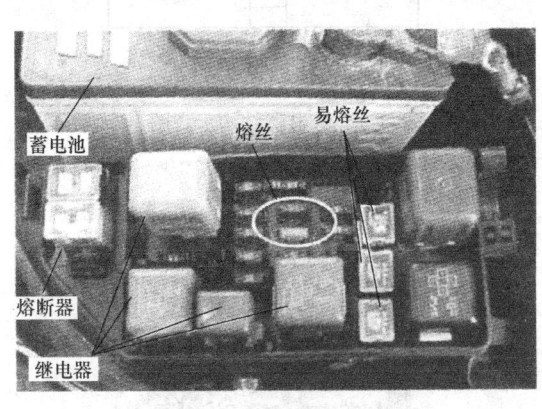

图 2-3-11 继电器位置

图 2-3-12 继电器盒盖上标明的继电器/熔丝位置

4. 实训操作

(1) 继电器检测

对出现故障的继电器进行诊断的主要方法是测试继电器的电路。测试继电器的首要问题是要分清楚继电器的各个引脚。一般情况下,厂家会在继电器的外壳上标明继电器的引脚和内部接线图,如图2-3-13、图2-3-14所示。通过标识可以辨别控制电路和负载电路的引脚。

1) 4脚继电器检测

① 在不通电状态下的检查。

图2-3-13 4脚继电器的引脚识别
a) 方形4脚继电器外形图及引脚示意图
b) 矩形4脚继电器外形图

图2-3-14 5脚继电器的引脚识别
a) 方形5脚继电器外形图
b) 矩形5脚继电器外形图

端子1(85)、2(86)之间的电阻应为标准值(具体需要查维修手册,一般为45~100Ω)。如果电阻为∞,则线圈断路;如果小于标准值,则线圈短路。线圈断路和短路都说明继电器线圈有故障,应该更换继电器。

端子3(30)、5(87)之间的电阻应为∞。如果不为∞,说明继电器触点故障,应更换继电器。

② 端子1(85)、2(86)在施加蓄电池电压的状态下进行。

端子1(85)接电源"+"、端子2(86)接电源"-"。特别是线圈内串联二极管的,不能接反,否则电路截止,不能进行测量。端子1(85)、2(86)在施加蓄电池电压时,若能听见继电器触点吸合的"咔嗒"声,也能判断继电器线圈是好的。

端子3(30)、5(87)之间的电阻为0。否则触点接触不良,继电器有故障,应该更换。测量数据见表2-3-1。

表2-3-1 4脚继电器检测记录表

测量对象(或内容)	85-86	30-87
85-86 未通电	标准值	∞
85-86 通电	不测	0Ω
结论:如果任何数值不符合要求,则说明继电器有故障,不能使用		

2) 5 脚继电器检测

① 在不通电状态下的检查

端子 1 (85)、2 (86) 之间的电阻应为标准值（具体需要查维修手册，一般为 45~100Ω）。如果电阻为∞，则线圈断路；如果小于标准值，则线圈短路；线圈断路和短路都说明继电器线圈有故障，应该更换继电器。

端子 3 (30)、5 (87) 之间的电阻应为∞。端子 3 (30)、4 (87a) 之间的电阻应为 0。

② 端子 1 (85)、2 (86) 在施加蓄电池电压状态进行。端子 1 (85) 接电源"+"、端子 2 (86) 接电源"-"。特别是线圈内串联二极管的，不能接反，否则电路截止，不能进行测量。端子 1 (85)、2 (86) 在施加蓄电池电压时，若能听见继电器触点吸合的"咔嗒"声，也能判断继电器线圈是好的。

端子 3 (30)、5 (87) 之间的电阻应为 0。端子 3 (30)、4 (87a) 之间的电阻应为∞。如果以上任何数值不符合要求，则说明继电器有故障，不能使用。测量数据见表 2-3-2。

表 2-3-2　5 脚继电器检测记录表

测量对象（或内容）	85-86	30-87	30-87a
85-86 未通电	标准值	∞	0Ω
85-86 通电	不测	0Ω	∞
结论：如果任何数值不符合要求，则说明继电器有故障，不能使用			

(2) 喇叭继电器检测

检测喇叭继电器。

任务 3-5　喇叭故障诊断与排除

1. 任务描述

将实训用的 2008 款捷达车，设置喇叭故障。诊断与排除喇叭故障。

2. 教学目标

(1) 能力目标

1) 会进行汽车电喇叭的维护。
2) 能进行汽车喇叭故障诊断。
3) 会分析汽车喇叭常见故障原因。

(2) 知识目标

1) 掌握喇叭的分类。
2) 掌握喇叭的结构与工作原理。
3) 熟悉汽车喇叭常见故障原因。

3. 相关知识

(1) 喇叭的分类

喇叭按其发音动力有电喇叭和气喇叭之分；按外形分有螺旋形、筒形和盆形三类；按声频可分为高音和低音喇叭；按接线方式可分为单线制和双线制喇叭；按有无触点可分为有触点式（普通式）电喇叭和无触点式（电子式）电喇叭。其中，气喇叭主要用于具有空气制动装置的重型载重车上。电喇叭具有结构简单、体积小、质量轻、声音悦耳且维修方便的特点，因而在中小型车辆中获得了广泛应用。

(2) 喇叭的结构与工作原理

现代轿车使用的多是电喇叭。电喇叭又可分为螺旋形电喇叭和盆形电喇叭。下面详细介绍这两种喇叭。

1) 螺旋形电喇叭

螺旋形电喇叭的构造如图2-3-15所示。其膜片通过中心杆与衔铁、调整螺母、锁片螺母连成一体。

按下按钮时，电喇叭的电流回路为：蓄电池正极→按钮→线圈→触点→搭铁→蓄电池负极。电流通过线圈时，产生电磁吸力，吸下衔铁，通过中心杆使膜片拱曲，中心杆上的调整螺母压下活动触点臂，触点分开，切断电路。此时，线圈电流中断，电磁吸力消失，在弹簧片和膜片的作用下，衔铁又返回原位，膜片也回位，触点重新闭合，电路又接通。该过程反复进行，膜片不断振动，从而发出声音。

为了减小触点打开时的火花，避免触点烧蚀，在触点间并联了灭弧电容。

2) 盆形电喇叭

盆形电喇叭的工作原理与螺旋形电喇叭相似，其结构如图2-3-16所示。

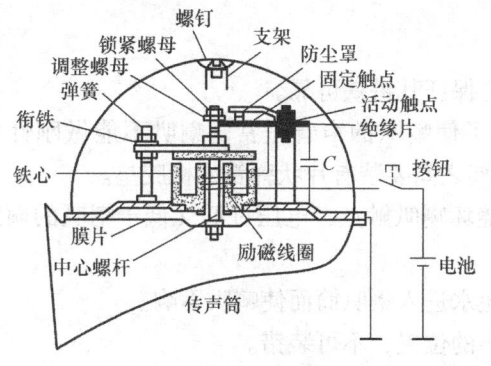

图2-3-15 螺旋形电喇叭的构造

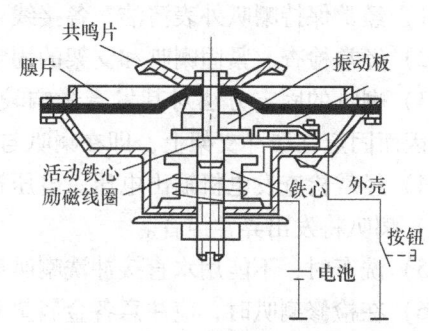

图2-3-16 盆形电喇叭的构造

电磁铁采用螺管式结构，铁心上绕有励磁线圈，上、下铁心间的气隙在线圈中间。当电路接通时，励磁线圈产生吸力，上铁心被吸下与下铁心撞击，产生较低的基本频率，并激励膜片及与膜片连成一体的共鸣板产生共鸣，从而发出比基本频率强得多而且分布比较集中的谐音。

为了保护触点，盆形喇叭的触点之间也并联了一只灭弧电容器。

在中小型汽车上，多采用螺旋形和盆形电喇叭。盆形电喇叭具有体积小、质量轻、指向好、噪声小等优点。汽车电喇叭靠电磁原理使膜片振动而发出声音。电喇叭由电磁铁、可动的衔铁、膜片和常闭的触点等构成（见图2-3-17）。触点与磁场线圈串联连接，其中一个触点依附于衔铁。当电流流过磁场线圈时，线圈便建立起吸引可动衔铁的磁场，周边被固定的膜片，随着衔铁移动，衔铁移动导致触点打开（见图2-3-18），从而断开电路，膜片回到它的原来位置，触点再次闭合而重复上述动作，这便引起膜片以每秒数次的频率来回振动。膜片振动引起喇叭里面的空气柱振动，从而发出声音。

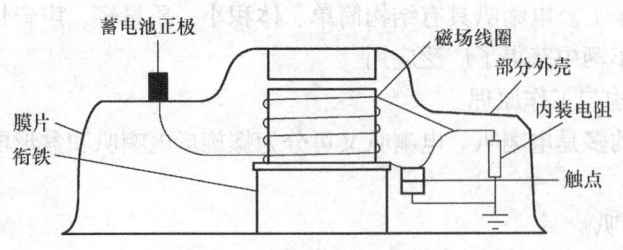

图 2-3-17　喇叭的结构

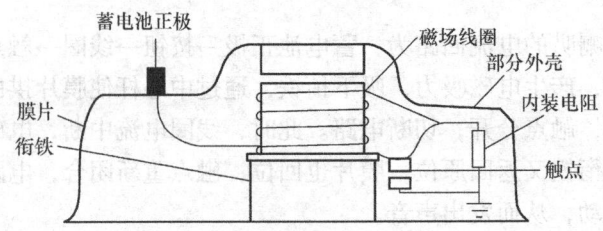

图 2-3-18　衔铁上移时触点分开

4. 实训操作

(1) 电喇叭的维护

1) 经常保持喇叭外表清洁，各接线要牢靠。

2) 经常检查、紧固喇叭和支架的固定螺钉，保证其搭铁可靠。

3) 喇叭的固定方法对其发音影响较大。为了使喇叭的声音正常，喇叭不能做刚性安装，因而固定在缓冲支架上，即在喇叭与固定支架之间要装有片状弹簧或橡胶垫。

4) 经常检查发电机输出电压。电压过高会烧坏喇叭触点，电压过低（低于喇叭的额定电压）喇叭将发出异常声音。

5) 洗车时，不能用水直接冲洗喇叭筒，以免水进入喇叭筒而使喇叭不响。

6) 在检修喇叭时，应注意各金属垫和绝缘垫的位置，不可装错。

7) 喇叭连续发音不得超过10s，以免损坏喇叭。

8) 不可将各类异物放入喇叭，以免造成异常音。

(2) 汽车喇叭故障诊断

电喇叭常见故障有不响、常响和变音等。以双音电喇叭继电器控制电路为例，故障诊断方法如下：

1) 电喇叭不响

造成电喇叭不响的原因有熔丝烧断、按钮触点烧蚀接触不良、继电器触点接触不良或线圈烧断、引线脱落、电喇叭内部不良等，按上述原因逐一检查。

首先检查熔丝是否熔断，然后拔下喇叭插头，用万用表测量在按喇叭开关时此处是否有电。如果没有电，应检查喇叭线束和喇叭继电器；如果有电，则是喇叭本身的问题，此时也可以试着调节喇叭上的调节螺母看是否能发声，如果还是不响，则需要更换喇叭。

2) 电喇叭常响

电喇叭常响的常见原因有：按钮卡死、继电器触点烧结、继电器按钮线搭铁。遇常响故障时，应及时拔下喇叭熔丝管制止长鸣现象，然后按上述故障部位逐点检查。

3）电喇叭变音

电喇叭变音的常见原因是双音电喇叭变为单音，这种故障只要查出单只不响的原因，加以调整或更换即可消除。

4）偶发不响

反复地按动喇叭的开关，如果喇叭有时鸣响，有时不鸣响，大都是按动开关内部的触点接触不好。

（3）汽车喇叭常见故障原因

1）密封不严易受潮

虽然喇叭内部是密闭的，但如果密封不严，在洗车时进入雾气或内部空间空气中有水蒸气，水蒸气很容易导致触点受潮无法正常工作。

2）电磁线圈端子接触不良

有些喇叭内部电磁线圈漆包线端子接头是铝金属铆钉压接连接的，非牢靠焊接连接，如果端头漆包线上的绝缘漆处理不净或铆钉压接不牢靠，则很容易产生虚接故障，导致喇叭工作不良。此种故障是喇叭质量原因，无法修复，只能更换新件。

3）触点烧蚀

如果长时间按喇叭，则易造成喇叭触点烧蚀而产生阻抗，流过电磁线圈的电流减弱，电磁吸力下降导致无法吸引衔铁带动膜片正常振动，发音沙哑甚至不响。但不断按喇叭时，若瞬间强电流通过阻抗依然能正常工作，所以会时好时坏。

任务 3-6　喇叭开关故障诊断与排除

1. 任务描述

将实训用的 2008 款捷达车设置喇叭开关故障。诊断与排除喇叭开关故障。

2. 教学目标

（1）能力目标

1）会用万用表通过测电阻的方法诊断喇叭开关。

2）会用万用表通过测通断的方法诊断喇叭开关。

3）会用万用表通过测电位的方法诊断喇叭开关。

4）会用试灯诊断喇叭开关。

（2）知识目标

掌握喇叭开关构造、原理。

3. 相关知识

喇叭开关如图 2-3-19 所示，喇叭开关属于点动开关，不按喇叭开关，属于断开状态，电阻应大于 $2M\Omega$；按喇叭开关，喇叭开关处在闭合状态，电阻应小于 0.1Ω。

4. 实训操作

参见附录表 A-18。

（1）用万用表通过测电阻的方法

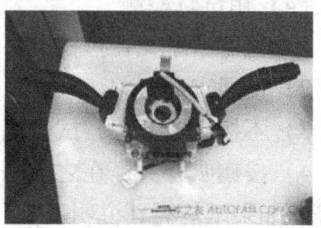

a)

b)

图 2-3-19　喇叭开关

a）喇叭开关接线图　b）喇叭开关触点图

捷达车喇叭开关诊断。

1）断开点火开关。

2）检查并记住万用表电阻误差。

3）万用表量程放在 2MΩ 档位。一支表笔放在搭铁上；另一支表笔接在插接器 T7a/1 端子上。

4）不按喇叭开关，万用表显示电阻大于 2MΩ。说明喇叭开关在断开状态是好的，否则有故障。

5）按喇叭开关，万用表显示的电阻值再减去万用表的电阻误差值，喇叭开关闭合电阻应小于 0.1Ω。说明喇叭开关在按下（即接通）状态是好的。否则有故障。

（2）用万用表通过测通断的方法

1）断开点火开关。

2）万用表量程放在蜂鸣档位。一支表笔放在搭铁上；另一支笔接在插接器 T7a/1 端子上。

3）不按喇叭开关，万用表不响，说明喇叭开关在断开状态是好的，否则有故障。

4）按喇叭开关，万用表响，说明喇叭开关在按下（即接通）状态是好的；否则有故障。

（3）用万用表测电位法

1）将万用表量程开关放在直流 20V 的位置。

2）黑表笔放在搭铁上；红表笔接在插接器 T7a/1 端子上。

3）接通点火开关。

4）不按喇叭开关，万用表显示电源电压，说明喇叭开关在断开状态是好的，否则喇叭开关前有故障。

5）按喇叭开关，在之前喇叭开关电路没有故障的情况下，万用表显示电压小于 0.3V，说明喇叭开关在按下（即接通）状态是好的；否则有故障。

（4）用试灯检测

1）试灯卡子夹在搭铁上，另一端接在插接器 T7a/1 端子上。

2）接通点火开关。

3）不按喇叭开关，试灯亮，否则喇叭开关有故障。

4）按喇叭开关，在之前喇叭开关电路没有故障的情况下，试灯灭，说明喇叭开关没有故障；如果试灯亮，说明喇叭开关有故障。

项目 4　制动灯电路故障诊断与排除

任务 4-1　确认故障现象

1. 任务描述

利用实训车辆,在制动灯系统良好的情况下,操作和检查制动灯系统;在制动灯系统设置故障的情况下,学生进行使用和检查,观察并记录故障现象。

2. 教学目标

(1) 能力目标

能正常操作和使用制动灯,确认制动灯故障现象。

(2) 知识目标

1) 了解制动灯的功用。

2) 使用制动灯的法律法规要求。

3. 相关知识

1) 制动是影响汽车安全行驶的重要因素之一。同样,制动信号灯在安全行车过程中也起到了不可忽视的作用。汽车制动信号灯的作用是汽车减速行驶或者要停车时,作为汽车制动的警报信号,用以提醒后面的车辆驾驶人应保持行车距离,以免造成汽车追尾撞车事故。若制动信号灯出现故障不及时排除,将危及行车安全。

2) 高位附加制动灯

制动灯必须是红色的。现代汽车还装配了高位附加制动灯(又称高位刹车灯)。高位附加制动灯必须装在汽车中心线位置。在三灯泡电路中,高位附加制动灯的接线与制动灯并联。

4. 实训操作

检查制动灯并记录故障现象。

任务 4-2　识读电路图并在车上熟悉电路构造

1. 任务描述

识读实训车的制动灯电路图;利用维修资料,在实训车上熟悉制动灯电路构造。

2. 教学目标

(1) 能力目标

1) 能在车上识别制动灯电路的相关电气元件。

2) 能熟练识读制动灯电路图。

(2) 知识目标

1）掌握制动灯的分类。
2）掌握制动灯的结构与工作原理。

3. 相关知识

（1）制动信号灯工作原理

1）许多汽车将制动灯开关和制动踏板连接。当施加制动时，踏板向下运动，制动灯就亮。有些汽车的制动灯开关是一个设置在制动主缸的压敏开关，当施加制动时，制动主缸产生的压力将压敏开关接通，点亮制动灯。

2）经过熔丝直接给制动开关施加电压，点火开关即使在 OFF 档，制动灯也能打开。一旦制动灯开关闭合，电压便加给制动灯。汽车两侧的制动灯按并联接线，灯泡被搭铁便接通电路。大多数制动灯系统采用执行多功能的双丝灯泡。高位附加制动灯的接线与制动灯并联。

（2）工作过程

在驾驶人踏下制动踏板时，制动灯开关触点闭合，把制动灯电源接通，制动灯点亮工作。当驾驶人松开踏板时，制动灯开关触点断开，切断电源，制动灯熄灭。

4. 实训操作

（1）识读制动灯电路图

1）识读捷达车制动灯电路图

捷达车制动灯电路图请参见本书附录。

踩下制动踏板，使制动灯开关 F 闭合，左制动灯 M20、右制动灯 M21、高位制动灯 M25 同时亮，电路如下：

蓄电池 A（+）→主熔丝盒（P）S02（110A）→10.0ro 线→继电器支架上螺栓连接点（105）→继电器支架内部接线→6.0ro/ws 线→连接点（19）→2.5ro/ws 线→熔丝 S46（10A）→1.5ws/ro→动灯开关 F 插接器端子 T4f/1→制动灯开关 F 触点→制动灯开关 F 插接器端子 T4f/4→1.0sw/ro 线→连接点（19）→分成下列分别去左制动灯 M20、右制动灯 M21、高位制动灯 M25 并联 3 路。

① 去左制动灯 M20 电路

连接点（19）→1.0sw/ro 线→T5m/2→左制动灯 M20→T5m/4→1.0br 线→连接点（58）→G6 搭铁点→蓄电池 A（-）。左制动灯 M20 亮。

② 去右制动灯 M21 电路

连接点（19）→1.0sw/ro 线→T5n/2→右制动灯 M21→T5n/4→1.0br 线→连接点（58）→G6 搭铁点→蓄电池 A（-）。右制动灯 M21 亮。

③ 去高位制动灯 M25 电路

连接点（19）→1.0sw/ro 线→T6z/5→1.0sw/ro 线→高位制动灯 M25→1.0br 线→T6z/6→1.0br 线→连接点（58）→G6 搭铁点→蓄电池 A（-）。高位制动灯 M25 亮。

2）识读朗逸轿车的制动灯电路图

朗逸轿车制动灯控制电路图见图 2-4-1。

朗逸轿车的制动灯开关 F 和制动踏板开关 F47 集成一体（见图 2-4-1），布置在制动总泵上。其开关状态是 F 为常开，F47 为常闭，作为冗余设计，两者可以相互验证信号的可信度。未踩制动踏板时，D/15 经 SC23（5A），一路→F→J519 和 J220，使 J519

的 T73a/43 端子和 J220 的 T80/23 端子处于低电位。另一路→F47→J519 和 J220，使 J519 的 T73b/42 端子和 J220 的 T80/51 端子处于高电位，仪表上换档杆锁指示灯（自动档轿车）K169 点亮。当踩下制动踏板，在制动液压力作用下 F 和 F47 动作，J519 识别出上述端子高低电位转换时，其 T73b/16 输出 12V 电压，点亮制动灯 M21、M22 和高位制动灯 M25，K169 熄灭，与此同时，J519 通过 T73b/41 端子输出 12V 电压，控制换档杆锁电磁阀 N110 动作解锁，使换档杆可以移动。

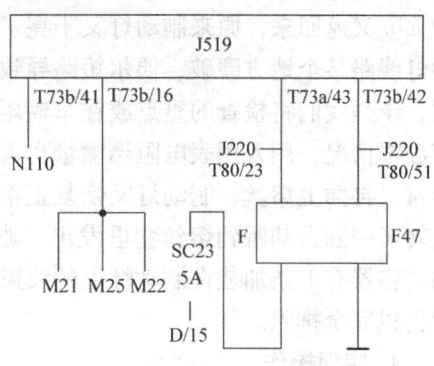

图 2-4-1 朗逸轿车制动灯控制电路
F—制动灯开关　F47—制动踏板开关
J220—发动机控制单元　M21—左制动灯
M22—右制动灯　M25—高位制动灯
N110—换档杆锁止电磁阀

制动开关信号测量值在 030 组 3 区显示，制动灯控制状态的测量值在 034 组 3 区显示，DTM 功能可对制动灯进行终端测试。

BCM 对车身电器的集中控制，使转向灯、制动灯和倒档灯等信号灯缺失的监控变得十分方便。J519 一旦检测到各信号灯电路流过的实际电流小于门限值，即可判定某个信号灯泡损坏，该信息经数据总线传输，由仪表执行点亮故障指示灯 K170 以提示驾驶人。

(2) 熟悉制动灯电路构造

利用维修资料在实训车上熟悉制动灯电路构造。

任务 4-3　制动灯电路故障诊断与排除

1. 任务描述

在实训车辆的制动灯系统设置故障，要求学生收集相关资料、制定工作计划、实施并记录、质量检查与评价，最后进行总结汇报。

2. 教学目标

(1) 能力目标

1) 能进行熔丝的检测及更换。
2) 能进行制动灯开关检测及更换。
3) 能进行制动灯灯泡的检查与更换。
4) 能进行制动灯电路的故障诊断与排除。

(2) 知识目标

1) 掌握制动灯开关的结构与工作原理。
2) 熟悉汽车制动灯开关常见故障原因。

3. 故障案例

案例：一汽马自达 6 制动灯熔丝常断故障

一辆马自达 M6 7200 AT 轿车，行驶里程为 1.2 万 km，制动灯出现了故障。车主为此去修理厂检修，发现问题是制动灯熔丝已断。更换熔丝后，制动灯恢复正常，但车主出去不到

10 min 又返回来，原来制动灯又不亮了，检查发现熔丝再次熔断。根据故障现象，认为是制动灯线路某个地方磨破，偶尔短路导致该车故障。向车主问询得知，该车曾经被别的车辆追尾，于是我们将检查的重点放在车辆尾部的相关制动线束处。仔细检查两尾灯线路，没发现有破损情况，用万用表电阻档测量也未发现异常。接着检查了左前驾驶舱熔丝盒电路，也无异常。再插上熔丝，制动灯又恢复正常。就在认为没发现问题的时候，手无意中搭在方向盘上转了一圈，却听到熔丝盒里发出"啪"的响声，熔丝又熔断了。经检查是用户自行加装的防盗器有 1 条加在制动灯上的线束。在绕过转向柱时被磨破搭铁。改动线路走向后，故障得以完全排除。

4. 实训操作

（1）电器元件的检查及更换

1）熔丝的检测及更换。

2）制动灯开关检测及更换。

3）制动灯灯泡的检查与更换。

（2）制动灯电路的故障诊断与排除

1）收集相关资料。

2）制定工作计划。

3）实施并记录。

4）质量检查与评价。

5）总结汇报。

项目 5　驻车灯系统故障诊断与排除

任务 5-1　确认故障现象

1. 任务描述

利用实训车辆,在驻车灯系统良好的情况下,操作和检查驻车灯系统;在驻车灯系统设置故障的情况下,学生进行使用和检查,观察并记录故障现象。

2. 教学目标

(1) 能力目标

能正常操作和使用驻车灯,确认驻车灯故障现象。

(2) 知识目标

1) 了解驻车灯的功用。

2) 使用驻车灯的法律法规要求。

3. 相关知识

1) 驻车灯功用

装于车头和车尾两侧,要求从车前和车尾 150m 远处能确认灯光信号,要求车前处光色为白色,车尾处为红色。夜间驻车时,将驻车灯接通标志车辆形位。驻车灯是在临时停车熄火时,对车辆、路人等周边环境起安全提醒作用的警示灯,以提示汽车位置。

2) 驻车灯开关

① 驻车灯开启由转向控制手柄触发完成。

② 个别车系有专门设计驻车灯操控按钮,一般设计在大灯开关旋钮中左旋转最后两项,分为左驻车灯开关和右驻车灯开关。

3) 打开方式

夜间临时停车熄火时,可根据汽车停放位置判断开启左或右驻车灯。扳动转向控制手柄至左转向,左侧的前驻车灯(一般借用前小灯)、左侧后驻车灯(一般借用尾灯)亮起;扳动转向控制手柄至右转向,右侧的前驻车灯(一般借用前小灯)、右侧后驻车灯(一般借用尾灯)亮起见图 2-5-1。驻车灯效果开启。

4) 适用情况

① 在黑暗环境中临时停车时,防止路过的行人、自行车等交通个体撞上汽车,开启驻车灯可以起到有效安全提示和示廓的作用。

② 夜间在狭窄的省、县、乡道临时停车离开时,驻车灯效果显著。

4. 实训操作

检查驻车灯并记录故障现象。

图 2-5-1 驻车灯

任务 5-2 识读电路图并在车上熟悉电路构造

1. 任务描述

识读实训车辆的驻车灯系统电路图；利用维修资料及实训用车辆在驻车灯系统良好的情况下，在车上识别驻车灯系统电路的相关电气元件。

2. 教学目标

（1）能力目标

1）能在车上识别驻车灯电路的相关电气元件。

2）能熟练识读驻车灯电路图。

（2）知识目标

1）掌握驻车灯的分类。

2）掌握驻车灯的结构与工作原理。

3. 实训操作

（1）识读捷达车驻车灯电路图

捷达车驻车灯电路图请参见本书附录图 A-13、图 A-14 等。

点火开关 D 关闭（OFF），驻车灯开关 E19（该车开关与转向开关 E2 共用一个开关，只是开关内部有各自的电路和触点）是三位开关，在中间位置时关闭，左、右侧驻车灯均不亮；当开到左侧时，左前驻车灯 M1、左后驻车灯 M4（共用左后尾灯 M4）同时亮；当开到右侧时，右前驻车灯 M2、右后驻车灯 M3（共用右后尾灯 M3）同时亮。

① 左驻车灯电路

蓄电池 A（+）→主熔丝盒（P）S02（110A）→10.0ro 线→继电器支架上螺栓连接点（105）→继电器支架内部接线→线（6.0ro）→连接点（18）→4.0ro 线→点火开关 D30 端子→点火开关 D→点火开关 D 上 P 端子→1.0gr/bl 线→驻车灯开关 E19 插接器 T7a/5 端子→驻车灯开关 E19 左驻车灯触点→驻车灯开关 E19 插接器 T7a/4 端子→1.0ro/gr 线→连接点（9）→1.0ro/gr 线→熔丝 S8（10A）→1.0gr/ws 线→连接点（28）→分成并联 2 路分别去左前驻车灯 M1、左后驻车灯 M4。

（a）左前驻车灯 M1 电路

连接点（28）→0.5gr/ws 线→T10x/10→左前驻车灯 M1→T10x/8（或→T10x/4）→1.5br 线→连接点（23）→G1 搭铁点→蓄电池 A（-）。左前驻车灯 M1 亮。

(b) 左后驻车灯 M4 电路

连接点（28）→0.5gr/ws 线→T5m/3→左后驻车灯 M4→T5m/4→1.0br 线→连接点（58）→2.5br 线→G6 搭铁点→蓄电池 A（-）。左后驻车灯 M4 亮。

② 右驻车灯电路

蓄电池 A（+）→主熔丝盒（P）S02（110A）→10.0ro 线→继电器支架上螺栓连接点（105）→继电器支架内部接线→线（6.0ro）→连接点（18）→4.0ro 线→点火开关 D30 端子→点火开关 D→点火开关 D 上 P 端子→1.0gr/bl 线→驻车灯开关 E19 插接器 T7a/5 端子→驻车灯开关 E19 右驻车灯触点→驻车灯开关 E19 插接器 T7a/6 端子→1.0gr/ro 线→连接点（8）→1.0gr/ro 线→熔丝 S7（10A）→1.0gr/ro→连接点（27）→分成并联 2 路分别去右前驻车灯 M2、右后驻车灯 M3。

（a）右前驻车灯 M2 电路

连接点（27）→0.5gr/ro 线→T10y/10→左前驻车灯 M2→T10y/8（或→T10y/4）→1.5 br 线→连接点（22）→G10 搭铁点→蓄电池 A（-）。右前驻车灯 M2 亮。

（b）右后驻车灯 M3 电路

连接点（27）→0.5gr/ro 线→T5n/3→左后驻车灯 M3→T5n/4→1.0br 线→连接点（58）→2.5br 线→G6 搭铁点→蓄电池 A（-）。右后驻车灯 M3 亮。

（2）熟悉驻车灯电路构造熟悉

利用维修资料及实训用车辆在驻车灯系统良好的情况下，在车上识别驻车灯系统电路的相关电气元件。

任务 5-3　驻车灯电路故障诊断与排除

1. 任务描述

在实训车辆的驻车灯系统设置故障，要求学生收集相关资料、制定工作计划、实施并记录、质量检查与评价，最后进行总结汇报。

2. 教学目标

（1）能力目标

1）能分析故障，确定故障范围。

2）能确定诊断顺序。

3）会收集相关资料。

4）会制定工作计划。

5）会实施并记录。

6）会进行质量检查与评价。

7）会总结汇报。

（2）知识目标

1）分析故障，确定故障范围方法。

2）确定诊断顺序的原则。

3. 实训操作

（1）电器元件的检查及更换

1) 熔丝的检测及更换。
2) 驻车灯开关检测及更换。
3) 驻车灯灯泡的检查与更换。
(2) 驻车灯电路的故障诊断与排除
1) 分析故障，确定故障范围。
2) 确定诊断顺序。
3) 收集相关资料。
4) 制定工作计划。
5) 实施并记录。
6) 质量检查与评价。
7) 总结汇报。

项目6 示廓灯、牌照灯、仪表照明灯电路故障诊断与排除

任务6-1 确认故障现象

1. 任务描述

利用实训车辆车,在示廓灯、牌照灯、仪表照明灯电路良好的情况下,操作和使用这些灯;在这些灯电路设置故障的情况下,学生进行检查并记录故障现象。

2. 教学目标

(1) 能力目标

能正常操作和使用示廓灯、牌照灯、仪表照明灯电路,确这些灯的电路故障现象。

(2) 知识目标

1) 了解示廓灯、牌照灯、仪表照明灯电路的功用。

2) 了解使用示廓灯、牌照灯、仪表照明灯电路的法律法规要求。

3. 相关知识

1) 示廓灯

又称"示位灯"或"位置灯",安装在汽车前面、后面和侧面,夜间行驶接前照灯时,示位灯、仪表照明灯和牌照灯同时发亮,以标志车辆的形位等。功率一般为5~20W。前位灯俗称"小灯",光色为白色或黄色,后位灯俗称"尾灯",光色为红色;侧位灯光色为琥珀色。

2) 示廓灯

示廓灯俗称"角标灯",空载车高3m以上的车辆均应安装示廓灯,标示车辆轮廓。示廓灯功率一般为5W。

3) 牌照灯

装于汽车尾部牌照上方或左右两侧,用来照明后牌照,功率一般为5~10W,确保行人在车后20m处能看清牌照上所有的字和符号。

4) 仪表照明灯

装在仪表板反面,用来照明仪表指针及刻度板,一般用LED灯。仪表照明灯一般与示位灯、牌照灯并联。有些汽车仪表照明灯发光强度可调节。

前位灯、后位灯、示宽灯、牌照灯和仪表灯应能同时启闭,当前照灯关闭或发动机熄火时仍能点亮。

4. 实训操作

检查并记录示宽灯、牌照灯、仪表照明灯故障现象。

任务6-2 识读电路图并在车上熟悉电路构造

1. 任务描述

识读实训车辆的示廓灯、牌照灯、仪表照明灯电路图;利用维修资料及实训车辆在这些灯良好的情况下,在车上识别其电路的相关电气元件及线路。

2. 教学目标

(1) 能力目标

1) 能在车上识别示廓灯、牌照灯、仪表照明灯电路的相关电气元件。

2) 能熟练识读示廓灯、牌照灯、仪表照明灯电路图。

(2) 知识目标

掌握示廓灯、牌照灯、仪表照明灯电路的工作原理。

3. 实训操作

(1) 识读捷达车示廓灯、牌照灯、仪表照明灯电路图

捷达车示廓灯、牌照灯、仪表照明灯电路图,请参见本书附录。

灯开关 E1(属于3位5掷开关)在2位时(即示廓灯位置)时,见图2-6-1,示廓灯(前小灯、尾灯)、牌照灯等一起亮。电路如下。

蓄电池 A(+)→主熔丝盒(P)S02(110A)→10.0ro 线→继电器支架上螺栓连接点(105)→继电器支架内部接线→线(6.0ro)→连接点(18)→1.5ro/ge 线→熔丝 S25(10A)→1.5ro/ge 线→灯开关 E1 插接器 T17/15 端子→灯开关 E1 内分成并联3路分别去不同的车灯。

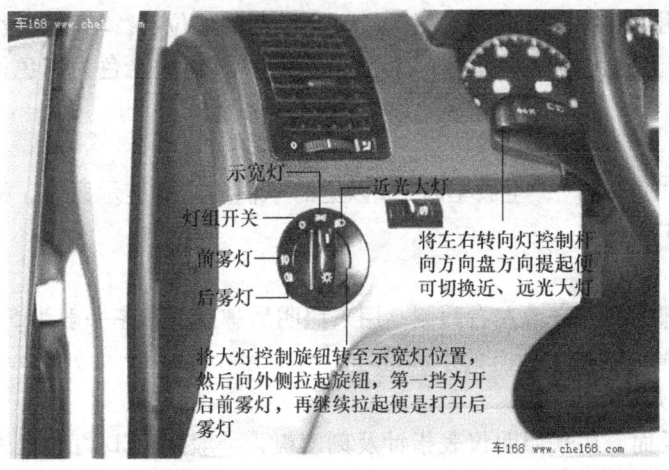

图 2-6-1 灯组合开关

① 第1条电路

灯开关 E1 插接器 T17/15 端子→灯开关 E1 内左边第1掷触点→灯开关 E1 插接器 T17/13端子→1.0ro/gr 线→连接点(9)→1.0ro/gr 线→熔丝 S8(10A)→1.0gr/ws→连接点(28)→分成并联2路分别去左前小灯 M1(与左前驻车灯 M1 共用)、左后尾灯 M4(与左后驻车灯 M4 共用)。

(a) 左前小灯 M1 电路。连接点（28）→0.5gr/ws 线→T10x/10→左前小灯 M1→T10x/8（或→T10x/4）→1.5br 线→连接点（23）→G1 搭铁点→蓄电池 A（-）。左前小灯 M1 亮。

(b) 左后尾灯 M4 电路。连接点（28）→0.5gr/ws 线→T5m/3→左后尾灯 M4→T5m/4→1.0br 线→连接点（58）→2.5br 线→G6 搭铁点→蓄电池 A（-）。左后驻车灯 M4 亮。

② 第 2 条电路

灯开关 E1 插接器 T17/15 端子→灯开关 E1 内左边第 2 掷触点→灯开关 E1 插接器 T17/14 端子→1.0gr/ro 线→连接点（8）→1.0gr/ro 线→熔丝 S7（10A）→1.0gr/ro 线→连接点（27）→分成并联 2 路分别去右前小灯 M2（与右前驻车灯 M2 共用）、右后尾灯 M3（与右后驻车灯 M3 共用）。

(a) 右前小灯 M2 电路。连接点（27）→0.5gr/ro 线→T10y/10→右前小灯 M2→T10y/8（或→T10y/4）→1.5br 线→连接点（22）→G10 搭铁点→蓄电池 A（-），右前小灯 M2 亮。

(b) 右后尾灯 M3 电路。连接点（27）→0.5gr/ro 线→T5n/3→右后尾灯 M3→T5n/4→1.0 br 线→连接点（58）→2.5br 线→G6 搭铁点→蓄电池 A（-），右后尾灯 M3 亮。

③ 第 3 条电路

灯开关 E1 插接器 T17/15 端子→灯开关 E1 内左边第 3 掷触点→灯开关 E1 插接器 T17/16 端子→1.5gr/ge 线→熔丝 S3（10A）→1.0ge 线→连接点（33）→分成并联 7 条电路分别去左、右牌照灯 X，灯开关 E1 照明灯 L9、组合仪表 J285 照明灯，行李箱电子开启开关 E165 照明灯 L18，烟缸照明灯 L18，空调面板照明灯 L16，点烟器 U1 照明灯 L28 等。

(a) 左、右牌照灯 X 电路。连接点（33）→0.5gr/gn 线→左、右牌照灯 X 插接器 1 端子→左、右牌照灯 X→左、右牌照灯 X 插接器 2 端子→0.5br 线→连接点（58）→2.5br 线→G6 搭铁点→蓄电池 A（-），左、右牌照灯 X 亮。

(b) 灯开关照明灯 L9 电路。连接点（33）→0.5gr/bl 线→灯开关 E1 插接器 T17/17 端子→灯开关 E1 内部，3 个灯开关照明灯 L9→灯开关 E1 插接器 T17/10 端子→0.5br 线→连接点（4）→4.0br 线→G3 搭铁点→蓄电池 A（-），3 个灯开关照明灯 L9 亮。

(c) 组合仪表 J285 照明灯电路。连接点（33）→0.5gr/bl 线→组合仪表 J285 插接器 T32/20 端子，组合仪表 J285 控制使仪表照明灯亮。

(d) 行李箱电子开启开关 E165 照明灯 L18 电路。连接点（33）→0.5gr/bl 线→行李箱电子开启开关 E165 插接器 T17a/15 端子→行李箱电子开启开关 E165 内部照明灯 L18 灯亮。

(e) 烟缸照明灯 L18 电路。连接点（33）→0.5gr/bl 线→烟缸照明灯 L18 灯→0.5br 线→连接点（5）→2.5br 线→连接点（4）→4.0br 线→G3 搭铁点→蓄电池 A（-），烟缸照明灯 L18 亮。

(f) 空调面板照明灯 L16 电路。连接点（33）→0.5gr/bl 线→空调面板照明灯 L16→0.5br 线→连接点（5）→2.5br 线→连接点（4）→4.0br 线→G3 搭铁点→蓄电池 A（-），空调面板照明灯 L16 亮。

(g) 点烟器 U1 照明灯 L28 电路。连接点（33）→0.5gr/bl 线→点烟器 U1 插接器端子 3→点烟器 U1 内部照明灯 L28→点烟器 U1 插接器端子 1→0.5br 线→连接点（51）→6.0br 线→G11 搭铁点→蓄电池 A（-），点烟器 U1 照明灯 L28 亮。

(2) 熟悉电路构造

利用维修资料在实训车上熟悉示宽灯、牌照灯、仪表照明灯电路构造。

任务 6-3　电路故障诊断与排除

1. 任务描述

在实训车辆的示廓灯、牌照灯、仪表照明灯电路设置故障，要求学生收集相关资料、制定工作计划、实施并记录、质量检查与评价，最后进行总结汇报。

2. 教学目标

（1）能力目标
1）能分析故障，确定故障范围。
2）能确定诊断顺序。
3）会收集相关资料。
4）会制定工作计划。
5）会实施并记录。
6）会进行质量检查与评价。
7）会总结汇报。

（2）知识目标
1）分析故障，确定故障范围方法。
2）确定诊断顺序的原则。

3. 实训操作

（1）电器元件的检查及更换
1）熔丝的检测及更换。
2）灯光开关检测及更换。
3）前小灯灯泡的检查与更换。
4）尾灯灯泡的检查与更换。
5）仪表灯的检查与仪表总成的更换。

（2）示廓灯、牌照灯、仪表照明灯电路的故障诊断与排除
1）收集相关资料。
2）制定工作计划。
3）实施并记录。
4）质量检查与评价。
5）总结汇报。

项目7　前照灯、超车灯故障诊断与排除

任务7-1　确认故障现象

1. 任务描述

利用实训车辆，在前照灯（远光、近光）、超车灯电路良好的情况下，操作和使用这些灯的电路；在前照灯（远光、近光）、超车灯电路设置故障的情况下，学生进行检查并记录故障现象。

2. 教学目标

（1）能力目标

能正常操作和使用前照灯（远光、近光）、超车灯，确认这些灯的故障现象。

（2）知识目标

1）了解前照灯（远光、近光）、超车灯的功用。

2）使用前照灯（远光、近光）、超车灯的法律法规要求。

3. 相关知识

（1）对前照灯的照明要求

1）足够的照明距离

前照灯应保证车前有明亮而均匀的照明，使驾驶人能看清车前100m内路面上的障碍物。随着汽车行驶速度的提高，对汽车前照灯的照明距离也相应要求越来越远。

2）应能防止眩目

以免夜间两车相会时，使对方驾驶人眩目，而造成交通事故。

（2）前照灯的光学系统

前照灯的光学系统包括反射镜、配光镜和灯泡三部分，见图2-7-1。

1）反射镜

反射镜的表面形状呈旋转抛物面，其内表面镀银、铝或铬，然后抛光。如图2-7-2所示。反射镜的作用是将灯泡的光线聚合并导向前方，如图2-7-3所示。

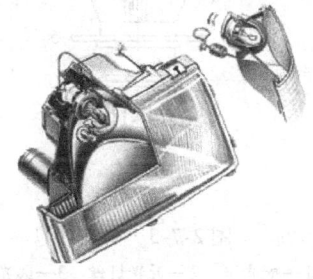

图2-7-1　前照灯的光学系统

图2-7-2　反射镜

2) 配光镜

配光镜又称散光玻璃，如图 2-7-4 所示。

配光镜的作用是将反射镜反射出的平行光束进行折射，使车前路面和路缘都有良好而均匀的照明。

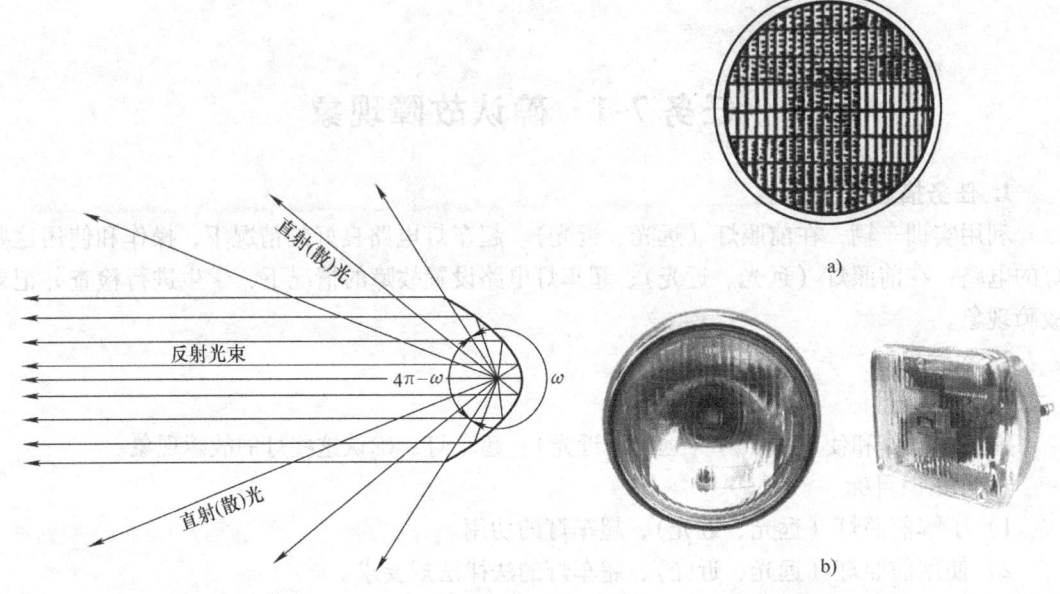

图 2-7-3　反射镜的作用

图 2-7-4　配光镜

3) 灯泡

目前汽车前照灯的灯泡有下列 3 种。

① 白炽灯泡

其灯丝用钨丝制成（钨的熔点高、发光强）。玻璃泡内充以约 86% 的氩和约 14% 的氮的混合惰性气体。为了缩小灯丝的尺寸，常把灯丝制成紧密的螺旋状，这对聚合平行光束是有利的。白炽灯泡的结构如图 2-7-5 所示。

② 卤钨灯泡

其结构如图 2-7-6 所示。卤钨灯泡是利用卤钨再生循环反应的原理制成的。卤钨灯泡充入惰性气体的压力较高。在相同功率下，卤钨灯的亮度为白炽灯的 1.5 倍，寿命长 2~3 倍。

③ 高压放电氙灯

高压放电氙灯的组件系统由弧光灯组件、电子控制器、升压器三部分组成。图 2-7-7 是其外形及原理图。

灯泡发出的光色和荧光灯非常相似，亮度是卤钨

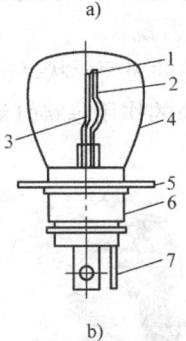

图 2-7-5　白炽灯泡

1—配光屏　2—近光灯丝　3—远光灯丝
4—灯壳　5—定焦盘　6—灯头　7—插片

项目 7　前照灯、超车灯故障诊断与排除

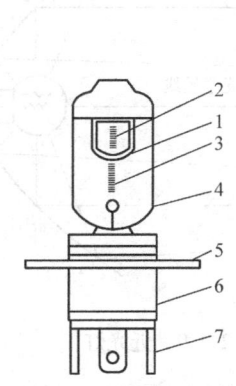 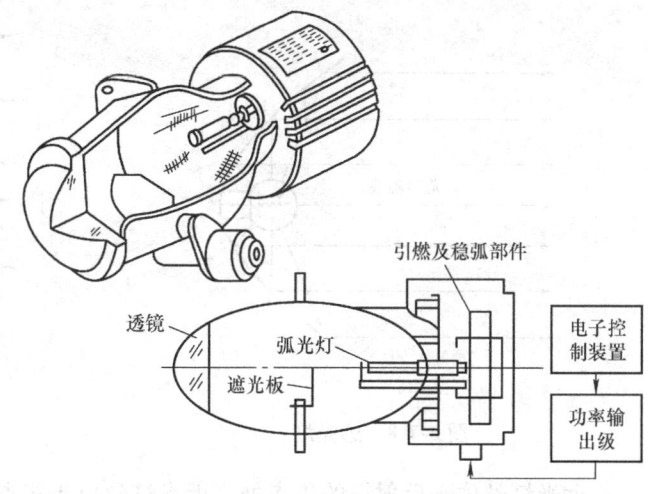

图 2-7-6　卤钨灯泡　　　　　　图 2-7-7　高压放电氙灯
1—配光屏　2—近光灯丝　3—远光灯丝
4—灯壳　5—定焦盘　6—灯头　7—插片

灯泡的 3 倍左右，使用寿命是卤钨灯泡的 5 倍。

灯泡里没有灯丝，取而代之的是装在石英管内的两个电极，管内充有氮气及微量金属元素（或金属卤化物）。在电极加上数万伏的引弧电压后，气体开始电离而导电，气体原子即处于激发状态，使电子发生能级跃迁而开始发光，电极间蒸发少量水银蒸气，光源立即引起水银蒸气弧光放电，待温度上升后再转入卤化物弧光灯工作。

（3）前照灯防眩目措施

前照灯射出的强光会使迎面来车驾驶人眩目。

所谓"眩目"是指人的眼睛突然被强光照射时，由于视神经受刺激而失去对眼睛的控制，本能地闭上眼睛或只能看到亮光而看不见暗处物体的生理现象。这时很易发生交通事故。

为了避免前照灯的眩目作用，保证汽车夜间行车安全，一般在汽车上都采用双丝灯泡的前照灯。灯泡的一根灯丝为"远光"，另一根为"近光"。

远光灯丝功率较大，位于反射镜的焦点；近光灯丝功率较小，位于焦点上方（或前方）。

当夜间行驶无迎面来车时，可用远光灯丝，使前照灯光束射向远方，便于提高车速。

当两车相遇时，用近光灯丝，使光束倾向路面，从而避免迎面来车驾驶人的眩目，并使车前 50m 内的路面也照得十分清晰。

双丝灯泡的前照灯，按近光的配光不同，分为对称形和非对称形两种不同的配光制。

1）对称形配光（SAE 方式）

远光灯丝位于反射镜的焦点上，而近光灯丝则位于焦点的上方并稍向右偏移（从灯泡向反射镜看去）。其工作情况如图 2-7-8 和图 2-7-9 所示。

当用远光灯丝时，灯丝发出的光线经反射镜反射后，沿光学轴线平行射向远方。当用近光灯丝时，倾向路面的光线占大部分，从而减小了对迎面来车的驾驶人的眩目作用。

2）非对称形配光（ECE 方式）

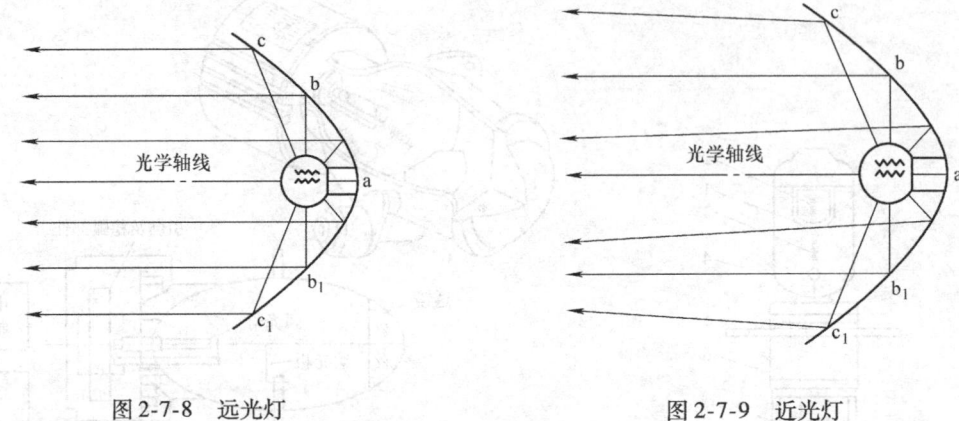

图 2-7-8　远光灯　　　　　　　　　图 2-7-9　近光灯

远光灯丝位于反射镜的焦点处，近光灯丝位于焦点前方且稍高出光学轴线，其下方装有金属配光屏，其工作情况如图 2-7-10 所示。

由近光灯丝射向反射镜上部的光线，反射后倾向路面，而配光屏挡住了灯丝射向反射镜下半部的光线，故没有向上反射能引起眩目的光线。

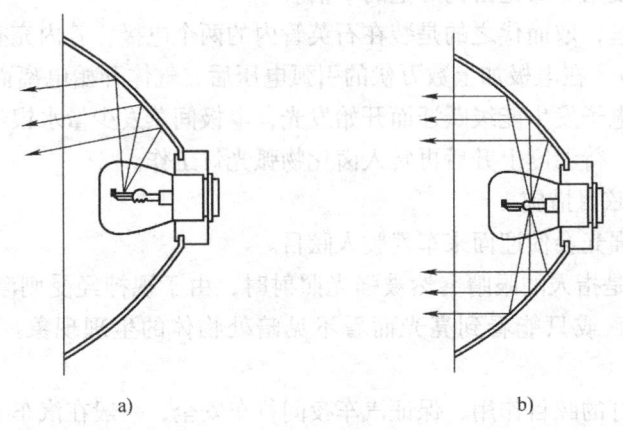

图 2-7-10　非对称形配光（ECE 方式）
a）近光　b）远光

配光屏在安装时偏转一定的角度，左侧边缘倾斜 15°，使近光的光形有一条明显的明暗截止线，如图 2-7-11 所示。

这种非对称形的配光性能，称为欧洲式配光，符合联合国欧洲经济委员会制订的 ECE 标准，所以又称 ECE 方式，是比较理想的配光，已被世界公认，我国已采用。

近来，国外又发展了一种更优良的光形，其近光光形如图 2-7-12 所示。明暗截止线呈 Z 形。故称 Z 形配光，不仅可以避免迎面来车驾驶人的眩目，还可以防止迎面而来的行人和非机动车使用者的眩目，更加保证了汽车夜间行驶的安全。

随着汽车行驶速度的提高，有些载重汽车、公共汽车，特别是轿车上，多采用 4 个前照灯，并排装在同一高度上。

一般外侧灯为双丝灯泡，内侧灯为单丝远光。当需要远光时，4 个前照灯都亮，以加强

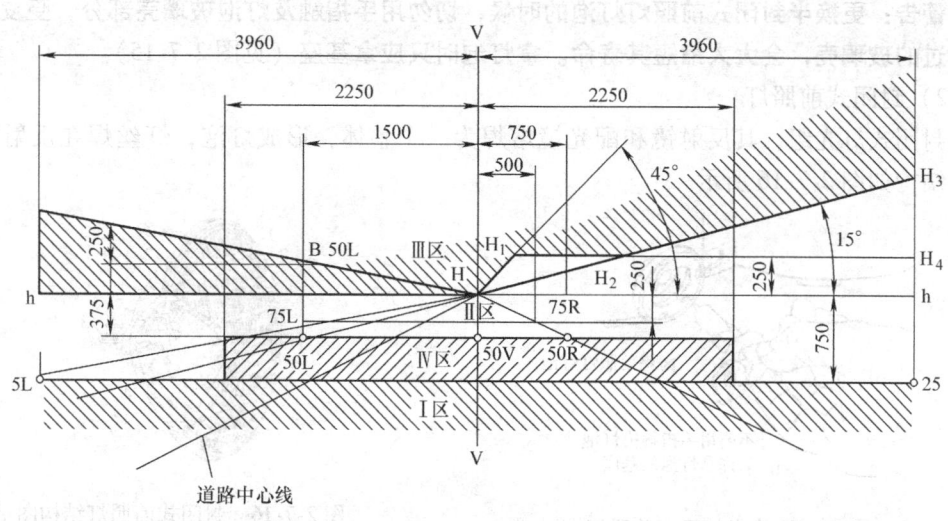

图 2-7-11 近光的光形

照明效果。

(4) 前照灯的分类

配光镜、反射镜和光源的组合体称为灯光组。按照灯光组的结构不同,前照灯可分为半封闭式和封闭式两种。

1) 半封闭式前照灯

它装用半封闭式灯光组。其配光镜与反射镜用黏结剂等方法黏合,灯泡可以从反射镜后端装入,结构如图 2-7-13 所示。

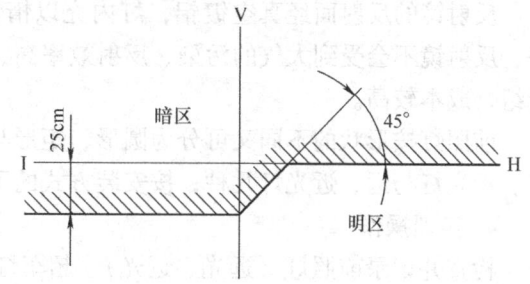

图 2-7-12 Z 形配光近光光形

半封闭式前照灯的优点是灯丝烧断只需更换灯泡,缺点是密封性不良。图 2-7-14 可换卤钨灯泡的半封闭式前照灯。

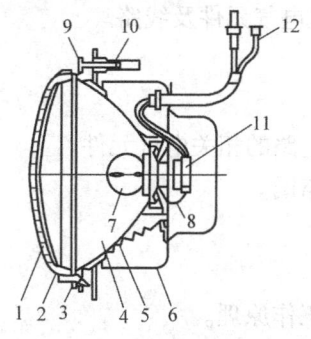

图 2-7-13 半封闭式前照灯结构图
1—配光屏 2—固定圈 3—调整圈 4—反光镜
5—拉紧弹簧 6—灯壳 7—灯泡 8—防尘罩
9—调节螺栓 10—调整螺母 11—插座 12—接线片

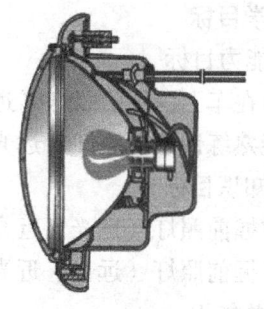

图 2-7-14 可换卤钨灯泡的半封闭式前照灯

警告：更换半封闭式前照灯灯泡的时候，切勿用手指触及灯泡玻璃壳部分，受皮肤脂肪沾污过的玻璃壳，会大大缩短其寿命。拿灯泡时只应拿基座（见图 2-7-15）。

2）封闭式前照灯

封闭式灯光组，其反射镜和配光镜熔焊为一个整体，形成灯泡，灯丝焊在反射镜底座上，结构如图 2-7-16 所示。

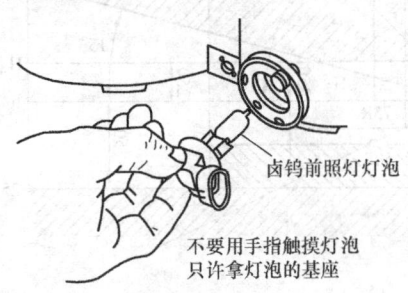

图 2-7-15　更换半封闭式前照灯灯泡时的正确操作方法

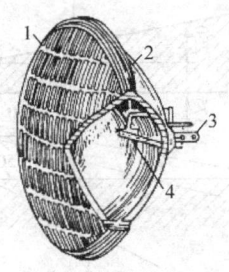

图 2-7-16　封闭式前照灯结构图
1—配光镜　2—反光镜　3—接线片　4—灯丝

反射镜的反射面经真空镀铝，灯内充以惰性气体与卤素。这种结构的优点是密封性能好、反射镜不会受到大气的污染、反射效率高、使用寿命长。但灯丝烧坏后，需更换整个灯光组，成本较高。

前照灯按形状的不同又可分为圆形、矩形与异形；按发射的光束类型不同又可分为远光灯、近光灯与远、近光灯几种；按安装方式的不同，又分为内装式和外装式。

4. 实训操作

检查并记录前照灯（远光、近光）、超车灯故障现象。

任务 7-2　识读电路图并在车上熟悉电路构造

1. 任务描述

识读实训车辆的前照灯（远光、近光）、超车灯电路图；利用维修资料及实训车辆在前照灯、超车灯良好的情况下，在车上识别该电路的相关电气元件及线路。

2. 教学目标

（1）能力目标

1）能在车上识别前照灯（远光、近光）、超车灯电路的相关电气元件。

2）能熟练识读前照灯（远光、近光）、超车灯电路图。

（2）知识目标

1）掌握前照灯（远光、近光）、超车灯的分类。

2）掌握前照灯（远光、近光）、超车灯的结构与工作原理。

3. 相关知识

（1）普通前照灯（远光、近光）、超车灯的控制

捷达前照灯（远光、近光）、超车灯系统电路图（请参见本书附录）。

1）捷达前照灯（远光、近光）系统电路

点火开关 D 在打开（ON）位，灯开关 E1（属于 3 位 5 掷开关）在 3 位（大灯位置）时，近光灯亮，通过变光开关 E4 变换档位，实现近、远光变换。电路如下。

① 变光开关 E4 在近光灯档位，近光灯电路

蓄电池 A（+）→主熔丝盒（P）S02（110A）→10.0ro 线→继电器支架上螺栓连接点（105）→继电器支架内部接线→线（6.0ro）→连接点（18）→4.0ro 线→点火开关 D 端子 30→点火开关 D 内部→点火开关 D 上 X 端子→2.5sw/ge 线→连接点（1）→1.5sw/ge 线→熔丝 S24（5A）→0.5sw/gn 线→灯开关 E1 插接器 T17/1 端子→灯开关 E1 内第 4 掷触点→灯开关 E1 插接器 T17/4 端子→0.5ws/sw 线→变光开关 E4 插接器 T5a/3 端子→变光开关 E4 内部近光触点→变光开关 E4 插接器 T5a/2 端子→0.5sw 线→大灯继电器 J12 插接器 T9a/9 端子→大灯继电器 J12 内部近光灯继电器线圈→大灯继电器 J12 插接器 T9a/5 端子→0.5br 线→连接点（4）→4.0br 线→G3 搭铁点→蓄电池 A（-），大灯继电器 J12 内部近光灯继电器线圈产生磁力，使其近光灯触点吸合，左近光灯 L1b、右近光灯 L2b 同时亮，电路如下。

蓄电池 A（+）→主熔丝盒（P）S02（110A）→10.0ro 线→继电器支架上螺栓连接点（105）→继电器支架内部接线→6.0ro/ws 线→连接点（19）→1.5sw/bl 线→大灯继电器 J12 插接器 T9a/4 端子→大灯继电器 J12 内部近光灯触点→大灯继电器 J12 插接器 T9a/2 端子→1.5ge 线→连接点（17）→分成并联 2 支电路分别去左近光灯 L1b、右近光灯 L2b，电路如下。

（a）左近光灯 L1b 电路 连接点（17）→1.5ge 线→熔丝 S1（10A）→1.0ws/ge 线→T10x/7→左近光灯 L1b→T10x/8（或→T10x/4）→1.5br 线→连接点（23）→G1 搭铁点→蓄电池 A（-），左近光灯 L1b 亮。

（b）右近光灯 L2b 电路 连接点（17）→1.5ge 线→熔丝 S2（10A）→1.0ge/ws 线→T10y/7→右近光灯 L2b→T10y/8（或→T10y/4）→1.5br 线→连接点（22）→G10 搭铁点→蓄电池 A（-），右近光灯 L2b 亮。

② 变光开关 E4 在远光灯档位，远光灯电路

蓄电池 A（+）→主熔丝盒（P）S02（110A）→10.0ro 线→继电器支架上螺栓连接点（105）→继电器支架内部接线→线（6.0ro）→连接点（18）→4.0ro 线→点火开关 D 端子 30→点火开关 D 内部→点火开关 D 上 X 端子→2.5sw/ge 线→连接点（1）→1.5sw/ge 线→熔丝 S24（5A）→0.5sw/gn 线→灯开关 E1 插接器 T17/1 端子→灯开关 E1 内第 4 掷触点→灯开关 E1 插接器 T17/4 端子→0.5ws/sw 线→变光开关 E4 插接器 T5a/3 端子→变光开关 E4 内部远光灯触点→变光开关 E4 插接器 T5a/4 端子→0.5ws 线→大灯继电器 J12 插接器 T9a/1 端子→大灯继电器 J12 内部远光灯继电器线圈→大灯继电器 J12 插接器 T9a/5 端子→0.5br 线→连接点（4）→4.0br 线→G3 搭铁点→蓄电池 A（-），大灯继电器 J12 内部远光灯继电器线圈产生磁力，使其远光灯触点吸合，左远光灯 L1a、右远光灯 L2a 同时亮，电路如下。

蓄电池 A（+）→主熔丝盒（P）S02（110A）→10.0ro 线→继电器支架上螺栓连接点（105）→继电器支架内部接线→6.0ro/ws 线→连接点（19）→1.5sw/bl 线→大灯继电器 J12 插接器 T9a/8 端子→大灯继电器 J12 内部远光灯触点→大灯继电器 J12 插接器 T9a/6 端子→1.5ge/sw 线→连接点（15）→分成并联 2 支电路分别去左远光灯 L1a 和远光仪表指示灯、右远光灯 L2a，电路如下。

(a) 左远光灯 L1a 和远光仪表指示灯电路 连接点（15）→1.5ge/sw 线→熔丝 S11（10A）→1.0ws/sw 线→连接点（16）→分成并联 2 支电路分别去左远光灯 L1a 和远光仪表指示灯，电路如下。

a）左远光灯 L1a 电路 连接点（16）→1.0ws/sw 线→T10x/9→左远光灯 L1a→T10x/8（或→T10x/4）→1.5br 线→连接点（23）→G1 搭铁点→蓄电池 A（-），左远光灯 L1a 亮。

b）远光仪表指示灯电路 连接点（16）→0.35ws/sw 线→组合仪表 J285 插接器 T32/30 端子，组合仪表 J285 控制使远光仪表指示灯亮。

（b）右远光灯 L2a 电路 连接点（15）→1.5ge/sw 线→熔丝 S12（10A）→1.0ro/ws 线→T10y/9→右远光灯 L2a→T10y/8（或→T10y/4）→1.5br 线→连接点（22）→G10 搭铁点→蓄电池 A（-），右远光灯 L2a 亮。

2）超车灯电路

接通（点动）超车灯开关 E4，超车灯亮（借用左远光灯 L1a 和远光仪表指示灯、右远光灯 L2a）。

蓄电池 A（+）→主熔丝盒（P）S02（110A）→10.0ro 线→继电器支架上螺栓连接点（105）→继电器支架内部接线→线（6.0ro）→连接点（18）→1.5ro/ge 线→熔丝 S29（10A）→1.5ro/br 线→连接点（70）→1.5ro/br 线→变光开关 E4 插接器 T5a/5 端子→变光开关 E4 内部超车灯触点→变光开关 E4 插接器 T5a/4 端子→（其他电路与远光灯相同，略）。

(2) 自动灯光控制

为保证行车照明的安全与方便，减轻驾驶人的劳动强度，近年来，出现了多种新型的自动灯光控制系统。常用的有日间行车自动点亮系统、光束调整系统、延时控制等。

1) 自动点亮系统

自动点亮系统的控制电路如图 2-7-17 所示。当前照灯开关位于 AUTO 位置时，由安装在仪表板上部的光传感器检测周围的光线强度，自动控制灯光的点亮。其工作原理如下。

当车门关闭，点火开关处于 ON 状态时，触发器控制晶体管 VT_1 导通，为灯光自动控制器提供电源。

① 周围环境明亮时

当周围环境的亮度比夜幕检测电路的熄灯照度 L_2（约 550lx）及夜间检测电路的熄灯照度 L_4（约 200lx）更亮时，夜幕检测电路与夜间检测电路都输出低电平，晶体管 VT_2 和 VT_3 截止，所有灯都不工作。

② 夜幕及夜间时

当周围环境的亮度比夜幕检测电路的点灯照度 L_1（约 130lx）暗时，夜幕检测电路输出高电平，使 VT_2 导通，点亮尾灯。当变成更暗的状态，达到夜间点灯电路的点灯照度 L_3（约 50lx）以下时，夜间检测电路输出高电平，此时，延时电路也输出高电压，使晶体管 VT_3 导通，前照灯继电器动作，点亮前照灯。

③ 接通后周围亮度变化时

在前照灯点亮时，由于路灯等原因使得周围环境变得明亮的情况下，夜间检测电路的输出变为低电平。但在延时电路的作用下，在时间 T 期间，VT_3 仍保持导通状态，所以前照灯不熄灭。在周围的亮度比夜幕检测电路的熄灯照度 1 更亮的情况下（如白天汽车从隧道驶

触发器真值表

SET	RESET	$\overline{Q}$
Lo	Lo	hold
Lo	Hi	Hi
Hi	Lo	Lo
Hi	Hi	Lo

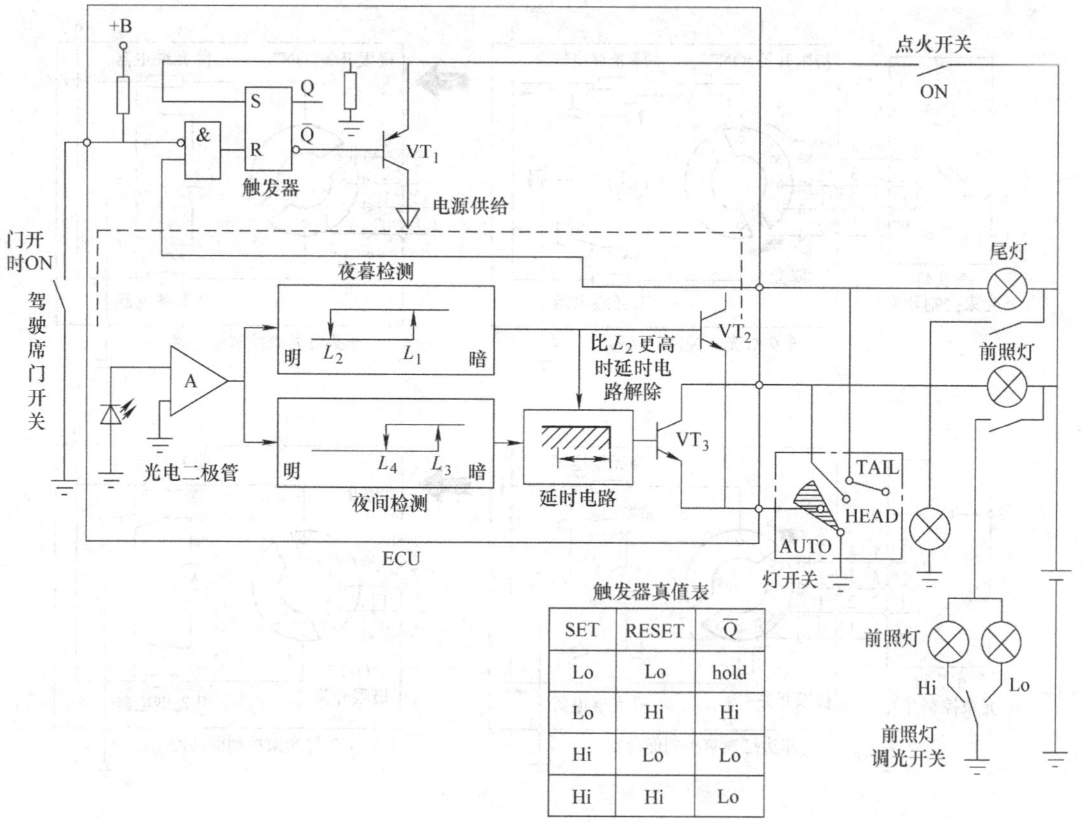

图 2-7-17　自动点亮系统的控制电路

出来），从夜幕检测电路输出低电平，从而解除延时电路，尾灯和前照灯都立即熄灭。

④ 自动熄灯

点火开关断开，使发动机停止工作时，触发器 S 端子断电处于低电平。但是，触发器由 + U 供电，VT_2 仍是导通状态，因为触发器 R 端子上也是低电平，不能改变触发器的输出端 Q 的状态。在这种状态下打开车门时，触发器 R 端子上就变成高电平，Q 端子输出就反转成为高电平，向电路供应电源的晶体管 VT_1 截止，VT_2 及 VT_3 也截止，所有灯都熄灭。上述情况，在夜间黑暗的车库等处下车前，因为有车灯照亮周围，所以，给下车提供了方便。

2）前照灯光束调整控制

当车辆的载荷发生变化时，前照灯光束的照射位置也随之发生变化，因而不能适当地照亮前方路面。前照灯光束调整机构如图 2-7-18 所示。

执行器由电动机和齿轮机构组成，在进行光束轴线调整时，执行器驱动调整螺钉正反向旋转，使调整螺钉左右移动并带动前照灯以枢轴为中心摆动，实现前照灯光束的调整。前照灯光束调整的控制电路如图 2-7-19 所示。

图 2-7-18　前照灯光束调整机构

其工作过程如下：

① 降低光束照射位置

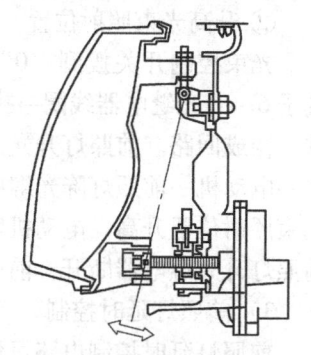

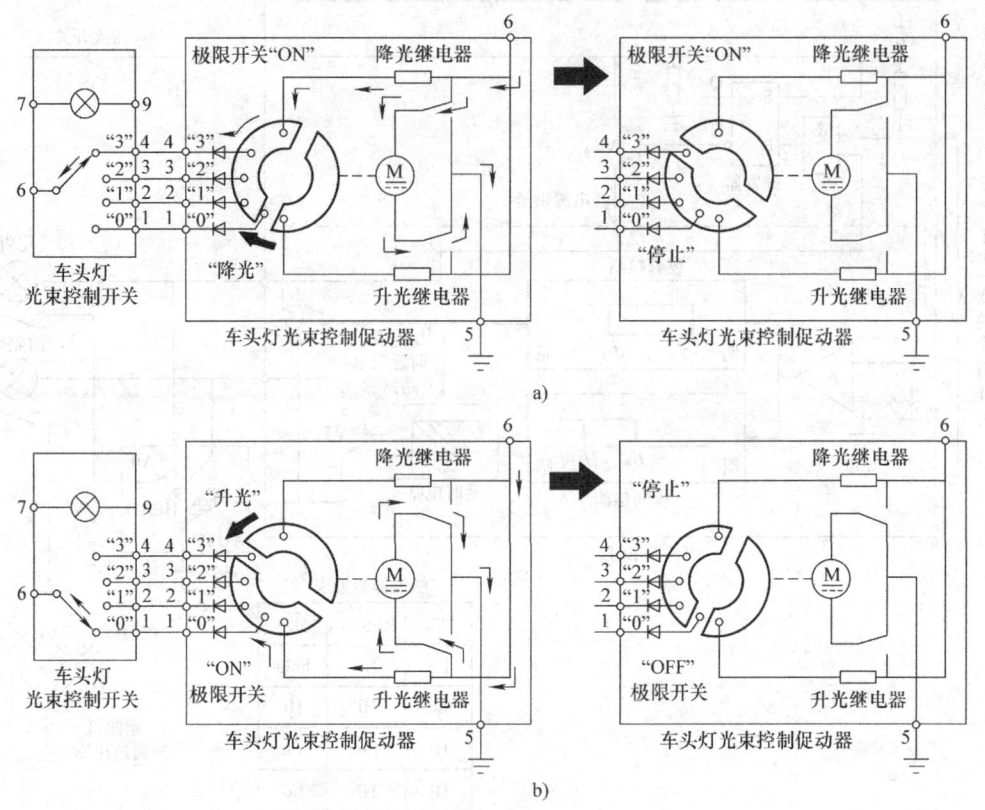

图 2-7-19 前照灯光束调整的控制电路
a) 降低光束 b) 升高光束

光束控制开关拨到"3"时,如图 2-7-19 所示。电流从灯光束控制执行器(促动器)端子6→降光继电器线圈→执行器端子4→光束控制开关端子6→搭铁构成回路。前照灯降光继电器触点闭合。于是电流从执行器端子6→前照灯降光继电器→电动机→前照灯升光继电器→执行器端子5→搭铁,构成回路,电动机工作,使前照灯光束照射位置降低。电动机转过一定角度后,限位开关工作,执行器端子6与4之间断开,前照灯降光继电器断开,前照灯光束停留在"3"的水平位置上。

② 升高光束照射位置

光束控制开关拨到"0"时,如图 2-7-19 所示。电流从灯光束控制执行器(促动器)端子6→升光继电器线圈→执行器端子1→光束控制开关端子1→光束控制开关端子6→搭铁,构成回路。前照灯升光继电器触点闭合。于是电流从执行器端子6→前照灯升光继电器→电动机→前照灯降光继电器→执行器端子5→搭铁,构成回路,电动机工作,使前照灯光束照射位置升高。电动机转过一定角度后,限位开关工作,执行器端子6与1之间断开,前照灯升光继电器断开,前照灯光束停留在"0"的水平位置上。

3) 前照灯延时控制

前照灯延时控制电路可使前照灯在电路被切断后,仍继续照明一段时间后自动熄灭,为驾驶人离开黑暗的停车场所提供照明。美国德克萨斯仪表公司研制的前照灯延时控制电路,如图 2-7-20 所示。

其工作原理如下：当汽车停驶切断点火开关时，晶体管 VT_1 处于截止状态。此时电容 C_1 立即经 R_5、R_2 开始充电；当 C_1 上的电压达到单结晶体管 VT_2 的导通电压时，C_1 则通过其发射极、基极和电阻 R_7 放电，于是在 R_7 上产生一个电压脉冲，使晶体管 VT_3 瞬时导通，消除加在晶闸管 VT 上的正向电压，使晶闸管 VT 截止；随后，VT_3 很快恢复截止，晶闸管还来不及导通，前照灯继电器失电使其触点打开（如图示位置），将前照灯电路切断，实现自动延时关灯的功能。

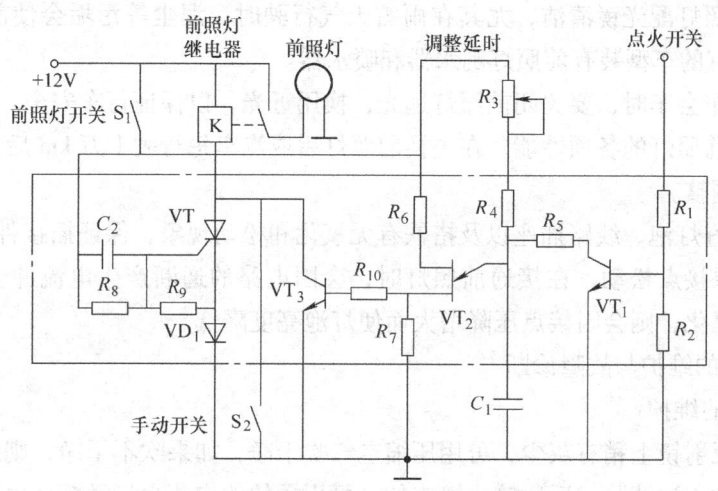

图 2-7-20　前照灯延时控制电路

4. 实训操作

利用维修资料在实训车上熟悉前照灯（远光、近光）、超车灯电路构造。

任务 7-3　电路故障诊断与排除

1. 任务描述

在实训车辆的前照灯（远光、近光）、超车灯电路设置故障，要求学生收集相关资料、制定工作计划、实施并记录、质量检查与评价，最后进行总结汇报。

2. 教学目标

（1）能力目标

1）能分析故障，确定故障范围。

2）能确定诊断顺序。

3）会收集相关资料。

4）会制订工作计划。

5）会实施并记录。

6）会进行质量检查与评价。

7）会总结汇报。

（2）知识目标

1) 分析故障并确定故障范围的方法。
2) 确定诊断顺序的原则。

3. 相关知识

（1）前照灯的使用、维护及故障诊断

1) 前照灯使用注意事项

汽车使用中对前照灯的要求是：既要有良好的照明，又要避免迎面来车驾驶人的眩目，因此使用前照灯时应注意以下几点。

① 保持前照灯配光镜清洁，尤其在雨雪天气行驶时，泥尘等污垢会使前照灯的照明性能降低50%。有的车型装有前照灯刮水器和喷水器。

② 夜间两车会车时，要关闭前照灯远光，换用近光，以保证行车安全。

③ 为保证前照灯的各项性能，在更换前照灯后或汽车每行驶1万km后，应对前照灯光束进行检查和调整。

④ 定期检查灯泡、线路插座以及搭铁有无氧化和松动现象，保证插接件接触性能良好，搭铁可靠。如果接点松动，在接通前照灯时，会因电路的通断产生电流冲击，从而烧坏灯丝，如果接点氧化，则会因接点压降增大而使灯泡亮度降低。

2) 前照灯的维护与故障诊断

① 前照灯的维护

如果发现反射镜上稍有灰尘，可用压缩空气吹干净，如果吹不干净，则应根据镀层的不同，采取不同的方法清除。反射镜为镀铬的，可用柔软的皮蘸少量酒精，由反光镜的中心向外围成螺旋形轻轻地仔细擦拭；如果反光镜是镀银或者是镀铝的，可用棉花蘸清水清洗（不要擦拭），然后用压缩空气吹干。有的反射镜表面由制造厂预先涂了一层很薄的保护层，擦拭时一定不要破坏它。如果反射镜经常有污物，应该更换橡胶密封圈。

② 故障诊断

前照灯的故障主要有前照灯不亮、远光或近光不亮、灯光变暗等。这些故障一般是由于灯泡损坏、灯丝烧断、电路断路、开关损坏和控制失效等引起的。

（2）故障案例

故障现象：一辆东风日产新阳光N17轿车，调节前照灯对光开关，左右前照灯灯光高度均不能调节，同时仪表盘上的照明指示灯不亮。

故障诊断接车后首先验证故障现象，上述故障的确存在。东风日产新阳光N17轿车前照灯灯光高度调节电路如图2-7-21所示。断开前照灯对光电动机导线插接器，接通点火开关（ON位），用万用表电压档测量前照灯对光电动机导线侧插接器端子3与搭铁之间的电压，为蓄电池电压，正常；用万用表电阻档测量前照灯对光电动机导线侧插接器端子1与搭铁之间的导通性，导通正常；用万用表电阻档测量前照灯对光电动机导线侧插接器端子2至前照灯对光开光之间的导线，能导通，与搭铁、电源之间无短路；拆下前照灯对光开关，按照表2-7-1所到测量前照灯对光开关各档位的电阻，电阻正常；将前照灯对光开关装回插好导线插接器，拔下前照灯对光电动机导线插接器，用万用表电阻档测量前照灯对光电动机导线侧插接器端子2与搭铁之间的电阻，该电阻与直接测量前照灯对光开关时的电阻不一样。

项目 7　前照灯、超车灯故障诊断与排除

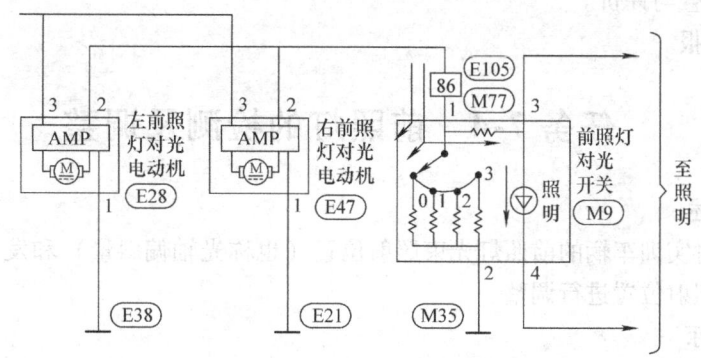

图 2-7-21　东风日产新阳光 N17 车前照灯灯光高度调节电路

表 2-7-1　前照灯灯光高度调节开关各档位相关端子之间电阻值

前照灯灯光高度调节开关端子	前照灯灯光高度调节开关档位	电阻（近似值）/Ω
端子 1 与端子 2	0	1000
	1	620
	2	470
	3	360
端子 1 与端子 3	任何位置	390

经过以上检查，确认前照灯对光电动机的电路和前照灯对光开关部位正常，换上一个新的前照灯对光电动机也无效，而前照灯对光电动机导线侧插接器端子 2 与搭铁间的电阻，其电阻值与直接测量前照灯对光开关时的电阻值不一样。仔细查看前照灯对光开关内部电路，发现前照灯对光开关电路与照明电路相连，同时仪表盘上的照明指示灯不亮，因此决定先查明照明指示灯不亮的原因。经检查发现照明指示灯不亮的原因是曾经改装了音响电路，导致小灯熔丝熔断。

故障排除，将电路恢复至原厂电路，更换小灯熔丝后，前照灯对光调节工作也恢复正常。

故障分析：因小灯熔丝熔断后，前照灯对光开关端子 1 和端子 3 之间出现电位差，如图 2-7-21 所示，电流会分流到前照灯对光开关的照明灯再搭铁，形成并联电路，因此前照灯对光开关的电阻变小，前照灯对光调节不能工作。当小灯熔丝正常时，前照灯对光开关端子 1 和端子 3 之间的电位相同，电流只经过前照灯对光开关电阻搭铁，前照灯对光开关电阻正常。

4. 实训操作

（1）对实训车辆的前照灯进行维护
（2）诊断与排除实训车辆的前照灯故障
1）收集相关资料。
2）制订工作计划。
3）实施并记录。

4) 质量检查与评价。
5) 总结汇报。

任务 7-4　前照灯的检测及调整

1. 任务描述

要求学生对实训车辆的前照灯光束照射位置（也称光轴偏斜量）和发光强度进行检测；对前照灯光束照射位置进行调整。

2. 教学目标

（1）能力目标
1) 能对前照灯光束照射位置和发光强度进行检测。
2) 能对前照灯光束照射位置进行调整。
3) 能正确使用灯光检测仪。

（2）知识目标
1) 熟悉前照灯光束照射位置和发光强度检测流程。
2) 熟悉前照灯光束照射位置调整流程。
3) 灯光检测仪基本构造原理及使用注意事项。
4) 了解国家标准 GB 7258—2012《机动车运行安全技术条件》中前照灯的发光强度及光束照射位置相关的内容。

3. 相关知识

普通前照灯的调整：

（1）在调整或校准前照灯之前的检查
1) 如果汽车轮胎上有很厚的冰雪或泥浆，应该用高压水清洗掉。
2) 确保油箱是半满状态。
3) 检查弹簧和减振器。如果弹簧或减振器受损，会影响调整结果。
4) 将所有轮胎气压调整到规定值。
5) 检测前灯之前，应振动汽车以稳定悬架状态，方法是站到保险杠上跳几下或者用力下推前挡泥板。

（2）前照灯检测标准

通常采用的汽车前照灯的配光性能和法规有两个：一是联合国欧洲经济委员会汽车法规（简称 ECE）中关于配光性能的标准；二是美国联邦机动车安全标准（FMVSS）中的 108 号标准，它相当于 ECE 法规 76/756，也就是美国机动工程师协会（简称 SAE 组织）制定的 SAE 标准中的道路车辆灯光标准。ECE 法规比美国 SAE 标准更为全面合理。我国采用了类似于 ECE 前照灯配光性能标准，国家标准 GB 7258—2012《机动车运行安全技术条件》中，对前照灯的发光强度及光束照射位置规定如下所述。

1) 前照灯光束照射位置要求

按着国家有关标准要求，前照灯光束照射位置应达到表 2-7-2 的要求。

① 机动车（运输用拖拉机除外）在检验前照灯的近光光束照射位置时，前照灯在距离屏幕 10m 处，光束明暗截止线转角或中心的高度应为 $(0.75\sim0.8)H$（H 为前照灯基准中心的高度）；在水平方向上，向左向右偏均不能超过 100mm。

表2-7-2 前照灯光束照射位置要求

前灯类型	幕墙距离/m	光束中心高度		数据/mm	
					左侧
近光灯	10	$(0.75 \sim 0.8)H$	左灯		右侧
			右灯		左侧
					右侧
					左侧
远光灯	10	$(0.85 \sim 0.9)H$	左灯		右侧
			右灯		左侧
					右侧

注：H 为前照灯基准中心的高度。

② 四灯制前照灯其远光单光束灯的调整，要求在屏幕上光束中心离地高度应为 0.85～0.90H，水平位置要求左灯向左偏不得大于 100mm，向右偏不得大于 170mm；右灯向右向左偏均不得大于 170mm。

③ 机动车装用远光和近光双光束灯时以调整近光光束为主。对于只能调整远光单光束的灯，调整远光单光束。

2）前照灯发光强度要求

机动车每只前照灯的远光光束发光强度，应达到表 2-7-3 的要求。测试时，其电源系统应处于充电状态。

表2-7-3 前照灯远光光束发光强度要求　　　　　（单位：cd）

车辆类型 检查项目	新车注册			在用车		
	一灯制	两灯制	四灯制	一灯制	两灯制	四灯制
汽车、无轨电车	—	15000	12000	—	12000	10000
四轮农用车	—	10000	8000	—	8000	6000
三轮农用运输车	8000	6000	—	6000	5000	—

采用四灯制的机动车其中两只对称的灯达到两灯制的要求时视为合格。

(3) 屏幕调整法

前照灯光束检查可以采用屏幕检验法，下面介绍屏幕检验法。

1）将汽车停在水平地面上，并且按规定充足轮胎气压，从汽车上卸下所有负载（只允许一名驾驶人乘坐）。

距汽车前照灯 s（m）处竖一个屏幕（注意：不同的车型要求的 s 也不同，具体参照维修手册。以桑塔纳车为例：$s=10m$，$D=100mm$），在屏幕上划两条垂线（各线通过前照灯的中心）和一条水平线（与前照灯的离地高度等高），如图 2-7-22 所示。再画一条比 H 低 D（mm）的水平线与两条前照灯的垂直中心线分别相交于 a、b 两点。

2）起动发动机，使之以 2000r/min 的速度（约为发动机转速的 60%）旋转，即在蓄电池不放电的情况下点亮前照灯远光（有些车按近光调整，参见具体的车型手册）。

3）调整时，应该把一只灯遮住，然后检查另一只灯的光束是否对准 a 或 b 点（同一侧

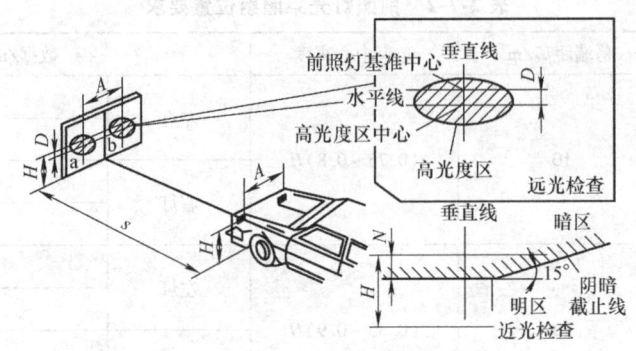

图 2-7-22 前照灯灯光检查

的光照中心）。若不符合要求，则拆下前照灯罩圈，旋出侧面的调整螺钉，可使光束做水平方向的调整，旋入或旋出上面的调整螺钉，也可做高低方向的调整（见图 2-7-23）。调整好一只灯后，按照同样的方法调整另一只，使其光束中心对准 b 或 a 点。

4）当远光调好后，应该打开近光灯，检查屏幕上是否有明显的明暗截止线，其高度是否符合规定。一般规定是：前照灯上边缘距地面

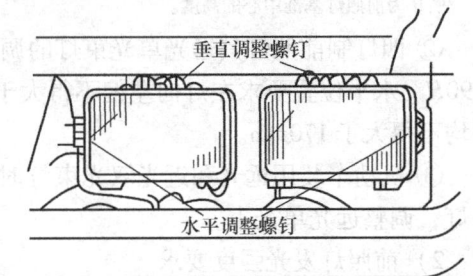

图 2-7-23 汽车前照灯光束调整

不大于 1350mm 的车，在距灯 10m 远的屏幕上明暗截止线水平部分应比前照灯基准中心低 250mm 左右，如图 2-7-22 右下角所示。

对于按近光调整的四灯式前照灯，当调整好外侧两只前照灯的近光后，还应打开远光束，分别调整内侧两只前照灯（仅有远光），使其光形的最亮点落在近光切断面的上方。

当前照灯光束调整好后，还应对其照度进行测量。可采用屏幕式测试器或聚焦式测试器进行测试。

（4）利用集光式测试仪调整前照灯

集光式测试仪的结构如图 2-7-24 所示。其使用方法如下。

1）测试仪垂直放置，汽车和测试仪的相对位置应保证检验仪聚光凸透镜与前照灯配光镜之间的距离为 1m。

2）调整测试仪，使对正校准器对准被测汽车的纵向中心线，即对中。

3）利用前照灯对正校准器，通过上下、左右调整测试仪，使前照灯中心与测试仪聚光凸透镜中心对中，然后将测试仪固定在支柱上。

4）接通前照灯，将光度—光轴转换开关转到光轴位置上。左右、上下偏移指示计。转动左右、

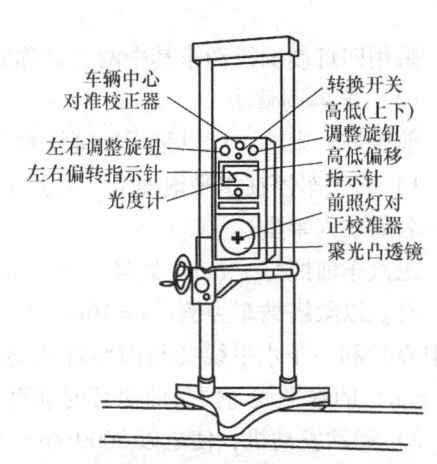

图 2-7-24 集光式前照灯测试仪

上下调整旋钮，使左右、上下偏移指示计的指针指示中央零位置。

5）将光度—光轴转换开关转到光度位置上，光度计开始工作，读取此时光度计指示值和左右、上下调整旋钮转动时的刻度值，即测出了发光强度，光轴的左右、上下偏移量。

6）调节前照灯的左右、上下调节螺钉，使测试仪调整旋钮的刻度恢复到零，即调好。

4. 实训操作

1）检测前照灯的发光强度并记录。

2）检测前照灯的光束照射位置并进行光束照射位置的调整。形成记录。

项目 8　转向及危险警告灯故障诊断与排除

任务 8-1　确认故障现象

1. 任务描述

利用实训车辆,在转向及危险警告灯电路良好的情况下,操作和使用转向及危险警告灯;在转向及危险警告灯电路设置故障的情况下,学生进行检查并记录故障现象。

2. 教学目标

(1) 能力目标

能正常操作和使用转向及危险警告灯,确认转向及危险警告灯故障现象。

(2) 知识目标

1) 了解转向及危险警告灯的功用。

2) 使用转向及危险警告灯的法律法规要求。

3. 相关知识

1) 转向灯

转向灯一般安装在汽车头部、尾部、汽车车侧,用来指示车辆行驶趋向。在仪表上有对应方向的转向指示灯。

汽车头部、尾部转向灯功率一般为 20~25W,侧转向灯为 5W。仪表上的转向指示灯为 LED 灯。

当将转向灯开关拨到左转向位置时,汽车左边的转向灯即左前、左侧、左后和仪表上的左转向指示灯一同闪亮;当将转向灯开关拨到右转向位置时,汽车右边的转向灯即右前、右侧、右后和仪表上的右转向指示灯一同闪亮。频率为 60~120 次/min。

2) 危险报警指示灯

在紧急遇险状需其他车辆注意避让时,全部转向灯可通过危险报警灯开关接通同时闪烁。

危险报警指示灯的操纵装置不受点火开关和灯光总开关的控制。

4. 实训操作

检查转向及危险警告灯并记录故障现象。

任务 8-2　识读电路图并在车上熟悉电路构造

1. 任务描述

识读实训车辆的转向灯及危险警告灯电路图;利用维修资料及实训车辆在转向及危险警告灯良好的情况下,在车上熟悉电路构造。

2. 教学目标

(1) 能力目标

1) 能在车上熟悉转向及危险警告灯电路构造。

2) 能熟练识读转向及危险警告灯电路图。

(2) 知识目标

1) 掌握转向及危险警告灯的分类。

2) 掌握转向及危险警告灯的结构与工作原理。

3. 相关知识

(1) 识读捷达转向灯系统电路

捷达转向灯系统电路请参见本书附录。

点火开关 D 打开（ON）档，遇险报警灯开关 E3 关闭。转向灯开关 E2 是三位开关，在中间位置时，左、右转向灯都不闪亮；当转向灯开关 E2 开到左侧时，左转向灯闪亮；当转向灯开关 E2 开到右侧时，右转向灯闪亮。电路如下。

蓄电池 A（+）→主熔丝盒（P）S02（110A）→10.0ro 线→继电器支架上螺栓连接点（105）→继电器支架内部接线→线（6.0ro）→连接点（18）→4.0ro 线→点火开关 D30 端子→点火开关 D→点火开关 D 上 15 端子→2.5sw/ro 线→连接点（2）→1.0sw/ro 线→熔丝 S17（10A）→1.5sw/bl 线→遇险报警灯开关 E3（内含闪光继电器）插接器端子 T17a/6→遇险报警灯开关 E3（内含闪光继电器）→遇险报警灯开关 E3（内含闪光继电器）插接器端子 T17a/17→1.0gn 线→转向灯开关 E2 插接器端子 T7a/2→转向灯开关 E2→分成并联 2 条电路分别去左转向灯、右转向灯。

1) 左转向灯电路图

当转向灯开关 E2 开到左侧时，左前转向灯 M5、左侧转向灯 M18、左后转向灯 M6、组合仪表 J285 上左转向灯指示灯同时闪亮，电路如下。

转向灯开关 E2 插接器端子 T7a/2→转向灯开关 E2 左转向灯触点→转向灯开关 E2 插接器端子 T7a/3→1.0sw/ws 线→连接点（12）→分成并联 4 条电路分别去左前转向灯 M5、左侧转向灯 M18、左后转向灯 M6、组合仪表 J285 上左转向灯指示灯。

① 左前转向灯 M5 电路

连接点（12）→1.0sw/ws 线→T10x/6→左前转向灯 M5→T10x/8（或→T10x/4）→1.5br 线→连接点（23）→G1 搭铁点→蓄电池 A（-）。左前转向灯 M5 闪亮。

② 左侧转向灯 M18 电路

连接点（12）→1.0sw/ws 线→左侧转向灯 M18→0.5br 线→连接点（23）→4.0br 线→G1 搭铁点→蓄电池 A（-），左侧转向灯 M18 闪亮。

③ 左后转向灯 M6 电路

连接点（12）→1.0sw/ws 线→T5m/1→左后转向灯 M6→T5m/4→1.0br 线→连接点（58）→2.5br 线→G6 搭铁点→蓄电池 A（-）。左后转向灯 M6 闪亮。

④ 组合仪表 J285 上左转向灯指示灯电路

连接点（12）→0.35sw/ws 线→组合仪表 J285 插接器 T32/18 端子→组合仪表 J285 上左转向灯指示灯→搭铁，组合仪表 J285 上左转向灯指示灯闪亮。

2) 右转向灯电路图

当转向灯开关 E2 开到右侧时，右前转向灯 M7、右侧转向灯 M19、右后转向灯 M8、组合仪表 J285 上右转向灯指示灯同时闪亮，电路如下。

转向灯开关 E2 插接器端子 T7a/2→转向灯开关 E2 右转向灯触点→转向灯开关 E2 插接器端子 T7a/7→1.0sw/gn 线→连接点（10）→分成并联 4 条电路分别去右前转向灯 M7、右侧转向灯 M19、右后转向灯 M8、组合仪表 J285 上右转向灯指示灯。

① 右前转向灯 M7 电路

连接点（10）→1.0sw/gn 线→T10y/6→右前转向灯 M7→T10y/8（或→T10y/4）→1.5br 线→连接点（22）→2.5br 线→G10 搭铁点→蓄电池 A（-），右前转向灯 M7 闪亮。

② 右侧转向灯 M19 电路

连接点（10）→0.5sw/gn 线→右侧转向灯 M19→0.5 br 线→连接点（23）→G1 搭铁点→蓄电池 A（-），右侧转向灯 M19 闪亮。

③ 右后转向灯 M8 电路

连接点（10）→1.0sw/gn 线→T5n/5→右后转向灯 M8→T5n/4→1.0br 线→连接点（58）→2.5br 线→G6 搭铁点→蓄电池 A（-），右后转向灯 M8 闪亮。

④ 组合仪表 J285 上右转向灯指示灯电路

连接点（12）→0.5sw/gn 线→组合仪表 J285 插接器 T32/2 端子→组合仪表 J285 上右转向灯指示灯→搭铁，组合仪表 J285 上右转向灯指示灯闪亮。

(2) 捷达遇险报警灯系统电路（请参见本书附录）

遇险报警灯开关 E3 打开。遇险报警灯（共用左、右转向灯）全部同时闪亮。电路如下。

蓄电池 A（+）→主熔丝盒（P）S02（110A）→10.0ro 线→继电器支架上螺栓连接点（105）→继电器支架内部接线→线（6.0ro）→连接点（18）→1.5ro/ge 线→熔丝 S29（10A）→1.5ro/br 线→连接点（70）→1.5ro/ge 线→遇险报警灯开关 E3（内含闪光继电器）插接器端子 T17a/5→遇险报警灯开关 E3（内含闪光继电器）→同时输出并联 2 条电路。

1) 左遇险报警灯电路

遇险报警灯开关 E3（内含闪光继电器）→遇险报警灯开关 E3 插接器端子 T17a/12→连接点（12）→分成并联 4 条电路分别去左遇险报警灯（左前转向灯 M5、左侧转向灯 M18、左后转向灯 M6、组合仪表 J285 上左转向灯指示灯）。

其他同左转向灯，略。

2) 右遇险报警灯电路

遇险报警灯开关 E3（内含闪光继电器）→遇险报警灯开关 E3 插接器端子 T17a/16→1.0sw/gn 线→连接点（10）→分成并联 4 条电路分别去右遇险报警灯（右前转向灯 M7、右侧转向灯 M19、右后转向灯 M8、组合仪表 J285 上右转向灯指示灯）。

其他同右转向灯，略。

(3) 识读上海大众朗逸轿车转向灯控制电路

上海大众朗逸轿车转向灯控制电路见图 2-8-1。

开启转向灯时，转向灯开关 E2（见图 2-8-1）的 T41/33 端子与接地节点 A34（图中未画出）相连。当 E2 处于 L 侧时，J519 感知到 T73a/32 端子的接地信号，T73b/14 端子向左前转向灯 M5、左后转向灯 M6 和左侧转向灯 L131 输出脉冲电流，同时数据传输到仪表，激

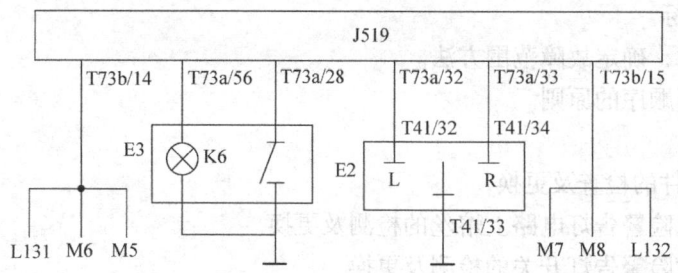

图 2-8-1　上海大众朗逸轿车转向灯控制电路图
E2—转向灯开关　E3—报警灯开关　K6—报警灯指示灯
M5—左前侧转向灯　M6—左向转向灯　M7—右前转向灯
M8—右后转向灯　L131—左侧转向灯　L132—右侧转向灯

活左转向指示灯 K65；当 E2 处于 R 侧时，J519 识别到 T73a/33 端子处于接地状态，T73b/15 端子向右前转向灯 M7、右后转向灯 M8 和右侧转向灯 L132 输出脉冲电流，并激活仪表右转向指示灯 K94。当危急闪烁报警灯开关 E3 闭合，接地信号输入 J519 的 T73a/28 端子时，T73a/56 端子→E3 开关内指示灯 K6→节点 A20→43 接地点，使 K6 闪烁，与此同时 T73b/14 和 T73b/15 端子对左右转向灯输出脉冲，同时使仪表左右转向指示灯 K65、K94 同步闪烁。

转向灯开关 E2 位置信号在测量值 030 组 1 区、2 区显示，危急闪烁报警灯开关 E3 信号在 031 组 1 区显示，左右转向灯控制状态的测量值在 034 组 1 区、2 区显示。DTM 功能可对危急闪烁报警灯、左右转向灯进行终端测试。

4. 实训操作

熟悉转向灯及危险警告灯电路构造，利用维修资料及实训车辆在转向及危险警告灯良好的情况下，在车上熟悉电路构造。

任务 8-3　电路故障诊断与排除

1. 任务描述

在实训车辆的转向及危险警告灯电路设置故障，要求学生收集相关资料、制定工作计划、实施并记录、质量检查与评价，最后进行总结汇报。

2. 教学目标

（1）能力目标

1）能分析转向及危险警告灯电路故障，确定故障范围。

2）能确定诊断顺序。

3）会收集相关资料。

4）会制定工作计划。

5）会实施并记录。

6）会质量检查与评价。

7）会总结汇报。

(2) 知识目标

1) 分析故障,确定故障范围方法。

2) 确定诊断顺序的原则。

3. 实训操作

(1) 电器元件的检查及更换

1) 转向及危险警告灯电路上熔丝的检测及更换。

2) 转向及危险警告灯开关的检测及更换。

3) 前、后转向及危险警告灯灯泡的检查与更换。

(2) 转向及危险警告灯电路的故障诊断与排除

1) 收集相关资料。

2) 制定工作计划。

3) 实施并记录。

4) 质量检查与评价。

5) 总结汇报。

项目 9　雾灯故障诊断与排除

任务 9-1　确认故障现象

1. 任务描述

利用实训车辆,在雾灯电路良好的情况下,操作和使用雾灯;在雾灯电路设置故障的情况下,学生进行检查并记录故障现象。

2. 教学目标:

(1) 能力目标

能正常操作和使用雾灯电路,确认雾灯电路故障现象。

(2) 知识目标

1) 了解雾灯电路的功用。

2) 使用雾灯电路的法律法规要求。

3. 相关知识

雾灯是在有雾、下雪、暴雨或尘土弥漫的行驶条件下,为改善照明条件、提高能见度而设置的照明设备,也可起到信号标志灯的作用。雾灯多使用穿透力强的黄色灯,其灯泡或配光镜制成黄色。

雾灯的结构与前照灯相近,其种类也有半封闭和封闭式,常用的是半封闭式,其灯泡有白炽灯泡和卤素灯泡,如奥迪轿车采用的白色卤素灯泡为雾灯光源,其反光镜采用镀黄色。一般多用卤素灯泡,灯丝为单丝,雾灯的安装高度较低,多安装在车外保险杠上。雾灯的配光镜具有较好的横向散射能力,其反射镜的纵深也较浅,雾灯光束也略偏左方。

只有当位置灯(小灯)开启时,后雾灯才能打开。雾灯开关一般分三档,零档位为关闭,第一档控制前雾灯,第二档控制后雾灯。开一档时前雾灯工作,开两档时前后雾灯一起工作。一般在仪表或开关上有雾灯指示灯。

4. 实训操作

检查雾灯并记录故障现象。

任务 9-2　识读电路图并在车上熟悉电路构造

1. 任务描述

识读实训车辆的雾灯电路图;利用维修资料及实训车辆在雾灯电路良好的情况下,在车上识别该电路的相关电气元件及线路。

2. 教学目标

(1) 能力目标

1) 能在车上熟悉雾灯电路构造。

2) 能熟练识读雾灯电路图。

(2) 知识目标

1) 掌握雾灯种类。

2) 掌握雾灯电路的构造与工作原理。

3. 相关知识

捷达车雾灯电路图请参见本书附录。

捷达车雾灯开关 E18 与灯光开关 E1 组合在一体，雾灯开关 E18 是 3 位 2 掷开关。要想开雾灯，必须先将灯光开关 E1 顺时针旋转打开小灯（1 档）或大灯（两档），然后将雾灯开关 E18 向外拔一档是前雾灯亮，2 档前、后雾都灯亮，电路如下。

(1) X 触点卸荷继电器控制电路

蓄电池 A（+）→主熔丝盒（P）S02（110A）→10.0ro 线→继电器支架上螺栓连接点（105）→继电器支架内部接线→线（6.0ro）→连接点（18）→4.0ro 线→点火开关 D 端子 30→点火开关 D 内部→点火开关 D 上 X 端子→2.5sw/ge 线→连接点（1）→1.0sw/ge 线→X 触点卸荷继电器 J18 及插座端子 11/86→X 触点卸荷继电器 J18 线圈→X 触点卸荷继电器 J18 及插座端子 14/85→1.0br 线→连接点（4）→4.0br 线→G3 搭铁点→蓄电池 A（-），X 触点卸荷继电器 J18 线圈产生磁力，使其触点吸合。

(2) 雾灯电路

蓄电池 A（+）→主熔丝盒（P）S02（110A）→10.0ro 线→继电器支架上螺栓连接点（105）→X 触点卸荷继电器 J18 及插座端子 13/30→X 触点卸荷继电器 J18 触点→X 触点卸荷继电器 J18 及插座端子 12/87→6.0ro/sw 线→连接点（30）→1.5sw/ge 线→熔丝 S43（15A）→1.5gr/ge 线→雾灯开关 E18 与灯光开关 E1 组合开关插接器 T17/2 端子→雾灯开关 E18 内部分成并联 2 路，一路是前雾灯，另一路是后雾灯。

1) 前雾灯电路

雾灯开关 E18 与灯光开关 E1 组合开关插接器 T17/2 端子→雾灯开关 E18 内第一掷触点→雾灯开关 E18 与灯光开关 E1 组合开关插接器 T17/8 端子→1.5ws/ge 线→连接点（29）→分成并联 2 条电路，一路是左前雾灯 L22，另一路右前雾灯 L23。

① 左前雾灯 L22 电路

连接点（29）→1.0ws/ge 线→左前雾灯 L22→1.0br 线→连接点（23）→4.0br 线→G1 搭铁点→蓄电池 A（-），左前雾灯 L22 亮。

② 右前雾灯 L23 电路

连接点（29）→1.0ws/ge 线→右前雾灯 L23→1.0br 线→连接点（22）→2.5br 线→G10 搭铁点→蓄电池 A（-），右前雾灯 L23 亮。

2) 后雾灯电路

雾灯开关 E18 与灯光开关 E1 组合开关插接器 T17/2 端子→雾灯开关 E18 内第二掷触点→雾灯开关 E18 与灯光开关 E1 组合开关插接器 T17/9 端子→1.0gr/ws 线→后雾灯 L24→1.0br 线→连接点（54）→2.5br 线→G4 搭铁点→蓄电池 A（-），后雾灯 L24 亮。

4. 实训操作

利用维修资料在实训车上熟悉雾灯电路构造。

任务 9-3　故障分析及诊断

1. 任务描述

在实训车辆的雾灯电路设置故障，要求学生收集相关资料、制定工作计划、实施并记录、进行质量检查与评价，最后进行总结汇报。

2. 教学目标

（1）能力目标

1）能分析故障，确定故障范围。

2）能确定诊断顺序。

3）会收集相关资料。

4）会制定工作计划。

5）会实施并记录。

6）会进行质量检查与评价。

7）会总结汇报。

（2）知识目标

1）分析故障，确定故障范围方法。

2）确定诊断顺序的原则。

3. 故障案例

上海大众途安车前雾灯的奇特故障案例分析。

1）车辆信息

上海大众途安 1.8T。

2）故障现象

前雾灯有时亮有时不亮，曾有修理工把左前雾灯灯泡换到右前面，右前雾灯好了，左前雾灯却犯了同样的毛病。

3）诊断步骤

上海大众途安车前雾灯电路电路图见图 2-9-1。

① 检测灯泡（直接连接到电池），检测结果：正常。

② 检测灯座，再打开开关后，检测是否有电压。结果：无。

③ 按图查到 t5aa/1 插座，测不到电压，再向上查到 J519 上的插头 D/2 有无电压。结果：无。

④ 在 J519 的 D/2 这一插头上引入 30 号常火线，并在左前雾灯灯座上接上一个小灯泡，看灯是否亮。结果：亮。

⑤ 检测左前雾灯电阻。结果：过大。

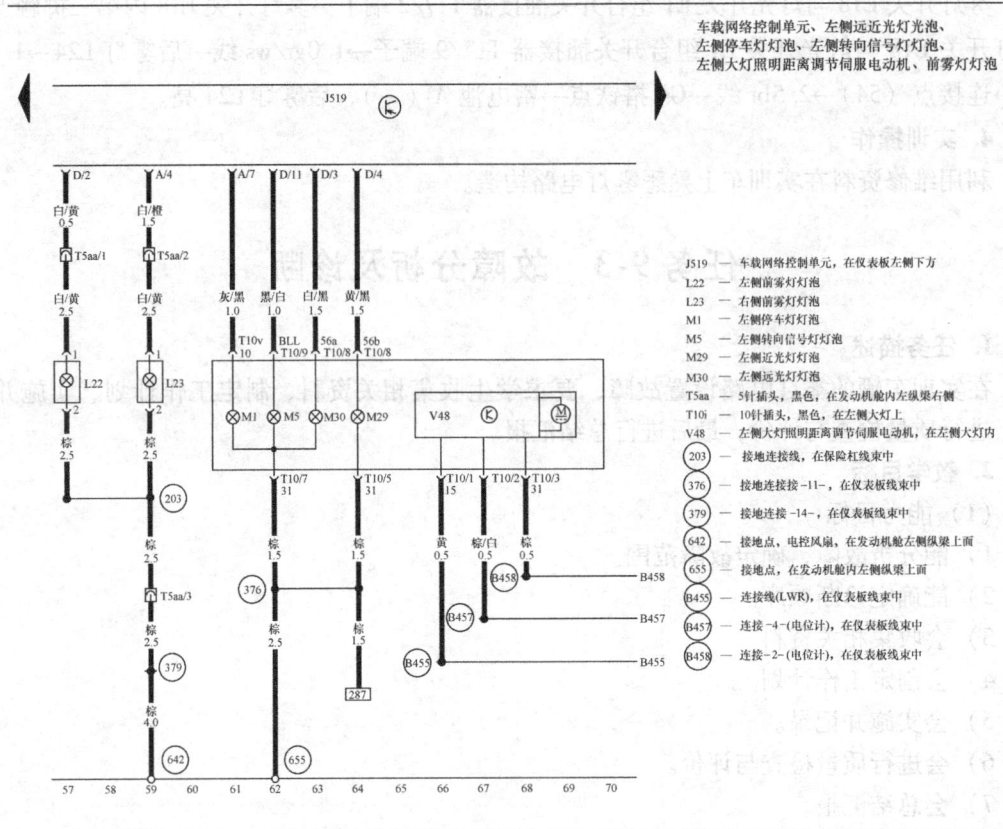

图 2-9-1　上海大众途安车前雾灯电路图

⑥ 左前雾灯接到蓄电池。结果：不亮。

⑦ 所有线路恢复原样，在打开前雾灯开关的情况下，用一个新的前雾灯灯泡（在蓄电池上试验时是亮的）换下那个有问题的灯泡。

⑧ 检测灯座电压。结果：正常。

4）故障原因分析

这是途安车上雾灯和其他行驶灯的一个特点，当用灯电路发生断路或短路时，J519 车载网络控制单元在经过短暂冷（灯泡不工作）、热（灯泡工作）检测后，会自动切断该灯泡所在电路电流的供应，这也是在电路中或车上找不到雾灯熔丝和雾灯继电器的原因。

5）故障总结

在这起故障排除过程中，我们又意外地发现，在对前雾灯供应电源检测时，若我们用一个小灯泡或者说试一下电压是否存在或者说去替代左前雾灯，J519 也都不能对小灯泡供应电流。这也就是说，当电路中出现不正常的负载时，J519 控制单元同样也会拒绝供电。

4. 实训操作

（1）电器元件的检查及更换

1）雾灯电路上熔丝的检测及更换。

2）雾灯开关的检测及更换。

3）前、后雾灯灯泡的检查与更换。

(2) 雾灯电路的故障诊断与排除
1) 收集相关资料。
2) 制定工作计划。
3) 实施并记录。
4) 质量检查与评价。
5) 总结汇报。

项目 10　充电电路故障诊断与排除

任务 10-1　确认故障现象

1. 任务描述

利用实训车辆,在充电电路良好的情况下和设置故障的情况下,学生进行检查并记录故障现象。

2. 教学目标

(1) 能力目标

能通过充电指示灯检查,判断充电系统工作状况。

(2) 知识目标

1) 了解充电系统功用。

2) 熟悉充电系统的组成。

3. 相关知识

1) 充电系统概述

汽车上的蓄电池不具备长期给电气系统供电的能力,所以需要不断充电。充电系统的作用有两个,一是为蓄电池充电;二是在发动机工作时,向电气元件提供电量。现在被普遍采用的是交流充电系统。由于汽车需要的是直流电,所以,发电机所产生的交流电在输出前必须整流(转换成直流电)。

每次起动发动机时,由蓄电池供给起动系统和点火系统所需的全部电流。随着蓄电池不断地消耗和发动机转速升高,充电系统产生的电压可以超过蓄电池电压,此时,来自充电设备的电能以相反方向流过蓄电池的正极。如果用电需求增加,充电系统的输出电压低于蓄电池电压时,蓄电池就和充电系统一起供应电气系统所需的电流。

如图 2-10-1 所示,充电系统由以下部件组成:蓄电池、交流发电机(电压调节器)、发电机传动带、充电指示器(灯或仪表)、点火开关、电缆和线束、易熔线(熔丝)。

2) 充电指示灯的检查

打开点火开关,充电指示灯亮,见图 2-10-2;起动发动机,发动机运转,充电指示灯灭,正常。否则不正常。

如果在汽车行驶过程中,充电指示灯亮起,说明此时发电机不能发电,完全靠车上蓄电池维持汽车及发动机供电工作。此时汽车有汽车供电管理系统,则会进入省电模式运行,尽可能少消耗电能。如果没有这个系统,对于驾驶人应该将不必要的用电设备关掉以尽可能省电。如果距离维修站较近,可以将车开到维修站。如果将蓄电池电能消耗到一定量后,发动机就会停止工作,汽车就不能行驶了。

4. 实训操作

检查充电指示灯并记录故障现象。

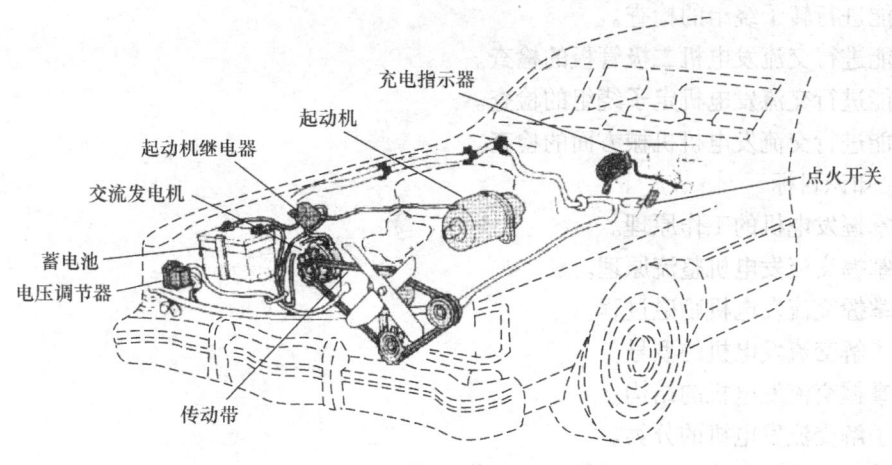

图 2-10-1 充电系统部件

图 2-10-2 仪表上的充电指示灯

任务 10-2 发电机分解、检测、装配及调整

1. 任务描述

利用准备的有故障的和性能良好的发电机,进行分解、检测、装配及调整训练。

2. 教学目标

(1) 能力目标

1) 能识别交流发电机的型号含义。
2) 认识交流发电机的结构。

3) 能进行转子绕组的检查。
4) 能进行交流发电机二极管板的检查。
5) 能进行交流发电机定子绕组的检查。
6) 能进行交流发电机机械方面的检查。

（2）知识目标
1) 掌握发电机的工作原理。
2) 掌握交流发电机整流原理。
3) 掌握交流发电机励磁过程。
4) 了解交流发电机的型号。
5) 掌握交流发电机的结构。
6) 了解交流发电机的分类。
7) 熟悉常见的交流发电机的构造、工作原理。

3. 相关知识

（1）发电机的工作原理

1) 发电原理

当导体在磁场中运动（切割磁力线）时，就可以产生电压。导体在磁场中运动时，就会切割磁力线，此时导体上产生一个电压，人们把这个过程称为运动的电磁感应。感应电压的方向取决于导体运动方向和磁场方向。可以根据右手定则确定电流方向。感应电压的大小取决于：

① 导体在磁场中的运动速度；
② 导体有效长度；
③ 磁场强度（磁力线密度）。

将导体做成线圈的形式，在磁场中高速旋转时就可以产生较高的电压，如图2-10-3所示，发电机就是利用这个原理发电的。根据不同的发电方法，发电机可分为交流发电机和直流发电机。现在汽车上使用的发电机几乎都是交流发电机。硅整流发电机是应用最为广泛的交流发电机。

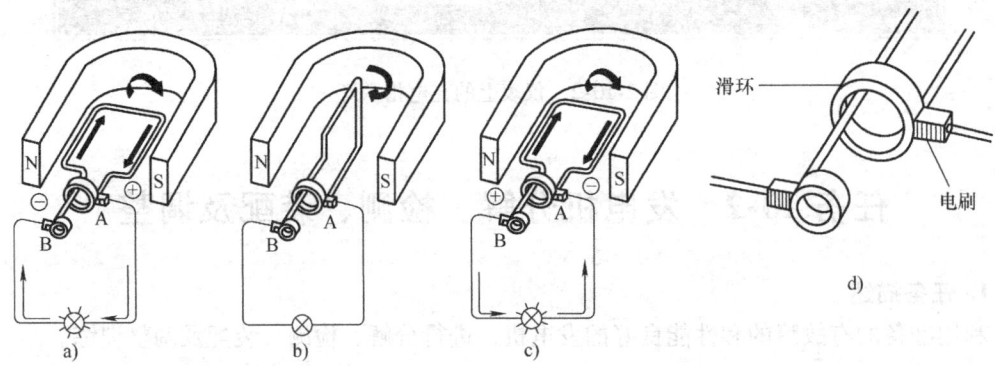

图2-10-3 线圈在磁场中旋转可以产生电压

2) 励磁

在汽车上，发电机和蓄电池并联，在低速时或发电机发电电压较低时，发电机的励磁电流由蓄电池供给，因为励磁电流较强，虽然发电机转速较低，但是也能产生较高的电压，由蓄电池供给励磁电流的发电方式叫作他励发电。随着发电机转速升高，其电压也不断升高。当发电机电压高于蓄电池电压时，励磁电流由发电机自身供给，这种由发电机自身供给励磁电流的发电方式叫作自励发电。

3）电压调节

① 电压调节器

蓄电池以及一切电气系统都必须避免电压过高，充电系统的电压调节，对于防止蓄电池早期失效和电气系统损坏都十分重要。当发动机运转时，充电系统还必须提供足够的电能供汽车的电器附件使用。

调节电压的方法是调节流过转子的励磁电流。励磁电流越大，输出电压越高。因此，可以通过调节励磁电流，从而调节交流发电机的输出电压。为保证蓄电池得到充分的充电以及众多附件的运行，大多数电压调节器的系统电压设置在 13.5～14.8V。

为了调节交流发电机的输出电压，电压调节器必须有一个输入，此输入就是充电系统的系统电压，并称之为感受电压。如果感受电压低于电压调节器的设定值，电压调节器便增大励磁电流，使充电系统输出电压加大。反之，如果感受电压高于电压调节器设定值，它便减小励磁电流，使系统输出电压降低。

在汽车行驶中，会遇到感受电压高低变化。例如，正在行驶的汽车，若附件未开动且蓄电池已经充足了电，便会有较高的感受电压。此时，电压调节器会将充电系统电压降低，一直降低到能供点火系统运行而又向蓄电池小电流充电（2A～4A）的程度为止。如果行驶中接通了大负载（比如前照灯等），额外耗电将引起蓄电池电压降落，电压调节器接收到低的系统电压信号，它便减小磁场电路电阻，让多些电流流过转子线圈，磁场随着励磁电流加大而加强，交流发电机输出电压增大。当负载卸掉时，电压调节器接收到系统电压上升信号而削减励磁电流，交流发电机输出电压降低。

② 电压调节器的种类

常见的调节器有机电式调节器和电子式调节器两种，电子式调节器应用最为广泛。电子式调节器是调节流过磁场绕组搭铁边的电流，采取变化磁场绕组被激励时间的脉宽调制法来调节交流发电机的输出。举例来说，假定汽车装备了 100A 额定电流的交流发电机，如果对充电系统的电流需求为 50A，调节器大概有 50% 的时间激励磁场绕组；如果对充电系统的电流需求增至 75A，调节器大概有 75% 的时间激励磁场绕组。电子式调节器利用稳压二极管的稳压特性作为基准。

如图 2-10-4 所示为简化了的电子式调节器电路。来自定子和整流桥的交流发电机电压，首先经电阻和热敏电阻构成的电压分压器进行分压，然后加至稳压二极管 V。当交流发电机输出电压达到上限（14.5V）时，稳压二极管 V 导通，电流流到 VT_1 的基极，VT_1 导通而 VT_2 截止。VT_2 控制励磁电流。如果 VT_2 是截止的，便没有电流流过磁场绕组，交流发电机便没有输出。当没有电压加到稳压二极管时，电流停止流动，VT_1 截止而 VT_2 导通，

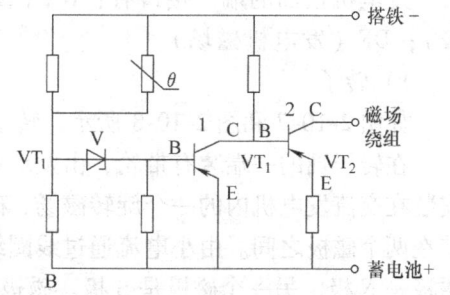

图 2-10-4 采用稳压二极管的电子调节器简化电路

励磁电路被接通，转子磁场恢复，交流发电机产生输出电压。

(2) 交流发电机的型号

根据行业标准 QC/T 73—1993《汽车电气设备产品型号编制方法》中的规定，发电机的型号由 5 部分组成。

1) 产品代号

主要有 4 种：JF，交流发电机；JFZ，整体式交流发电机；JFB，带泵型交流发电机；JFW，无刷交流发电机。

2) 分类代号

是电压等级代号，"1"，发电机标称电压为 12V；"2"，发电机标称电压为 24V。

3) 分组代号

是功率等级代号，用一位阿拉伯数字表示，上述 4 种发电机的代号与功率对应关系见表 2-10-1。

表 2-10-1 硅整流发电机的分组代号

代号	1	2	3	5	7	8	9
功率/W	180	>180 ≤250	>250 ≤350	>350 ≤500	>500 ≤750	>750 ≤1000	>1000

4) 设计序号

按产品设计先后顺序，由 1~2 位阿拉伯数字组成。

5) 变形代号

以调整臂位置确定变形代号，从驱动端看，调整臂在中间位置不作标注，在右侧时用"Y"表示，在左侧时用"Z"表示。

(3) 交流发电机的结构

如图 2-10-5 和图 2-10-6 所示，交流发电机由以下功能单元组成：带有定子绕组的定子，带有励磁线圈的转子，整流二极管支架，电子磁场调节器；为了散热（自发热量、发动机热量和排气管热量），由一台吸入冷却空气的风扇从内部对发电机进行冷却。发动机通过 V 带或多楔带驱动发电机。

图 2-10-5 交流发电机实物解剖图

发电机正面的端子接口有：B+（蓄电池正极）；D+（发电机正极）；D-（发电机负极）；DF（发电机磁场）。

1) 转子

如图 2-10-7 和图 2-10-8 所示，转子由转子线圈、爪极（2个）、转子轴等组成。

在转子轴的一端装有带轮，由发动机曲轴带轮通过传动带带动转轴旋转。转子实际上是安装在交流发电机内的一个旋转磁场，磁场线圈是缠绕在铁心上的一系列导电绕组。铁心安装在两个磁极之间。由小电流通过线圈绕组形成磁场。电流通过线圈时，铁心被磁化，一个磁极是 N 极，另一个磁极是 S 极。磁极的延伸部分叫磁爪，磁爪是实际意义上的磁极。一般转子有 14 个磁爪，即 7 个 N 极和 7 个 S 极。在相邻磁爪之间从 N 极到 S 极形成了磁场，如图 2-10-9 所示。

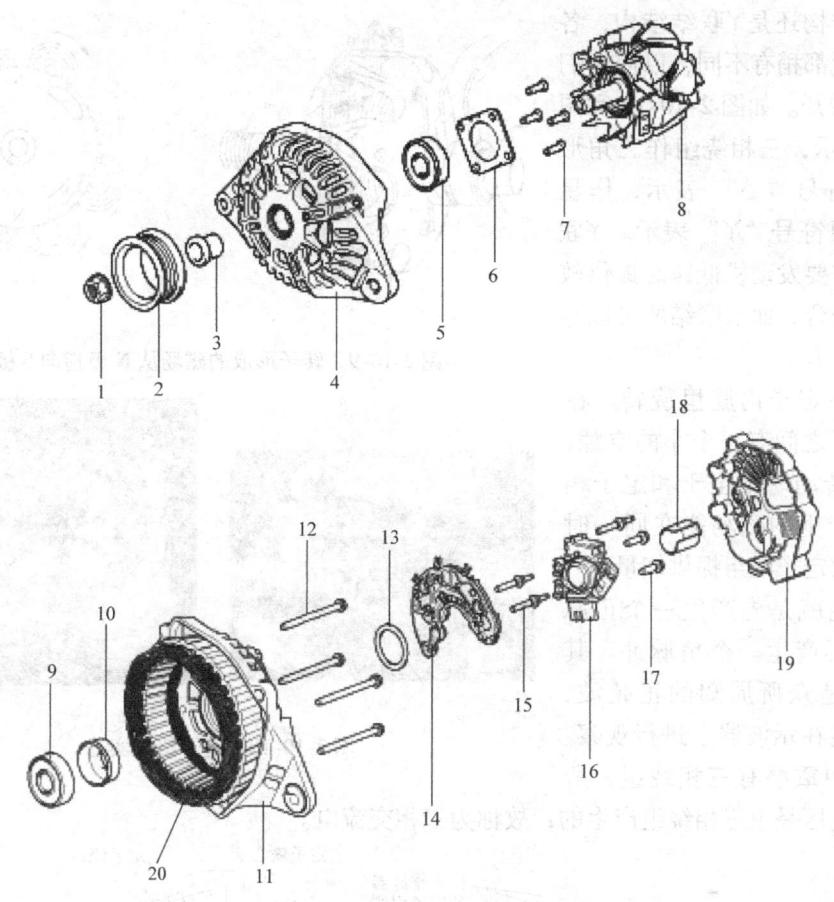

图 2-10-6 发电机分解图

1—螺母 2—带轮 3—隔圈 4—前盖总成 5—前轴承 6—轴承盖 7—轴承盖螺栓 8—转子 9—后轴承 10—轴承盖 11—后盖 12—螺栓 13—密封件 14—整流器总成 15—双头螺栓 16—电刷架总成 17—电刷支架螺栓 18—集电环导轨 19—盖 20—定子铁心和绕组

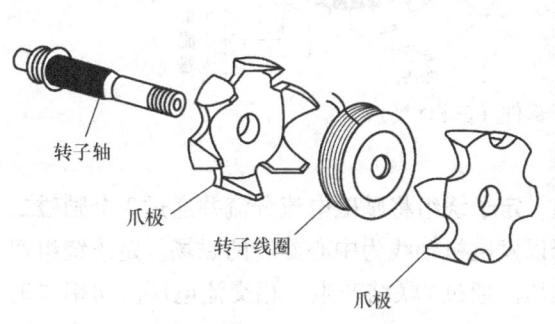

图 2-10-7 转子分解图

图 2-10-8 转子实物图

2）定子

如图 2-10-10 所示，定子是交流发电机的固定部分，由导体或导线绕制而成。旋转的磁场在定子中感应出电压。大多数的交流发电机使用三相绕组来产生所需要的电流输出。不论是△联结结构还是Y联结结构，各相安放位置都稍有不同，以使它们的电脉冲错开。如图2-10-11和图2-10-12所示，三相绕组作三角形联结可用符号"△"表示，作星形联结的用符号"Y"表示。Y联结多用在需要发动机低速时提供较高电压的场合，而△联结的可以输出较大的电流。

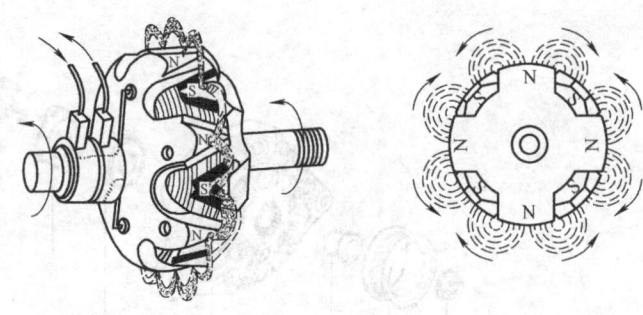

图2-10-9　转子形成的磁场从N极指向S极

转子在定子内膛里旋转。在定子与转子之间有一个小的空隙，使得转子转动时不至于和定子相碰。转子产生的磁场能在同一时间对所有的定子绕组提供能量。

交流电就是先产生一个正脉冲，随着再产生一个负脉冲。其波形图就是众所周知的正弦波，这种波形能在示波器上进行观察。在发电机中重叠有三相绕组，所以输出的电压是由三相绕组产生的，故称为三相交流电。

 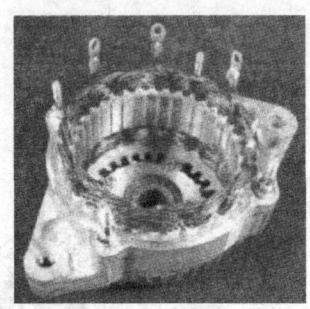

图2-10-10　定子绕组实物

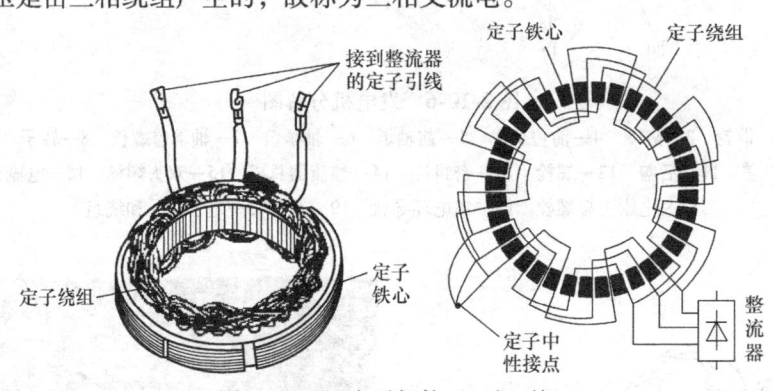

图2-10-11　定子部件（三相Y接）

发电机电流产生：

励磁电流经过电刷和集电环流向励磁绕组。定子绕组将励磁电流分流并通过3个励磁二极管对励磁电流整流。在励磁绕组中产生一个以发电机轴线为中心旋转的磁场。定子绕组切割磁力线并在每一相位中产生一个交流感应电压。通过Y联结产生三相交流电压。功率二极管对三相交流电进行整流。

3）集电环和电刷

集电环和电刷的作用是把励磁电流接通到转子绕组中。大多数交流发电机都直接在转子上安装两个集电环。两个集电环之间、集电环与转轴之间都是相互绝缘的。电流通过电刷流入、流出磁场线圈。电流从电压调节器的磁场接线端子通过第一个电刷和集电环流入磁场线圈，再经过磁场线圈、第二个集电环和电刷接地（见图 2-10-13）。

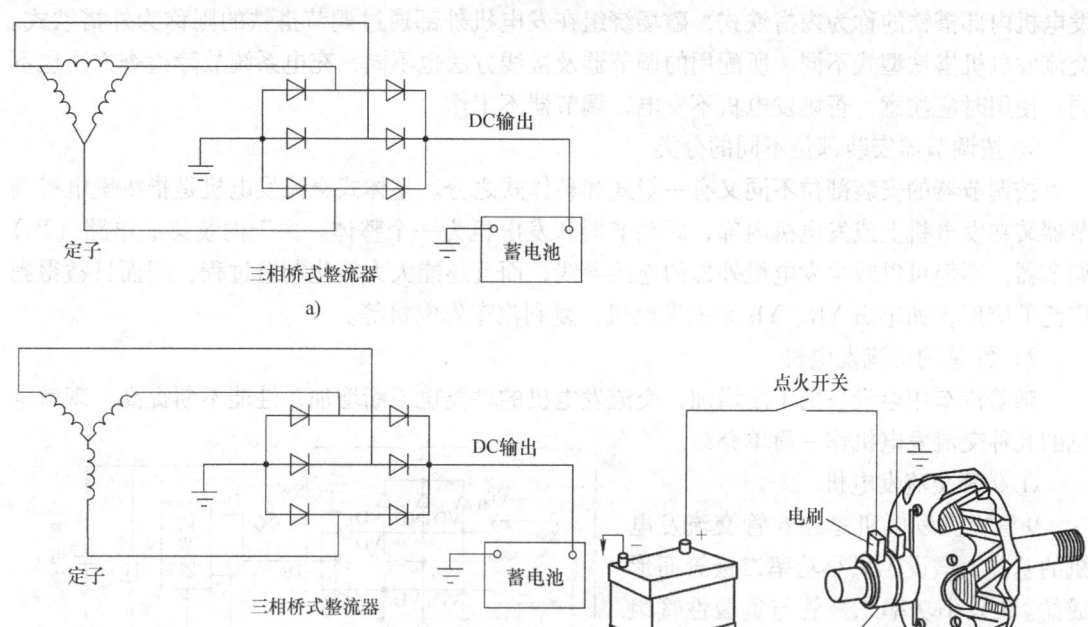

图 2-10-12　定子的△联结和Y联结及整流电路
　　a）△联结　b）Y联结

图 2-10-13　电流通过电刷和集电环流向转子绕组

电流流到磁场线圈之前必须通过交流发电机的电压调节器。调节器可以调整供给磁场线圈的电流大小。如该电流增加，则磁场增强，交流发电机的输出电压升高；反之亦然。

4）端盖

端盖（外壳）是由两块铸铝做成的。端盖上装有轴承，轴承装有传动带轮的转子轴，每个端盖上还有一些沟槽。其作用是使转子轴上的风扇吹来的空气能在发电机中流动，以冷却发电机。装有散热器的正向二极管整流器也安装在端盖的背面。负向二极管整流器直接安装在端盖上。二极管工作时产生的热量可随时被流动的空气带走。两个端盖是用螺栓固定在一起，然后固定在发动机上，是接地通路的一部分。

（4）发电机的类型

1）交流发电机的分类

① 按有无电刷的分类

交流发电机按有无电刷可分为有刷式和无刷式两大类。

汽车采用的无刷交流发电机是无电刷无集电环的交流发电机，它结构新颖、性能优良、工作稳定、故障少。无刷交流发电机分为爪极式和感应式两种类型，以前汽车上采用的多为爪极式。

现在汽车上普遍使用有刷式交流发电机。这种发电机根据电刷架的安装方式不同，又有外装式和内装式之分。前者电刷架可直接在发电机的外部拆装，后者刷架则不能直接在发电机外部进行拆装，如需要更换电刷，则必须将发电机解体。

② 按磁场绕组搭铁部位不同的分类

交流发电机按磁场绕组搭铁部位不同,有内搭铁式和外搭铁式两种调节器。磁场绕组在发电机内部搭铁的称为内搭铁式,磁场绕组在发电机外部通过调节搭铁的则称为外搭铁式。交流发电机搭铁型式不同,所配用的调节器及接线方法也不同,充电系统故障检查方法也不同。使用时应注意,否则发电机不发电,调节器不工作。

③ 按调节器安装部位不同的分类

按调节器的安装部位不同又有一般式和整体式之分。整体式交流发电机是指将发电机调节器装在发电机上或发电机内部,即调节器和发电机为一个整体。由于内装集成电路(IC)调节器,不但可以减少发电机外部的连接导线,而且还能大大简化制造过程,因而日益得到广泛的应用,如丰田 YR、YB 系列发电机,夏利汽车发电机等。

2) 常见的交流发电机

随着汽车用电设备的不断增加,交流发电机的种类也不断增加,性能不断提高。现就常见的几种交流发电机作一简单介绍。

① 9 管交流发电机

9 管交流发电机是在 6 管交流发电机的基础上增设 3 只小功率二极管而形成的。3 只小功率二极管与负极性管组成三相桥式整流电路,用来专门向磁场电路供电,所以又称磁场(或励磁)二极管。如图 2-10-14 所示。

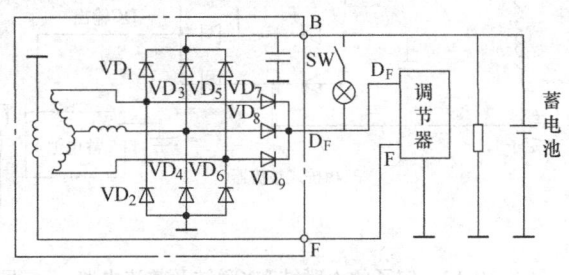

图 2-10-14　9 管交流发电机线路图

② 11 管交流发电机

该发电机除有 6 只整流二极管、3 只磁场二极管外,还有 2 只中性点二极管,上海桑塔纳轿车用 JFZ 1931Z 型发电机就是 11 管交流发电机。捷达/捷达王也是采用 11 管交流发电机。11 管交流发电机兼有 8 管与 9 管交流发电机的特点和作用。如图 2-10-15 所示。

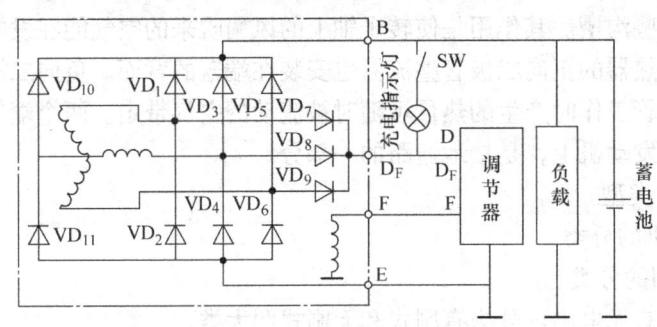

图 2-10-15　11 管交流发电机线路图

4. 实训操作

(1) 发电机分解

略。

(2) 发电机检测

1) 转子绕组的检查

① 检查转子是否对地短路

检查时，测量转子绕组与转轴之间的电阻，所测阻值应为无穷大或上千欧，否则有搭铁故障。

② 检查转子绕组间是否短路或断路

用万用表检查两个集电环之间的电阻，其电阻值为 2.8~3.0Ω。若测得阻值符合该范围，则说明绕组无短路、断路故障；若测得电阻值低于 2.8~3.0Ω，则说明转子有短路故障；若测得电阻值无穷大或在千欧范围，则说明转子有断路故障。

2) 二极管板检查

用电烙铁断开定子绕组，先将万用表调至检测二极管档。检测正二极管，用万用表"+"表笔接散热片，用"-"表笔逐个接二极管引线进行测量，全部读数应在"0.300~0.700"以内，表笔反接，表显示"1"；否则应更换二极管。检测负二极管，用万用表"-"表笔接负极散热片，用"+"表笔逐个接二极管引线进行测量，全部读数应在"0.300~0.700"以内，表笔反接，表显示"1"；否则应更换二极管。检测励磁二极管，用万用表"+"表笔接在励磁端，用"-"表笔逐个接二极管引线进行测量，全部读数应在"0.300~0.700"以内，否则应更换二极管。所有测试均需进行 3 次。

3) 定子绕组的检查

① 定子对地短路的检查

将发电机解体，然后用万用表分别测量 1 和 2、1 和 3、1 和 4 处的电阻，其阻值应为无穷大；否则有搭铁故障。

② 定子绕组内断路的检查

用万用表分别测量线圈抽头 1 和 2、1 和 3、2 和 3 处的电阻。正常情况下，所测得的 3 个阻值都在 1Ω 以下且相等。若测量值超出标准值，则表明定子绕组断路。

4) 机械方面的检查

转子轴可检查轴的径向圆跳动，应不大于 0.10mm。

(3) 发电机装配及调整

略。

任务 10-3　识读电路图并在车上熟悉电路构造

1. 任务描述

识读实训车的充电电路图；利用维修资料，在实训车上熟悉充电电路构造。

2. 教学目标

(1) 能力目标

1) 会读充电电路图。

2) 能在车上找到并认识充电电路各电器元件及线路。

(2) 知识目标

1) 掌握充电系统工作原理。

2) 了解充电系统预励磁电路、励磁电路、充电电路、发电机电压调节电路。

3. 相关知识

1) 充电电路包括预励磁电路、励磁电路、充电电路，见表 2-10-2。

表 2-10-2　充电电路工作原理

预励磁电路	励磁电路	充电电路
因为交流发电机起动时尚无励磁电流流动,所以必须对发电机进行预励磁。关闭点火起动开关(4)后充电指示灯(3)由蓄电池供电。预励磁电流的作用是,起动时产生足以触发自励磁的磁场强度 只要达到能产生最大发电电压且发电机能为车载网络供电的转速,充电指示灯就会熄灭	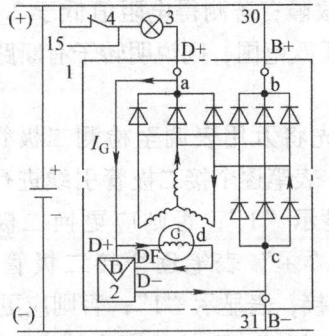 励磁电流由定子绕组分流后通过三个励磁二极管整流之后作为励磁电流经过电刷和集电环送往励磁绕组和调节器。该电流经过端子 D－和功率二极管(负二极管)流回到定子绕组	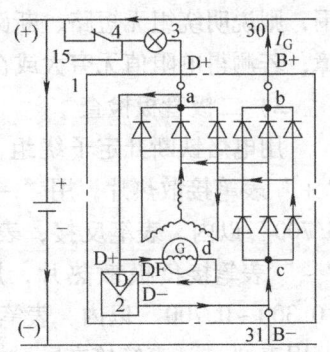 三个相位中产生的感应交流电流经过功率二极管整流后送往蓄电池和用电器。为使电流能够从发电机流向蓄电池,发电机电压必须高于蓄电池电压

2) 发电机电压调节电路

发电机电压调节电路见表 2-10-3。

表 2-10-3　发电机电压调节电路

发电机电压下降到低于规定的调节电压下限值	发电机电压升高到超过规定的调节电压上限值
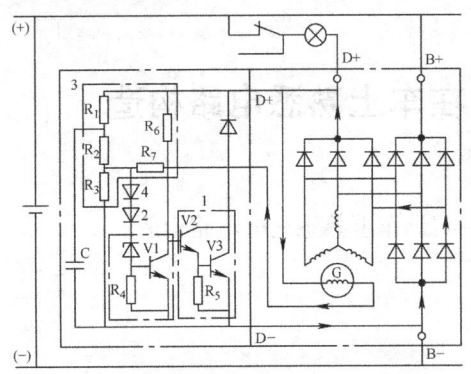 ·未达到齐纳二极管的击穿电压,齐纳二极管阻隔 ·无电流流向晶体管 V1 的基极,晶体管 V2 阻隔 ·若晶体管 V1 阻隔,则电流从励磁二极管经过端子 D＋和电阻 R6 流向晶体管 V2 的基极 ·V2 导通并将端子 DF 与 V3 的基极连接起来,V3 导通 ·励磁电流流过 V3 和励磁绕组。发电机电压上升	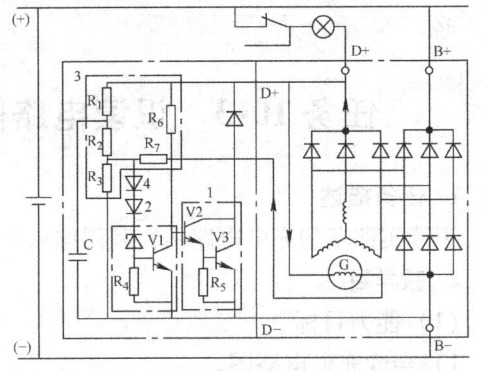 ·超过齐纳二极管的击穿电压,齐纳二极管导通 ·电流从 D＋经过电阻 R_1 和 R_2 流向晶体管 V1 的基极,V1 导通 ·发射极、基极之间电压下降到低于 0.7V。晶体管 V2 阻隔 ·晶体管 V3 同样阻隔 ·励磁电流切断,发电机电压下降到接近调节电压下限

4. 实训操作

(1) 识读充电电路图

捷达充电电路电路图请参见本书附录。

1) 发电机预励磁电路

打开点火开关 D (ON), 蓄电池通过点火开关给发电机转子进行预励磁, 充电指示灯亮, 电路如下。

蓄电池 A (+)→主熔丝盒 (P) S02 (110A)→10.0ro 线→继电器支架上螺栓连接点 (105)→继电器支架内部接线→线 (6.0ro)→连接点 (18)→4.0ro 线→点火开关 D30 端子→点火开关 D→点火开关 D 其上 15 端子→2.5sw/ro 线→连接点 (2)→1.0sw/ro 线→熔丝 S16 (15A)→1.0sw/ge 线→组合仪表 J285 插接器 T32/31 端子→组合仪表 J285 内充电指示灯→组合仪表 J285 插接器 T32/12 端子→0.35br/bl 线→插接器 T10b/7→0.5br/bl 线→插接器 T4/2→0.5bl 线→发电机 C 端子 1→发电机内部转子线圈→发电机内部电压调节器→搭铁, 仪表充电指示灯亮。

2) 发电机自励磁电路

起动发动机, 发动机正常运转后, 发电机定子发出交流电, 通过功率整流二极管和励磁二极管进行整流输出。其中励磁二极管输出电流在发电机内部供给转子线圈、电压调节器, 自励磁和电压调节器同时进行励磁电流的调节, 控制发电机输出电压。电路如下。

发电机定子→发电机励磁二极管整流输出→发电机内部转子线圈→电压调节器, 励磁电流调节→搭铁, 发电机进行自励磁。此时由于仪表充电指示灯两端均为电源电压, 所以充电指示灯熄灭。

3) 发电机输出电路

发电机 C 定子→发电机 C 功率二极管整流输出→发电机 C 端子 3→16.0sw 线→主熔丝盒 (P) S01 (110A)→分成并联 2 路分别给蓄电池充电, 给汽车其他用电设备供电。

① 给蓄电池充电电路

主熔丝盒 (P) S01 (110A)→蓄电池 A (+)→蓄电池 A→蓄电池 A (−)→25.0sw 线→G1 搭铁。

② 给汽车其他用电设备供电电路

主熔丝盒 (P) S01 (110A)→主熔丝盒 (P) S02 (110A)→10.0ro 线→继电器支架上螺栓连接点 (105)→汽车其他用电设备。

(2) 熟悉充电电路构造

利用维修资料, 在实训车上熟悉充电电路构造。

任务 10-4 充电系统性能检测及修理

1. 任务描述

利用实训车辆, 在充电系统正常和设备故障情况下分别对充电系统进行性能检测、修复并记录。

2. 教学目标

(1) 能力目标

1) 能就车检查蓄电池线束连接。

2）会检查蓄电池电压。
3）会检查蓄电池端子和熔丝。
4）会检查传动带张力并能调整。
5）能直观检查交流发电机线束连接及是否有异响。
6）会检查充电警告灯。
7）会测量交流发电机输出端导线电压降。
8）会进行交流发电机输出电流测试。
9）会进行交流发电机电压调节测试。
（2）知识目标
1）熟悉充电系统性能检测注意事项。
2）熟悉充电系统性能检测项目及标准。

3. 相关知识

（1）充电系统性能检测注意事项
1）在车上给蓄电池快速充电时，必须将蓄电池正负极线断开。
2）切勿在发动机运转时分离蓄电池正负极导线。
（2）充电系统性能检测项目及标准
1）就车检查蓄电池线束是否与正确的端子连接。
2）检查蓄电池电压。
规定电压：20°C（68°F）时约12.5~12.9V。如果电压小于规定值，给蓄电池充电。
3）检查蓄电池端子和熔丝。
4）检查传动带张力并调整。
5）直观上检查交流发电机线束连接，并听一听交流发电机是否有异响。
6）检查充电警告灯。
7）检查充电系统。
8）交流发电机输出端导线电压降测量。
电压表指示应为标准值。标准值：0.2V最大值。
9）输出电流测试。
极限值（90A交流发电机）：最小45A。
10）电压调节测试。标准见表2-10-4。

表2-10-4 调节电压标准

电压调节器周围温度/°C（°F）	调节电压/V	备注
-20（-4）	14.2~15.4	
20（68）	14.0~15.0	
60（140）	13.7~14.9	
80（176）	13.5~14.7	

4. 实训操作

（1）就车检查
检查蓄电池线束是否与正确的端子连接。

(2) 检查蓄电池电压

1) 在停止发动机，点火开关置于 ON 并接通电气负载（大灯、鼓风机、后除霜器等）60s 后 20min 没有通过电流的情况下，移走表面电气负载。

2) 将点火开关置于 OFF 并断开电气系统。

3) 测量蓄电池正极（+）和负极（-）之间的电压。

4) 记录。见表 2-10-5。

表 2-10-5 蓄电池电压记录表

温度	测量电压值/V	备注

如果电压小于规定值，给蓄电池充电。

(3) 检查蓄电池端子和熔丝

1) 确定蓄电池端子没有松动或腐蚀。

2) 检查熔丝是否导通。

(4) 检查传动带

1) 直观检查传动带是否过度磨损及绳磨损等。

如果发现任何故障，更换传动带；传动带拱棱侧上的裂缝可以接受。如果传动带拱棱上有大块缺失，应将其更换。如图 2-10-16 所示。

2) 测量传动带张力并调整

在 98N（10kg，22lb）施加力量，测量交流发电机和水泵带轮之间的偏差，如图 2-10-17 所示。记录，见表 2-10-6。

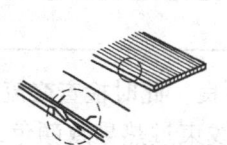

图 2-10-16 直观检查传动带

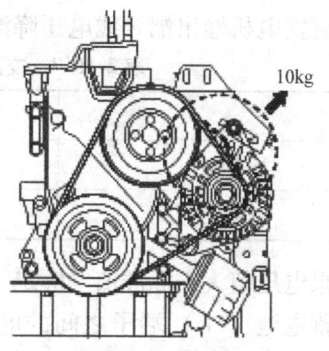

图 2-10-17 测量传动带张力

表 2-10-6 传动带张力记录表

带的状况	挠度	备注
新带		
旧带		

如果传动带张力不符合规定，进行调整。

新带指在运转发动机上应用了不足 5min 的传动带；旧带指在运转发动机上应用了 5min 以上的传动带；安装传动带后，检查传动带是否适当装配在加肋槽内；用手检查确认传动带是否滑出带轮底部沟槽；安装新带后，运转发动机5min，并重新检查传动带张力。

3）直观检查交流发电机线束连接情况并听一听是否有异响。

检查线束连接是否在良好状态，检查在发动机运转时，是否从交流发电机中传出异响。

4）检查充电警告灯电路

发动机暖机后关闭，断开所有的附件，将点火开关置于"ON"。检查充电警告灯是否亮，起动发动机。检查警告灯是否熄灭，若警告灯没有按规定熄灭，检修充电警告灯电路或充电系统。

（5）检查充电系统

1）交流发电机输出端导线电压降测量

此试验主要是通过电压降的方法检测发电机输出端"B"端子和蓄电池"＋"极之间的线束连接是否良好。

① 准备

点火开关置于"OFF"，从交流发电机"B"端子上分离输出端线束。电流表的红表笔接交流发电机的"B"端子，黑表笔接输出端线束。电压表的红表笔接"B"端子，黑表笔接蓄电池"＋"极。也可以用钳形电流表测量电流，如图2-10-18所示。

② 测试

起动发动机，打开大灯、鼓风机电机，调整发动机转速，直至电流表指示20A，此时读取电压表指示。

③ 结果记录

交流发电机输出端导线电压降测量记录见表2-10-7。

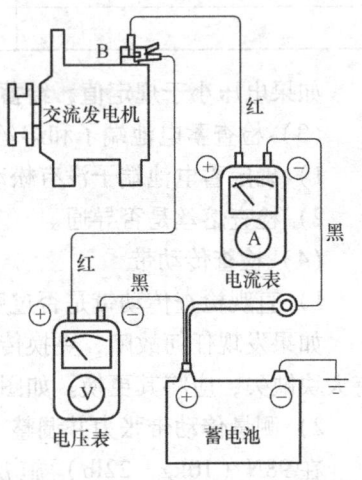

图2-10-18 交流发电机输出端导线电压降测量

表2-10-7 交流发电机输出端导线电压降测量记录表

	电压降/V	备注
标准值		
测量值		

如果电压值大于标准值（0.2V max以上），可能导线不良。此时检查交流发电机"B"端子到蓄电池（＋）端子之间的电路。检查连接松动，因线束过热导致颜色改变等情况。在再次测试前连接它们，测试完成以后，发动机转速设置为怠速，关闭大灯、鼓风机电机和点火开关。

2）输出电流测试

此测试是判断发电机输出的电流是否正常。

① 准备

测试前，检查如下项目并按要求修理。

检查安装在车内的蓄电池，确定它在良好状态。蓄电池检查方法参考"蓄电池检修"部分。

用于检测输出电流的蓄电池应使用已少量放电的蓄电池。完全充电的蓄电池因负载不足，测试的正确率低。

检查交流发电机传动带张力。传动带张力检查方法参考"检查传动带"部分。

点火开关置于"OFF"位置，分离蓄电池搭铁导线，从交流发电机"B"端子处分离交流发电机输出线束。

在"B"端子与被拆下的输出线束之间连接 DC 电流表（0~150A）。确定电流表的（−）电笔接被拆下的输出线束。也可以用钳形电流表测量电流，因流过的是过强电流，应牢固拧紧连接部位。不要用夹子连接。

在交流发电机"B"端子和搭铁之间连接电压表（0~20V）。电压表红表笔接"B"端子，黑表笔接搭铁。

连接发动机转速表和蓄电池搭铁导线。

使发动机盖保持打开位置。

② 测试

电压表指示应与蓄电池电压一致。如果电压表指示为0，可能原因为：交流发电机"B"端子和蓄电池（−）极之间的线束断路或搭铁不良，起动发动机并打开大灯开关，大灯置于远光，鼓风机置于高速。发动机急加速至 2500r/min 时，读取电流表指示的最大输出电流，当发动机发动后，充电电流迅速减小，因此，上面操作必须快速进行，以便正确读取最大电流值。如图 2-10-19 所示。

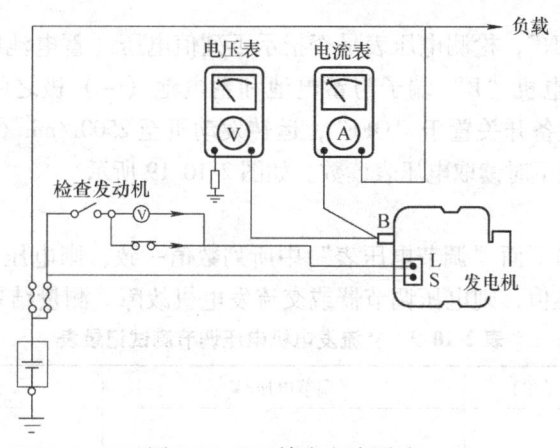

图 2-10-19 输出电流测试

③ 结果

读取的最大电流值应大于极限值。在交流发电机输出线束良好的情况下，如果读取的最大电流值小于极限值时，从车上拆下交流发电机并进行检测。测量结果记录见表 2-10-8。

表 2-10-8 交流发电机输出电流测试记录表

	电流/A	备注
标准值		
测量值		

极限值（90A 交流发电机）：最小 45A。

发电机额定输出电流值记录在交流发电机体的铭牌上。

输出电流值随着电气负载和交流发电机自身温度的变化而变化。

因此，可能不能获得额定的输出电流。为此，开大灯使蓄电池放电或利用其他车辆的大灯，增加电气负载，如果交流发电机本身的温度或室外温度过高，不能获得额定输出电流，因此，再次测试之前应降低温度，输出电流测试工作完成后，先把发动机转速降到怠速，然后把点火开关置于"OFF"，分离蓄电池搭铁导线，拆下电流表、电压表和发动机转速表，连接交流发电机"B"端子和交流发电机输出线束，连接蓄电池搭铁线束。

3）电压调节测试

此项测试的目的是为了检查电压调节器是否正确地控制电压。

① 准备

测试前，检查如下项目并按要求修理，检查安装在车内的蓄电池，蓄电池是否完全充电，检查方法参考"蓄电池"部分，检查交流发电机传动带的张力，传动带张力检查方法参考"检查传动带"部分。

② 把点火开关置于"OFF"，分离蓄电池搭铁导线，在交流发电机"B"端子与搭铁之间连接数字电压表。电压表红表笔接"B"，黑表笔接搭铁或蓄电池（-）极，从交流发电机"B"端子处分离交流发电机输出线束，在"B"端子和被拆下输出线束之间连接DC电流表（0~150A），电流表黑表笔接被拆下的输出线束，连接发动机转速表和蓄电池搭铁线束。

③ 测试

点火开关置于"ON"，检测电压表是否指示下列值电压（蓄电池电压），如果电压表指示为0V，说明交流发电机"B"端子与蓄电池和蓄电池（-）极之间线束断路，起动发动机，把所有灯和用电设备开关置于"OFF"，运转发动机至2500r/min的速度，在交流发电机输出电流下降到10A以下时读取电压表读数。如图2-10-19所示。

④ 结果

如果所测电压值与下面"调节电压表"中所列数值一致，则电压调节器处于良好状态，如果测量值不同于标准值，则电压调节器或交流发电机故障。测量结果记录见表2-10-9。

表2-10-9　交流发电机电压调节测试记录表

电压调节器周围温度/℃（℉）	调节电压/V	备注

测试结束后，先把发动机转速降到怠速后，将点火开关置于"OFF"，分离蓄电池搭铁导线，拆下电压表、电流表和发动机转速表，连接交流发电机"B"端子和交流发电机输出线束，连接蓄电池搭铁线束。

任务10-5　发电机更换

1. 任务描述

利用实训车辆，更换发电机。

2. 教学目标

（1）能力目标

能进行发电机更换。

(2) 知识目标

1) 了解什么情况需要更换发电机。

2) 掌握发电机的拆装注意事项。

3. 相关知识

在现代汽车充电系统检测与维修中，如果诊断是发电机的故障，除了不需要分解发电机就能排除的故障外，其他的故障就需要更换发电机，一般不做解体的检测和修理。

4. 实训操作

(1) 2009 年手动款捷达车发电机的拆装

1) 拆卸

① 拆卸蓄电池负极电缆，如图 2-10-20 所示。

断开蓄电池与电气设备连接电路，目的是防止在拆卸发电机过程中，因导线搭铁产生电压而损坏控制单元和用电设备。

② 用扳手开口端卡住发电机传动带张紧机构上的调整凸块，用力向发电机侧扳动扳手使张紧机构顺时针转动一定角度，当张紧机构上的定位孔与其支架上的挡块对齐时，将定位销插入定位孔中，张紧机构被固定在此位置，如图 2-10-21 所示。

图 2-10-20 拆卸蓄电池负极电缆

定位销插入孔中后，一定要确认是否牢靠，否则张紧机构会弹回伤手。

③ 将传动带从发电机带轮、动力转向油泵带轮、曲轴带轮上取下来。如图 2-10-22 所示。

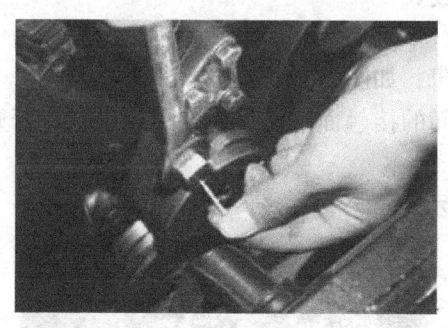

图 2-10-21 定位销插入定位孔中

图 2-10-22 取下传动带

注意保持双手干净，防止将油脂、油液及水等沾附到驱动带上。

④ 用内六角扳手拧松发电机支架上的两根固定螺栓，如图 2-10-23 所示。

⑤ 从支架上取出发电机并用扳手拧松发电机后端盖上 +B 接线柱固定螺母，将导线脱离 +B 接线柱，如图 2-10-24 所示。

+B 接线柱上的导线是发电机与蓄电池之间的电流通道。发电机可向所有用电设备（起动机除外）供电，同时向蓄电池充电。

图 2-10-23　拧松发电机支架上的两根固定螺栓

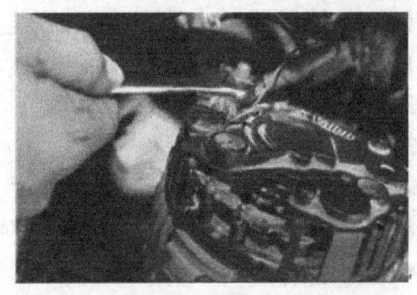

图 2-10-24　拆卸发电机后端盖上 +B 接线导线

⑥ 用扳手拧松发电机后端盖上的励磁导线固定螺母，将导线脱离接线柱，如图 2-10-25 所示。

发电机通过励磁导线为磁场绕组提供励磁电流，保证发电机在低速时能够快速建立电压，并由他励状态转变为自励状态。

⑦ 取下发电机，摆放在实习桌上，如图 2-10-26 所示。

图 2-10-25　拆卸发电机后端盖上的励磁导线

图 2-10-26　取下发电机

在拆卸、传递和摆放发电机过程中，应轻拿轻放。

2）安装发电机

① 将 +B 导线套装在 +B 接线柱上，并拧紧螺母，如图 2-10-27 所示。

安装 +B 接线柱时要导线接线端与 +B 接线柱间的接触面清洁无锈、无腐蚀物；否则，电阻增大，发电机输出电压下降。

② 安装励磁导线并拧紧螺母，如图 2-10-28 所示。

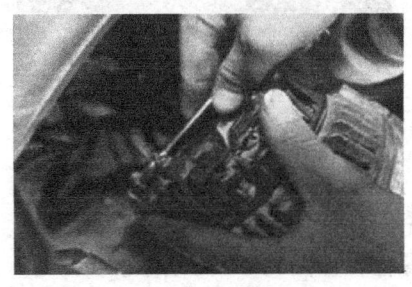

图 2-10-27　安装发电机后端盖上 +B 接线导线

图 2-10-28　安装励磁导线

③ 将发电机下支撑臂插入固定在气缸体上的支架上，调整发电机位置，使发电机支撑臂的螺栓孔与支架的螺栓孔对齐，如图 2-10-29 所示。

发电机下支撑臂与支架之间配合间隙较小，安装比较困难，应放正后左右摆动才能将发电机安装到位。

④ 安装两颗固定螺栓，并拧紧螺栓，如图 2-10-30 所示。

图 2-10-29　将发电机下支撑臂固定在气缸体上的支架上　　图 2-10-30　安装发电机固定螺栓

⑤ 将发电机传动带安装到曲轴和发电机带轮、导向轮、张紧轮上，如图 2-10-31 所示。注意保持双手干净，安装后要确认传动带走向和安装情况，进行确认。

⑥ 用扳手卡住带轮张紧机构上的凸块，微量转动，使定位销松动，取下定位销并缓缓放松张紧机构，如图 2-10-32 所示。

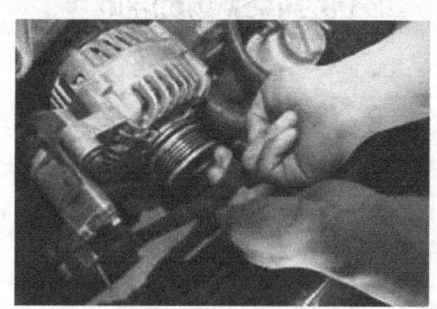 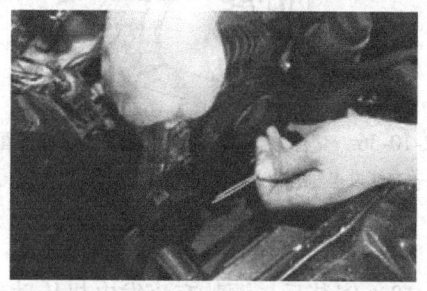

图 2-10-31　安装发电机传动带　　图 2-10-32　取下定位销并放松张紧机构

定位销取出后，张紧机构有很大的弹力，所以动作一定要缓慢，用力要持续均匀。

⑦ 用手按压传动带，检查传动带的松紧度，如图 2-10-33 所示。

发动机采用的发电机传动带张紧机构可自动将传动带扰度控制在一定的范围内，不需人工调节。

⑧ 安装蓄电池的负极线，如图 2-10-34 所示。

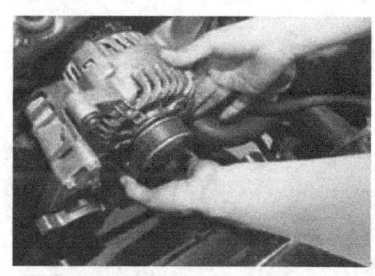 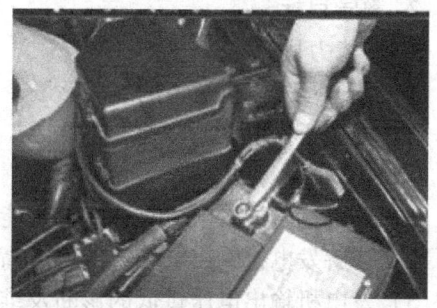

图 2-10-33　检查传动带的松紧度　　图 2-10-34　安装蓄电池的负极线

注意保持蓄电池极柱和电缆间的良好接触。

(2) 2008年款现代悦动车发电机的拆装

1) 首先分离蓄电池负极,然后分离正极。
2) 拆卸空气管。
3) 拆卸冷却风扇电动机总成。
4) 拆卸散热器上软管。
5) 拆卸发电机传动带。
6) 分离交流发电机插接器(A),从交流发电机"B"端子拆卸配线(B)。如图2-10-35、图2-10-36所示。

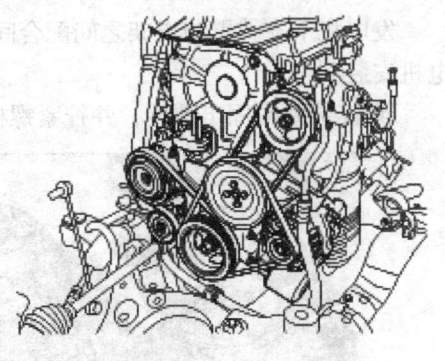

图2-10-35 发电机安装外形图

7) 拧下调整螺栓(A)和装配螺栓(B),拆卸交流发电机传动带。
8) 拉出贯穿螺栓(C),拆卸交流发电机(D)。如图2-10-37所示。

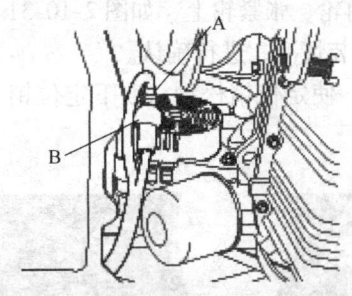

图2-10-36 交流发电机插接器及"B"端子配线
A—交流发电机插接器 B—交流发电机"B"端子

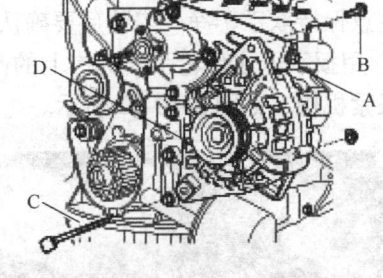

图2-10-37 拆卸发电机
A—调整螺栓 B—装配螺栓
C—贯穿螺栓 D—交流发电机

9) 按拆卸时的相反顺序安装。
10) 安装后,调整交流发电机传动带张力。

任务10-6　充电电路故障诊断与排除

1. 任务描述

在实训车辆的充电电路设置故障,要求学生收集相关资料、制定工作计划、实施并记录、进行质量检查与评价,最后进行总结汇报。

2. 教学目标

(1) 能力目标

1) 能进行发电机故障的经验诊断。
2) 会分析发电机故障的可能原因。

(2) 知识目标

1) 了解运转的发电机有异响的可能原因。
2) 了解发电机输出电压过低或过高的原因。
3) 发电机输出电压过低的诊断及维修。
4) 掌握发电机故障诊断的安全注意事项。

5) 掌握发电机的拆装注意事项。

3. 实训操作

（1）运转的发电机有异响的诊断及维修

原因可能是轴承损坏、电机扫膛、整流管击穿后内部环流声。检查传动带是否过紧，过紧进行调整。检查发电机调整套是否有余量并与发动机安装支架贴实，电机振动是否正常。如不属于安装的问题，是发电机内部的异响就应更换发电机。

（2）发电机输出电压过低或过高的诊断及维修

现代汽车的发电机电压调节器都安装在发电机内，如果电压调节器损坏，将不发电或发电电压不能控制在 13.5~14.5V，现在的电压调节器没有单个配件所售，当电压调节器损坏后只能更换发电机总成。ABS 控制单元具有过电压保护功能，当电压过高时会报警并使得 ABS 功能失效，此时灯泡等电器元件在过高电压下极容易损坏。

1）发电机输出电压过低的诊断及维修

① 检查传动带是否过松，如调整传动带后电压还不正常，则是发电机内部整流组件或定子组件损坏，也可能是内部电压调节器故障。应更换发电机。

② 检查与发电机励磁端连接的引线是否有电压，如有且指示灯亮，断开接点后指示灯应熄灭，则指示灯电路及转子无问题。如引线有电压但指示灯不亮，对地短路指示灯亮，则可能是转子及电压调节器的故障。应更换发电机。

2）发电机输出电压过高的诊断及维修

发电机输出电压过高是发电机是内部的电压调节器发生了故障。应更换发电机。

（3）发电机故障诊断的经验步骤

1）检查发电机各外导线连接部位有无断线、错接、短路现象，并用电压表测量 B+点有无蓄电池电压。

2）将钥匙门打到"开"位置，但不要起动发动机，此时用电压表测量 D+点有无电压，并观察充电指示灯是否明亮。

3）起动发动机，用电压表测量发动机 B+点电压，应达到如下数据：

12V 系统：电压在 13V 以上，同时加减油门，电压应变化 0.1~0.2V，但是最高不能超过 14.5V。

4）打开部分负载，如车灯。

12V 系统：电压在 13V 以上，同时加减油门，电压应有 0.2~0.4V 的变化，但是最高不能超过 14.5V。

5）打开空调、车灯等主要电器。

12V 系统：电压应在 13V 以上，同时加减油门，电压有较大程度变化（0.5~1V），但是最高不能超过 14.5V。

进行到 3）时，发电机没有电压输出，可采用如下办法检查，对于有产生励磁 D+点的发电机，可从蓄电池正极引一条 2.5mm^2 的导线，起动发动机后，用另一端瞬间点击 D+点（时间在 1s 以内），再用电压表测量 B+点有无电压输出，若有，从 3）开始检查至 5），同时判断出整车充电指示灯线路有断路现象（一般为指示灯损坏，仪表盘杆连接件松动，线路断路），若无电压输出，则发电机为不发电故障。

项目 11　起动系统电路故障诊断与排除

任务 11-1　确认故障现象

1. 任务描述

利用实训车辆，在起动系统电路良好的情况下，学生练习正常起动发动机操作；在起动系统电路设置故障的情况下，学生起动并观察和体会起动系统的故障现象。

2. 教学目标

（1）能力目标

能正确起动发动机，能准确记录和说明起动系统故障现象。

（2）知识目标

掌握正确起动发动机的流程及注意事项。

3. 相关知识

（1）发动机能够起动的最低曲轴转速

在一定温度下，发动机能够起动的最低曲轴转速，汽油机一般为 50~70r/min，最好为 70~100r/min。起动机传给发动机的转速要大于发动机的最低转速，若低于这个转速，气流速度过低，可燃混合气体形成不充分，还会使压缩行程的散热损失和漏气损失增加，导致发动机不能起动。

不正常的起动发动机会使起动机、蓄电池、发动机出现故障。

（2）正确起动发动机

汽车起动三步：一查，二看，三起动。详细操作如下。

1）一查

就是了解发动机的机油、冷却液是否够量。掀起发动机罩，抽出油尺查看机油高度位置是否正常，查看冷却液液位是否正常。因为机油和冷却液是发动机的"生命保护盾"，它们出问题发动机就容易出问题，所以，经常检查机油和冷却液的状况是十分必要的。同时也不要忘记查看一下制动液，这些液体的储液罐大多呈透明的，一目了然。

2）二看

将点火钥匙转到开的位置（将钥匙开关转到"ON"接通位置），查看仪表板各个仪表和指示灯是否显示正常。正确的方法应该是将钥匙插入点火开关后，转动到点火位置，但不要起动。先检查所有报警灯都正常，此时还可以听到汽油泵和碳罐工作的声音，等到最后一个气囊灯熄灭后，就可以点火起动了。这样做有以下好处。

① 汽油泵将汽油充分送到发动机内，利于起动，同时可以延长汽油泵的使用寿命。

② 让电脑 ECU 进行自检，有不正常的报警可以及时处理。

③ 确认除室内外照明设备外其他电气设备是关闭的。

3）三起动

就是在前两项都正常的情况进行起动（将钥匙开关转到"START"起动位置）。

每次起动（点火）时间不应超过5s（柴油不应超过3s）。如果起动不起来，需间隔15s，等起动机冷却下来再起动。不然起动机很容易出现问题（寿命减短、过热烧蚀等）。特别是冬天，因为天冷，发动机的阻力矩较平常大，蓄电池的输出效率也低；切忌一起动就立即加大油门，使发动机转速瞬间急升，机油来不及输送到轴瓦位置，容易造成轴瓦损伤。发动机起动后，密切注意油压、水温、充电等仪表或仪表灯的变化，待仪表显示符合正常值或仪表灯熄灭时，如果表示机油压力过低的报警指示灯没有熄灭或起动后15s内压力表上未显示机油压力，应立刻关闭发动机，以免损坏发动机。如果出现充电指示灯未灭等不正常现象时，也应该关闭发动机进行检查。

（3）起动机的使用注意事项

1）起动机是按短时间工作的要求设计的，工作时短时电流很大，一般为几十到几百安培，有些柴油机则高达1000A，重复起动时应停歇2min，连续第3次起动时，应在检查排除故障的基础上停歇15min后再使用，否则会严重影响蓄电池和起动机的使用寿命。

2）冬季和低温地区冷车起动时，应先预热发动机，然后再使用起动机。

3）起动发动机，应踩下离合器踏板或将变速杆置于空档，严禁挂档起动来移动车辆。

4）发动机起动后，应立即松开点火开关（或起动按钮），使起动机停止工作，以减小单向离合器不必要的磨损。

5）发动机工作时，严禁拧点火开关，使起动机工作。

6）当发动机连续几次不能起动时，应对起动电路以及发动机的有关系统进行检查，排除故障后再起动。

7）发动机起动后，如起动机不能停转，应立即关闭电源总开关或拆除蓄电池搭铁线，查找故障。

4. 实训操作

检查并记录起动故障现象。

任务11-2　起动机分解、检测、装配及调整

1. 任务描述

分别用有故障的和性能良好的起动机进行分解、检测、装配及调整训练。

2. 教学目标

（1）能力目标

1）能进行起动机的分解、检测装配及调整、试验。

2）会起动系统控制电路的接线。

3）会看起动机工作特性图。

4）会使用万用表、通用工具；会使用卡尺、塞尺等量具。

（2）知识目标

1）熟悉直流电动机的工作原理。

2）掌握通用型起动机的构造。

3）了解起动机的分类。

4）掌握起动机的工作特性。

5）了解影响起动机工作特性的因素。

6）仪器仪表、量具、设备的构造、基本原理及使用注意事项。

3. 相关知识

（1）直流电动机的基本工作原理

将通电导体放入磁场中，导体会在磁场力的作用下做有规律的运动（其运动方向可以用电动机左手定则来判断），这是直流电动机能够转动的基本道理（详见本书第1部分项目4任务4-1中第3部分）。

（2）通用型起动机的构造

起动机主要由直流电动机、控制装置（电磁开关）、传动装置（啮合机构）3部分构成，如图2-11-1所示。

1）直流电动机构造

直流电动机主要是产生电磁转矩，由电枢、磁极、电刷组件等几部分构成。

① 电枢

电枢的作用是产生电磁转矩。电枢线圈是用扁铜线绕成，较粗且匝数少；电枢轴中部位置制有螺旋齿槽，用以装置啮合器，有些起动机除两端装有衬套外，中间还装有支承衬套。为了防止轴向窜动，轴的前端制有槽，用于装置锁板机构，轴的后端制有槽，用于装置止动挡圈及弹性挡圈。

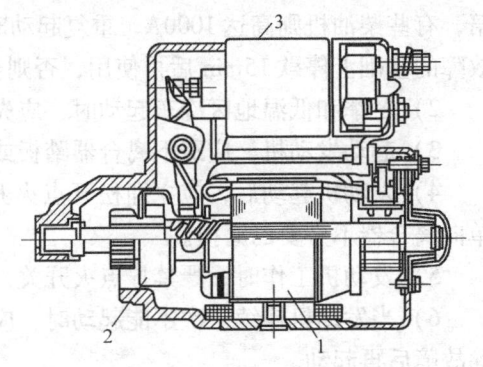

图2-11-1 起动机的组成
1—直流电动机 2—传动装置 3—控制装置

② 磁极

磁极的作用是产生磁场。由外壳、磁极、磁场线圈等部分组成。

外壳内壁装有4个磁极（有些是2个磁极），在其上面装有磁场线圈，相对的是同极，相邻的是异极。磁场线圈用扁而粗的铜线或小铜线并联的方法绕成。磁场线圈采用串联或并联，一端与外壳上的绝缘接柱（即磁场接柱）相连，另一端与正电刷相连。

③ 电刷组件

用铜粉和炭粉（或石墨）混合后压制而成。一般有4个，相对的电刷为同极。两个负电刷搭铁，两个正电刷接磁场线圈，它们在压簧的作用下紧密地与换向器接触。

2）传动装置（啮合机构——单项离合器）

传动装置（啮合机构）在发动机起动时，使起动机的驱动齿轮和发动机飞轮齿环啮合，将电动机的转矩传给飞轮；发动机起动后，自动切断动力传递，防止电动机被发动机带动，超速旋转而破坏。起动机驱动齿轮与曲轴飞轮齿环之间的传动比很大，在传动机构中设置了单向离合器，起动时传递动力。

3）控制装置（电磁开关）

控制装置（电磁开关）用于接通、切断电动机与蓄电池之间的电路，主要由电动机开关和磁力线圈组成。电磁开关壳体的前部装有电动机开关的30接线柱和磁力线圈50接柱，活动触盘装在触杆上，与触杆上的机件绝缘，起动机不工作时，在回位弹簧的作用下，使触盘与触点保持分开状态。

控制装置的作用是控制驱动齿轮和飞轮的啮合与分离；控制电动机电路的接通与切断。常用的装置有机械式和电磁式。汽车上广泛使用电磁式控制装置（电磁开关）。

(3) 起动机的分类

1) 根据传动装置不同的分类

在所有的起动机构中，电动机一般没有太大的差别，而传动装置和控制装置有很大差别。所以，起动机的分类一般是按传动装置和控制方法不同来分类的。根据传动装置不同，起动机可分为以下3类。

① 啮合式

啮合式起动机的驱动齿轮靠惯性力啮入飞轮齿圈，起动后，驱动齿轮又靠惯性力自动与飞轮齿圈分离。但是这种形式的传动结构不能传递大的转矩，而且可靠性比较差，所以现在已很少使用了。

② 电枢移动式

电枢移动式起动机靠起动机内部磁极的电磁力使起动机电枢做轴向运动，将驱动齿轮啮入飞轮齿圈。发动机起动后，电枢回位，带动齿轮脱离啮合。这种形式的起动机多用在大功率柴油机上。

③ 强制啮合式

强制啮合式起动机靠人力或电磁力操纵，强制拨动驱动齿轮啮入和脱出飞轮齿圈。这种起动机结构简单、工作可靠、操纵方便，被广泛采用。

2) 超越离合器起动机的种类

现代汽车使用的起动机多是采用超越离合器的起动机，这类超越离合器起动机现在被广泛使用，有如下4种。

① 直接起动式起动机

目前最常用的起动机是电磁开关驱动的直接起动式起动机。

当点火开关拧到"START"起动位置时，控制电路接通电磁开关的吸拉线圈和保持线圈，使吸拉线圈和保持线圈通电产生磁力。电磁开关活动铁心移动，传动叉以轴销为支点摆动。拨叉拨动起动机构的小齿轮啮入发动机飞轮齿圈。

电磁开关活动铁心移动到止点时，活动铁心触盘接通蓄电池到起动机的电路，电流流过磁场绕组和电枢，形成磁场，使电枢旋转，拖动发动机旋转。

② 齿轮减速式起动机

有些汽车厂采用齿轮减速式起动机以增大转矩。齿轮减速式起动机的最大特点是电枢不直接带动起动小齿轮，而是电枢的小齿轮与一只大齿轮常啮合。根据需要，常啮合齿轮的减速比在2:1和3.5:1之间。增加减速比，使小型起动机能高速运转而在耗电较少的条件下得到较大的转矩。

大多数齿轮减速式起动机为复励式电动机。齿轮减速式起动机的换向器和电刷一般布置在起动机中部。

③ 强制啮合式起动机

强制啮合式起动机利用起动机的分路磁场绕组来开动起动机构。起动时的大电流由装在蓄电池附近的起动机继电器控制。继电器吸合时电流便流过起动绕组，起动绕组建立磁场，磁场吸动一个可动极靴。可动极靴通过拨叉与起动机构联系,当可动极靴移动时,起动小齿轮啮入发动机飞轮齿圈。

④ 永磁式起动机

永磁齿轮减速式起动机用4块或6块永久磁铁组件取代励磁绕组,具有质量轻、结构简单和温升低等优点。因为没有磁场绕组,所以电流经换向器和电刷直接到电枢。永磁式起动机采用行星齿轮减速,行星齿轮系在电枢和小齿轮轴之间传递动力。这样就使得电枢能高速旋转,从而增大起动机的转矩输出。行星齿轮总成由装在电枢轴端的太阳轮、装在行星齿轮架上的3个行星齿轮以及与行星齿轮啮合的内齿齿环组成。齿环是保持不动的,当电枢旋转时,太阳轮带动3个行星齿轮绕内齿齿环旋转,行星齿轮绕内齿齿环的运动,带动行星齿轮架旋转。行星齿轮架与输出轴连接。用这种齿轮配置得到的减速比为4.5:1。这样大的减速比,大大减小了起动机的工作电流。

注意: 搬运永磁式起动机要格外小心,永久磁铁比较脆,不慎跌落或被别的物体碰撞都会使其受损。

(4) 起动机的工作特性

1) 起动机工作特性

当起动机输出转矩 M 为0时,输出功率 P 当然也为0,此时电流 I 最小,转速 n 达到最大,即 $n = n_{max}$,相当于起动机处于空载状态;当起动机 $n = 0$,$P = 0$,$I = I_{max}$ 时,输出转矩达到最大,$M = M_{max}$,相当于起动机制动状态。空载和制动的工作情况,常用来检验起动机的故障。空载时转速低于规定值,同时电流大,说明有机械故障;制动实验时,电源电压和电流正常,转矩下降,有电路故障。

2) 影响起动机工作特性的因素

① 蓄电池的容量和充电情况

容量大,充电充足,内阻小,供给起动机电流大,起动机的功率、转速、制动转矩都大。

② 起动电路的电阻影响

起动机内部电阻和起动线路电阻越大,起动机的输出功率、转速、制动转矩均会越低。

③ 环境温度的影响

环境温度低时,起动性能不好。

4. 实训操作

起动机的分解、检测、装配及调整、试验。

任务11-3 识读电路图并在车上熟悉电路构造

1. 任务描述

识读实训车的起动系统电路图;利用维修资料,在实训车上熟悉起动系统电路构造。

2. 教学目标

(1) 能力目标

1) 能识读起动系统电路图,并能说明其工作过程。

2) 能在车上查找和识别起动系统的相关电气元件。

3) 能连接汽车起动系统电路。

(2) 知识目标

1) 熟悉起动系统工作原理。

2) 熟悉起动系统工作过程。

3. 相关知识

(1) 识读捷达起动系统电路图

捷达起动系统电路图请参见本书附录。

当点火开关未扭到起动位置时，电动机开关未接通，起动齿轮与飞轮处于分离状态。当打开点火开关，并扭转至起动档时，磁力线圈电路和电动机电路接通。

蓄电池 A（+）→主熔丝盒（P）S02（110A）→10.0ro 线→继电器支架上螺栓连接点（105）→继电器支架内部接线→线（6.0ro）→连接点（18）→4.0ro 线→点火开关 D30 端子→点火开关 D→点火开关 D 其上 50 端子→2.5 ro/sw 线→插接器 T10d/1→2.5 ro 线→起动机 B 的 50 端子→分成并联 2 路分别去吸引线圈电路、保持线圈电路。

吸引线圈电路：起动机 B 的 50 端子→吸引线圈→电动机开关的 C 接柱→磁场线圈（也叫励磁线圈）→正电刷→电枢线圈→负电刷→搭铁→蓄电池负极。

保持线圈电路：起动机 B 的 50 端子→保持线圈→搭铁→蓄电池负极。

吸引线圈和保持线圈通过电流后，由于电流方向相同，磁场相加，将铁心吸入。使得电动机慢速转动，铁心带动啮合器沿电枢轴螺旋齿槽后移，使起动齿轮与飞轮啮合。当起动齿轮与飞轮接近完全啮合时，铁心便前移至一定位置，使触盘与触点接触，电动机开关开始接通，拉动线圈被短路，只靠保持线圈的磁力，足以能够保持铁心在吸入后的位置。当两齿轮完全啮合时，铁心前移到达极限位置，电动机开关被压紧，使开关可靠接触，电动机旋转，经啮合器带动发动机起动。

电动机电路：蓄电池 A（+）→25.0 sw 线→起动机 B 的 30 端子→电动机开关 C 接柱→磁场线圈→正电刷→电枢线圈→负电刷→搭铁→蓄电池 A（-）。

发动机起动后，放松点火开关（自动回转一个角度），点火开关电路被切断瞬间（此时电动机开关还处在接通状态），通过蓄电池给起动机电磁开关内的吸引线圈、保持线圈供电，此时由于吸引线圈和保持线圈电流方向相反，磁场相互抵消，起动机电磁开关触点在回位弹簧的作用下回位，使起动机电磁开关触点断开，电动机电路断路，电动机停止运转，同时啮合器在弹簧的作用下回位，使起动齿轮与飞轮齿轮分开。

(2) 识读上海大众朗逸轿车起动系统电路图

上海大众朗逸轿车起动系统电路图见图 2-11-2。

对于自动档轿车，自动变速器多功能开关 F125 通过其 T10s/2 端子向 J519 的 T73b/55 端子发送自动变速器档位信号（见图 2-11-2）。当 J519 检测到 P/N 档信号，点火开关处于起动档，即 D/50b 向 J519 的 T73b/50 端子输出 12V 电压信号时，J519 对起动机继电器 J19（648 号）供电。电路路径为 J519 的 T73a/55 端子→J19 电磁线圈→接地点，形成回路。J19 常开触点吸合，蓄电池电压加在起动机电磁开关 B/50 端子上使起动机旋转。

对于手动档轿车，起动时，电路途径为点火开关 D/50 输出→起动机 B/50 端子，控制电磁开关接通起动机转动。

BCM 的测量值在 038 组 1 区可显示起动机是否处于被抑制状态。

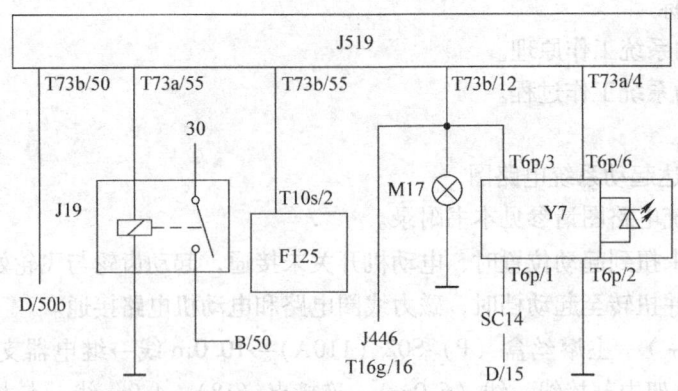

图 2-11-2　上海大众朗逸轿车起动系统电路图
F125—自动变速器多功能开关　J19—起动锁止继电器
J446—驻车辅助控制单元　M17—倒车灯　Y7—室内自动防眩目后视镜

4. 实训操作

利用维修资料在实训车上熟悉起动系统电路构造。

任务11-4　辅助起动车辆

1. 任务描述

实训车辆蓄电池电不足,要求学生用另外准备的性能良好的蓄电池辅助起动实训车辆。

2. 教学目标

(1) 能力目标

1) 能避免汽车辅助起动时的安全事故。

2) 能辅助起动车辆。

(2) 知识目标

1) 熟悉汽车辅助起动的方法。

2) 掌握汽车辅助起动的注意事项。

3. 相关知识

(1) 汽车辅助起动的方法及注意事项

注意: 只在特殊情况下才进行快速充电。快速充电对蓄电池有损伤。

在连接跨接电缆时,千万不能搞错跨接电缆的连接顺序。要先将没电的蓄电池的正极端子与救援车电池的正极端子连接,再将救援车电池的负极端子与没电汽车发动机室内的金属部分连接(接地线)。跨接电缆连接后,可起动救援车的发动机,并稍微提高发动机的转速,约5min后,便可向没电的蓄电池应急充电。充电完成后,应按与连接跨接电缆相反的顺序取下跨接电缆。

特别提醒,应急充电时注意4个细节。在为蓄电池应急充电时,有4个细节一定要格外注意,否则可能引发火灾、爆炸、烧伤等重大事故。以下讲述这4个细节的内容。

1) 救援车的负极端子一定要与没电汽车发动机室内的金属部分连接,如果与没电蓄电池的负极端子直接连接会产生火花。

2)连接跨接电缆时,一定不能让正极和负极端子接触,否则也会产生火花。

3)充电时不要靠近蓄电池。因为蓄电池液体中含有稀硫酸并有可能喷出,如果喷到眼睛和皮肤上会造成损伤,万一液体粘到身上,应用大量水冲洗后前往医院治疗。

4)连接或取下跨接电缆时,应尽量远离风扇、传动带等处,以避免手或衣服被卷入造成意外事故。

跨接起动为避免严重的人员受伤以及因蓄电池爆炸、硫酸液的腐蚀、电气的燃烧而造成的车辆损坏或电器配件等的损坏,必须严格遵守以下说明。如果不明白该如何按程序进行,强烈建议您向特约服务商或合格的修车店请求帮助。

警告:蓄电池中含有带腐蚀性和毒性的硫酸液。因此,在跨接起动时,须戴上安全护目镜,避免硫酸溅在皮肤、衣服或车身上。

如果由于不小心,硫酸沾染到身上或眼睛里,需立刻脱掉沾有硫酸的衣服并用清水清洗患处,然后尽快去找医生医治。如果可能,在赴医院途中,继续用浸有清水的海绵或净布清洗患部。

如果附近有明火或火花,蓄电池放出气体,将发生爆炸。在进行跨接起动时,必须使用标准型的跨接电缆并且禁止吸烟或燃点火柴。

注意:在确认充电用蓄电池正确之前,不要进行跨接起动。

(2) 辅助起动车辆

1)可将有电车辆的发动机起动并以 2000r/min 的转速运转 5min,给蓄电池充电。对于非免维护蓄电池,需要取下两个车上蓄电池的所有孔口塞子。在打开的蓄电池孔口上盖一块布(这有助于减少爆炸、人员受伤和灼伤等事故)。

2)解开您的跨接电缆,将它们展开捋直。需要注意的是,每一端都有两个夹子,一红一黑。

3)将蓄电池没电的车与有电的车靠近停好。两车的间距不能大于跨接电缆的长度。最理想的方式是两辆车头对头的停放。停好车后,打开发动机盖。

4)**警告:在进行连接时,为避免人员严重受伤,身体不要靠着蓄电池,或不小心将跨接电缆或夹子接触到除正确的蓄电池接头或地面以外的任何其他物体。将一条跨接电缆的红色夹子连接至没电蓄电池的正极,"+"标志将提示您哪个是正极。如果蓄电池正极上有塑料保护套,请先取下。跨接电缆必须连接在正极的金属棒上。**

5)将这条跨接电缆另一端的红色夹子连接到有电的蓄电池的正极上。注意事项同上。

6)拿出黑色跨接电缆,先将一端的夹子与有电蓄电池负极连接,"-"标志将提示您哪个是负极。

7)将黑色电缆的另一个夹子连接到发动机的金属部件上,例如伸出的螺栓或者金属托架上,这个连接点应尽量远离蓄电池。如果直接连接到没电蓄电池负极上,可能引起电弧引发蓄电池爆炸。在连接到发动机后,可能会产生一些电火花,不要害怕,您不触碰发动机的金属部位是不会触电的。

8)现在已经可以起动汽车了。如果没能正常起动,请重新检查一遍电缆的连接。起动之后、轻踩加速踏板,使发动机以 2000r/min 运转数分钟。

9)按倒序拆卸电缆,先拆除连在发动机上的黑色夹子,然后是有电蓄电池的负极上的黑色夹子，再然后是有电蓄电池正极上的红色夹子，最后是没电蓄电池上的红色夹子。

10）小心取下盖在蓄电池上的布块，布上可能沾有硫酸。如果要移动，需将所有的蓄电池孔口塞塞回原处。如果蓄电池放电原因不明显（例如灯能点亮），则需要检查。

4. 实训操作

用性能良好的蓄电池辅助起动实训车辆。

任务 11-5　更换起动机

1. 任务描述

利用实训车辆，更换其上的起动机。

2. 教学目标

（1）能力目标

能进行起动机更换。

（2）知识目标

掌握起动机的拆装注意事项。

3. 相关知识

在现代汽车起动机系统检测与维修中，如果诊断是起动机的故障，除了不需要分解起动机就能排除的故障外，其他的故障就需要更换起动机，一般不做解体的检测和修理。在车上更换起动机方法如下：

1）断开蓄电池负极线。

2）先把蓄电池的 B＋接线柱还有钥匙门的线拆下来，再把前面安装螺栓都拧下来，起动机就可以拆下来了。

4. 实训操作

利用实训车辆，更换其上的起动机。

任务 11-6　起动系统电路故障诊断与排除

1. 任务描述

在实训车辆的起动系统电路设置故障，要求学生收集相关资料、制定工作计划、实施并记录、进行质量检查与评价，最后进行总结汇报。

2. 教学目标

（1）能力目标

1）能避免起动系统保养及故障诊断时的安全事故。

2）能进行起动系统的使用与维护。

3）能进行起动系统的故障诊断。

（2）知识目标

1）掌握起动机的使用注意事项。

2）熟悉起动系统的使用与维护项目。

3）掌握起动系统的故障诊断工艺流程。

3. 灯泡相关知识

（1）起动机的使用与维护

1）经常检查起动电路各导线连接是否牢固，绝缘是否良好。

2）经常保持起动机机体和各部件的清洁干燥。汽车每行驶 300km 后应检查清洁换向器。

3）汽车每行驶 5000～6000km 后，应检查电刷的磨损及电刷弹簧压力。

4）经常检查传动机构和控制装置的活动部件，并按规定加以润滑。

5）起动机一般每年应进行一次维护性检修，可视实际情况适当地缩短或延长。

（2）起动机的故障诊断

1）起动机不转

① 原因

（a）蓄电池亏电过多，导线接头松动或电池极柱太脏。

（b）起动机电磁控制开关中接通主电路的触点，因电流过大（一般在 200A 以上）而烧蚀或调整不当而不能闭合。

（c）磁场绕组或电枢绕组中有断路、短路或搭铁故障。更换起动机。

（d）绝缘电刷搭铁。

（e）起动继电器触点不能闭合。

② 判断方法

首先检查蓄电池的充电状态与导线的连接情况，若蓄电池充足电，接线状况良好，则故障在起动机或其电磁开关。可将起动机开关的两接线柱接通，若起动机空转正常，则故障在电磁开关，应对电磁开关进行检修或更换；若有强烈火花，起动机又不转动，则表明起动机内部有短路或搭铁之处等，应进一步拆下起动机进行检修或更换起动机。

2）起动机运转无力

① 原因

起动机运转无力时仍需检查蓄电池充电状态和接线情况。若蓄电池充电良好，线路也正常，起动机运转无力，则原因如下：

（a）换向器脏污（可能是电刷和换向器磨损物填满换向器片槽）。

（b）电刷磨损过量或电刷弹簧压力不足，使电刷接触不良。

（c）磁场绕组或电枢绕组有短路现象。

（d）起动机电磁控制开关的接触桥烧蚀。

（e）发动机起动阻力过大，如大小轴瓦太紧、缸壁间隙过小或机油不足等。

② 解决方法

对于电刷磨损过多、电刷弹簧弹力不足、电磁开关的故障等均应予以更换；对于起动机内部故障和发动机内部配合不当的情况。则应予以分解检修、调整，以恢复良好工作状况。若无法恢复，则应更换起动机。

3）起动机驱动齿轮与飞轮齿圈不能啮合而且有撞击声

其主要原因如下：

（a）电磁开关中保持线圈断路，吸拉线圈使主电路通电后被短路，而保持线圈因断路而不能抵消弹簧力所致。

（b）起动机驱动齿轮、飞轮齿圈磨损过量或损坏。

（c）起动机电磁开关中的接触桥闭合过早，起动机驱动齿轮尚未啮入，而起动机主电路被接触桥接通而高速旋转。

4）起动机空转

① 因调整不当或起动机电磁铁拨叉机构损坏，使驱动齿轮与发动机飞轮齿圈不能啮合，电动机通电后造成空转。

② 驱动齿轮虽然能与发动机飞轮齿圈啮合，但单向离合器打滑或齿圈轮齿损伤，造成起动机空转。

4. 实训操作

（1）起动系统电路的维护

（2）起动系统电路的故障诊断与排除

1）收集相关资料。

2）制订工作计划。

3）实施并记录。

4）进行质量检查与评价。

5）总结汇报。

项目 12　刮水器与清洗器系统故障诊断与排除

任务 12-1　确认故障现象

1. 任务描述

利用实训车辆,在刮水器与清洗器系统正常情况下,学生练习刮水器与清洗器的使用操作;在刮水器与清洗器系统设置故障情况下,学生操作并观察和体会刮水器与清洗器系统的故障现象。

2. 教学目标

(1) 能力目标

1) 能正确操作和使用刮水器与清洗器系统。

2) 能准确记录和说明刮水器与清洗器系统故障现象。

(2) 知识目标

掌握刮水器与清洗器系统注意事项。

3. 相关知识

(1) 概述

刮水器系统属于汽车上的辅助电器。汽车在雨雪天气行驶时,该系统可以清洗前风窗玻璃,保证驾驶人的视觉效果,看清路面。有的汽车前照灯也有刮水器和清洗器系统,这样更有效地保证了雨雪天气尤其是夜间的行车安全。刮水器系统主要由刮水器电动机、刮水器臂以及连杆等组成。

(2) 风窗玻璃刮水器与洗涤器的操作与使用

1) 风窗玻璃刮水器的操作与使用

当点火开关处于"ON"或"ACC"部位时,拨动刮水器开关到"INT"、"LO"或"HI"位置,即可使刮水器处于间歇、低速或高速刮水工作。拨动刮水器开关到"OFF"位置时,玻璃刮水器片返回停止位置。

2) 风窗玻璃洗涤器的操作与使用

当点火开关处于"ON"或"ACC"部位时,保持清洗器开关在打开位置,只要清洗器开关保持在打开位置,刮水器连续在低速工作,清洗器连续向风窗玻璃喷淋。断开开关后,清洗器停止工作,刮水器以低速刮洗 2~4 次后返回停止位置。

(3) 使用刮水器时应注意的事项

1) 冬天使用刮水器之前,先检查刮水器是否被冻住,以防止电动机烧坏。

2) 刮水器运转时,如由于冰雪或其他原因停住,即使关掉刮水器开关也可能烧坏刮水器电动机,这时应即刻停止汽车行驶,关掉点火开关,擦净风窗玻璃,以使刮水器能正常运转。

3) 风窗玻璃处于干燥状态时,不能使用刮水器,否则会擦伤玻璃,也会过早损坏刮水器。

4) 应避免连续使用洗涤器 20s 以上，储液容器空时，不能使用洗涤器。刮水器/清洗器系统检查见表 2-12-1。

表 2-12-1 刮水器/清洗器系统检查

序号	步骤	正常结果	异常结果
1	1. 将点火开关置于运行位置 2. 保持清洗器开关在打开位置	只要清洗器开关保持在打开位置，刮水器就会连续在低速工作，清洗器也会连续向风窗玻璃喷淋。断开开关后，清洗器停止工作，刮水器以低速刮洗 2~4 次后返回停止位置	清洗器不能工作
2	将刮水器开关置于间歇位置	刮水器完整地扫过一次后，暂停 1~22s，再进行下次刮扫	1. 刮水器间歇模式不能工作 2. 刮水器除雾、间歇和低速模式不能工作
3	将刮水器开关置于间歇位置。保持清洗器开关打开 1~2s	只要清洗器开关保持在打开位置，清洗器就会向风窗玻璃喷淋。刮水器在喷水时低速工作，在松开清洗器开关后继续刮洗 2~4 次。然后，刮水器恢复间歇工作	1. 清洗器不能工作 2. 刮水器延迟模式不能工作 3. 刮水器除雾、延迟和低速模式不能工作
4	将刮水器开关置于低速（LO）位置	刮水器连续在低速运行	刮水器除雾、延迟和低速模式不能工作
5	将刮水器开关置于高速（HI）位置	刮水器连续在高速运行	刮水器高速模式不能工作，低速模式工作
6	将刮水器开关置于关闭位置	刮水器以低速返回停止位置	1. 风窗玻璃刮水器片不停止 2. 刮水器始终打开 3. 玻璃刮水器片不返回停止位置

4. 实训操作

检查并记录刮水器与清洗器故障现象。

任务 12-2　识读电路图并在车上熟悉电路构造

1. 任务描述

识读实训车的刮水器与清洗器系统电路图；利用维修资料，在实训车上熟悉起动系统电路构造。

2. 教学目标

（1）能力目标

1）会进行刮水器系统的维护。

2）会风窗玻璃清洗器系统的检查与调整。

3）会分析刮水器和清洗器常见故障及可能的故障部位。

（2）知识目标

1）掌握刮水器电动机功用、构造、工作原理。

2）掌握刮水器系统组成。

3）掌握清洗器系统的组成。

4）熟练识读各种前、后刮水器系统电路的间歇控制、低速控制、高速控制、点动控制（MIST）、关闭及自动复位控制电路。

5）熟练识读具有雨量传感器控制的刮水器系统电路。

6）熟练识读前、后清洗系统电路。

7）熟悉刮水器和清洗器系统的维护工艺流程。

8）熟悉风窗玻璃清洗器系统的检查与调整注意事项。

3. 相关知识

（1）刮水器电动机

刮水器系统的电动机大多是永磁电动机，如图2-12-1所示。它具有结构简单、重量轻、体积小、噪声低、扭矩大、可靠性强等优点。

（2）清洗器系统的组成

图2-12-2所示为切诺基吉普车的清洗器，由图可见清洗器主要由储液罐、喷水泵和滤清器等组成，其功能是清洗风窗玻璃上的尘土和脏物。

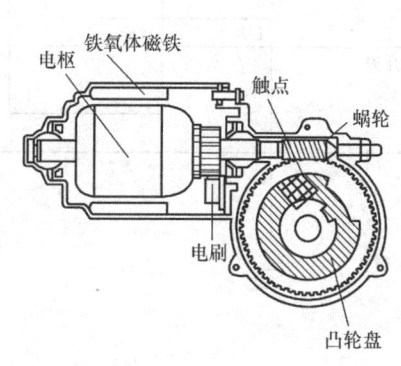

图2-12-1 刮水器电动机的结构

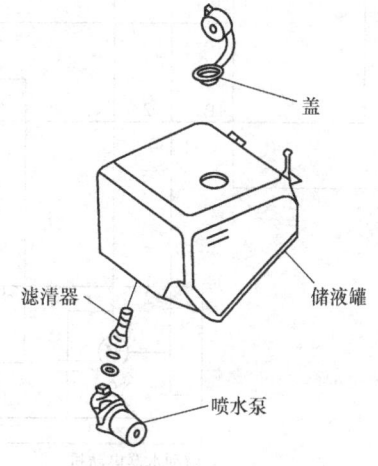

图2-12-2 清洗器

（3）前刮水器系统电路

不同车型所用的刮水器系统可能不同。下面以丰田轿车为例，介绍刮水器系统电路原理。

如图2-12-3所示，该车刮水器系统是由熔丝、具有自动复位功能的高低速刮水器电动机总成、清洗器电动机、刮水器继电器、带有间歇时间调节功能的双触点联动刮水器开关、根据刮水开关的间歇信号及间歇时间调整信号来控制刮水器继电器的时间控制装置等组成。

1）间歇控制

当刮水器开关置于INT（间歇）档位时，前刮水器开关分别在内部将端子INT1与INT2接通、端子+1与+S接通。其工作电路分为3路。

① 工作电路一

刮水器继电器端子INT2→前刮水器开关端子INT2→前刮水器开关端子INT1→刮水器继电器端子INT1。给刮水器继电器信号。刮水器继电器按着间歇模式（INT）工作，在刮水器继电器内部将端子+B与+S立即接通。

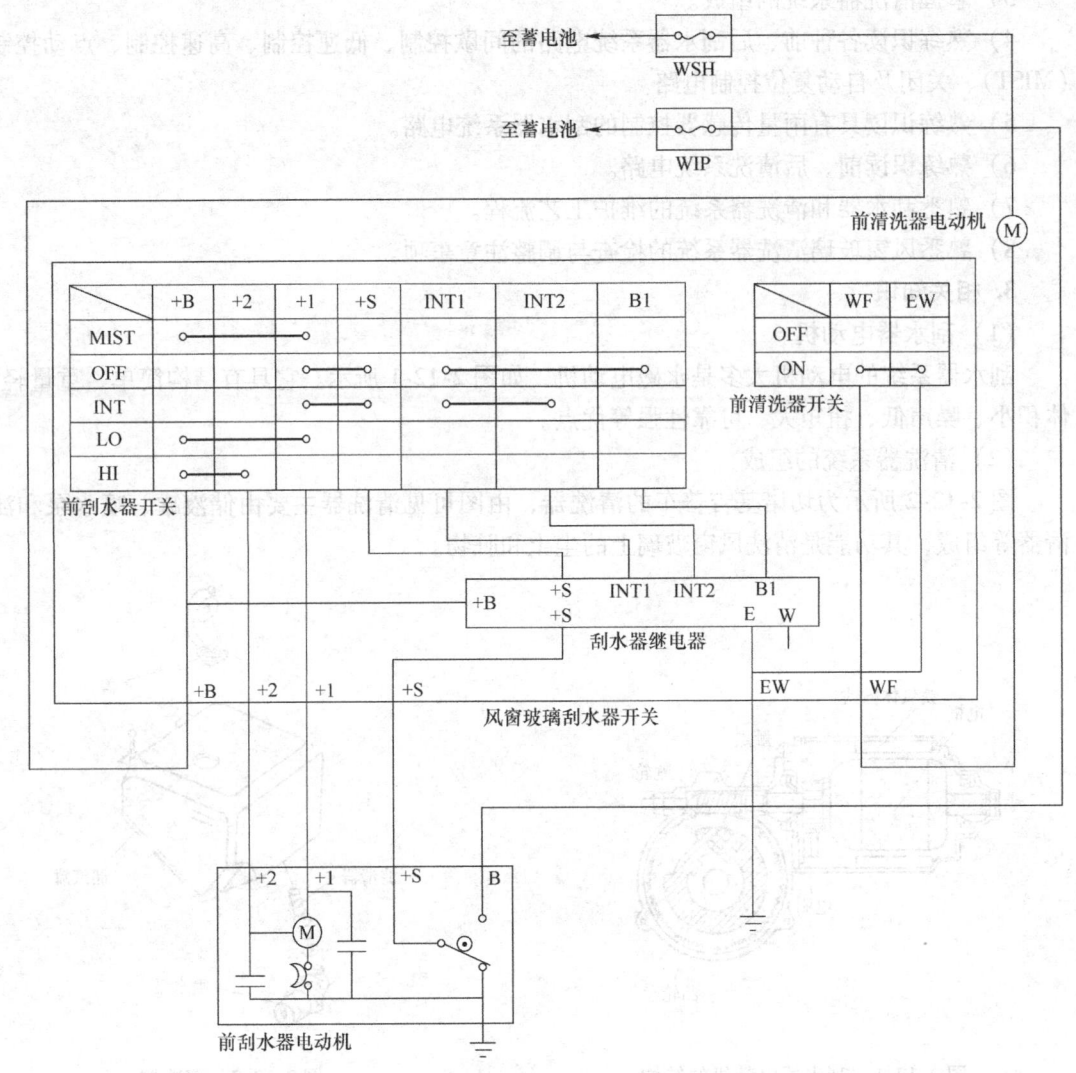

图 2-12-3　雅力士（YARIS）车前刮水器/清洗器系统电路图

② 工作电路二

蓄电池→WIP 熔丝→风窗玻璃前刮水器开关端子 +B→刮水器继电器端子 +B→刮水器继电器内部→刮水器继电器端子 +S→前刮水器开关端子 +S→前刮水器开关端子 +1→风窗玻璃前刮水器开关端子 +1→前刮水器电动机端子 +1→前刮水器电动机→搭铁形成回路，刮水器电动机开始低速工作。

③ 工作电路三

刮水器电动机继续低速工作，当刮片回到初始位置（风窗玻璃的下边缘）时，刮水器继电器端子 +S 与搭铁接通，此时刮水器继电器得到信号，刮水器继电器将内部将端子 +B 与 +S 立即切断，刮水器电动机停止工作。信号电路如下。

刮水器继电器端子 +S→风窗玻璃前刮水器开关端子 +S→前刮水器电动机端子 +S→搭铁。

间歇时间一般为 8~21s（各车有所不同，车辆间歇时间的长短可由刮水开关的可调电阻调节）。

间歇时间过后，刮水器继电器内部将端子 +B 与 +S 又接通，刮水器电动机又开始下个周期工作，直到退出间歇档位（INT）结束。

2）低速控制

当刮水器开关置于 LO（低速）档位时，前刮水器开关在内部将端子 +B 与 +S 接通。其工作电路如下：

蓄电池→WIP 熔丝→风窗玻璃前刮水器开关端子 +B→前刮水器开关端子 +B→前刮水器开关内部→前刮水器开关端子 +1→风窗玻璃前刮水器开关端子 +1→前刮水器电动机端子 +1→前刮水器电动机→搭铁形成回路，刮水器电动机开始低速工作。工作到退出刮水器开关 LO（低速）档位结束。

3）高速控制

当刮水器开关置于 HI（高速）档位时，前刮水器开关在内部将端子 +B 与 +2 接通。其工作电路如下：

蓄电池→WIP 熔丝→风窗玻璃前刮水器开关端子 +B→前刮水器开关端子 +B→前刮水器开关内部→前刮水器开关端子 +2→风窗玻璃前刮水器开关端子 +2→前刮水器电动机端子 +2→前刮水器电动机→搭铁形成回路，刮水器电动机开始高速工作。工作到退出刮水器开关 HI（高速）档位结束。

4）点动控制（MIST）

当刮水器开关置于点动控制（MIST）时，前刮水器开关在内部将端子 +B 与 +S 接通。其工作电路如低速控制电路。只是刮水器开关是点动，只要手不操作开关，前刮水器开关自动回到关闭（OFF）位置，刮水器电动机继续低速工作，当刮片回到初始位置（风窗玻璃的下边缘）时，刮水器电动机停止工作。

5）关闭及自动复位

当刮水器开关在任意工作档位转换到关闭（OFF）位置时，前刮水器开关分别在内部将端子 INT1 与 B1 接通、端子 +1 与 +S 接通。

刮水器在停止工作时，为了不影响驾驶人的视线，刮片应该停在风窗玻璃的下边缘，所以刮水系统设有自动复位功能。在刮水器内部装有与刮水器电动机同步转动的活动触点，该触点只有刮水器刮片在风窗玻璃下边缘时，前刮水器电动机端子 +S 与搭铁相连，当刮水器刮片在风窗玻璃其他位置时，前刮水器电动机端子 +S 与其上端子 B 相连。

当刮水器开关在任意工作档位转换到关闭（OFF）位置时，如果刮片没有在初始位置（风窗玻璃的下边缘）时，前刮水器电动机端子 +S 与其上端子 B 相连，刮水器继电器得到高电位（电源电压）信号，此时刮水器继电器内部将端子 +B 与 +S 接通，刮水器电动机开始以低速工作电路：蓄电池→WIP 熔丝→风窗玻璃前刮水器开关端子 +B→刮水器继电器端子 +B→刮水器继电器内部→刮水器继电器端子 +S→前刮水器开关端子 +S→前刮水器开关端子 +1→风窗玻璃前刮水器开关端子 +1→前刮水器电动机端子 +1→前刮水器电动机→搭铁形成回路，刮水器电动机继续（原来在间歇档、低速档、点动档位）或变成（原来在高速档位）低速工作。直到刮片到达风窗玻璃下边缘后，前刮水器电动机端子 +S 与搭铁相连，刮水器继电器得到低电位（0V）信号，在刮水器继电器内部将端子 +B 与 +S 断开，刮水器电动机才能停止工作。

6）雨量传感器

有些车辆的刮水系统还增加了雨量传感器，它可根据雨量的大小改变刮水的工作速度。如奔驰 S320 轿车，其雨量传感器实际是一个集红外线发射及接收一体的传感器，它可根据雨量的不同通过管脚 3 输出不同的电压信号，然后将此信号传给组合继电器，继电器通过内部集成电路处理来控制对刮水器电动机的电刷 1 或电刷 3 的供电，从而改变电动机的工作速度（见图 2-12-4）。

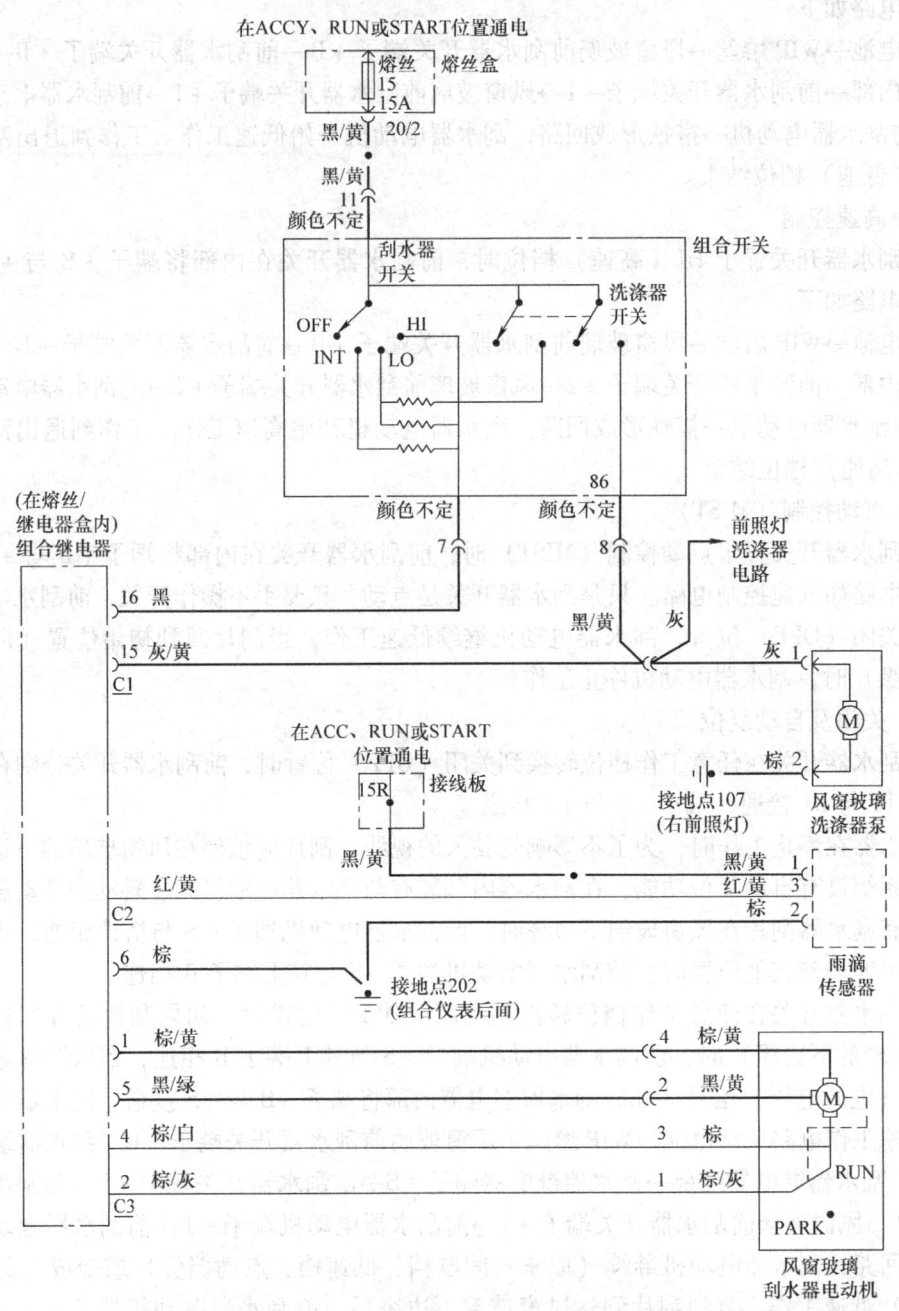

图 2-12-4　奔驰 S320 轿车刮水器/清洗器电路

(4) 前清洗系统电路

刮水器清洗控制的电路如图 2-12-3 所示。

在图 2-12-3 中，当前清洗器开关处于断开状态（OFF）时，前清洗器开关内部端子 WF 与 EW 断开，所以清洗器电动机不工作。同时刮水器继电器端子 W 与风窗玻璃刮水器开关端子 WF 相连，刮水器继电器端子 W 得到高电位（电源电压）信号，刮水器继电器判断前清洗器开关处于断开状态。

当前清洗器开关处于接通状态（ON）时，前清洗器开关内部端子 WF 与 EW 接通。电路为蓄电池→WSH 熔丝→前清洗器电动机→风窗玻璃前刮水器开关端子 WF→前清洗器开关端子 WF→前清洗器开关内部→前清洗器开关端子 EW→风窗玻璃前刮水器开关端子 EW→搭铁形成回路。清洗器电动机工作，开始喷水。

清洗器开关处于接通状态（ON）同时，刮水器继电器端子 W 得到低电位（0V）信号，在刮水器继电器内部立刻将端子 +B 与 +S 立即接通，刮水器电动机立刻开始低速工作，电路为蓄电池→WIP 熔丝→风窗玻璃前刮水器开关端子 +B→刮水器继电器端子 +B→刮水器继电器内部→刮水器继电器端子 +S→前刮水器开关端子 +S→前刮水器开关端子 +1→风窗玻璃前刮水器开关端子 +1→前刮水器电动机端子 +1→前刮水器电动机→搭铁形成回路。

当前清洗器开关（OFF）断开后，清洗器电动机停止工作，同时刮水器继电器端子 W 变为高电位（电源电压），内部 CPU 检测到清洗器开关（OFF）断开，刮水器继电器内部立刻将端子 +B 与 +S 立即接通，使刮水器电动机继续工作使刮片工作 2~4 个周期（各车有所不同），刮水器自动复位后停止工作。

(5) 后刮水器和清洗器

后刮水器和清洗器系统电路图见图 2-12-5。后刮水器和清洗器开关有关闭（OFF）档、刮水器（ON）档、刮水器（ON）与清洗档、清洗档，相对前刮水器和清洗器系统电路较简单，工作过程不再赘述。

(6) 电控风窗清洗刮水控制电路

电控风窗清洗刮水控制电路图见图 2-12-6。

75 号线经熔丝 SC40（10A）→E38→J519 的 T73a/62 端子输入间歇刮水信号，依照刮水间歇时间调节器 E38 内可变电阻的变化形成不同的电位，J519 可识别出 4 个等级信号来控制刮水间歇时间（见图 2-12-6）。装备雨量传感器 G397 的车型，J519 能根据雨量信号自动调节刮水速度。E38→J519 的 T73b/27 端子传输刮水低速信号，E38→J519 的 T73b/53 端子发送刮水高速信号，J519 识别后通过其 T73a/69 端子、T73a/71 端子向刮水控制单元 J400 输出相应的控制指令，执行低速/高速刮水动作。风窗清洗喷水电动机的工作回路是 75 号线→SC40→E38→E44→风窗清洗喷水电动机 V5→接地，V5 工作向风窗喷水，与此同时风窗清洗喷水信号传输到 J519 的 T73b/61 端子，J519 控制刮水器电动机连续刮水 3 次。T73b/32 端子是刮水器电动机复位信号，以保证刮水器可以停止在风窗下沿。刮水开关及间歇时间调节器 E38 开关位置及间歇时间等级的测量值在 003 组显示，风窗清洗泵信号在 031 组 2 区显示，雨量传感器状态的测量值在 038 组 2 区显示，雨量传感器感知到的雨量在 078 组 4 区显示，DTM 功能可对刮水器电动机进行低速和高速两个等级的终端测试。

4. 实训操作

利用维修资料在实训车上熟悉刮水器与清洗器系统电路构造。

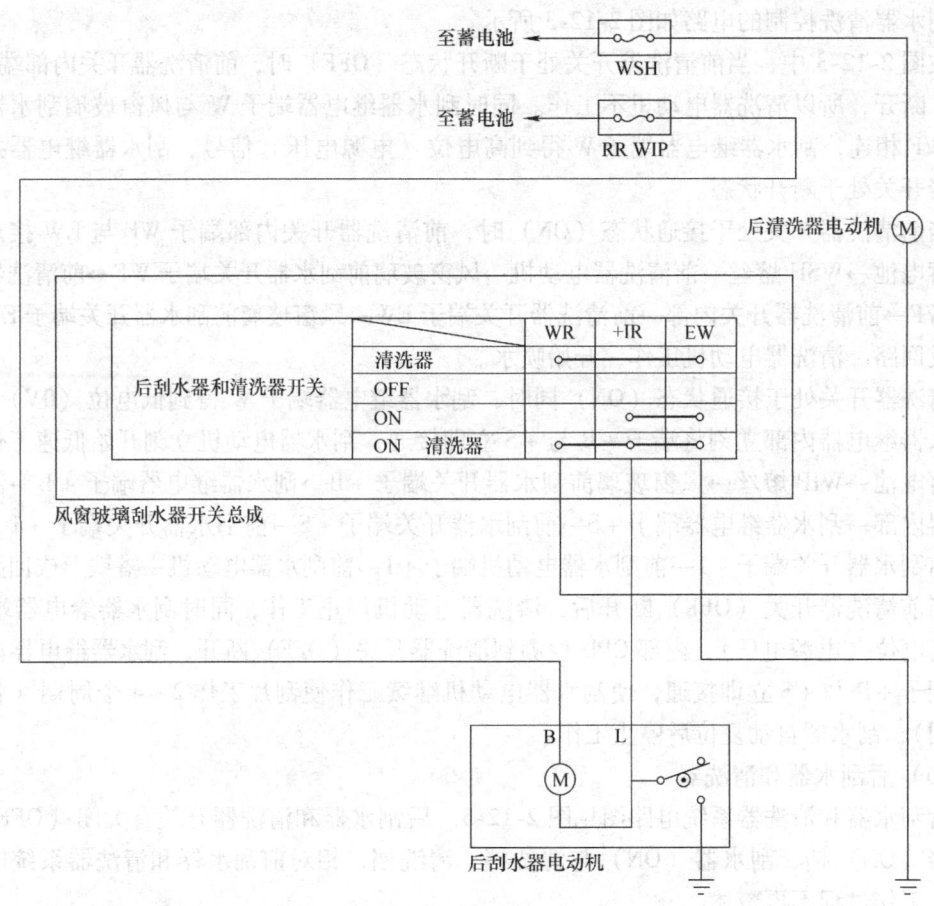

图 2-12-5　雅力士（YARIS）车后刮水器和清洗器系统电路图

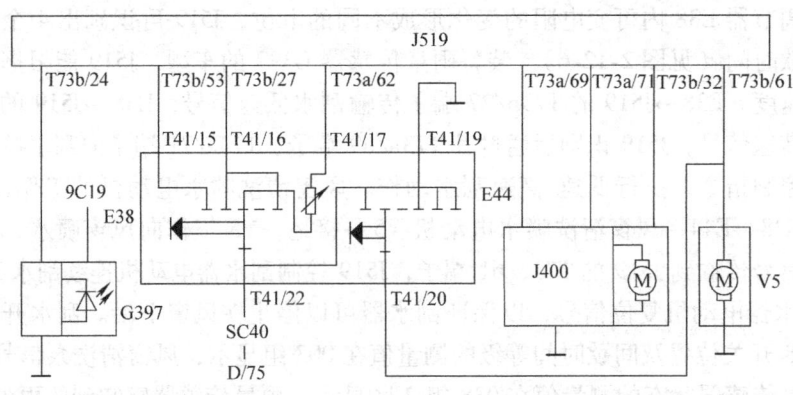

图 2-12-6　上海大众朗逸轿车电控风窗清洗刮水控制电路图
E38—刮水开关及间歇时间调节器　E44—风窗清洗开关
G397—雨量传感器　J400—刮水电机控制单元

任务 12-3　前刮水器电动机总成拆卸、检测及安装

1. 任务描述

利用实训车辆，对前刮水器电动机总成进行拆卸、检测及安装训练。

2. 教学目标

（1）能力目标

能对前刮水器电动机总成进行拆卸、检测及安装。

（2）知识目标

熟悉前刮水器电动机总成进行拆卸、检测及安装的工艺流程及注意事项。

3. 相关知识

拆卸检测前刮水器电动机。

（1）拆卸

1）拆卸前刮水器臂端盖

用端部缠绕保护带的螺钉旋具，脱开定位爪并拆下个前刮水器臂端盖。

2）拆卸前刮水器臂和左叶片总成

拆下螺母和前刮水器臂。

3）拆卸前刮水器臂和右叶片总成

使用与左相同的步骤。

4）拆卸发动机盖至前围上盖板密封件

脱开 7 个卡扣并拆下发动机盖至前围上盖板密封件。

5）拆卸前围上盖板通风器隔栅分总成

① 脱开 2 个卡钩，并拆下 1 号前围上盖板通风器中央隔栅。

② 断开清洗器软管。

③ 脱开 11 个定位爪和卡扣。

④ 断开清洗器软管并拆下前围上盖板通风器隔栅分总成。

6）拆卸前围上盖板通风器左隔栅

① 拆下 2 个卡扣。

② 脱开 4 个定位爪，并拆下前围上盖板通风器左隔栅。

7）拆卸前刮水器电动机和连杆

① 拆下 2 个螺栓。

② 拆卸滑动刮水器连杆。脱开橡胶销的啮合，然后断开插接器，并拆下前刮水器电动机和连杆。

8）拆卸前刮水器电动机

① 用端部缠绕保护带的螺钉旋具，脱开前刮水器电动机曲轴臂转轴上连杆的啮合。

② 拆下 3 个螺栓和前刮水器电动机。

（2）检测

检查前刮水器电动机

1）检查 LO 状态下的工作情况

① 将蓄电池正极（+）引线连接到插接器的端子 5（+1）上，将蓄电池负极（-）引线连接到端子 4（E）上，然后检查并确认电动机低速（LO）运转。

② 如果结果不符合规定，则更换电动机。

2）检查 HI 状态下的工作情况

① 将蓄电池正极（+）引线连接到插接器的端子 3（+2）上，将蓄电池负极（-）引线连接到端子 4（E）上，然后检查并确认电动机高速（HI）运转。

② 如果结果不符合规定，则更换电动机。

3）检查自动停止操作

① 将蓄电池正极（+）引线连接到插接器的端子 5（+1）上，将蓄电池负极（-）引线连接到端子 4（E）上。电动机低速运转（LO）时，在除自动停止位置外的其他任意位置上，断开端子 5（+1）以停止刮水器电动机运转。

② 连接端子 1（+S）和 5（+1）。将蓄电池正极（+）引线连接到插接器的端子 2（B）上，以重新起动电动机，使其低速运转（LO）。

③ 检查并确认电动机在自动停止位置时自动停止运转。

④ 如果结果不符合规定，则更换电动机总成。

(3) 安装

1）安装前刮水器电动机

① 用 3 个螺栓安装前刮水器电动机。扭矩：5.4N·m。

② 将 DENSO50 号润滑脂施涂到前刮水器电动机的曲轴臂转轴上。

③ 将连杆安装到前刮水器电动机的曲轴臂转轴上。

2）安装前刮水器电动机和连杆

① 连接插接器。

② 安装滑动刮水器连杆，并使橡胶销和连杆体接合。

③ 用 2 个螺栓安装前刮水器电动机和连杆。扭矩：5.5N·m。

3）安装前围上盖板通风器左前隔栅

① 接合 4 个定位爪并安装前围上盖板通风器左前隔栅。

② 安装 2 个卡扣。

4）安装前围上盖板通风器隔栅分总成

① 连接清洗器软管。

② 接合 11 个定位爪并安装前围上盖板通风器隔栅分总成。

③ 安装卡扣。

④ 连接清洗器软管。

⑤ 接合 2 个卡钩并安装 1 号前围上盖板通风器中央隔栅。

5）安装发动机盖至前围上盖板密封件

接合 7 个卡扣并安装发动机盖至前围上盖板密封件。

6）安装前刮水器臂和左叶片总成

① 用钢丝刷或同类产品将刮水器臂齿部的金属屑刷掉（重新安装时）。

② 用钢丝刷清洁刮水器齿销。

③ 将电缆暂时连接到蓄电池负极端子上。

④ 运行刮水器，然后在自动停止位置停止风窗玻璃刮水器电动机。
⑤ 从蓄电池负极端子上断开电缆。
⑥ 将叶片顶部与风窗玻璃上的标记对准。
⑦ 拧紧前刮水器臂的螺母。扭矩：26N·m。
7）安装前刮水器臂和叶片总成 RH
① 用钢丝刷或同类产品将刮水器臂齿部的金属屑刷掉（重新安装时）。
② 用钢丝刷清洁刮水器齿销。
③ 将电缆暂时连接到蓄电池负极端子上。
④ 运行刮水器，然后在自动停止位置停止风窗玻璃刮水器电动机。
⑤ 从蓄电池负极端子上断开电缆。
⑥ 如图所示，将叶片顶部与风窗玻璃上的标记对准。
⑦ 拧紧前刮水器臂的螺母。扭矩：26N·m。
8）安装前刮水器臂端盖
接合定位爪并安装 2 个前刮水器臂端盖。

4. 实训操作

利用实训车辆，对前刮水器电动机总成进行拆卸、检测及安装训练。

任务 12-4　后刮水器电动机总成拆卸、检测及安装

1. 任务描述

利用实训车辆，对后刮水器电动机总成进行拆卸、检测及安装训练。

2. 教学目标

（1）能力目标

能对后刮水器电动机总成进行拆卸、检测及安装。

（2）知识目标

熟悉后刮水器电动机总成进行拆卸、检测及安装的工艺流程及注意事项。

3. 相关知识

后刮水器电动机总成拆卸、检测及安装

（1）拆卸

1）拆卸尾门饰板总成。

2）拆卸后刮水器臂和叶片总成。

① 拆下后刮水器臂端盖。

② 拆下螺母及后刮水器臂和叶片。

3）拆卸后刮水器电动机孔环。

4）拆卸后刮水器电动机。

① 断开插接器。

② 松开螺栓 A。

注意：不要尝试拆下与电动机集成的螺栓。

③ 拆下螺栓 B 和后刮水器电动机。

(2) 检查后刮水器电动机的工作情况
1) 将蓄电池正极（+）引线连接到端子 1（+）上，将蓄电池负极（-）引线连接到端子 2（-1）上，检查并确认后刮水器电动机工作。
2) 检查车身接地是否已连接。
3) 如果结果不符合规定，则更换电动机。
(3) 安装
1) 安装后刮水器电动机
① 用 3 个螺栓安装后刮水器电动机。扭矩为 5.5 N·m。
② 连接插接器。
2) 安装后刮水器电动机孔环
3) 安装后刮水器臂和叶片总成
① 用钢丝刷或同类工具将刮水器臂齿部的金属屑刷掉（重新安装时）。
② 用钢丝刷清洁刮水器齿销。
③ 运行刮水器，然后在自动停止位置停止风窗玻璃刮水器电动机。
④ 用螺母将后刮水器臂安装到图 2-12-1 所示位置。扭矩为 5.5N·m。
⑤ 安装后刮水器臂端盖。
注意：拧紧螺母时用手握住臂铰链。
4) 安装尾门饰板总成
4. 实训操作
利用实训车辆，对后刮水器电动机总成进行拆卸、检测及安装训练。

任务 12-5　刮水器与清洗器开关总成拆卸、检测及安装

1. 任务描述
利用实训车辆，对刮水器与清洗器开关总成进行拆卸、检测及安装训练。
2. 教学目标
(1) 能力目标
能对刮水器与清洗器开关总成进行拆卸、检测及安装。
(2) 知识目标
熟悉对刮水器与清洗器开关总成进行拆卸、检测及安装的工艺流程及注意事项。
3. 相关知识
刮水器与清洗器开关总成拆卸、检测及安装。
(1) 拆卸
1) 拆卸转向柱盖支撑件（带智能进入和起动系统）。
2) 拆卸转向柱下盖。
3) 拆卸转向柱上盖。
4) 拆卸刮水器开关。
① 断开 2 个插接器。
② 用端部缠绕保护带的螺钉旋具，脱开定位爪并拆下刮水器开关。

注意：不要过度用力按定位爪，因其可能被损坏。
(2) 检测
1) 检查刮水器开关
① 检查前刮水器开关
测量电阻，并根据表 2-12-2 中的值检查结果。

表 2-12-2　前刮水器开关检测表

IT-Ⅱ连接	开关状态	标准值
B-2（+B）-B-3（+1）	MIST	≤1Ω
B-1（+S）-B-3（+1）	OFF	
B-1（+S）-B-3（+1）	INT	
B-2（+B）-B-3（+1）	LO	
B-2（+B）-B-4（+2）	HI	

如果结果不符合规定，则更换刮水器开关。
② 检测前清洗器开关
测量电阻，并根据表 2-12-3 中的值检查结果。

表 2-12-3　前清洗器开关检测表

IT-Ⅱ连接	开关状态	标准值
A-2（EW）-A-3（WF）	OFF	≥10kΩ
A-2（EW）-A-3（WF）	ON	≤1Ω

如果结果不符合规定，则更换刮水器开关。
③ 检测后刮水器和清洗器开关
测量电阻，并根据表 2-12-4 中的值检查结果。

表 2-12-4　后刮水器和清洗器开关检测表

IT-Ⅱ连接	开关状态	标准值
A-2（EW）-B-5（WR）	WASH（后刮水器开关OFF）	≤1Ω
A-2（EW）-B-5（WR） A-2（EW）-A-7（+1R） A-7（+1R）-B-5（WR）	OFF	≥10kΩ
A-2（EW）-A-7（+1R）	ON	≤1Ω
A-2（EW）-B-5（WR） A-2（EW）-A-7（+1R） A-7（+1R）-B-5（WR）	WASH（后刮水器开关ON）	≤1Ω

如果结果不符合规定，则更换风窗玻璃刮水器开关。
2) 检查间歇工作情况
① 将电压表正极（+）端子连接到插接器 B 的端子 3（+1）上，负极（-）端子连接到插接器 A 的端子 2（EW）上。

②将蓄电池正极（+）引线连接到插接器 B 的端子 2（+B）上，负极（-）引线连接到插接器 A 的端子 2（EW）和插接器 B 的端子 1（+S）上。

③将刮水器开关转到 INT 位置。

④将蓄电池正极（+）引线连接到插接器 B 的端子 1（+S）上，并保持 5s。

⑤将蓄电池负极（-）引线连接到插接器 B 的端子 1（+S）上。运行间歇刮水器继电器并检查插接器 B 的端子 3（+1）和插接器 A 的端子 2（EW）之间的电压在 11～14V。

如果结果不符合规定，则更换风窗玻璃刮水器开关。

3）检查工作情况（前清洗器）

①将刮水器开关转到 OFF。

②将蓄电池正极（+）引线连接到插接器 B 的端子 2（+B）上，负极（-）引线连接到插接器 B 的端子 1（+S）和插接器 A 的端子 2（EW）上。

③将电压表正极（+）端子连接到插接器 B 的端子 3（+1）上，负极（-）端子连接到插接器 A 的端子 2（EW）上。将清洗器开关打开后关闭，并检查插接器 B 的端子 3（+1）和插接器 A 的端子 2（EW）之间的电压在 11～14V。

如果结果不符合规定，则更换风窗玻璃刮水器开关。

(3) 安装

1) 安装刮水器开关。

①接合定位爪并安装风窗玻璃刮水器开关。

②连接 2 个插接器。

2) 安装转向柱上盖。

3) 安装转向柱下盖。

4) 安装转向柱盖支撑件（带智能进入和起动系统）。

4. 实训操作

利用实训车辆，对刮水器与清洗器开关总成进行拆卸、检测及安装训练。

任务 12-6　清洗器电动机总成拆卸、检测及安装

1. 任务描述

利用实训车辆，对清洗器电动机总成进行拆卸、检测及安装训练。

2. 教学目标

（1）能力目标

能对清洗器电动机总成进行拆卸、检测及安装。

（2）知识目标

熟悉清洗器电动机总成进行拆卸、检测及安装的工艺流程及注意事项。

3. 相关知识

清洗器电动机总成拆卸、检测及安装。

（1）拆卸

1) 拆卸前保险杠外罩。

2) 拆卸大灯总成 RH。使用与左侧相同的步骤。

3）排空清洗液。从风窗玻璃清洗器电动机和泵上断开2根清洗器软管，并排空清洗液。

4）拆卸风窗玻璃清洗液罐总成。

① 断开2个线束夹箍。

② 断开2个插接器。

③ 拆下2个螺栓。

④ 拆下风窗玻璃清洗液罐。

5）拆卸风窗玻璃清洗器电动机和泵总成。

从清洗液罐密封件上拉出2个风窗玻璃清洗器电动机和泵。

(2) 车上检测

1）检查风窗玻璃清洗器电动机和泵总成

检查前风窗玻璃清洗器电动机和泵的工作情况。

① 向清洗液罐加注清洗液。

注意：必须在风窗玻璃清洗器电动机和泵安装到清洗液罐的情况下进行此操作。

② 将蓄电池正极（+）引线连接到风窗玻璃清洗器电动机和泵的端子2上，负极（-）引线连接到端子3上。检查并确认清洗液从清洗液罐中流出。

③ 清洗液从清洗液罐中流出，或结果不符合规定，则更换风窗玻璃清洗器电动机和泵。

2）检查后清洗器电动机和泵总成

检查后风窗玻璃清洗器电动机和泵的工作情况。

① 向清洗液罐加注清洗液。

注意：必须在风窗玻璃清洗器电动机和泵安装到清洗液罐的情况下进行此操作。

② 将蓄电池正极（+）引线连接到风窗玻璃清洗器电动机和泵的端子1上，负极（-）引线连接到端子2上。检查并确认清洗液从清洗液罐中流出。

③ 清洗液从清洗液罐中流出，或结果不符合规定，则更换后清洗器电动机和泵。

(3) 安装

1）安装风窗玻璃清洗器电动机和泵总成

将2个风窗玻璃清洗器电动机和泵安装到清洗液罐密封件上。

2）安装风窗玻璃清洗液罐总成

① 安装风窗玻璃清洗液罐。

② 安装2个螺栓，扭矩为5.5N·m。

③ 连接2个插接器。

④ 连接2个线束夹箍。

3）向清洗液罐和泵总成加注清洗液

将清洗器软管连接到清洗器电动机和泵上，并向清洗液罐加注清洗液。

4）安装大灯总成RH

注意：使用与左侧相同的步骤。

5）安装前保险杠外罩。

4. 实训操作

利用实训车辆，对清洗器电动机总成进行拆卸、检测及安装训练。

任务 12-7　清洗器喷嘴的检测及调整

1. 任务描述

利用实训车辆，对清洗器喷嘴进行检测及调整训练。

2. 教学目标

（1）能力目标

能对清洗器喷嘴进行检测及调整。

（2）知识目标

熟悉清洗器喷嘴进行检测及调整的工艺流程及注意事项。

3. 相关知识

清洗器喷嘴的检测及调整。

（1）检查清洗器喷嘴

1）起动发动机。

2）检查清洗液喷到风窗玻璃上的位置。

3）检测是否符合标准，如果不符合标准进行调整。

（2）调整

1）拆卸前刮水器臂端盖。

2）拆卸左前刮水器臂和叶片总成 LH。

3）拆卸右前刮水器臂和叶片总成 RH。

4）拆卸发动机盖至前围上盖板密封件。

5）拆卸前围上盖板通风器隔栅分总成。

6）拆卸左前围上盖板通风器隔栅 LH。

7）拆卸清洗器喷嘴

① 断开清洗器软管。

② 脱开 2 个定位爪并拆下前清洗器喷嘴。

注意：不要重复使用清洗器喷嘴。

8）调整清洗器喷嘴

从配件中选择清洗器喷嘴，以使清洗液喷洒在规定区域。

9）安装左前围上盖板通风器隔栅 LH。

10）安装前围上盖板通风器隔栅分总成。

11）安装发动机盖至前围上盖板密封件。

12）安装左前刮水器臂和叶片总成 LH。

13）安装右前刮水器臂和叶片总成 RH。

14）安装前刮水器臂端盖。

4. 实训操作

利用实训车辆，对清洗器喷嘴进行检测及调整训练。

任务 12-8　刮水器与清洗器系统电路故障诊断与排除

1. 任务描述

在实训车辆的刮水器与清洗器系统电路设置故障,要求学生收集相关资料、制定工作计划、实施并记录、进行质量检查与评价,最后进行总结汇报。

2. 教学目标

（1）能力目标

1）会进行刮水器系统的维护。

2）会风窗玻璃清洗器系统的检查与调整。

3）会分析刮水器和清洗器常见故障及可能故障部位。

（2）知识目标

1）掌握刮水器电动机功用、构造、工作原理。

2）掌握刮水器系统组成。

3）掌握清洗器系统的组成。

4）熟练识读各种前、后刮水器系统电路的间歇控制、低速控制、高速控制、点动控制（MIST）、关闭及自动复位控制电路。

5）熟练识读具有雨量传感器控制的刮水器系统电路。

6）熟练识读前、后清洗系统电路。

7）熟悉刮水器和清洗器系统的维护工艺流程。

8）熟悉风窗玻璃清洗器系统的检查与调整注意事项。

3. 相关知识

（1）刮水器和清洗器系统的维护

刮水器推荐维护周期一般为 6 个月或 1 万 km,事实上,该数值恰好与大多数刮水片正常工作寿命相吻合。由于风窗清洗器时常与刮水器同时使用,所以要对清洗器与刮水器同时进行维护。

1）刮水器的维护

① 检查刮水器电动机的固定及各传动杆的连接情况,如有松动,应予以拧紧。

② 检查橡胶刮水片与玻璃贴附情况。橡胶刮水片应无老化、磨损、破裂等其他损伤现象,否则,应予以更换。

注意：更换刮水片时,务必遵循成对原则,因为这有利于实现刮水片的同步磨损和视野清晰高度的一致。不可用汽油清洗和浸泡刮水片,否则会引起变形,影响其工作效能。

③ 打开刮水器开关,刮水器摇臂应摆动正常。转换开关工作档位,刮水器电动机应以相应的转速工作。否则,应检查刮水器电动机与线路。

④ 检查后,在各运动铰链处滴注 2~3 滴机油或涂抹润滑脂,并再次打开刮水器电动机开关使刮水器摇臂摆动,待机油或润滑脂浸到各工作面后,擦净多余的机油或润滑脂。

2）风窗玻璃清洗器系统的检查与调整

① 检查洗涤器系统的管路连接情况,如图 2-12-7 所示。如有松动或脱落,应予以安装并固定好；塑料管路若有老化、折断或破裂,应予以更换。

②检查洗涤器喷嘴,脏污时可用干净的毛刷清洗喷嘴,喷嘴喷射角度不合适时应进行调整,如图2-12-8所示。

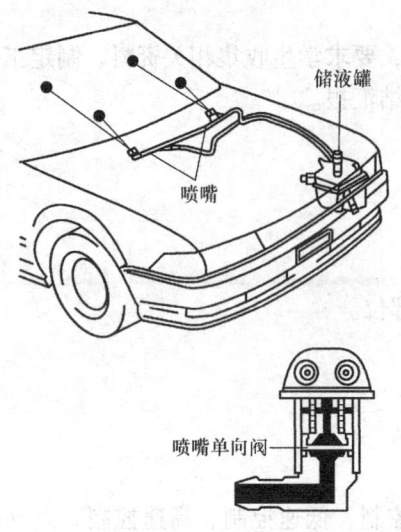
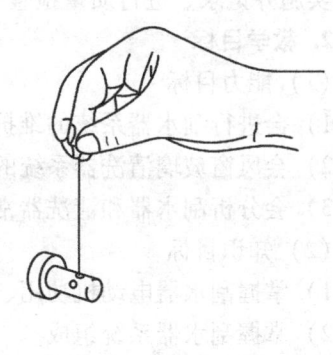

图2-12-7　风窗玻璃清洗器　　　　　　　　　图2-12-8　调整喷嘴喷射角度

③按动喷液开关,喷嘴应将洗涤液喷射到风窗玻璃上的适当位置。否则,应检查喷射部分或电路部分。

④洗涤液应按原车要求选用,若使用普通洗涤剂、清洁剂配制的洗涤液,在进入冬季时,应予以清除,以防冻裂储液罐和塑料管路。

(2)刮水器和清洗器常见故障及可能故障部位(见表2-12-5)。

表2-12-5　刮水器和清洗器常见故障及可能故障部位

序号	故障现象	可能故障部位
1	前刮水器和清洗器系统不工作	WIP熔丝
		WSH熔丝
		风窗玻璃刮水器开关总成
		线束或插接器
2	刮水器在LO或HI档位时不工作	WIP熔丝
		前刮水器电动机
		风窗玻璃刮水器开关总成
		线束或插接器
3	刮水器在INT档位时不工作	WIP熔丝
		刮水器继电器
		风窗玻璃刮水器开关总成
		线束或插接器

(续)

序号	故障现象	可能故障部位
4	前清洗器电动机不工作	WSH 熔丝
		前清洗器电动机
		风窗玻璃刮水器开关总成
		线束或插接器
5	清洗器开关打开时，前刮水器不工作	WIP 熔丝
		前刮水器电动机
		风窗玻璃刮水器开关总成
		线束或插接器
6	前刮水器开关关闭时，前刮水器臂不会到初始位置	前刮水器电动机
		线束或插接器
7	后刮水器和清洗器系统不工作	RR WIP 熔丝
		WSH 熔丝
		风窗玻璃刮水器开关总成
		线束或插接器
8	后刮水器电动机不工作	RR WIP 熔丝
		风窗玻璃刮水器开关总成
		后刮水器电动机
		线束或插接器
9	后清洗器电动机不工作	WSH 熔丝
		后清洗器电动机
		风窗玻璃刮水器开关总成
		线束或插接器
10	前刮水器开关关闭时，前刮水器臂不会到初始位置	前刮水器电动机
		线束或插接器

4. 实训操作

（1）刮水器和清洗器系统的维护

（2）刮水器与清洗器系统电路故障诊断与排除

1）收集相关资料。

2）制定工作计划。

3）实施并记录。

4）质量检查与评价。

5）总结汇报。

附录　捷达车电路图

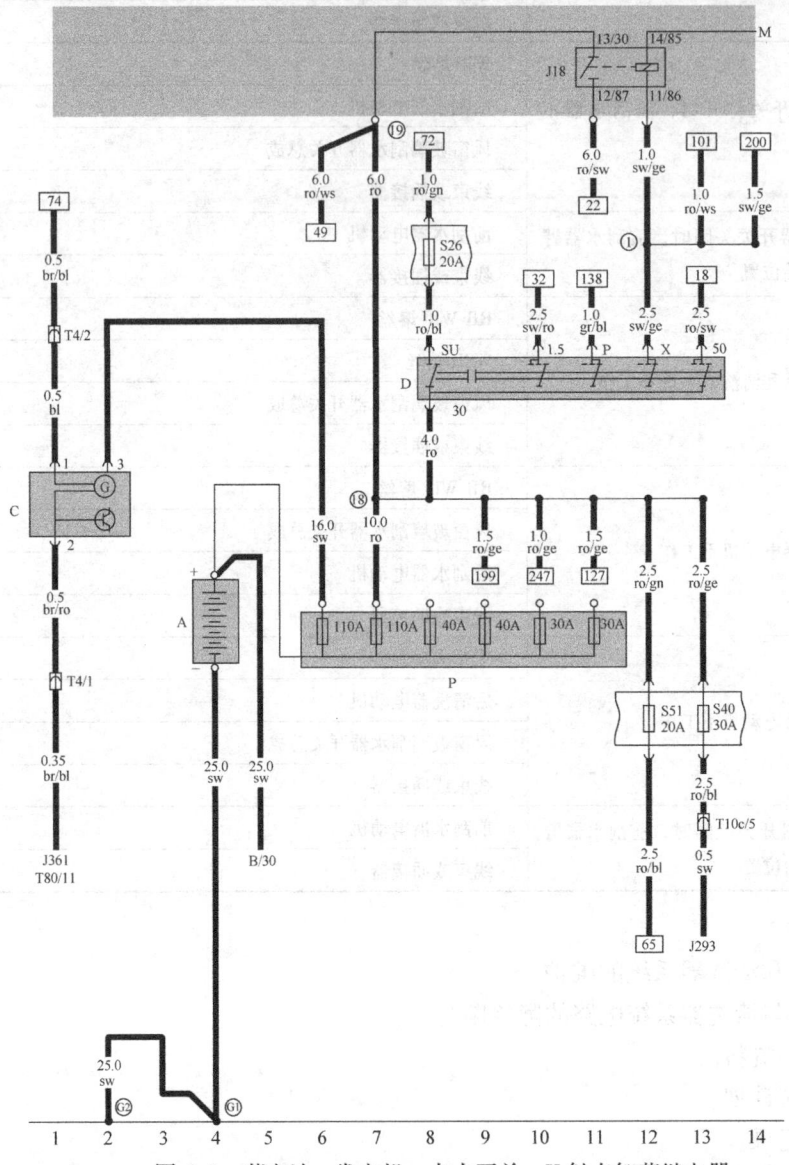

图 A-1　蓄电池，发电机，点火开关，X 触点卸荷继电器
A—蓄电池　B—起动机　C—发电机　D—点火开关
J18—X 触点卸荷继电器　J361—Simos 发动机控制单元　P—主熔丝盒，位于蓄电池上方
S26—熔丝支架上的 26 号熔丝　S40—熔丝支架上的 40 号熔丝　S51—熔丝支架上的 51 号熔丝
T4—4 孔插头　T10c—10 黑色插头继电器支架上　T80—80 插头连接
①—连接，在车内线束内　⑱—螺栓连接（30），在继电器支架上　⑲—正极连接在仪表线束内
G1—接地点，蓄电池　G2—接地线，变速器

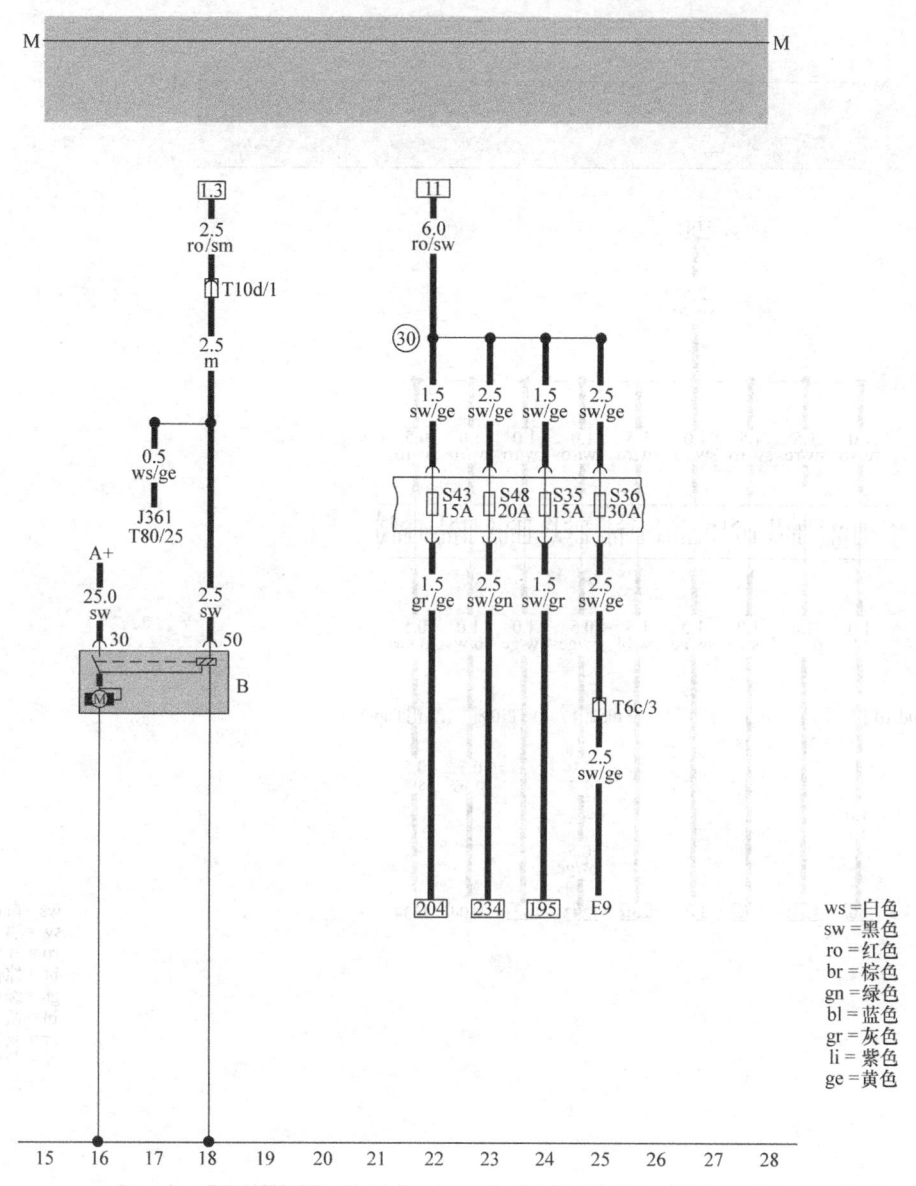

图 A-2　起动机，熔丝

A—蓄电池　B—起动机　E9—鼓风机开关　J361—Simos 发动机控制单元　S35—熔丝支架上的 35 号熔丝
S36—熔丝支架上的 36 号熔丝　S43—熔丝支架上的 43 号熔丝　S48—熔丝支架上的 48 号熔丝
T10d—10 孔红色插头，继电器支架上　T6c—6 孔棕色插头，继电器支架上　T80—80 孔插头连接
㉚—正极连接，在车内线束内

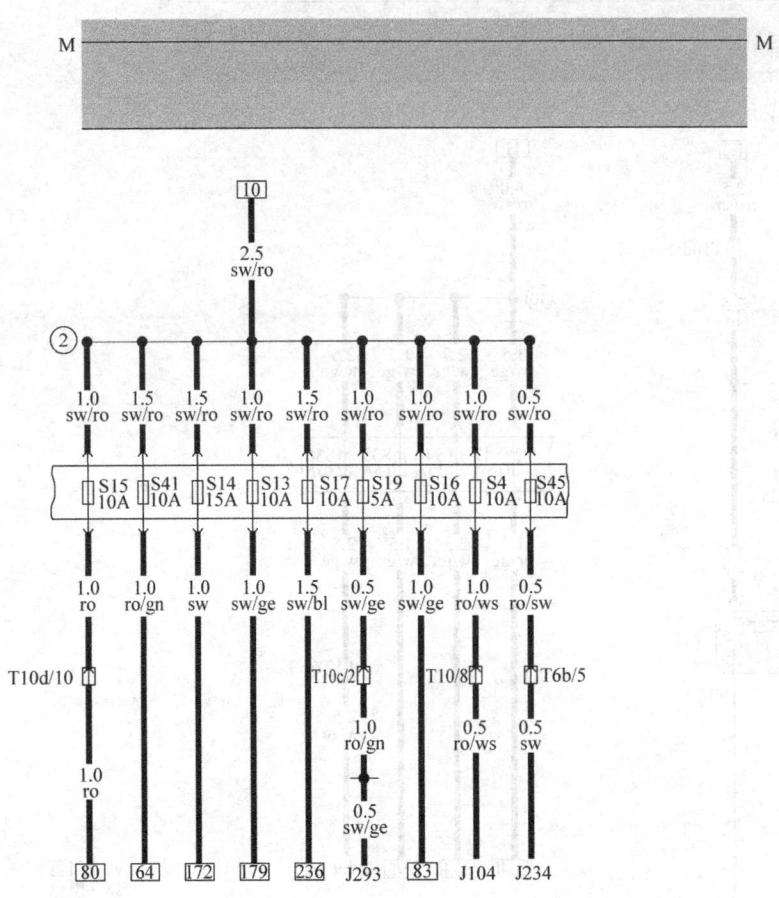

图 A-3 熔丝 1

J104—ABS 控制单元　J234—安全气囊控制单元　J293—冷却液风扇控制单元
T10d—10 孔红色插头，继电器支架上　②—正极连接（15a），在车内线束内

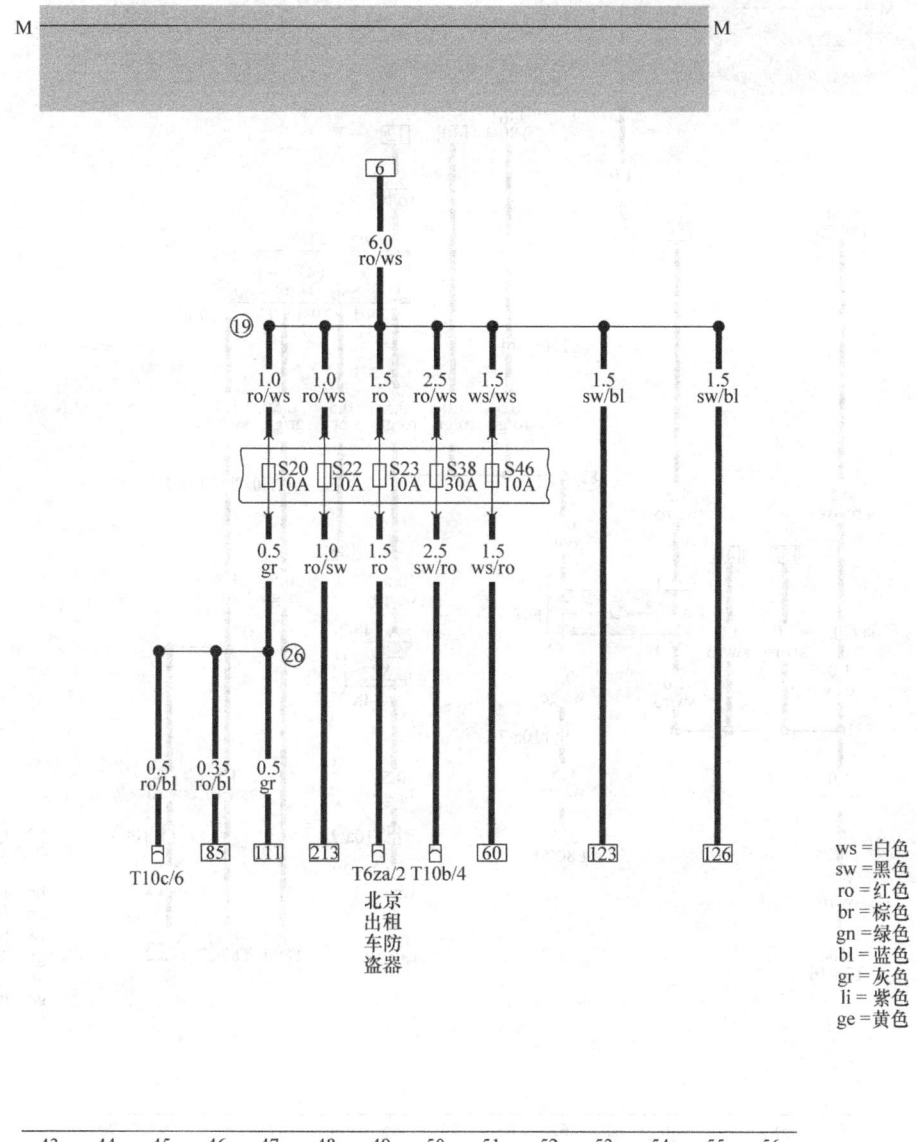

图 A-4 熔丝 2

S20—熔丝支架上的 20 号熔丝　S22—熔丝支架上的 22 号熔丝
S23—熔丝支架上的 23 号熔丝　S38—熔丝支架上的 38 号熔丝　S46—熔丝支架上的 46 号熔丝
T6za—6 孔插头　T10b—10 孔棕色插头，继电器支架上　T10c—10 孔紫色插头，继电器支架上
⑲—正极连接（30a），车内线束内　㉖—线束连接，车内线束内

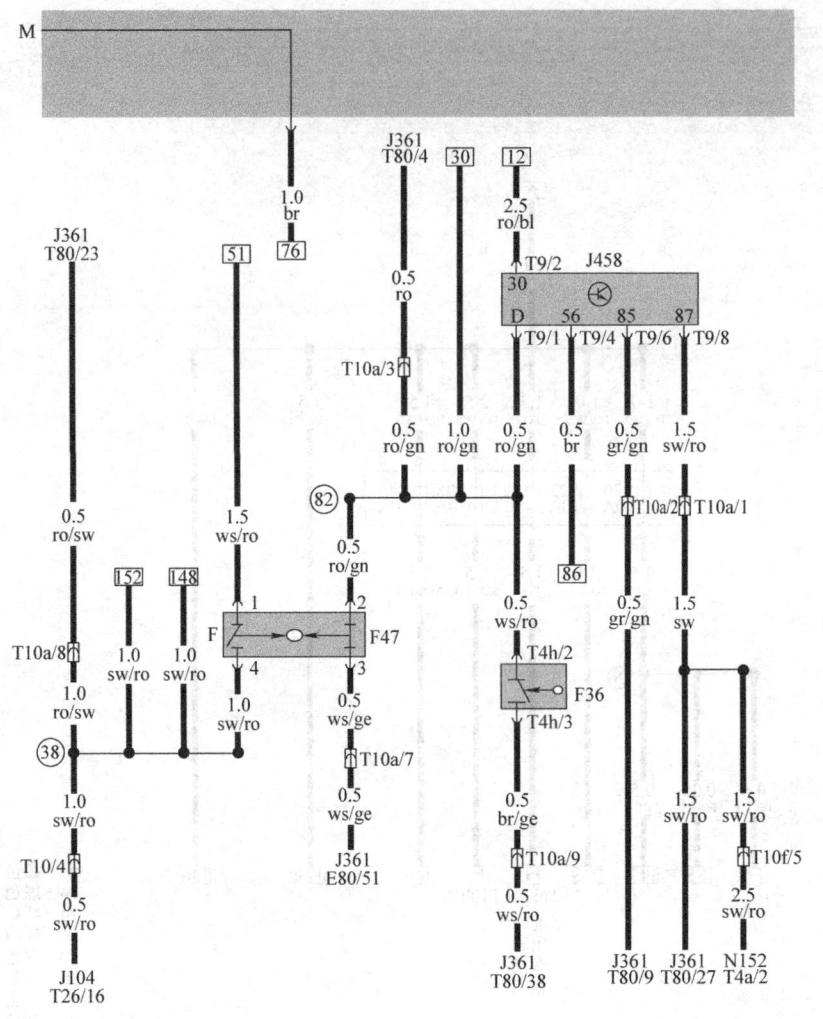

图 A-5　主供电继电器，制动踏板开关，制动灯开关，离合器踏板开关，高位制动灯
F—制动灯开关　F36—离合器踏板开关　F47—制动踏板开关　J104—ABS 控制单元
J361—Simos 发动机控制单元　J458—主供电继电器　N152—点火变压器　T4a—4 孔插头链接
T4h—4 控插头链接　T9—9 孔插头，插接主供电继电器　T10—10 孔黑色插头
T10a—10 孔蓝色插头，继电器支架上　T10f—10 孔插头连接　T80—80 孔插头连接
㊳—线束连接，车身线束内　㊷—线束连接，车内线束内

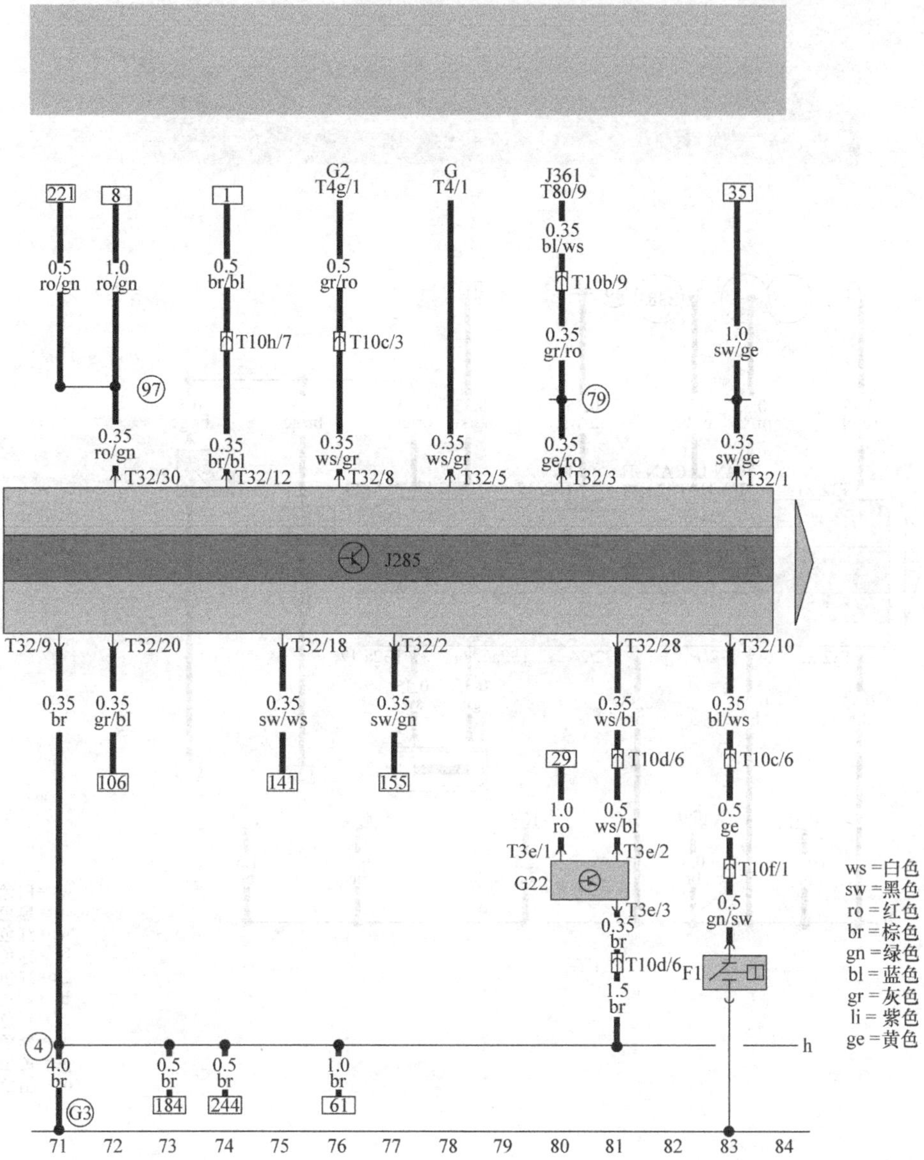

图 A-6　组合仪表，转速传感器，油压开关

F1—油压开关　G22—转速传感器　G—燃油存量传感器　G2—冷却液温度传感器　J285—组合仪表
J361—Simos 发动机控制单元　T3e—3 孔插头连接　T10c—10 孔黑色插头，继电器支架上
T10b—10 孔棕色插头，继电器支架上　T10d—10 孔红色插头，继电器支架上　T10f—10 孔插头连接
T32—蓝色 32 孔插头，仪表板内　T80—80 孔插头连接　④—接地连接，车身线束内
(79)—线束连接，在仪表板线束内　(97)—正极连接，在仪表板线束内
(G3)—接地点，在继电器支架旁车身处

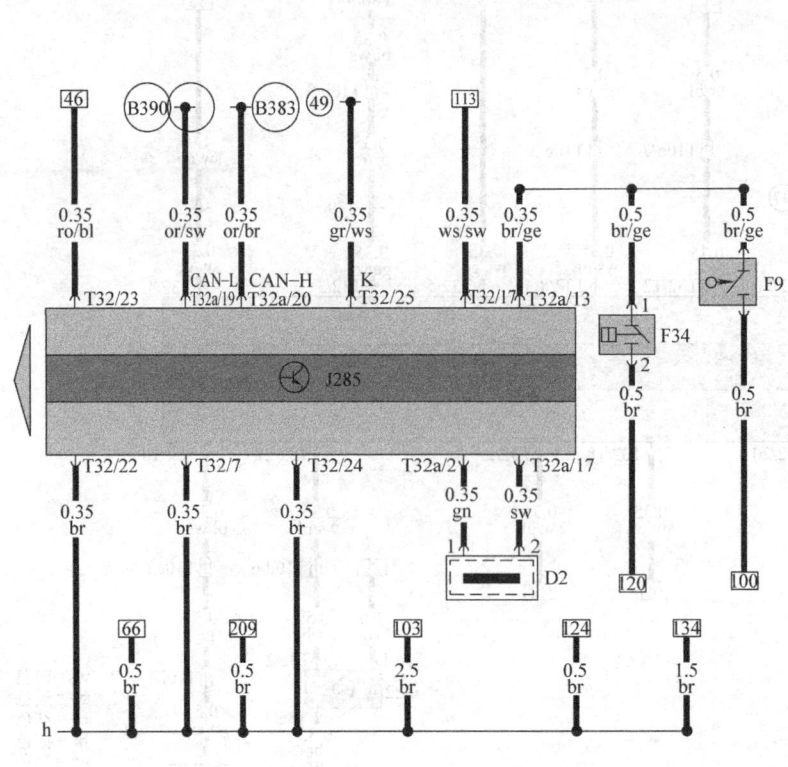

图 A-7 组合仪表，手制动灯开关，制动液位传感器，防盗器读出线圈
D2—防盗器读出线圈　F9—手制动灯开关　F34—制动液位传感器　J285—组合仪表
T32—蓝色 32 孔插头，仪表板内　T32a—绿色 32 孔插头，仪表板内　㊾—自诊断 K 线连接
Ⓑ383—主线束中的连接（驱动总线 CAN 高频）　Ⓑ390—主线束中的连接（驱动总线 CAN 低频）

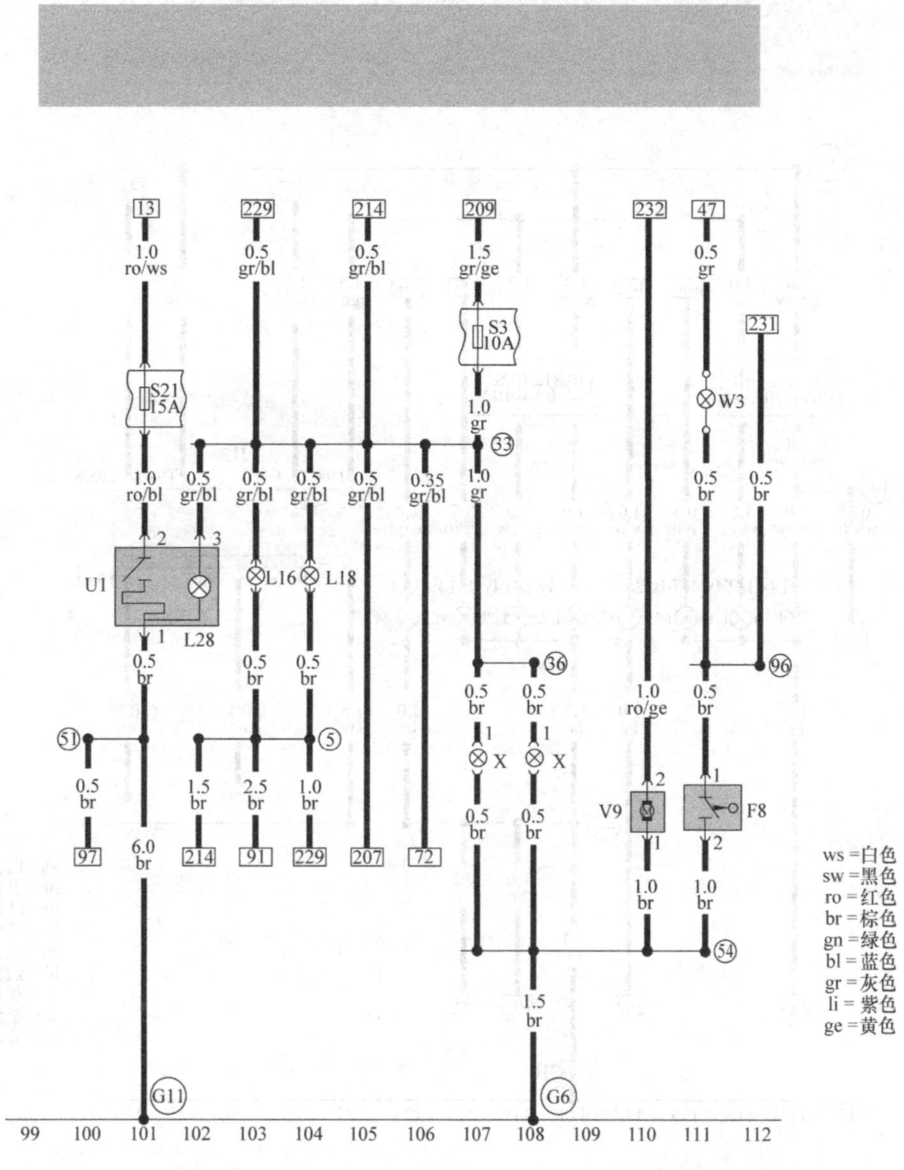

图 A-8 点烟器，行李舱照明灯，牌照灯，行李箱机械开关，行李箱开启电机

F8—行李箱机械开关 L16—空调面板照明灯 L18—烟缸照明灯 L28—点烟器照明灯

S3—熔丝支架上的 3 号熔丝 U1—点烟器 V9—行李箱开启电机 W3—行李舱照明灯 X—牌照灯

⑤—接地连接点，仪表板线束内 ㉝—正极连接（58b），在仪表板线束内 ㊱—正极连接，车内线束内

(51)—接地连接点，仪表板线束内 (54)—接地连接点，车内线束内 (96)—接地连接点，车内线束内

(G6)—接地点，行李箱锁下 (G11)—接地点，继电器支架旁车身处

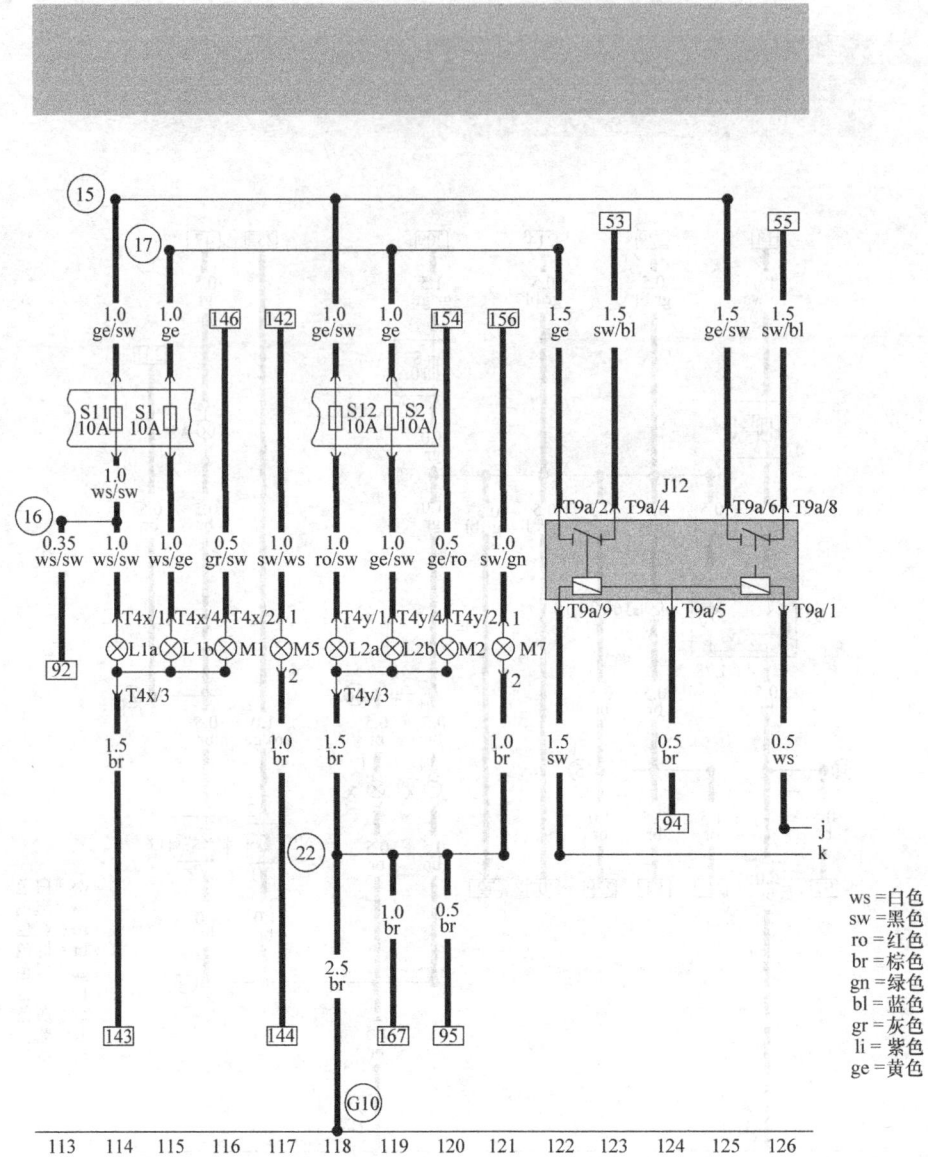

图 A-9 前组合大灯，前转向灯，前驻车灯，大灯继电器

J12—大灯继电器 L1a—左前大灯，远光灯泡 L1b—左前大灯，近光灯泡 L2a—右前大灯，远光灯泡 L2b—右前大灯，近光灯泡 M1—左驻车灯 M2—右驻车灯 M5—左前转向灯 M7—右前转向灯 S1—熔丝支架上的 1 号熔丝 S2—熔丝支架上的 2 号熔丝 S11—熔丝支架上的 11 号熔丝 S12—熔丝支架上的 12 号熔丝 T4x—4 孔插头，插接左前大灯 T4y—4 孔插头，插接右前大灯 T9a—9 孔插头 ⑮—连接点，大灯线束内 ⑯—连接点，大灯线束内 ⑰—连接点，大灯线束内 ㉒—接地连接点，大灯线束内 G10—接地点，右前纵梁，大灯线束内

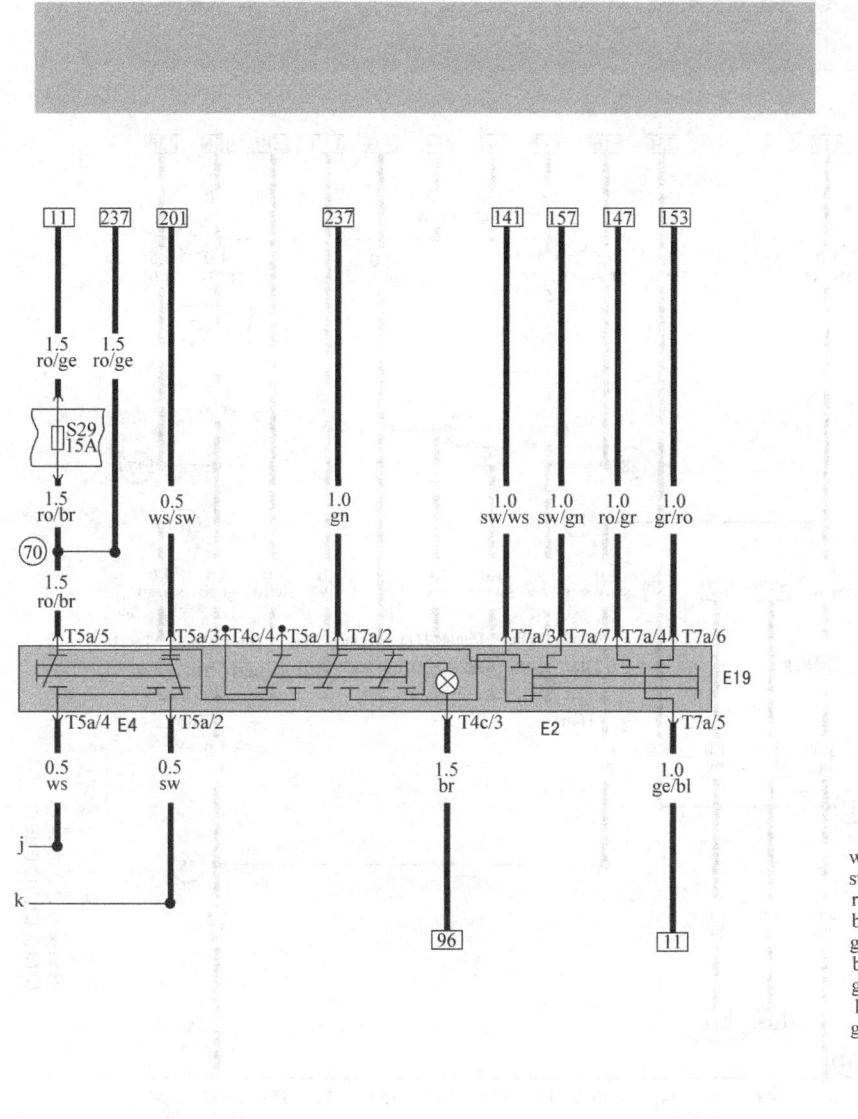

图 A-10 变光及转向开关，驻车灯开关
E2—转向灯开关 E4—变光开关 E19—驻车灯开关 S29—熔丝支架上的 29 号熔丝
T5a—5 孔插接件，转向柱开关后 T4c—4 孔插接件，转向柱开关后 T7a—7 孔插接件，转向柱开关后
⑦⓪—正极连接（30），车灯线束内

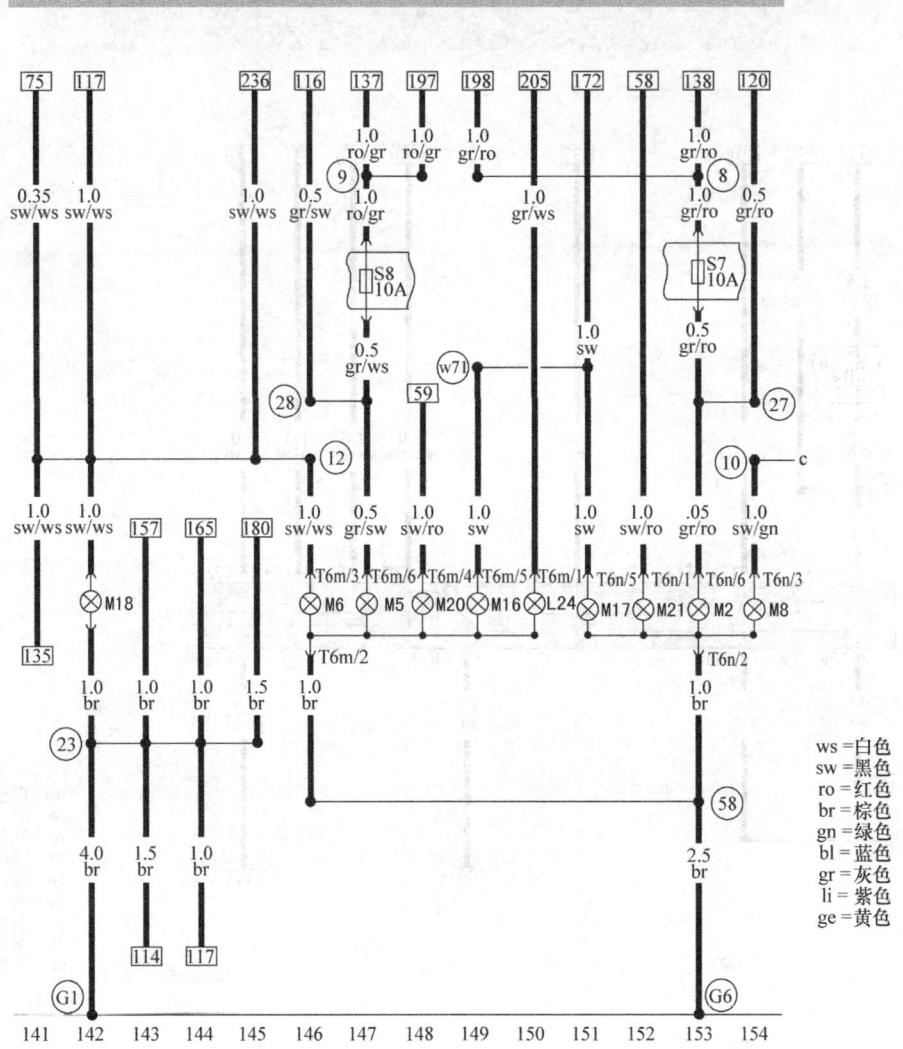

图 A-11 后转向灯，尾灯，倒车灯，制动灯，后雾灯

L24—后雾灯　M2—右尾灯　M5—左尾灯　M6—左后转向灯　M8—右后转向灯　M16—左倒车灯
M17—右侧车灯　M18—左转向灯　M20—左后制动灯　M21—右后制动灯　S7—熔丝支架上的7号熔丝
S8—熔丝支架上的8号熔丝　T6m—6孔插头，插接左后尾灯　T6n—6孔插头，插接右后尾灯

⑧—正极连接，车身线束内　⑨—正极连接，车身线束内　⑩—线束连接，车身线束内
⑫—线束连接，车身线束内　㉓—接地连接，车身线束内　㉗—线束连接，车身线束内
㉘—线束连接，车身线束内　㊽—接地连接，车身线束内　G1—接地点，蓄电池-车身
G6—接地点，行李箱锁下部　w71—后线束重的连接，倒车灯

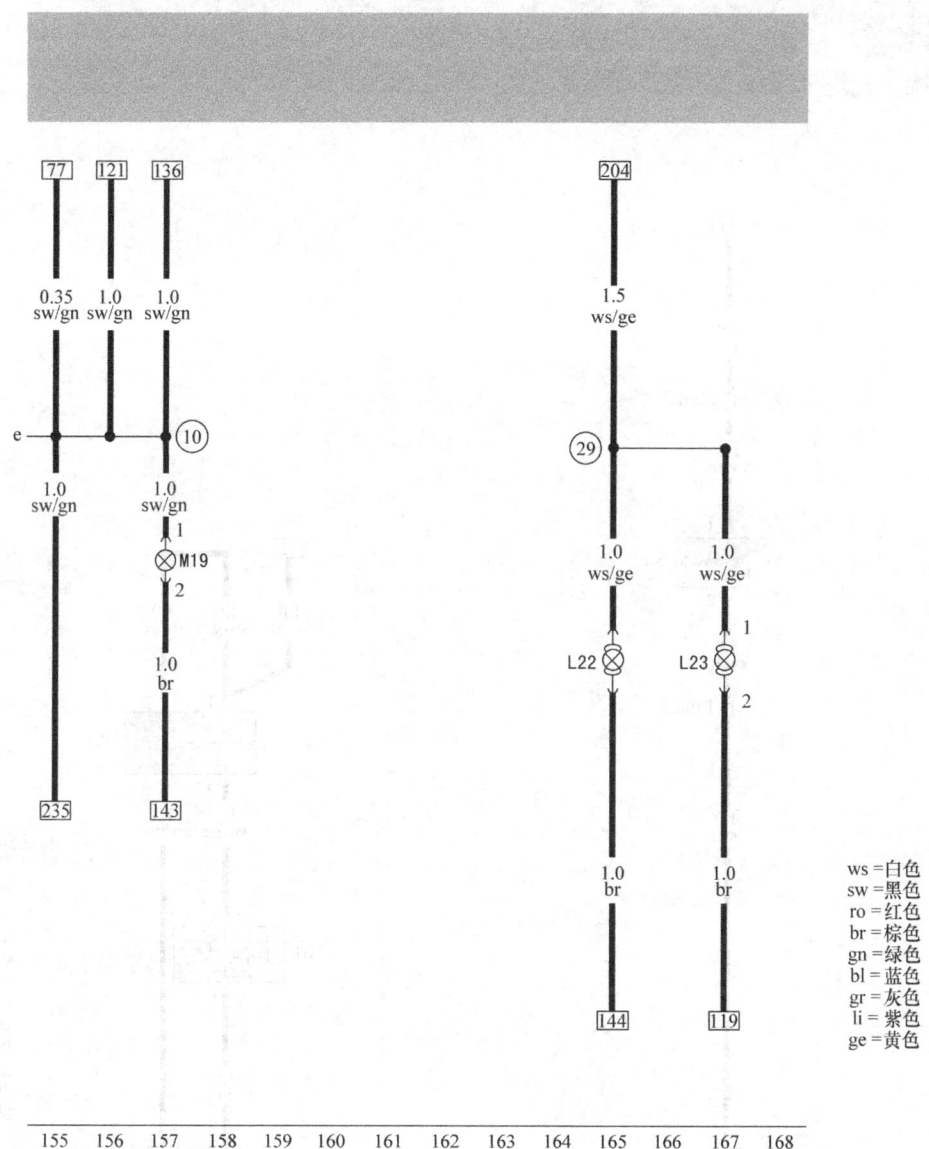

图 A-12 前雾灯，右侧转向灯
L22—左前雾灯　L23—右前雾灯　M19—右侧转向灯
⑩—线束连接，车身线束内　㉙—线束连接，车身线束内

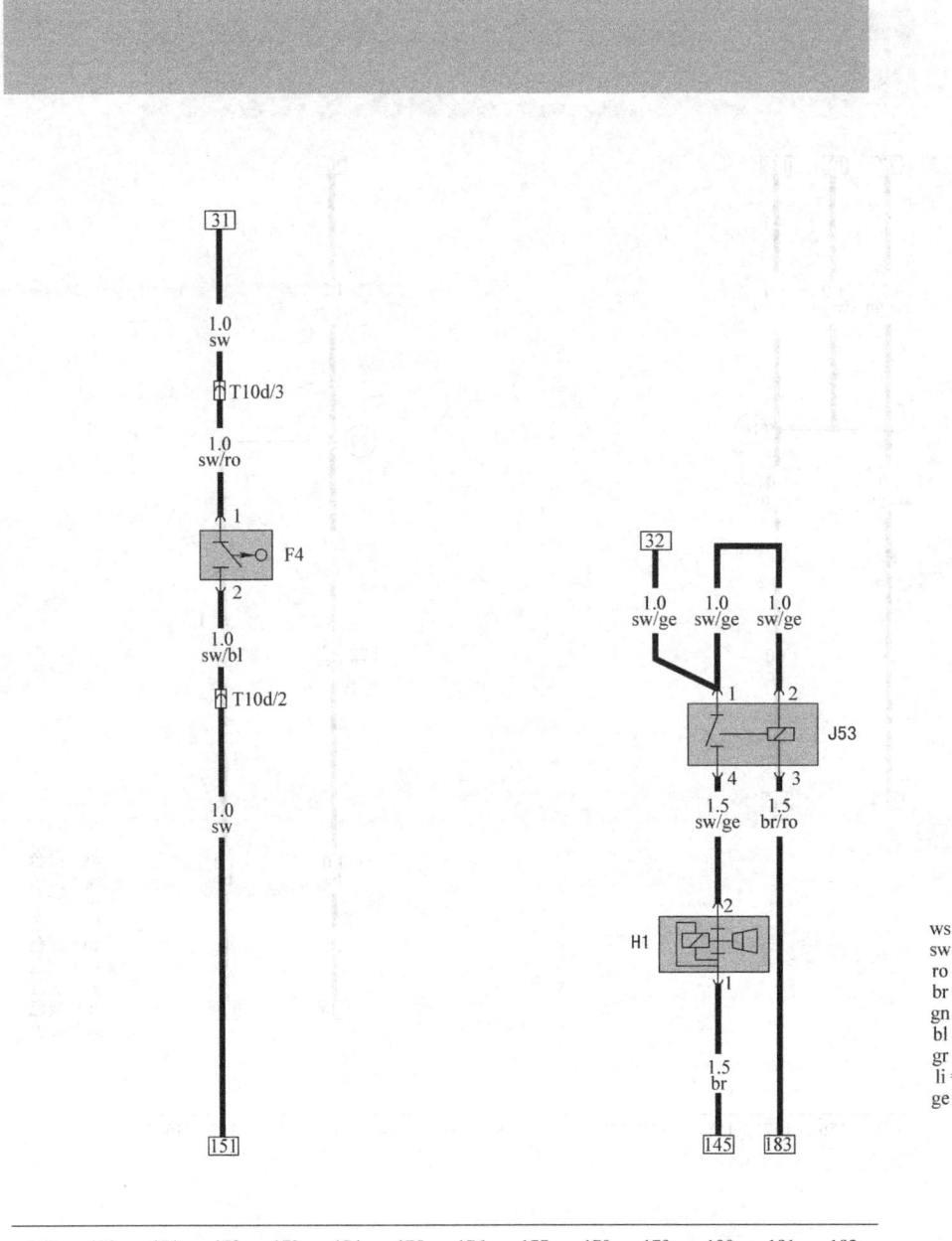

图 A-13 倒车灯开关，喇叭，喇叭继电器，大灯亮度调节开关
F4—倒车灯开关 H1—喇叭 J53—喇叭继电器 T10d—10 孔红色插头，继电器支架上

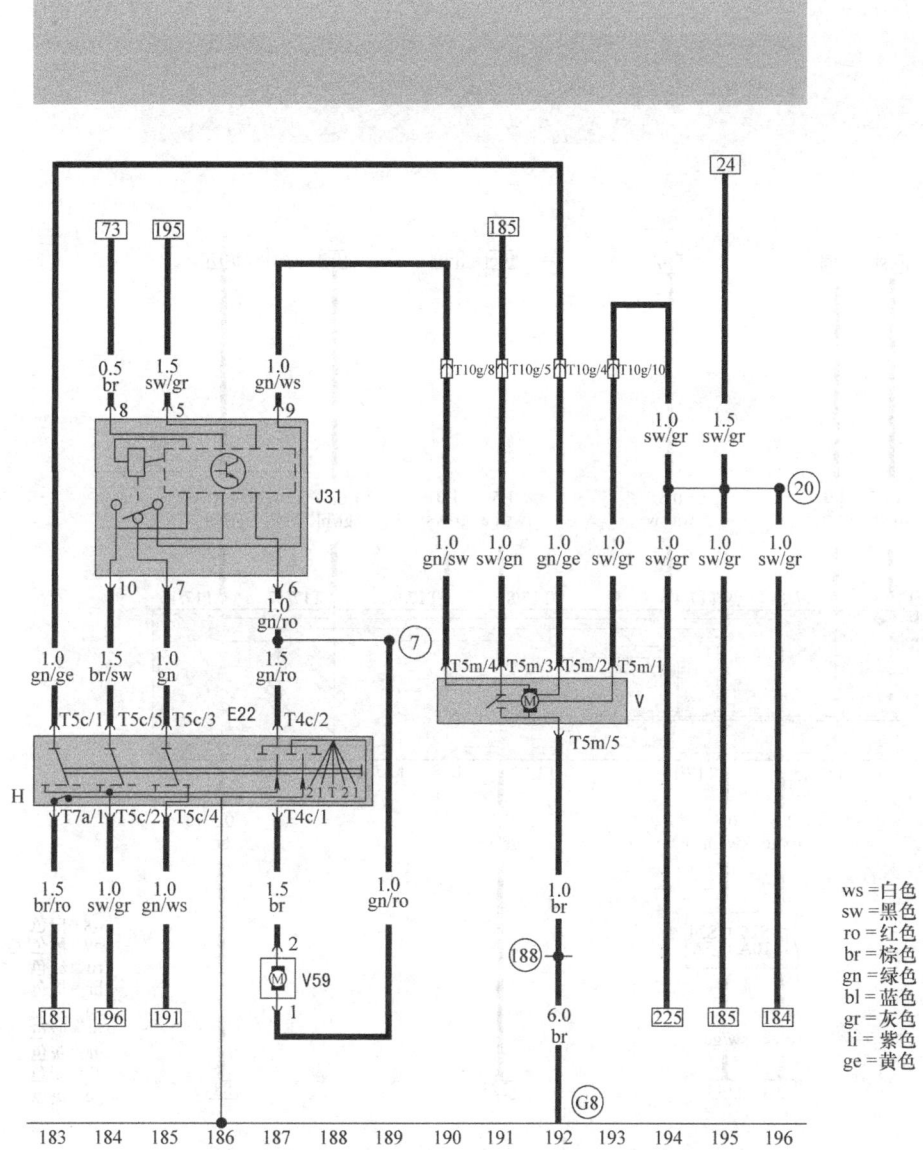

图 A-14 清洗-刮水自动间歇控制器，雨刷开关，喇叭按钮，前风窗清洗泵

E22—刮水器开关　H—喇叭按钮　J31—清洗-刮水自动间歇控制器　V59—前风窗清洗泵　V—刮水器电动机

T4c—4 孔插接件，转向柱开关后　T5c—5 孔插接件，转向柱开关后　T5m—5 孔插接件

T7a—7 孔插接件，转向柱开关后　T10g—10 孔插插头连接　⑦—线束连接，车身线束内

⑳—线束连接，车身线束内　⑱⑧—空调线束中的接地连接

Ⓖ8—接地点，左前翼子板（A 往下）

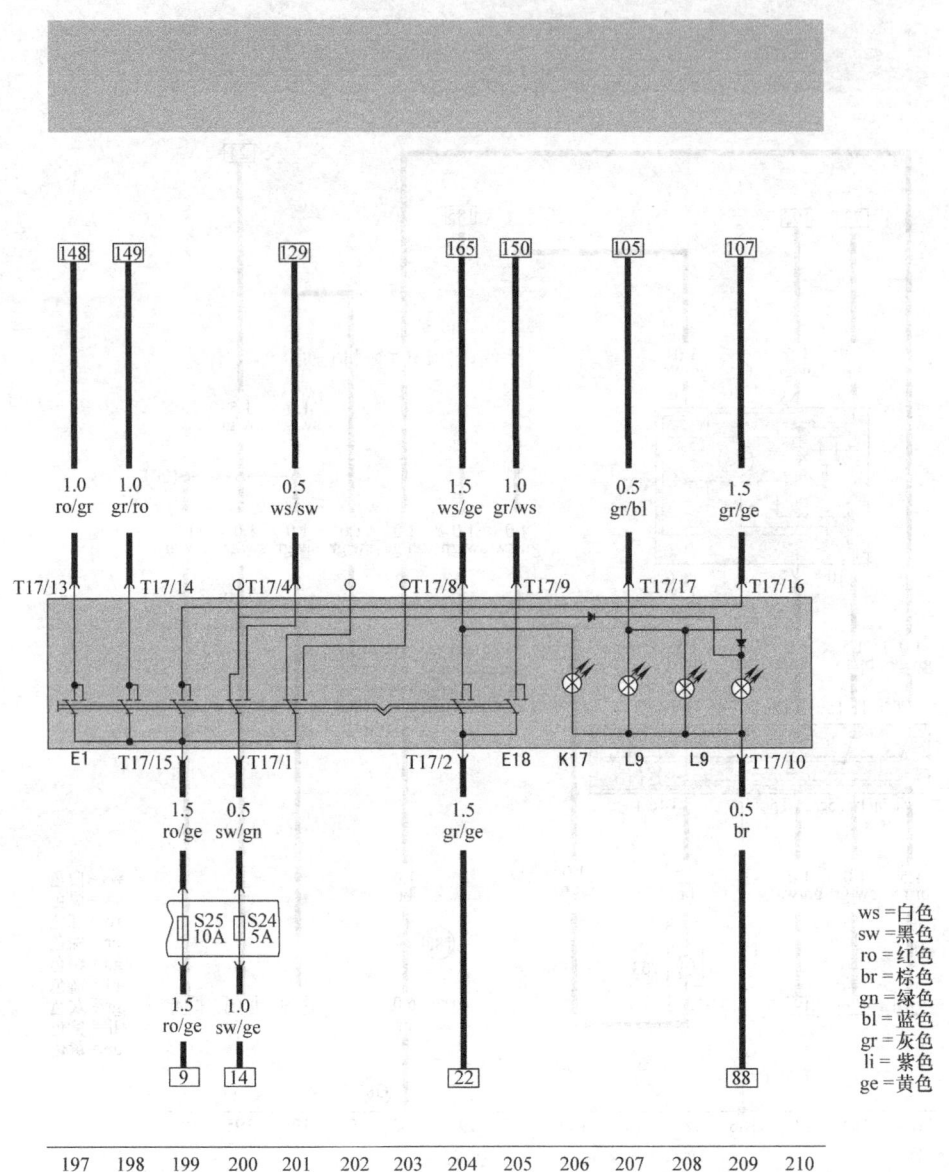

图 A-15 大灯旋转开关

E1—灯开关 E18—雾灯开关 K17—前雾灯指示灯 L9—灯开关照明灯泡 S24—熔丝支架上的 24 号熔丝
S25—熔丝支架上的 25 号熔丝 T17—17 孔插接件，在大灯旋转开关后面

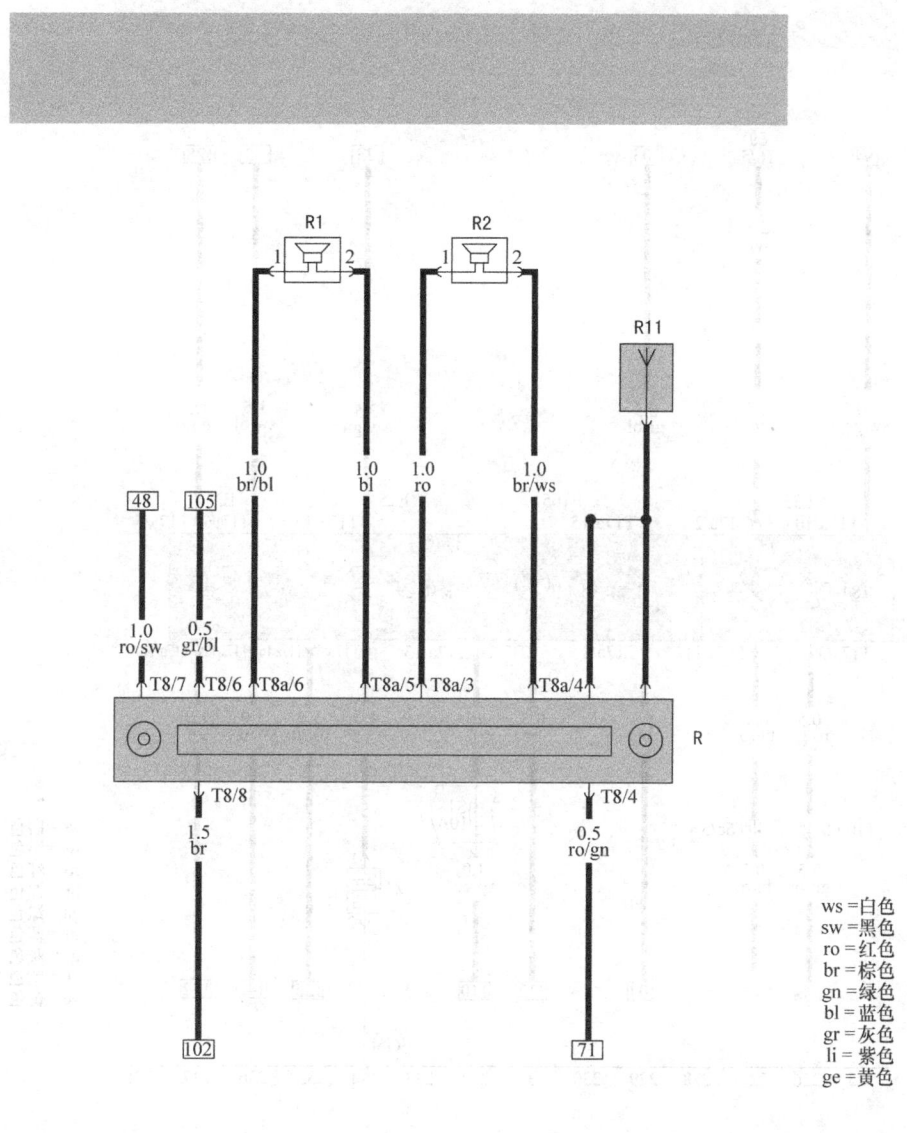

图 A-16 收音机，天线，扬声器
R—收音机 R1—左前扬声器 R2—右前扬声器 R11—天线 T8—8 孔插接件，收音机上

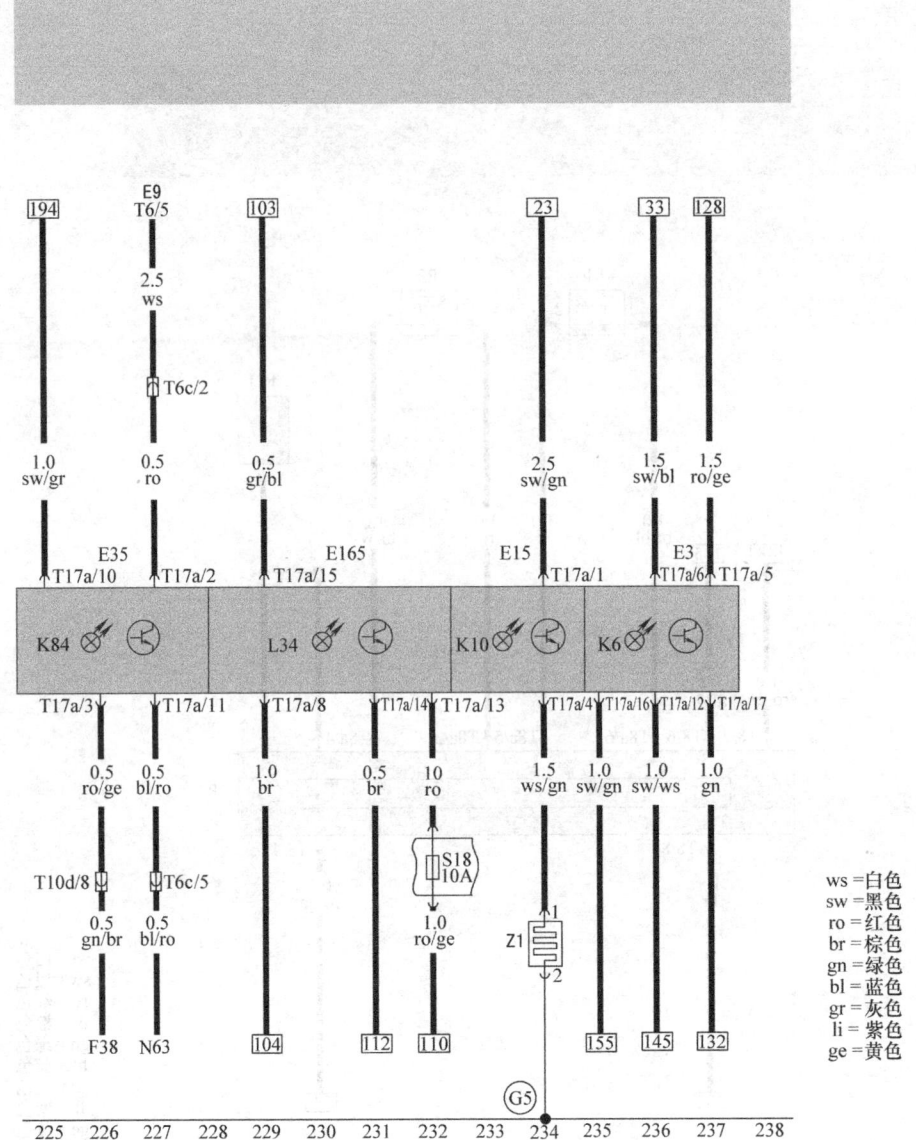

图 A-17　副仪表组合开关，后风窗加热电阻

E3—遇险报警灯开关　E9—鼓风机开关　E15—后风窗加热开关　E35—空调开关　E165—行李箱电子开启开关
F38—温度开关　K6—警报灯指示灯　K10—后风窗加热指示灯　K84—空调指示灯　L34—开关照明灯
S18—熔丝支架上的18号熔丝　N63—空调内循环风扇　T6c—6孔插头，空调线束内　T6—6孔插头连接
T10d—10孔插头　T17a—17孔插头，插接电子集成开关　Z1—后风窗加热电阻
G5—接地点，行李箱右侧

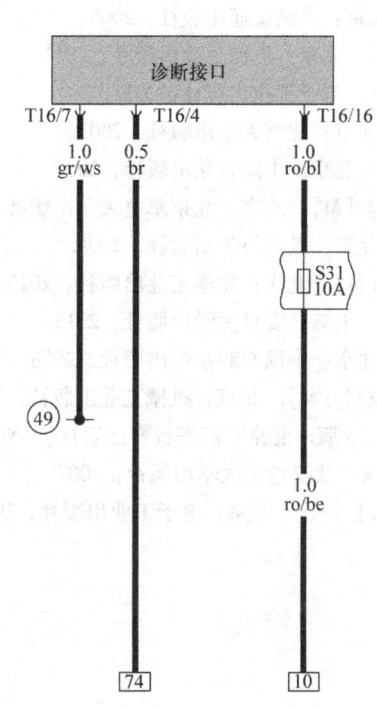

图 A-18　诊断接口

T16—16 孔插头　㊾—自诊断 K 线连接

参 考 文 献

[1] 崔选盟. 汽车车身电气设备维修专门化 [M]. 北京：人民交通出版社，2003.
[2] 邹长庚. 现代汽车电子控制系统构造、原理与故障诊断 [M]. 北京：北京理工大学出版社，2001.
[3] 陈学楚. 现代维修理论 [M]. 北京：国防工业出版社，2003.
[4] 陈焕江. 汽车检测与诊断（上、下）[M]. 北京：机械工业出版社，2002.
[5] 赵英勋，刘明. 汽车检测与诊断技术 [M]. 北京：机械工业出版社，2003.
[6] 方瑞学. 汽车电器维修 [M]. 北京：机械工业出版社，2006.
[7] 黄余平. 汽车电系检修图册 [M]. 北京：人民交通出版社，2008.
[8] 蒋璐璐，等. 汽车电气系统检修 [M]. 北京：机械工业出版社，2011.
[9] 吴涛. 汽车电气系统检修 [M]. 北京：电子工业出版社，2011.
[10] 宋作军. 汽车电气系统检修 [M]. 北京：北京大学出版社，2003.
[11] 郑劲，石允国. 汽车维修实训 [M]. 北京：中国石化出版社，2007.
[12] 黄嘉宁，高维滨. 汽车检修实训教程 [M]. 北京：北京邮电大学出版社，2008.
[13] 李京申，等. 电子电气系统 [M]. 北京：教育科学出版社，2004.
[14] 杨智勇，刘波. 捷达轿车维修手册 [M]. 北京：化学工业出版社，2013.
[15] 王长全，宁玉红. 电机及拖动 [M]. 上海：复旦大学出版社，2015.
[16] 任万强，等. 电工电子技术 [M]. 北京：中国水利水电出版社，2008.
[17] 李广军，纪娜. 单片机控制技术及应用 [M]. 北京：机械工业出版社，2014.
[18] 黄坚. 自动控制原理及其应用 [M]. 3版. 北京：高等教育出版社，2009.
[19] 李宇明. C语言程序设计 [M]. 武汉：武汉理工大学出版社，2007.
[20] 王静霞. 单片机应用技术（C语言版）[M]. 北京：电子工业出版社，2009